이훈구

사회 변혁을 꿈꾼
노동안전보건 활동가

유경순 지음
한국노동안전보건연구소 기획

이
훈
구

나름북스

목차

4

발간사

지금으로부터 20년 전인 2003년 가을, 한국노동안전보건
연구소(한노보연)는 이훈구 동지를 초대 소장으로 출범하였
습니다. 그 이후 이훈구가 한노보연이고 한노보연이 이훈구
와 같았던 긴 세월을 보냈습니다. 그렇기에 이제 우리 곁에
더 이상 이훈구 동지가 없다는 게 아직도 믿어지지 않을 때
가 있습니다. 이제 수많은 후배들에게 갈 길을 일깨워 줬던
그의 삶을 오롯이 기억하기 위해, 또 우리는 그가 무척이나
그립기에 이훈구라는 이 시대의 걸출한 노동운동가의 구술
생애사를 펴냅니다.

이 책에서는 이훈구 개인의 성장 시절부터 결혼생활, 학
생운동, 정치조직 운동, 생의 마지막까지 헌신했던 노동안
전보건운동까지 본인의 구술 그대로의 기록을 볼 수 있습
니다. 어느 공간에서든 끊임없이 고민하고 애쓰고 변화하고
나아가는 모습을 보면 마치 어른이 주인공인 성장소설을 보
는 기분도 듭니다. 이훈구 동지의 인생은 한 개인의 경험이
기도 하지만, 동시에 우리 사회의 역사입니다. 1970년대부
터 50여 년간, 격변의 시대라 할 수 있을 시기 한국의 문화,
정치, 사회, 운동의 맥락 속에 자리 잡은 한 노동운동가의 생

11

애사로 사료적 가치 또한 높다고 할 수 있습니다. 특히 노동 안전보건운동이 본격적으로 움트기 시작한 2000년대 초반 이후 한국 노동안전보건운동 역사의 중요한 장면들을 만날 수 있습니다. 구술생애사인 만큼 이 책은 각각의 장면들에 대한 단순한 사실 기록이 아닌 이훈구 동지에게 직접 듣는 실제 경험, 반성과 평가, 그리고 앞으로의 방향에 대한 제안 까지 생생하게 담겨 있습니다. 눈을 반짝이며 신나서 이야 기하는 듯한 구술을 보며, 그의 뜻을 이어받고 싶은 많은 후 배들은 깊은 영감을 얻을 수 있을 것입니다.

　형, 친구, 동지, 선배, 스승, 아버지에 언니까지⋯. 이훈구 동지의 생애를 이야기해 준 여러 구술자가 그와의 관계를 칭하는 말들입니다. 이 책은 이훈구 본인뿐 아니라 그와 경 로가 겹쳤던 여러 인물의 구술을 함께 담아 이훈구 동지의 생애를 다각적으로 그려내고 있습니다. 이렇게 그의 생애를 더 잘 이해하고, 무엇보다 그와 깊은 인연이 있던 분들의 '내 가 만난 이훈구' 이야기를 기록으로 남겨 추억할 수 있으니 참 좋습니다. 동지들에게 얼마나 따뜻한 마음을 가졌던 분 인가 새삼 감탄하게 됩니다.

　마지막으로, 쉽지 않았을 구술 면담을 진행해 주시고 방 대한 참고자료를 정리하여 성의를 다해 기록해 주신 유경순 님과 이 책의 주인공인 이훈구 동지, 그리고 기꺼이 시간을 내어 구술에 응해주신 모든 분께 감사드립니다. 이훈구 동지와 같은 세대의 운동가들이 보수정치판의 기득권으로, 권위주의만 남은 연장자로 굳어져 가는 시대 흐름 속에, 끊임없이 현장으로, 노동자에게로, 세상 속으로 섞이고자 했던 그의 생애를 많은 분이 기억해 주었으면 하는 바람입니다.

2023년 7월
한국노동안전보건연구소장 이혜은

들어가는 글

이 책의 주인공 이훈구는 1960년에 서울에서 태어났다. 그는 1979년부터 2020년까지 40여 년간 사회를 변혁하기 위해 학생운동·노동운동을 했다. 이훈구는 1979년 학생운동을 시작하면서부터 2005년경 정치조직운동을 정리할 때까지, 그리고 2002년부터 2020년 삶을 마무리하는 순간까지 노동보건안전운동을 매개로 사회 변혁, 나아가 모든 사람이 주체가 되는 '삶으로서의 운동'을 꿈꿨다. 이 책은 긴 사회변혁운동 과정에서 형성된 이훈구의 문제의식과 활동을 중심으로 그의 생애를 정리했다. 간단하게 살펴보면 다음과 같다.

인생의 전환을 가져온 탈춤반 활동

이훈구는 아버지가 부재한 가정에서 어머니, 누나와 더불어 어렵게 자랐다. 그러나 두 모녀는 아들/남동생인 이훈구를 귀하게 키웠다. 그 때문인지 알 수는 없지만, 그는 상계동에서 같이 성장한 친구들의 일탈 행위에 가담하지 않았다. '기억하고 싶지 않은' 시절인지, 그는 성장 시기의 기억이 많지 않았다.(1장)

이훈구에게 인생의 전환은 1979년 대학에 입학해서 참여한 탈춤반과 기독교장로회청년회 대학연합 탈춤팀-진영그룹의 활동이었다. 그는 민중문화의 일환인 탈춤을 배우는 데 완전히 몰입해 꽹쇠채를 1년 내내 들고 다니면서 집요하게 연습했다. 또, 사회과학 학습을 통해 세상을 이해하고, 자신의 가정사를 시대 상황에서 해석할 수 있는 시각을 갖기 시작하면서 자신을 '민중'이라고 이해하기도 했다.

1979년 10·26사태를 거쳐 1980년 광주민중항쟁을 짓밟고 등장한 신군부정권에 분노를 느끼던 진영그룹의 학생운동가들은 지역에 선전물 배포 등의 활동을 했다. 1980년에 새문안교회에서 강연을 내세운 집회가 있었다. 전경들이 교회를 둘러싸고 있어 거리 진출이 어렵자 참여한 이들은 연좌농성을 하려 했다. 그러나 이훈구는 밖으로 나가 싸워야 한다고 주장하기도 했다. 이후 그는 사회과학 학습과 농활 및 공활 경험, 그리고 민주노조들에 탈춤반 지원 활동 등을 통해 노동운동을 결심했다.(2장)

노동자계급의 주체 형성을 위한 정치조직운동

이훈구는 1982년 진영그룹의 1기 이전팀에서 이론과 근현대사, 한국 사회주의운동사와 노동운동사 등을 학습하고, 직업훈련소를 다니며 기능사 자격증을 땄다. 그는 혁명가가 되기를 꿈꾸며 노동운동을 하기 위해 인천지역으로 갔다. 진영그룹의 첫 노동현장 이전이었다. 이훈구는 반도기계에서 일하다가 1985년부터 1989년까지 인천 제파PD 그룹의 코디로서 지역 활동을 했다. 그는 1986년 6월 민중항쟁과 7·8·9월 노동자 대투쟁을 부평역과 부평공단에서 겪었다. 이

후 1989년 조직 내분이 일어나자 그는 책임을 지고 인천 정치조직 활동을 중단했다.(3장)

2010년경 진행한 구술 작업에서 그는 1980년대의 노동운동이 사회 변혁 지향성이라는 측면에서 '경향'에서 '노선'으로 변화하는 과정이었다고 보았다. 그러나 1980년대의 지나친 이념 지향성, 계급과 조직의 대리운동 방식, 민주적인 소통과 훈련의 부족, 또, 타자에 대한 일방적 규정, 자신의 검열 등으로 운동 주체들이 자아실현적 측면보다는 운동에의 '헌신'을 강제하는 문제가 있었다고 평가했다.(3장)

한편, 이훈구는 1989년 활동 중단 이후 생업만 하던 1년여의 생활을 정리하고 다시 노동운동을 하기 위해 두 번에 걸쳐 마창지역으로 내려갔다가 조직사건, 집안 문제로 서울로 올라왔다. 그 뒤 그는 『전노협 백서』 작업과 한국노동정치이론연구소(이하 '한노정연')에서의 세미나를 했다. 그는 『전노협 백서』 작업을 하면서 당시 현장의 여러 변화 과정을 인식했고, 이전의 문제 인식이 자본주의 전체에 대한 것이었다면 한노정연에서 세미나를 하면서는 자본주의의 구체적인 실태를 인식했다. 즉, 한노정연에서 자본주의의 현 단계를 신자유주의로 제기하면서, 이훈구 역시 신자유주의와 노동유연화에 착목하는 인식의 변화 과정을 가졌다.(4장)

1999년 이훈구는 '노동자의 힘'(이하 '노힘')에 참여하여 조직위원장, 연대사업위원장 등의 역할을 맡아 노힘이 관여하는 투쟁 전반을 담당하면서 조직 활동을 했다. 이훈구는 노동자계급 주체 형성을 위한, 1980년대 이후 계속 견지해왔던 계급정당 결성을 실현하려고 노힘 활동에 온 힘을 기울였다. 그 과정에 노힘의 활동 방식에 대한 여러 문제의식이 있었으나, 후배들에게 '조직 중심주의'라는 말을 들을 정도로 조직에 '헌신'했다. 그러나 이훈구는 노힘에서 발생한 성폭력 사건의 처리 방식 문제를 계기로 2005년 노힘을 탈퇴했다.

당시 이훈구의 근본적인 문제의식은 '어떻게 계급적 주체를 형성할 것인가'라는 것이었고, 그와 잇대어 현실에서 '왜 노힘 활동을 통해 주체가 형성되지 못하는가'의 문제도 있었다. 그는 그 이유 중 하나가 '구체성의 부족' 문제라고 보았다. 즉, 현장의 문제와 삶의 문제는 거시적인 담론만으로 풀 수 없다고 생각했다. 그는 현실 문제를 풀기 위해서는 추상적인 것이 아니라 구체적인 내용이 필요하다고 생각했다. 또 다른 하나는 노동운동 세력의 주장은 옳지만, 그 주장만으로 세상이 바뀌거나 현실의 문제가 해결되지 않고 있다는 것이다. 그는 결과가 만족스럽지 않아도 자신의 문제라고 자각한 사람들이 함께할 때 변화가 생기는 경험에 근거해 "그 가치를 실현하고자 하는 당사자"에게서 답을 찾아야겠다고 생각했다. 노힘을 탈퇴할 즈음, 그는 '현장에서부터 주체를 형성'해 보려고 마음먹었다.(5장)

현장에서부터 주체 형성을 위한 시도들

이훈구는 삶의 마지막까지 한국노동안전보건연구소(이하 '한노보연') 활동에 온 힘을 기울였다. 한노보연 창립 즈음 그는 총자본과 총노동의 구체적 모순 지점, 즉 노동과정에 착목하고 노동과정 혹은 삶의 과정에서 주체들이 처한 상황에서 출발하려 했다. 그동안 그는 총자본과 총노동이 부딪히는 격렬한 시기에 공장 점거투쟁이라는 상을 통한 주체화 과정 이외에, 일상에서의 노자 간 모순이 드러나는 공간은 주목하지 않았다. 그러나 한노보연 활동을 통해서 이훈구는 구체적인 모순 지점, 주체들이 처한 상황을 알아가려 노력했다. 그는 "이윤과 노동자의 몸과 삶이 부딪히는 경계"에서 구체적인 주체들의, 구체적인 요구에 근거한 움직임이 가능하다고 생각했다.

그는 여전히 가장 중요한 노동자계급의 주체 형성이 제대로 물꼬를 트지 못하고 있다고 보았고, 그러므로 노동안전보건운동을 통해 노동현장에서 이를 실천하려 노력했다.(7장 1절)

한노보연은 가장 중요한 활동인 현장 프로젝트 사업에서 연구 주제가 무엇이든 우선 노동조건 전반에 대한 조사를 기본으로 했고, 그다음 구체적인 연구 주제, 노동자들이 앓고 있는 질환을 자세히 확인하며, 그 원인을 현장에서 찾는 작업을 했다. 이 과정에서 이훈구가 주목한 것은 현장에서 질환의 원인에 대해 가장 잘 아는 사람이 바로 '노동하는 현장 노동자들'이었다는 사실이다. 그 때문에 노동조합에 '실천단'을 만들게 해서 조사 과정 전체에 참여시켰다. 노동자들이 자신의 노동을 보게 하고, 아울러 활동할 사람을 남기기 위해 현장 노동자들이 연구팀과 같이하는 방식이었다. 이런 '참여 행동 연구' 방식으로 연구 작업을 진행하고, 그 결과를 조합원들과 공유한 뒤에 현장 개선을 위한 실천 방안을 모색하도록 했다. 실제 두원정공, 갑을오토텍처럼 노조가 '실천단'을 구성해 같이 연구 작업을 한 뒤 문제를 해결해 나간 예도 있었다.

특히 두원정공의 모형은 단순히 프로젝트 주제였던 주간 연속 2교대를 실현한 것만이 아니었으며 '노동운동의 위기'의 근본이라 할 조합주의적 관점 극복의 단초를 만들어 냈다. 두원정공 노조는 근골격계 프로젝트 때부터 구성한 '실천단'의 경험을 주간연속 2교대 프로젝트와 투쟁 과정에서 이어가며 조합원들이 주체로 설 수 있도록 '권력을 이양하는 투쟁'을 지속했다. 그 결과 2014년 파업투쟁 때는 집행부가 1시간 파업투쟁을 결정하고, 이 시간 동안 무엇을 할지는 조합원들이 정했다. 얼마나 투쟁할지, 어떻게 할지를 투쟁의 주체인 현장 조합원들이 결정했다.

이훈구는 이런 과정이 노동운동의 문제인 노조 집행부가 알아서 해줄 거라며 실천을 대신하게 하는 '대리주의', 자신의 임금만 올리면 되고 자신의 사업장 단체협약만 지키면 된다는 '조합주의'를 극복하고 노동자들이 주체로 성장하는 과정이라고 보았다. 그는 이러한 현장에서의 노동자 주체 형성을 위한 노력이 중요하다고 보고, 이를 확산시켜 내기 위해 지역 차원으로 범주를 확장해 나갔다.(7장 3절)

운동의 삶으로의 확장, 삶을 사는 사람들의 운동

이처럼 이훈구는 한노보연을 중심으로 부문운동을 하면

서도, 그 부문에 갇히지 않고 한노보연의 활동 폭을 넓혀 나가기 위해 끊임없이 고민했다. 한편에서는 전체 변혁운동이나 노동운동과의 교류와 섞임을 모색했고, 다른 한편으로는 더 많은 이들과 같이하기 위한 '다수화 전략'을 모색했다. 그는 '다수'가 같이하는 활동 방향으로 가기 위해 가장 먼저 '운동권'에서 사용하는 용어와 개념을 "고3도 알아들을 수 있게", 누구나 이해할 수 있는 내용으로 수정해서 사용해야 한다고 제기했다. 이훈구는 노동안전보건운동이 궁극적으로 세상을 바꾸려는 운동이기 때문에, 실제 세상을 바꿔 나가기 위해서는 노동안전보건 문제에서 나아가 세상 사람들의 건강과 관련한 보건의료 영역과 교류하고 섞이면서 사회복지 등의 사회 공공성 문제로 확장해 나가야 한다고 생각했다.(8장)

이훈구가 운동을 사고하는 바탕에는 더 큰 문제의식이 깔려 있었다. 예를 들어 그는 "자살은 사회적 타살"이라는 관점으로 노동자 자살뿐 아니라 자살 전체, 노동안전보건 문제를 안전 문제로 확장해야 부문주의를 극복할 수 있다고 보았다. 이는 "운동이 삶으로 어떻게 확장할 것인가"의 문제로, 그동안 견지해 온 운동 시각의 질적 전환, 패러다임을 전환해야 하는 문제였다.

나아가 이훈구는 노동자들이 개별 노동자로서의 필요에서 벗어나 '사람'으로서의 나의 필요를 가지고, 동료의 필요에 같이 주목해야 한다고 생각했다. 그는 나의 노동을 보면 같이 일하는 동료가 보이고, 내 삶에서 필요를 찾기 시작하면 노동현장만이 아니라 전체 국민의 건강권을 지킬 필요를 찾을 수 있다고 보았다. 이럴 때만이 생존에서 나아가 존엄의 권리에 머물러 있는 사람들이 '삶의 주체로서, 노동의 주체로서의 정치'로 나아갈 수 있다고 보았다.

이와 연관해 그는 운동이 "삶을 살아가는 사람들의 운동"이어야 한다고 생각했다. 그 기준은 "죽은 노동을 하고 있느냐, 산 노동을 하고 있느냐"는 것에 있다고 보았다. 그는 운동가라는 개념을 "혁명을 꿈꾸냐, 아니냐"라는 차원이 아닌, "노동, 노동시간을 자본에 끌려다니면서 하는 차원이냐, 아니면 이 노동시간을 내가 관장하면서 주도해 나가는 것이냐"에 있다고 보았다. 그러므로 그는 일반인들에게도 이런 문제가 운동으로 확장되어야 한다고 생각했다. 이처럼 이훈구는 고민의 폭을 계속 넓혀 나갔다. 이와 관련해 구체적인 상을 정리하지는 못했지만, 그는 마지막까지 계속 이 문제를 고민했다.(8장)

동료들이 같이한 이훈구의 구술생애사

이 책은 이훈구의 구술생애사이다. 이 책의 목적은 이훈구의 활동을 평가하려는 것이 아니라 가능한 이훈구의 목소리로, 그의 삶과 활동을 기록으로 남기려는 것이다.

생전에 이훈구는 구술 작업에 3회 참여했다. 필자와 같이한 2010년 구술은 생애사적 방식이었지만 1980년대 노동운동을 중심으로, 그리고 2회차인 2015년에는 노동보건안전 운동을 중심으로, 3회차인 2020년에는 이훈구의 한노보연 활동 경험을 기록하기 위해 한노보연에서 진행한 것이었다.

그런데 이 3회의 구술 작업으로 남아 있는 구술 자료에는 1999년부터 2005년경까지의 노힘 활동에 관한 구술 내용이 극히 일부밖에 없었다. 한노보연 활동 과정에 대한 구술 자료에도 이훈구의 활동 방식, 활동의 특징이나 주위 인간관계의 특징 등에 관한 내용이 없었다. 또 개인의 일상생활, 연애, 결혼생활 등에 관한 내용도 거의 없었다.

구술 자료가 없는 활동 시기와 활동 내용을 확보하기 위해, 그리고 사생활의 영역이나 이훈구가 어떻게 관계 맺고 활동했는지, 어떤 역할을 했는지, 어떤 특성이 있는지 등을 확인하기 위해 가족부터 한노보연 활동을 같이했던 이들까지 구술 작업을 진행했다. 그 때문에 이훈구 구술생애사에는 그와 같이 활동했던 이들의 구술 자료도 같이 담았다.

구술자를 섭외할 때, 특히 한노보연 관련해서는 영역별로 밀착해 활동한 이들은 섭외했고, 생각과 의견이 맞지 않아 불편했던 이들도 섭외하려 했으나 이는 연결되지 못했다.

구술 작업 과정에서 어떤 이는 이훈구가 자신의 삶에 중요한 전환점을 만들어 주었다며 "꼭, 이 내용은 책에 넣어주세요"라고 말하기도 했다. 다른 이는 이훈구와의 활동과 관계를 이야기하며 울먹이기도 하고, 힘들었던 상황에서 이훈구가 같이해 준 시절의 이야기를 하면서는 구술자와 필자가 같이 눈물을 흘리기도 했다. 또 다른 이는 이훈구와 같이했던 지역 활동과 이훈구의 특징을 잘 정리해 와 구체적으로 말해주어 '활동가 이훈구'를 이해하는 데 많은 도움을 주었다. 거기에 한 구술자는 활동 내용보다 인간관계를 중심으로 이야기를 풀어주어 이훈구를 둘러싼 인간관계를 이해할 수 있게 해주기도 했다.

한편, 노힘 관련 구술 작업은 필자에게 힘든 시간이었다. 필자도 과정에 참여했으며 여러 의문과 문제의식이 남았던 노힘 내 성폭력 사건 논의와, 관련한 여러 상황을 다시 이야기하는 것이 20여 년의 시간이 지났음에도 힘겹게 다가왔기 때문이었다.

이렇게 기본 자료와 구술 자료를 확보하여 글쓰기 작업을 하는 과정에서 가장 큰 문제는 이훈구의 구술 자료에서 '개인' 이훈구와 '집단'인 한노보연이 분리되지 않는다는 것이었다. 이훈구의 구술 자료는 자신의 문제의식과 다른 이들, 또는 한노보연의 문제의식이 분리되지 않았다. 그 때문에 집필 직전에 진행한 구술 작업 참여자들에게 이훈구의 활동 영역, 문제의식을 질문해 일부는 확인했지만, 여전히 큰 틀에서는 구분하기 어려웠다. 이는 아마 이훈구가 한노보연 창립 준비위에서부터 와병 시기까지 지대한 애정을 가지고 고민하며 활동했기 때문인 듯했다. 이훈구에게 한노보연은 분리되지 않는 공간이었던 것 같다. 그 때문에 이를 굳이 분리할 필요는 없다고 판단해 이훈구의 문제의식으로 정리했다.

이 책을 집필하면서 필자의 주관적 판단을 배제하려 했다. 그 이유는 앞서 밝혔듯이 이 작업이 이훈구의 활동과 삶을 평가하려는 것이 아니기 때문이다. 이훈구의 삶과 문제의식과 활동 방식, 인간관계 등을 통해 "이훈구의 특징"을 본인의 목소리와 주변 동료들의 목소리로, 그대로 드러내는 것이 목적이기 때문이다. 그런데도 서술 과정에서 일정 부분 판단이 개입된 곳을 발견했고, 이를 정리 과정에서 삭제했다. 서술에서 필자의 주관은 배제했지만, 자료의 배열과 구술 내용의 선택 등에는 주관이 들어있다. 그 기준은 "이훈구라는 활동가의 특징"을 어떻게 잘 드러낼 수 있는가였다. 이는 어쩔 수 없이 개입한 최소한의 주관이라고 이해해 주길 바란다.

처음 이 작업을 제안받았을 때는 집필을 거절했다. 노동운동 쪽과 일정 거리를 두면서 여성노동사를 중심으로 연구·교육활동을 하고 있었기 때문에, 그리고 여성/노동자들에게 자기 역사를 쓰도록 권유하고 같이 해오고 있지만, 개인사는 직접 집필하지 않는다는 입장이었기 때문이다. 또, 필자는 인천지역에서 수년을 같이 노동운동한 이훈구의 후배로서, 그에 대한 애도 감정이 채 마르지 않은 상태였기에 불가능하다고 생각했다.

그러다 집필을 결심하면서는 '이훈구라는 활동가를 제대로 이해'할 수 있는 시간으로 받아들이기로 했다. 그러나 이훈구의 1주기 이전에는 집필 준비가 쉽지 않았다. 망자에 대한 감정이 채 정리되지 않아 자료를 읽을 수 없었다. 그 뒤 1주기를 지나면서 자료가 눈에 들어왔고, 구술 작업을 진행했다. 준비가 어느 정도 되어 집필을 하려는데, 이번에는 건강에 문제가 생겨 작업을 중단해야 했다. 다시 집필을 시도하기까지 8~9개월의 시간이 걸렸다. 시간이 흐르니 구술 자료에 크게 감정이 흔들리지 않아 읽고 생각하며 쓸 수 있었다. 그렇게 이 책은 원래 계획했던 때를 훌쩍 넘겨 출판하게 되었다.

작업이 지체되고 있음에도 필자를 재촉하지 않고 오히려 건강을 염려해 준 한노보연 분들과 출판사 분들께 감사할 따름이다. 그리고 구술자 섭외 등을 도와준 손진우 님, 초고의 사실관계를 검토해 준 김재광 님, 이숙견 님, 최민 님, 바쁜 와중에 사진을 찾느라 애써준 이나래 님에게도 감사드린다. 특히 구술 작업에 성심껏 임해준 구술자들이 아니었다면 책으로 펴내기 어려웠을 것이다. 지면을 통해 다시 감사의 마음을 전한다.

2023년 7월 2일

유경순 씀

1장

기억하고 싶지 않은
어린 시절

1. 용두동과 상계동에서의 성장 과정

이훈구는 1960년 서울 동대문구 용두동 판자촌 셋방에서 태어났다. 어렸을 때의 기억은 거의 없다고 한다. 그는 "기억하고 싶지 않은 어린 시절"이었기 때문인 듯하다고 말한다.

> 글쎄, 어렸을 때 잘 기억이 안 나요. 동대문 근처에서 태어났는데, 내가 기억해 낸 게 아니라 나중에 커서 가족들한테 들어서 알게 된 거고 그전에는 기억이 안 났어요. 아마 기억을 지우고 싶었을지도 모르죠. 가족 관계가 좀 복잡해요. 우리 연배에는 이런 사람이 많지 않았을까 하는데. 뭐냐면, 어머님이 누나 아버지하고 결혼해서 누나를 낳아요. 근데 이 누나 아버지가 사망해서 어머니가 20대에 소위 청상과부가 돼죠.(이훈구 구술)

그의 어머니는 명일동 부잣집의 세 딸 중 막내딸이었다. 어머니가 일찍 돌아가셨고 위의 언니들은 결혼했기에 새어머니 밑에서 집안 살림과 음식점 일을 도맡아 했다. 워낙 큰 살림살이에 시달리던 그의 어머니는 결혼하면 작은 규모의 살림을 할 수 있기를 바랐다. 그녀는 둘째 언니의 소개로 미군 부대에 다니던 이와 결혼해 인천 동구 송림동에서 새 생활을 시작했다. 그러나 얼마 지나지 않아 남편은 폐결핵에 걸리고 이훈구의 어머니와 누나에게 폐결핵이 전염되자, 이모들이 어머니와 누나를 친정집으로 데려왔다. 그 뒤 남편은 사망했다. 그녀의 나이 22세였다.

엄마가 그때는 워낙 식구도 많고, 살림도 많고, 일이 많으니까 그냥 "밥, [손을 오므려 작은 모양을 만들며] 요만한 솥에 밥해 먹는 집으로 가고 싶다" 그랬대요. 살림하는 게 너무 힘들고 지긋지긋해서. 그래 작은이모가 중매해서 엄마가 인천 송림동으로 시집가서 … 우리 아버지가 무슨 미군 부대를 다니셨대요. 영어를 조금 했다나 봐요. … 근데, 음, 그렇게 기침을 하셨대요. 폐가 안 좋았던 거야. 어느 날 보니까 각혈하고.

사진1-1. 돌 사진. 어머니, 이훈구, 누나.

엄마도 폐결핵이 옮았죠. 어린 나도 옮고. 그래서 우리 이모들이 와서 "이렇게 해서는 애까지 죽는다", "우리 동생은 친정으로 데리고 간다" 그래서 데리고 오고 아버지는 좀 있다가 돌아가신 거야. 그러니까 엄마가 나 하나 데리고 스물 둘인가에 혼자 된 거예요.(임옥휘 구술)

딸을 키우며 생활비를 벌어야 했던 그의 어머니는 작은 동네 술집을 운영하며 생활을 유지했다. 그 과정에서 만난 남성과의 사이에 이훈구가 태어났다. 그의 아버지는 이훈구를 자기 집으로 데려가 호적에 올리려 했다. 그러자 어머니가 이훈구를 데려와 자신의 호적에 올리고 키웠다. 이훈구 호적의 '아버지' 자리는 빈칸이고, 그 때문에 이훈구는 자신을 '사생아'라고 말했다.

술장사하셨어요. … 이때 저희 아버지를 만나요. … 이 분은 이미 결혼을 해서 아들이 있고. 어머니랑 어떻게 해서 나를 낳았는데, 이 아버지가 "애를 달라, 키우겠다"라고 그랬나 봐요. … 그래서 아주 어렸을 때 1, 2년 정도 그 집에 가서 산 적도 있대요. 근데 그게 기억이 안 나요. 그러다 아버지 호적에 나만 올리려고 하니깐, "이런 나쁜 놈" 하며 어머님이 나를 자기 호적에 올린 거죠. 호적등본이 지금은 없어졌지만, 예전엔 호적등본을 떼보면 아버지가 누구고 할아버지가 어떻고, 이렇게 되어 있어요. 그런데 제 호적등본을 떼보면, 우리 어머니 성함은 있는데, '부(父)' 란이 비어있어요. 이걸 사생아라고 해요, 사생아. 근데 요 기억은 전혀 없고요. 크면서도 아버지라는 존재가 없었어요. 관계도 없고 만남도 없었어요.(이훈구 구술)

이훈구는 그의 어머니, 누나와 용두동에서 살았다. 이후 그의 어머니가 한 남자와 같이 생활하기 시작했고, 그 남자가 비용을 대서 상계동에 집을 지어 이사했다.

어머님이 어머니를 좋아하는 남자랑 동거 비슷하게 하면서 우리 누이랑 네 명이 중학교, 고등학교 시절에 같이 살았어요. 근데 이 사람도 또 가족이 있어. … 이걸 콩가루라고 할 수 있는데…. 가족 구성원의 변화가 되게 심했어요. 근데 뭐, 그런가 보다 했어요. 제 기억에 고등학생 때였던 것 같은데, 한 번은 어머님이랑 이 분이 싸움을 했어. 이 사람이 우리 어머니를 때렸어. 그때 이 사람한테 내가 폭력적으로 화를 냈어요. 내가 그 사람한테 다리미를 집어 던졌는데, 맞지 않고 문에 확 꽂혔어요. 평상시에는 그러지 않았거든요.
사실 이 분이 어머니를 만나서 좋다고 하면서 … 우리가 동대문 근처에 살다가 이분이 돈을 대가지고 상계동에다 집을 짓고 이사 가서 살아요. 그래 초등학교 때 한 3년, 중학교 3년, 한 7년 정도 같이 살았나 봐요.(이훈구 구술)

초등학교 4학년경부터는 철거민들이 살던 상계동에서 성장했다. 상계동에는 대부분 청계천 철거민들이 모여 산비탈에, 일부는 평지에 터를 만들어 집을 짓고 살았는데 한쪽은 양지마을, 다른 한쪽은 희망촌으로 불렸다. 처음에 그곳은 수도도 전기도 없는 곳이었다.

우리가 살았던 데는 산비탈에 형성된 희망촌과 양지마을 사이의 그나마 평지였어요. 거기가 버스에서 내려 고개를 넘어가서 아주 많이 걸어가야 하는 동네였는데, 우리가 처음 집을 지어 이사 갔을 때는 버스도 안 들어갔죠. 이사하고 나서 꽤 오랫동안 수도가 안 들어와서 물은 계곡물을 막아서 펌프로 해서 먹었고, 전기가 안 들어와서 호롱불을 켰어요. 청계천 철거민들이 대부분 이쪽으로 들어온 거고. 우리가 집을 지었을 때 블록공장, 국수 공장, 이런 게 있었고, 산 중턱을 깎아서 블록으로 집을 짓는 중이고…. 어머니가 혼자였지만, 생활력이 강해서 동네에서 반장도 하고 산전수전 다 겪었어요.(이훈구 구술)

판자촌이지만 사람들이 모여 살면서 시장이 생겼다. 그의 집은 그 시장 끝부분에 있었다. 집 주변에는 좌판을 놓고 장사하는 이들이 있었다.

처음에 벽돌 찍던 사람들이 집 앞에 있었는데 다 판자촌이고, 거기가 시장이 돼서 방앗간도 있고, 좌판에다 막 뭐 팔고 그랬던 것 같아요. 우리가 시장 끝에서 여인숙을 했던 거 같아요. 집을 나서면 그렇게 큰 데는 아니었지만, 좌판이 있고, 닭

집도 있고. 닭집 아줌마가 맨날 우리 집에 놀러 와서 같이 밥도 먹었던 것 같아. 펌프가 있었고, 겨울엔 펌프에서 뜨뜻한 물이 나오잖아요? 그렇게 산 거 같아요.(임옥휘 구술)

2. 어려운 집안의 '귀한 아들'

생활이 어렵고 가족 구성이 복잡했어도 어머니는 아들을 매우 귀하게 여겼기 때문에, 이훈구는 크게 부족함 없이 자랐다. 특히 입맛이 까다롭고 입이 짧은 이훈구의 식성을 맞추느라 어머니와 누나는 많이 노력했다.

엄마는 금이야 옥이야 키웠으니까. 혼자서만 아들 낳은 것처럼 "아들, 아들, 아들~" 그리고 저도 동생이 생기니까 좋아서 "나도 동생 있다"고 막 이랬거든요. 그리고 훈구가 음식에 그렇게 까다로웠어요. 먹을 때도 딱 집어서 덥석 먹은 적이 없고 막 깨작깨작 먹고. 젓가락으로 깔짝깔짝하고 그랬어요. 그래 우리는 맛있는 거 있으면 우선 훈구부터 해주고. 걔는 고기반찬만 좋아하고 조금 비리면 안 먹어. 걔가 안 먹으면 우리가 먹어. 하여튼 왕자처럼 그렇게 했어요. (정말요?) 얼마나 까다로운지. (전혀 아닌데…) 운동하고 나서 애가 싹 달라졌어요. 아무거나 먹고, 우리 가족들이 "어머, 쟤가 저런 것도 먹어?" 이랬어요. (정말 그렇게 성장했다고요?) 엉, 왕자야, 왕자. 걔는 옷도 우리가 비싼 거, 좋은 것만 사줬어요. 우리가 그렇게

막 떠받들고 살았다니까요.(임옥휘 구술)

이훈구의 누나는 서울여상 야간을 다니고 졸업한 뒤 시계 회사에 취업해 집안의 가장 역할을 하기 시작했다. 그러면서 집안의 경제 형편이 다소 나아졌다.

서울여상 야간을 제가 나왔는데 그때는 거의 은행에 들어갔지만, 오일쇼크 때문에 은행에서 사람을 안 뽑는 거예요. 그래서 인쇄소 1년 정도 다니다가 텔렉스를 배워요. 옛날에 왜 이렇게 종이로 편칭돼서 나오는 거 있잖아요? 그거 학원 다녀서 자격증 따가지고 성수동에 있는 오리엔트시계 다녔어요. 무역부에서 근무했어요. 거기서 금강 에스콰이아 구두표를 팔았고요. 몇 퍼센트 나한테 돌아오니까 그거는 용돈으로

사진1-2. 중학교 입학 기념으로 동네 산에서 교복을 입고.

내가 쓰고, 월급, 보너스 타면 다 엄마 갖다주고. 그때부터는
조금 여유로워진 것 같아요.(임옥휘 구술)

이훈구는 중학교를 졸업하고 인문계인 휘문고등학교로
진학했다. 그의 친구들은 가정 형편 때문에 고등학교 진학
을 못 하거나 공고나 상고에 다녔다. 상계동에 사는 이들은
대부분 가난 때문에 중학교만 마쳤고 이훈구처럼 인문계 고
등학교를 진학하는 경우는 거의 없었다.

상계동은 그나마 소수 있는 집 애들이 인문계 갔고, 중학교
때 같이 놀던 친구들은 대부분 공고나 상고를 갔어요. 나처럼
인문계를 간 것 자체가 약간 별스러운 거였고. 애들이 중학
교 때까지 나랑 친구였는데 고등학교 1년이 지나니까 공고,
실업계고등학교에서 깡패지, 요즘 학교 일진처럼. 양아치같
이 하고 다니면서 나랑 점점 달라져요. 그래도 고2까지는 친
하게 지냈는데, 거기 동네 문화가 좀 안 좋았어요. 고2 땐가?
애들이 여자애를 윤간하는 사건이 벌어져서. 근데 그게 다 내
친구들이에요. 그 여자애도 초등학교 동창인데, 그래 동네가
다 들쑤셔졌어요. 거기에 노름, 도둑질, 맨날 패싸움하고. 고
등학생 되니까 애들이 다 담배 피우고, 술 먹고, 본드하고, 환
각제 같은 거 먹고. 그런데 나는 그런 거는 안 했어요, 이상하
게 담배도 안 피우고.(이훈구 구술)

그는 고등학교 때 열심히 공부해야 한다는 의지가 없었다. 수학은 꽤 잘했지만, 영어는 못했다. 그의 어머니가 이훈구의 대학 진학에 관심이 없었기 때문에 압박감도 없었다. 그런데도 절에 가서 『성문종합영어』를 혼자 공부하기도 했다.(이훈구 구술) 그 때문인지 고등학교 때 그는 공부를 꽤 잘하는 편이었다.(임옥휘 구술)

나는 수학은 자신이 있었는데 영어를 잘 못했어요. 그래서 2학년 겨울방학 땐가, 절에 가서 『성문종합영어』를 혼자 막 공부했어. 그거 말고는 특별히 공부를 판다든지 '공부 열심히 해야겠다'는 것도 아니고, 더구나 대학에 꼭 가야 한다는 스트레스도 없었던 것 같아요. 어머니는 나의 대학 진학에 관심

사진1-3. 휘문고 2학년 수학여행. 왼쪽 아래 손 든 이가 이훈구.

이 없었으니까.(이훈구 구술)

3. 아주대 공대 입학

이훈구는 어려서 과학자, 군인, 경찰이 되기를 꿈꿨다. 그
러나 고등학교 때 어려운 집안 현실을 알게 되면서 전망 있
는 직업, 안정적인 직업을 가져야겠다고 생각했다. 그의 어
머니 역시 그가 대학에 진학하기보다 취업하기를 원했으나,
"대학에 가라"는 누나의 주장으로 그는 대학 진학을 결정했
다. 당시 그의 누나는 공업고등학교를 졸업하고 취직한 이들
을 무시하는 사회 분위기에서 동생이 '공돌이' 취급받는 게
싫었다. 무엇보다 그녀 자신이 집안 형편 때문에 대학 진학
을 포기했기 때문에 동생은 꼭 대학에 다니게 하고 싶었다.

> 공고 나오면 막 '공돌이'라고 그러잖아요. 제가 오리엔트시계
> 다닐 때 무역부는 인문계, 대학 나온 사람들이고, 공고나 공
> 대 나온 사람들은 작업복 입고 일하고. 차이가 나지, 화이트
> 칼라랑. 현장에서 보니까 둘을 차별하고 있으니까, 내 동생은
> 꼭 대학 가게 하고 싶다는 게 컸죠. '공돌이' 그렇게들 불렀는
> 데, 그게 싫더라고요.
> 그리고 내가 대학에 가고 싶은데 못 간 게 제일 크고요. … 저
> 는 그림을 잘 그렸어요. 대회에서 상도 많이 받았어요. 미대
> 가고 싶었는데, 미대를 어떻게 가? 고등학교 등록금도 못 내

는 처지인데. 그래서 훈구한테 "너는 꼭 인문계 고등학교에 가서 대학에 가야 한다" 해서 제 월급 모아놓은 거로 등록금을 해줬어요. 내가 못 간 대학을 내 동생이 가니까 너무 좋았죠. 근데 걔가 어느 날 갑자기 그렇게 (학생운동 한다고) 변해서. [같이 웃음] (임옥휘 구술)

나는 기억에 없고 나중에 들은 건데, 어머니는 "그냥 실업계에서 취직해서 돈 벌어 와라" 했는데, 누님이 "아니다, 대학에 보내야 한다"고 설득해서 대학에 가게 되죠. 뭐, 여기 친구들도 초등학교나 중학교 친구들도 대부분 차이가 없었던 거 같아요. 근데 고등학교 올라가면서 많이 달라지는 것 같더라고. 근데 저는 그냥 여기서 학교-집, 학교-집, 도서관 뭐 이 정도. 방학 때는 초등학교, 중학교 동창들이니깐 좀 놀고, 고등학교 2학년 여름방학까진 어울렸던 거 같아요. 그 담부턴 잘 안 어울려지더라고. 대학에 갔더니 딴 세상이 된 거죠.(이훈구 구술)

대학에 입학해 탈춤반 활동을 한 이훈구는 밤늦게 귀가하거나 외박하는 날이 잦았다. 상계동에서 수원의 아주대학교까지 워낙 거리가 먼 것도 이유였지만, 탈춤 연습을 하면 매번 뒤풀이로 술을 마셨기 때문이다. 그러던 어느 날 이훈구는 가족에게 학업을 중단하겠다며 학생운동을 한다고 말했다. 어머니는 이훈구가 운동하는 것을 말리려고 혼내고 매를 들기도 했고, 그의 삼촌은 주먹으로 때리면서 그만두라고 했다. 그러나 집안에서 폭력을 당하면서도 이훈구는 학생운동을 계속했다.

대학에 보냈는데, 처음엔 "서클 어디 들어갈까? 취미로" 그러
면서 "탈춤반이 있어" 그러기에 "되게 멋있어, 너 해" 그랬지.
그게 운동하는 데인 줄 몰랐지. 그러다가 집에도 안 오고. 계
속 그러다가 훈구가 "공부를 안 하겠다"고 그러더라고요. "학
교 안 다닌다"고. 나중에 운동하는 걸 알았죠. (어떻게 아셨어
요?) 걔가 얘기했나? 하여튼 연락이 두절될 때가 많았어. 그
래서 "감옥에만 안 갔으면 좋겠다" 그랬지.

우리는 운동이 뭔지 모르잖아요. 처음에는 엄마도 막 울고불
고하다가 훈구를 때리고 막 몸부림치고 이랬어요. 그때 나
는 결혼했었고. (결혼은 언제?) 1980년 6월에 했거든요. 그래서
훈구가 "학교 안 다닌다"라니까 잠실 사는 삼촌이 화내고 주
먹으로 때렸던 것 같아요. "정신 못 차리고 돌아다닌다, 공부
나 하지"라고. 그런데 삼촌한테 맞고도 굽히지 않으니까 포
기했어요. 그러다가 "어디 공돌이로 들어간다"고 그랬던 것
같아요. 용접 자격증 따가지고 거제도인가 어디 회사에 간다
고.(임옥휘 구술)

2장

아주대 탈춤반 활동과 기청연합팀 활동

1. 아주대 탈춤반 참여

1) 탈춤반 활동

이훈구는 '안정적인 직장'을 갖기 위해 1979년 아주대에 진학했고, 전공 선택 역시 당시 유망 업종인 전자공학과를 지원했다. 그는 입학하자마자 휘문고등학교 동창 두 명과 함께 탈춤반에 가입했다.

> 대학에 들어오자마자 희한하게 고등학교 때는 잘 모르고 지냈던 애들이 있더라고요. 근데 애네 중에 한 녀석이 "야, 탈춤반에서 신입 회원을 뽑는다"는 거예요. "거기 가면 막걸리 준다"고. … 술담배를 대학교 와서 처음 했는데, 담배는 뭐 그냥 그랬는데 술은 괜찮더라고. 먹을 만하고 맛있더라고. … 그래서 탈춤반에 가입하죠.(이훈구 구술)

당시 탈춤반 선배였던 78학번 민경서도 "막걸리를 마음껏 먹을 수 있다"라고 한 말에 79학번인 이훈구와 친구 2명이 서클에 참여했다고 기억한다.

> 내가 2학년 되고 탈춤반을 꾸려나갈 때인 79년도에 1학년들

을 신입 회원으로 모집하면서 이훈구를 처음 보게 됐죠. … 그때 기억나는 거는 민홍식, 박강서, 이훈구 이 세 명이 휘문 고등학교 3인방인데 "막걸리 마음대로 먹을 수 있다"는 말에 당겨졌고, [같이 웃음] 본인들도 진짜인지 거짓말인지 모르 겠지만, "술 사준다기에 술 먹으러 들어왔다"고. 그래 79년도 에 술을 많이 먹었어요. 왜냐하면, 이 3인방도 선배들을 능가 할 정도로 진짜 술을 잘했고. 하하. 아, 우리가 여학생을 가입 하게 하려 노력했는데 여자로서는 유일하게 유영란이 가입 했고요. 그러면서 유영란과 이훈구, 이 둘이 가장 가까운 동 기로서 이후 과정들을 쭉 같이 밟아나갔어요.(민경서 구술)

이훈구와 같은 79학번으로 탈춤반의 유일한 여학생이던 유영란은 당시 상황을 다음과 같이 기억한다.

과 친구랑 밥을 먹으러 식당에 갔는데 경서 형이 탈춤반 모집 공고를 돌리고 있었어요. 나는 고등학교 때 얼핏 텔레비전에 서 탈춤 추는 대학생들의 모습을 보고 머리에 딱, 인상이 남 아 있었어요. 그래서 고민하다가 찾아갔죠. 그런데 다른 애들 은 이미 와 있었고, 훈구랑 박강서하고 몇몇 남자애들도 있었 고. (여자 혼자예요?) 그렇죠. 누가 거길 오겠어요. 근데 학교를 그래도 매일 갈 수 있었던 건 그 서클이 있었기 때문이에요, 하하.(유영란 구술)

아주대 탈춤반은 민중문화가 확산하던 분위기를 타고 기

독교장로회청년회의 문화 활동인 대학연합 탈춤팀(이하 '기청연합팀') 소속 77학번들이 1977년에 만들었다. 당시 아주대에는 학생운동의 분위기가 거의 없었고, 다만 1~2개의 비공개 서클이 있었을 뿐이었다. 그런 상황에서 탈춤반이 만들어진 것이다. 초기에는 76학번 1명, 77학번 2명이었다가 78학번 때에 7~8명으로 늘었다. 이훈구가 참여한 79학번 때는 10명이 넘었다.(민경서 구술) 이훈구는 탈춤반에 참여하면서 그 활동에 푹 빠져서 보냈다. 집에도 잘 안 들어가고 탈춤을 연습하거나 공부하거나 술을 마셨다.

1학기 때는 그동안 안 봤던 세상, 몰랐던 세상에 대해 르포, 소설, 이런 거로 보고. 또, 탈춤이니깐 민중이란 어쩌고, 민중의 삶이 어쩌고, 이런 걸 막 얘기하면서 탈춤반 활동에 완전히 빠졌나 봐요. 그래서 집에도 안 가고. 어머니나 누나는 "그래, 대학만 가면 네 맘대로 해라" 왜냐면 주위 환경이 늘 불안했을 거 아니에요? 여기 동네에서 어울려서 탈선하면 어떻게 하나 걱정했으니까. 그래서 대학 가서 진짜 내 맘대로 했지. 탈춤반에 있다가 집에 안 가요. 당시에는 탈춤반이 여기저기 대학에서 막 만들어질 때였어요. 다른 학교에서 공연하면 가서 보고 술 먹고.(이훈구 구술)

탈춤반 신입생들은 1학기 때 77, 78학번 선배들에게 봉산탈춤 기본 춤, 양주별산대놀이 기본 춤을 배우며 연습했고, 탈춤과 관련해『한국의 민속극』으로 세미나를 했다.

1학년 때 탈춤반 들어와서, 처음에는 1학기 때 봉산탈춤 기본춤, 양주별산 기본 춤을 77학번 선배한테 배우고, 그다음에 78학번들이 지도를 하면서 춤 연습을 했고. 스터디로 당시 심우성 선생님이 쓴 『한국의 민속극』으로 세미나 하고, 이어 『민중과 지식인』 같은 책들, 약간의 근현대사를 공부해요. 학습과 탈춤 연습을 1학기 때는 쭉 하고, 뒤풀이는 항상 술이니까. 이 3인방이 진짜 술을 세게 먹었어요. 하하. 막걸리, 소주 할 거 없이 섞어 먹고. 그다음에 아주 질펀한 분위기에서 서로 고무신에다 술 따라서 먹고. 우리뿐만 아니라 다른 대학 탈춤반 분위기도 대체로 그랬어요.(민경서 구술)

이런 과정을 거치며 1학년들은 각자 알아서 각종 농악기를 익혔다. 이훈구는 1년 안에 상쇠[1]가 되겠다는 생각으로 수업 시간이나 모임, 심지어 술자리에서조차 1년 내내 꽹과리 치는 꽹쇠채를 갖고 다니며 연습했다. 그렇게 열심히 연습한 덕분에 그는 상쇠를 맡기도 했다. 또, 이들은 다른 대학의 탈춤 공연을 보면서 배우거나 각 대학 탈춤반과 교류했다.

1학년 때 탈춤반에 들어가자마자 맨날 쪼그려 앉았다 일어났다 하는데, 처음 하니까 근육통으로 계단을 못 내려가요. …

---

1 두레패나 농악대 따위에서 꽹과리를 치며 전체를 지휘하는 사람

그렇게 우리끼리 연습하고. 그다음 1학기 땐 공연하는 데가 있으면, 주로 서울에 있는 대학의 탈춤반들과 함께했는데, 그 사람들과 교류한다는 취지로 막 쫓아다니고.(이훈구 구술)

(탈춤반 분위기는?) 매일 연습하더라고요. 나중엔 학과에 안 가고 매일 서클에 가고. 저는 장구를 쳤는데, 제가 뭔가 습득하는 데 시간이 오래 걸리는 편이라 잘 못했어요. 훈구가 "왜 이렇게 못하니?" 막 나를 계속 찐빠 넣는 사람 중의 하나였죠. 아무튼, 정말로 열심히 연습하는 걸 봤어요. 기억에 남는 건 훈구가 거의 손에 채를 가지고 다니면서 매일, 온종일 연습했던 거예요.(유영란 구술)

그때 기억나는 건, 훈구가 꽹과리 치는 꽹쇠채를 1년 내내 갖고 다녔어요. 자기 손에다가 치면서 연습하고, 수업 때도 술 먹을 때도 갖고 다니고. 하하. "꽹쇠 제대로 좀 치겠다"고 1년 내내 연습하고. 그래 나중에 훈구가 상쇠를 맡았어요. 농악패든 풍물패든 리드에 따라서 움직이는데 상쇠는 그걸 리드하는 거거든요.(민경서 구술)

탈춤반은 79학번들이 다수 들어오면서 활기를 띠고 있었다. 이런 분위기를 살리고자 선배들은 구성원 단합 및 좀 더 깊은 공유와 소통을 위해 첫 MT(수련회)를 진행했다. 당시 대학 서클들은 수련회 프로그램에 살아온 이야기하기 시간을 꼭 넣었다. 탈춤반 79학번들의 수련회에서도 '라이프 스토리' 시간을 진행했다. 다른 사람들은 껄끄러운 가족사를 대충 이야기하거나 안 하고 넘어가는 편이었다. 그런데 이훈구는 법적으로 '사생아'라는 등 가족사를 숨기지 않고 이야기해 수련회에 참석했던 사람들을 놀라게 했다.(민경서 구술)

> 탈반에서 첫 엠티를 갔어요. 그땐 뭐더라? 뭐 촛불 들고 라이프 히스토린가? 뭐 그런 걸 말하는 시간이 있어요. 그래서 촛불 들고 돌아가면서 얘기를 한 거야. 처음 만난 애들 앞에서 저는 그냥 "나 사생아고, 이렇게 산다, 잘해보자"고 얘기했더니 애들이 다 놀랐어. '그런 거 웬만하면 숨기는데, 저 새끼 왜 드러냈지?' 저는 그냥 자연스럽게 얘기했어요. 애들이 약간 놀랐어도 특별히 막 이상하게 생각하고 그러지 않았어요. 왜냐면 큰 틀의 공감이 있잖아요? 민중문화. 또, 사회나 근현대, 역사적인 인식에 눈뜨면서 오는 충격, 동의, 공감, 이런 것들이 내 가족사를 이해하게 하거나 무마시켰겠죠.(이훈구 구술)

당시 학습 등을 통해 '민중'의 삶에 관심을 갖고 사회문제를 인식해 가고 있었기 때문에, 탈춤반 구성원들은 이훈구의 가족사 역시 그 속에서 이해한 듯했다. 이훈구는 가족의 상황과 자신의 성장 과정을 돌아보고 해석하면서, 자신을 '태생부터 민중'으로 인식하기도 했다.

> 우리가 MT를 갔는데, 훈구가 자기의 순탄치 않은 집안 얘기를 막 해요. … 그러면서 그 연장에서 민중 의식과 관련해 자

의식이 굉장히 있었던 것 같아요. 자기는 "태생적으로 민중이다" 이런 얘기를 많이 했던 것 같고. 그러면 우리 선배들은 "야, 까불지 마라, 너희들은 선택된 대학생이야", "그렇게 섣불리 민중 팔지 마라" 얘기하면 훈구는 굉장히 대들면서 "난 태생적으로 그렇다"고. 처음에 들어왔을 때는 굉장히 얌전하고 온순했는데, 불과 얼마 안 돼서 술을 걸쭉하게 먹고, 하하. 그것도 일주일 내내 먹고. 그래서 자기는 어쩌고 하면서 민중에 관한 얘기들을 많이 했던 것 같아요.(민경서 구술)

수련회뿐만이 아니라 이훈구와 탈춤반 친구들은 거의 매일 술을 마셨다. 술을 마시면서 탈춤 관련한 이야기, 삶 이야기, 특히 거친 수준에서 '민중', '민중 의식'에 관한 이야기를 가장 많이 했다. 그것은 대학생이 사회에서 어떤 존재인가의 존재론적인 이야기로 이어졌다.

(술 마시면서 어떤 얘기해요?) 술 먹으면서 그 당시에 제일 많이 했던 얘기는 "민중 의식, 민중이란 도대체 무엇이냐" … 그러니까 탈춤 공부를 해도 그 안에 양반과 쌍놈이 있고, 계급 구조와 연결해서 보니까 우리 학생들이나 지식인들 입장에서 도대체 "민중이라는 게 뭐냐? 우리가 민중이냐, 아니냐?" 그 다음에 "어떻게 민중으로 전환할 수 있을 것인가?" 매우 거친 수준의 토론을 하고. 뭐, 펑펑 울기도 하고 굉장히 걸쭉한 분위기였죠. 우리뿐만 아니라 당시 다른 탈춤반 분위기도 그랬어요.(민경서 구술)

탈춤반에는 이훈구처럼 서울에서 통학하는 학생이 많았는데, 매일 술을 마시고 밤 10시 막차로 귀가하거나 자취하는 이의 집으로 몰려가 자기도 했다.

저나 훈구나 다 서울에서 통학하니까 매일 막걸릿집에서 술을 마시다 밤 10시 막차를 타러 막 달려가는 거예요. 누가 먼저 가서 10시 막차를 잡고 있으면 우리도 달려가고, 하하. 그리고 술 마시다 못 가거나 공연 있어서 못 가면 학교 옆에 자취하는 애네 집에 가는데, 밭을 넘어가다가 남의 밭 무를 뽑았던 기억이 나요. 되게 재미있어서 우리가 "이래서 학교 다닌다"며 푹 빠졌던 것 같아요. 그 막걸릿집 아줌마는 나랑 탈반 애들을 기억해서 우리가 공연할 때 광고도 해주고요.(유영란 구술)

2) 학습과 의식의 전환

그는 탈춤반에서 사회과학 기초 학습을 했다. 초기엔 주로 잡지에 실린 민중의 삶 관련 르포를 보았고, 이어 한국 근현대사, 철학, 정치경제학 등을 공부했다. 그는 이 시기의 서클 활동과 사회과학 학습을 통해 직접 또는 간접적으로 민중의 삶, 그리고 한국사회와 자본주의 체제에 관한 기본 인식이 형성되었다고 했다.

1학년 때 세미나는 함석헌의 『씨알의 소리』, 『한국으로부터의 통신』, 그다음에 『신동아』나 여러 잡지에 있는 사람들의 삶과 관련된 르포하고, 『난장이가 쏘아올린 작은 공』, 『어느 작은 돌멩이의 외침』류의 소설, 수기 같은 게 주 텍스트였어요. 2학년 때부터는 보통 커리큘럼이 정비되어서 민중문학, 철학, 근현대사, 정치경제학 관련 일본어 원서로 세미나를 하려고 일본어 강독 공부도 했던 것이 기억나네요. 일본어 강독 교재 제목이 휴머니즘에 대한 것이었는데, 활동하면서 오랫동안 기억이 나고 나름 영향도 받은 것 같아요. … 거기에 일본공산당, 사회당, 이런 데서 나온 것 중에 정치경제학 책들, 노동조합운동이란 어쩌고 이런 것들은 사전을 갖다 놓고 번역해서 보고. … 그리고 여름방학 때는 농활, 겨울방학 때는 공활을 해요. 방학이니깐 한두 달 정도.

그렇게 거기에 몰입하는 과정들이 있었던 것 같고. 공동체 문화와 민중의 삶에 대한 직·간접적인 경험들, 사회와 체제에 대해 새로운 인식이 탈춤반 서클 활동을 계속하게 했고, 지금까지 활동하는 것에 영향을 미치지 않았나 싶어요.

그다음에 철학, 사적 유물론, 변증법적 유물론 공부하고. 나중에 들으니 그 책들이 소련공산당 초등학교 교과서였는데, 사회과학 출판사들이 번역해 출판한 거래요. 그리고 뒤로 돌았던 자료들인 모택동의 『실천론』, 『모순론』은 필독서였고. 당시에 국가보안법이 있는 엄혹한 시절이었기에 다 비공개로 쓱~ 복사해서 보고 세미나를 했던 거 같아요. 그러면서 '학교를 왜 다녀야 하나?' 고민하고…. 하여튼 탈춤반 하면서 '아, 세상을 바꿔야 하겠구나' 그런 고민을 하게 된 것 같아요.(이훈구 구술)

3) 1979년 10월 첫 탈춤 공연

탈춤반은 1970년대 초반에 서울대학교에서 먼저 만들어졌고, 이어서 이화여대, 연세대 등에서도 생기면서 1970년대 말경에는 전국의 거의 모든 대학에 만들어졌다. 대학 탈춤반은 처음엔 서클 선배들로부터 기본 춤을 중심으로 배우다가, 어느 정도 익숙해지면 매년 정기 탈춤 공연을 했다. 공연을 위해 탈춤 하는 곳을 찾아다니며 배우기도 했다. 예로 봉산탈춤 하는 학생들은 봉산탈춤 전수를 가고, 양주별산대는 양주에 가서 전수받기도 했다. 실제 공연 때는 다른 대학의 탈춤반 학생들이 같이 참여하므로 공연의 내용과 형식 등 공연 자체를 공유하는 것도 중요했지만, 공연 이후 시위가 만들어지면 같이 시위를 벌였다. 특히, 뒤풀이 자리는 밤을 새우며 서로 논쟁하고 교류하는 데 중요했다.

아주대 탈춤반은 1979년에 79학번들이 여럿 참여하면서 처음으로 10월 정기 공연을 하기로 했다. 그래서 여름방학에 통영오광대를 제대로 배우기 위해 2주에 걸쳐 통영에 있는 오광대 전수소에서 합숙하며 전수를 받았다.

> 79년도에 처음으로 10월 정기 공연을 결정하고 통영오광대를 공연에 올리기로 했어요. 여름방학에 한 보름 정도 통영의 오광대 전수소에서 인간문화재 선생님들한테 춤을 배웠죠. … 통영에서 전수를 받으면서 배역을 정했는데 휘문고 3인방이 주요 배역을 맡아요. 몇 명 나오는 양반 중 하나를 훈구가 맡았고, 아, 유영란이가 영감할미 과장에서 할미를 맡았고.

그렇게 배역이 정해지면서 집중해 연습했고, 특히 10월 공연 일주일 전에는 매일 서클룸, 운동장에서 연습했어요.(민경서 구술)

당시 각 대학에서 공연이 있으면 모두 참여해서 하나가 되어 흥겨운 분위기를 만들었다. 특히 공연은 약간 어스름한 5~6시경 시작해, 끝날 즈음 어두워지면 조명으로 횃불을 밝혔다. 공연이 끝난 후에는 횃불 행진을 하면서 교문 바깥으로 나가는 걸 시도했다. 그래서 "교문 밖을 나가냐, 못 나가냐"를 둘러싸고 각 대학 탈춤반 사이에서 무용담이 오갔다. 1979년에는 연세대 탈춤반에서 공연하고 "교문 밖으로 나가서 한 바퀴 삥~ 돌았다!"라는 무용담이 돌면서 모두 부러워하기도 했다.(민경서 구술)

아주대 탈춤반에서도 "우리도 저 교문 뚫고 나가자!"라고 결의했지만, 분위기는 녹록지 않았다. 학내에 상주하는 형사들과 학교 당국은 데모 방지 차원에서 밤 공연을 허락하지 않았다. 학교 측과 실랑이 끝에 탈춤반은 오후 4시부터 공연하기로 했다.

10월 25일 오후 4시, 탈춤반의 첫 공연이 시작됐다. 아주대 학생들과 다른 대학의 탈춤반 학생들 300여 명이 공연에 참여했다. 거기에 모든 학생이 편하게 마실 수 있게 큰 통에 막걸리를 갖다 놓아서, 오가던 학생들이 막걸리를 마시며 공연을 보는 경우도 꽤 있었다. 아주대 역사에서 처음으로 많은 학생이 모인 자리였다. 시간이 갈수록 참석자들이 공연에 호응을 보내고 공연 분위기가 고조되어 갔다. 탈춤 반원들은 공연을 조금씩 늦춰 날이 어스름해지길 기다렸고 횃불을 만들어 조명으로 사용했다. 공연 마지막에는 참석한 사람들이 모두 같이 어우러져 놀이를 진행하다가 함께 교문을 나가려 시도했다. 그러나 학교 측의 제지로 교문 밖으로 나가지는 못했다.

1학년 때인 79년 10월에 제가 탈춤 첫 공연을 해요. … 우리가 밤에 횃불 들고 공연해야 하는데, 당시 학교에 안기부 애들이 상주하고 있을 때였으니깐 학교에서는 그게 (허락이) 안 되죠. 학교 측이나 안기부는 그게 데모로 이어질까 불안했나 봐. 그래서 밤 공연을 안 시켜줬어요. 공대는 아주 오지라 괜찮았는데. 아무튼 밤 공연이 큰 노력에도 성사가 안 되고, 벌건 대낮에 낮 공연을 해요. 다른 학교에서도 많이 와줬어요.(이훈구 구술)

공연을 10월 25일날 했습니다, 박정희 죽기 전날. 대운동장에서 통영오광대 공연을 했는데, 그때 통영에서 인간문화재 선생님들이 올라오셨어요. 악사, 고수, 북장구, 그리고 우리가 배역 맡은 거에 따라서 문둥춤 추는 문둥이 과장, 양반 말뚝이 과장, 영감할미 과장을 공연했죠. … 학교와 (종료 시간) 합의 본 게 아마 너덧 시(4~5시)였어요. 그래서 우리는 어두워질 때까지 공연을 질질 끌고, 약간 어두워지자마자 횃불을 만들어서 조명하고. 끓어오를 분위기를 좀 조성한 거죠. 공연이 끝나고 뒤풀이 형식으로 관객들이 다 나와서 어깨동무하고 돌면서 노래 부르고, 누군가 구호로 "야, 나가자!" 해서 교문을 나가려는데 지도교수하고 교수들이 나와서 말리고. 그러면 흩어졌다가 다시 시도하고. 교문 근처까지 갔다가 결국 밖으로 못 나갔어요. "너희들 이러면 서클 없어진다"라고 지도교수가 간곡하게 얘기해서 그 정도로 합의 보면서 끝났고 뒤풀이한 거죠.(민경서 구술)

4) 1979년 10·26 사태

통영오광대 정기 공연을 마치고 탈춤반 학생들은 다른 대학 탈춤반 학생들과 어울려 뒤풀이를 했다. 그리고 아주대 탈춤반 학생들은 지도교수가 제공한 교수 숙소에서 술을 마시다가 잠들었다. 그런데 다음 날인 10월 26일, 박정희가 자기 부하에 의해 죽임을 당하는 사건이 일어나면서 전국에 계엄령이 내려졌다. 전날 과음하고 동료들과 같이 잤던 이훈구 역시 다음 날 아침 박정희 사망 뉴스를 들었다. 그는 교문을 나오다 군인들이 총을 들고 서 있는 모습을 보고 충격을 받았다.

우리 탈춤반 지도교수가 김용옥 교수였는데 통영에서 탈춤 선생님들이 오시니까 교수 숙소를 내주셨어요. 숙소에 들어가 보니 아주 기가 막히더라고요. 공연 전날은 선생님들이 계셔서 우리도 거기서 자면서 술 먹고. … 공연 끝나고 선생님들을 다 고속버스터미널 모셔다드리고 우리끼리만 남아서 거기서 밤새 술 먹고 다 같이 뻗어 잤죠.

새벽에 누가 막 소란을 피우면서 "박정희가 죽었다, 빨리 일어나 봐" 해서 "새끼야, 장난치지 마" 그러면서 다들 주섬주섬 일어나서 눈 비비고. 그러는데 사건이 라디오에 나왔어요. 그래서 "야, 이거 어떻게 하냐?" 한 거죠.(이훈구 구술)

그런데 10월 26일은 전국의 대학 탈춤반들이 국민대에서 "탈춤반 연대와 연합활동 모색"을 위해 모이기로 한 날이다. 당연히 아주대 탈춤반 학생들도 참석하려 했으나, 이날 새벽에 지도교수가 "학교를 다 떠나라, 휴교할 것 같다"라는 연락을 해주었다. 거기에 학교 정문 앞은 탱크와 군인들이 지키고 있었다. 바로 휴교령이 내렸다. 결국, 교수 숙소에서 자던 탈춤반 학생들은 흩어져서 각자의 집으로 갔다.

새벽에 나가 보니까 이미 학교 정문에 탱크가, 모든 대학이 다 그랬죠. 국가비상령이 발동되고 비상사태와 휴교령…. 일단 짐 정리하고 그냥 다 흩어졌어요. 집이 또 서울인 애들이 많고 하숙하는 애들도 있지만, 국민대에 갈 계획이 있었으니까 "어떻게 진행될지 추이를 보고 연락을 들어보자" 했는데 그게 취소되고 10월 26일부터 장기 휴교에 들어갔죠. 그래서 2학기는 그걸로 끝이었어요.(민경서 구술)

휴교령으로 학교에 가지 못하자 탈춤반 학생들은 학교 밖에서 조심스럽게 모이기 시작했다. 조건이 되는 학생의 집에 모여 세미나를 했다. 정국이 어수선하고 미행이 붙었을지도 몰라 모임 참여자들은 항시 버스나 전철 등을 계속 갈아타며 매우 조심스럽게 움직였다. 그러나 전반적으로 위축된 분위기 속에서 모임은 잘 진행되지 못했다.(민경서 구술) 그렇게 탈춤반의 1979년이 지나갔다.

2. 기청연합팀: '진영' 활동

1980년에 이훈구는 78학번 민경서의 소개로 기청연합팀에 참여했다. 이 연합팀은 비공개 학습 그룹인 '진영'과 문화활동 중심의 '화자'를 구성해 활동했다. '진영'은 대학연합의 성격으로, 구성원들이 소속 대학에서 개별적으로 후배들을 데려와 확대해 나갔다. 그 때문에 여러 대학에서 '외풍 문제'가 일어나기도 했다. 대학 안팎으로 이중 멤버십을 가진 구성원들이 소속 대학 공간에서 활동하면서 '진영'의 결정이나 문제의식 혹은 학습프로그램 등을 가지고 학내 문제에 영향을 미쳤다. 그러자 대학 내부의 활동 주체들이 자주적인 활동을 침해해서는 안 된다고 비판하며 외부의 영향력을 차단하고 자체 논의와 실천을 중심으로 활동하려 했다. 이는 학내 서클 성원 간 심한 갈등으로 이어지기도 했고, 특히, 서울 모 대학의 경우 '외풍 논쟁'으로 학생운동가들 사이에 첨예한 갈등을 겪었다. 이처럼 '진영'은 1980년 들어 '조직을 다지고 성원을 확장하기 위해 씨 뿌리는 과정'이었다.

학교에서의 활동은 공연이 끝나고 마무리됐고, 12월 겨울 방학을 앞두고 제가 이훈구와 유영란 두 명을 기청연합팀으로 연결하죠. (선발 기준은요?) 선발… [같이 웃음] 그냥 춤만 좋아하는 친구들도 있고, 약간 의식적인 친구들도 있고 해서 저 나름대로 의식적인 친구들을 고른 거죠. … 걔들한테는 "절대 얘기하지 마라, 우리들의 어떤 외부모임이 있는데 여기 같이하는 게 좀 좋을 것 같다, 각 대학에서 춤추는 친구들이고 좀 더 심도 있게 학습도 하고 탈춤도 거기서 또 추고, 그다음에 그런 걸 교류하는 어떤 외부 연합팀이 있는데…"하고 비밀리에 제안했죠. 그리고 "일단 가서 분위기를 보고 얘기도 나눠보면서 판단하는 것도 좋다, 굉장히 유익하고 이후에 좀 더 심도 있게 고민하는 데 필요할 수 있으니까 잘 생각해 봐라" 그렇게 둘을 기청연합팀에 데려갔죠.(민경서 구술)

기청연합팀에 참석한 이들은 탈춤도 배우고 학습도 했다. 75학번 이상훈이 봉산탈춤 등 여러 춤을 지도했다. 학습은 학번별로 하기도 하고, 여러 학번이 같이 하기도 했다. 학습 초기에는 김상복과 76학번 선배들이 지도했다. 초기엔 박형규 목사가 있는 오장동의 제일교회를 빌려 교회 안에서 탈춤 연습을 하거나 학습모임을 진행했다. 모임이 끝나면 교회 앞 시장 국밥집에서 미원이 한 움큼 들어간 국밥으로 뒤풀이하기도 했다.(민경서 구술)

1) 1980년 광주민중항쟁 이후 새문안교회 연좌 농성

1980년 5월 광주민중항쟁이 일어났다. 기청연합팀에서는 "가만히 있을 수 있냐? 우리도 뭔가 작업을 하자"는 분위기가 형성됐다. 더욱이 기청연합팀 구성원은 아니지만, 이 팀과 연관이 있던 서강대 김의기2가 죽음을 맞으면서 구성원들은 매우 격앙되었다. 특히 78, 79학번들은 "야, 우리도 죽을 각오로 뭔가 하자"고 했다.(민경서 구술)

80년 5월에 서울역에서 투쟁할 때 '진영'의 우리 친구들이 다 갔거든요. 이때 우리 2학년 후배들, 3학년들은 "우리도 가서 뭘 해야 한다"는 의견이 많았어요. 근데 선배들은 반대였어요. "공부를 더 해야 한다"고. 그리고 광주항쟁이 일어났는데, 우리 몇몇이 '진영' 그룹 내부에다가 "광주항쟁에 호응해서 뭔가 도움이 되는 실천을 해야 하는 거 아니냐"고 문제를 제기했어요. 그런데 선배들은 별다른 반응이 없고 오히려 뭔가 하려는 우리를 막았어. "거기 가지 마라, 공부나 열심히 하라"는 거예요. 광주에서는 사람이 죽어가고 싸우는데 어떠한 조직적 실천도 하지 않는 모습을 보니까 내가 왜 '진영' 활동을 하는지, 이런 조직이 왜 필요한지 회의가 오더라고요. 그때

---

2   서강대 76학번인 김의기는 1980년 5월 30일 종로5가 기독교회관의 금요기도회에서 광주의 진상을 밝히려 했으나, 당일 일방통행마저 금지할 만큼 경계가 삼엄했고 금요기도회도 취소되자 '동포에게 드리는 글'을 남기고 6층에서 투신해 사망했다. 그의 나이 22세였다.(민주화운동기념사업회 열사정보, https://www.kdemo.or.kr/patriot/name/%E3%84%B1/page/9/post/191)

선배들은 아직 조직을 건설하는 시기니까 역량을 키우는 걸 우선해야 한다고 판단한 것 같지만.(이훈구 구술)

기청연합팀에서는 선배들의 반대로 결국 공식적인 실천 활동을 하지 못했다. 그러자 77, 78, 79학번들이 각 대학에서 유인물을 만들어 학교 주변과 주택가에 배포하는 활동을 벌였다.

그래서 학교별로 뜻있는 사람들끼리 모여 유인물을 만들어요. 당시에는 철필, 쇠로 만든 연필로 먹지에다가 써서 등사기에 밀어요. 그래서 지역에 유인물을 막 뿌리고 다녔어요. 근데 이 조직에선 공식적으로는 안 해. 선배들은 조직의 초기 건설 과정이어서 그랬는지 "우리는 공부를 해야 한다, 나대지 말아라"는 거였죠.(이훈구 구술)

신군부의 계엄령 속에서 아주대 탈춤반도 기청연합팀도 제대로 모이지 못했다. 대학별로 유인물을 배포하는 과정에서 당국에 적발돼 수배당하고 도망 다니는 학생들도 있었다.
그 와중에 새문안교회에서 강연을 내세운 집회가 기획되었다. 당시 기독교 교회 가운데 제일교회, 경동교회, 새문안교회가 사회 참여를 많이 했다. 새문안교회에서 목사의 강연을 기화로 학생운동가들이 모였다. 이미 경찰들이 교회를 에워싸고 있었다. 강연이 끝나고 참여자들이 건물 밖으로 나가 시위를 하려 했으나, 경찰이 교회를 완전히 봉쇄하고 있어 나가지 못했다. 이에 이훈구는 선배들이 말리는데도 "싸워서 교회 밖으로 나가 시위를 해야 한다"라고 강하게 주장했다. 몇 차례의 실랑이 끝에 참석자들은 교회에서 연좌 농성을 했다.

그때 광화문의 새문안교회에서 목사님인가가 강연 비슷한 걸 했어요. 그게 아마 운동권에서 기획한 듯해요. "다 모이자! 다 모여라!" 그래서 간 거죠. 우리도 학교에서 우르르 갔고. 그랬는데 이미 정보는 다 새 나갔고, 바깥에는 경찰들이 둘러싸고 있고, 교회 바깥으로 못 나오게 완전히 봉쇄하고 있고. 강연회가 끝나자 일부 학생들이 "광화문이 멀지 않으니까, 지금 치고 나가자" 이랬는데 완전히 봉쇄됐으니까 거기 앉아서 노래 부르면서 계속 연좌 농성 비슷하게 하고 있었죠. 그때 훈구가 굉장히 강하게 싸움을 주장한 거예요. "뚫고 나가야 한다!"라고. 나는 "우리 보위를 위해서, 여기서 연행되면 안 된다"고 좀 누그러뜨리려 하면서 대치 상태에서 계속 말렸어요. 그런데도 훈구는 계속 도발하면서 나가려 하고. 이후에도 그 일로 토론을 해봤는데, 훈구는 "치고 나가야 한다", "어떤 식으로든 계속 싸움을 걸어야 한다"는 입장이었어요.(민경서 구술)

그렇게 격동의 1980년 상반기가 지나갔다. 2학년이 된 이훈구는 아주대 탈춤반 활동과 기청연합팀 활동을 같이 했다. 그는 학교에서 후배들을 지도하며 1982년 상반기까지 학내 탈춤반 활동을 했다. 이런 활동에 전념하느라 학교 수업은 거의 들어가지 못했다. 결국, 3학기 연속 낙제하고 재입학을 해야 했다.

나는 대학을 왜 다녔는지 스스로 이해할 수 없을 정도로 학업에는 전혀 관심이 없었고 활동에만 몰두했어요. 그러니 졸업을 못한 것은 물론이고 1학년 1학기만 낙제를 면했을 뿐, 모든 학기, 모든 과목이 낙제 수준이었거든요. 거기에 3학기 연속으로 F학점을 받아서 잘리고 재입학하는 무리를 했어요. 세상과 권력을 바꾸는 운동을 해야 하고 헌신해야 한다는 강박에 가까운 결의가 있지 않고서야, 다니지도 않고 졸업도 안 할 학교의 재입학을 위해 어떻게 어머니 패물을 팔아서 입학금을 냈을까. 지금 생각해 보면 휴학하거나 자퇴하는 게 나았을 텐데.(이훈구 구술)

아주대는 학생운동이 형성되지 못한 상태에서 그나마 탈춤반이 유일하게 학생운동의 맥을 만들어 가고 있었다. 그러나 탈춤반의 구성원들은 학생운동 발전을 위해 투여할 여건이 되지 못했고, 탈춤반 자체 운영도 버거운 상황이었다.

탈반에서 총학생회를 만든다든가 활동을 넓혀서 학생운동의 힘을 좀 키운다는 생각을 안 한 것 같아요. 탈반 자체를 하기도 되게 벅찼던 거 같고, 취직을 해야 하니 취업 준비를 해야 하고. 돈 있는 집 애들이야 괜찮겠지만, 다들 어려운 집안 환경이라 아르바이트해서 학비를 번다거나 그런 부담이 있었어요. 그래서 1학년 또는 2학년 마치고 군대에 가기도 하고. 당시 친구들끼리 "데모하고 잡혀가서 군대를 면제받자"라는 얘기도 돌았죠. 그런데 나는 일찌감치 신검해서 군 복무를 면 제받았고, 어렵지만 학비도 누나가 대주었으니 탈춤에 미쳐 서 살았어요. 세미나도 하고.(이훈구 구술)

다른 한편 이훈구는 점차 학교 탈춤반보다 기청연합팀 학 습모임, 탈춤 활동 등에 더 많은 시간과 에너지를 투여하며 열심히 했다. 기청연합팀의 활동에 공감하면서 학교에 가는 날보다 기청연합팀 모임에 참여하는 날이 늘었다. 이훈구는 학습모임을 통해 새롭게 깨닫는 것이 있으면 다른 친구들에 게도 그 내용을 알려주고 싶어서 계속 얘기하는 등 활동에 온 몸을 던지며 열정적으로 참여했다. 학습모임에서는 일본 어 강독을 통해『경제학 원론』등 철학과 정치경제학 세미 나를 했고, 번역본으로『자본주의의 구조와 발전』, 모택동의 『실천론』,『모순론』등을 공부했다.

기청연합팀에서 모임을 계속했으니까. 일주일에 한 번이나 한 달에 한 번. 나중에는 학교 간 날보다 여기 모인 날이 더 많았어요. … 모임에서 일어책을 번역해서 공부하고. 태규 랑 훈구랑 그다음에 또 한 명은 되게 열심히 하는 친구였죠. 훈구는 책의 이론적인 건 아니겠지만, 자기의 입장, 이런 얘 기를 많이 했죠. … 나는 가슴으로 오는 게 있어야 연결이 되 는 편이고, 태규는 머리로 갔고, 훈구도 되게 온몸으로 느끼면서 하잖아요? 되게 열정적이었던 것 같아요. 자기가 느낀 대로 타인에게 막 얘기하고, 계속 끌어당기려고 하고, 변화 시키려고 하고. (같은 학번인데?) 그러니까 저는 제가 완벽하 게 되기까지 타인한테 뭘 종용하거나 이러지를 못 해요. 근 데 그 친구는 그렇지 않죠. 그리고 되게 순수하게 접근하는 친구였던 것 같아요. 그런 면이 좋았어요.(유영란 구술)

심지어 그는 학교의 여성 동료인 유영란에게 기청연합팀 여성들의 개방적이고 당당한 모습, 여성노동자들의 당당함 을 이야기하며 점차 변화할 것을 제기하기도 했다. 그만큼 기청연합팀의 활동과 지향, 그리고 만나는 구성원들의 문화 와 태도를 통해 이훈구는 많은 자극을 받으며 변화하고 있 었다.

제가 여자니까 봉산탈춤에서 특히 '미얄'3을 시켰죠. 근데 진 짜로 힘들었어요. 정말 당당하게 하기까지 되게 시간이 오래 걸렸던 것 같아. 이건 내 개인적인 성향인데, 그런 성향을 보 면서 훈구가 나한테 엄청나게 얘기를 많이 했어요. (뭐라고?) 구박이죠. [같이 웃음] "너는 무슨 양반집 규수도 아니고 부 르주아도 아니고 뭐냐?"는 거지. "내가 밖에서 만나고 있는

---

3   미얄할미라고도 부른다. 탈춤은 승려들의 이야기와 양반 및 천민의 관계, 처첩의 가정 이야기로 구성되어 있는데, 미얄(할미)은 탈춤의 후반부 가정 이야기에 주역 으로 등장하는 늙은 조강지처의 이름이나.(한국민족문화대백과사전, http://encykorea. aks.ac.kr/Contents/Item/E0019979)

사람들은 다르다"고. 기청 탈반 가면서부터 "거기는 여자들도 다 담배를 피우고 당당하다" 그리고 노동자를 만나더니 "거기 노동자 언니들도 엄청 당당하게 자기 이야기를 하는데 너는 뭐 이렇게 안 되는 게 많냐?" 뭐 이런. 제가 장구도 잘 못 치고, 어떤 역할을 맡았을 때 되게 힘들어하고…. 아무튼 그 시기에는 그랬죠. 훈구도 거기서 본 여성들의 모습과 다르니까 "너는 예쁘게 꾸미거나 그런 것도 아닌데 왜 그러냐?"고. [같이 웃음] 그런 얘기를 막 했어요. 훈구가 거기서 자극받았던 거죠.(유영란 구술)

　방학이 되면 기청연합팀 구성원들은 농촌활동과 공장활동을 경험했다. 농촌-어촌활동은 1978년 겨울방학부터 전라도 고금도라는 섬에서 시작했다. 1979년 겨울방학에는 이훈구 등 79학번들도 농촌활동에 참여했다. 고금도는 주민의 90% 이상이 겨울에 바다에서 김을 채취해 양식하는 곳이었다. 그곳에서의 농촌-어촌활동은 직접 노동하는 것이고, 중간지도자 발굴 프로젝트인 크리스챤아카데미 교육에 참여할 사람을 찾는 것이었다. 농촌활동을 하면서 의식 있고 지도력 있는 사람들을 활동에 연결하는 것이다. 다른 농촌활동과 다르게 이들의 농촌활동은 1가구에 1인을 배치해 머슴처럼 일하고, 식사와 잠자리는 제공받지 않는 방식이었다. 농촌활동의 마지막 날에는 계속 연습한 농촌가면극을 주민들 앞에서 공연하기도 했다.(민경서 구술)

79년 겨울에 거기 갔죠. 10명에서 15명 사이였고 농촌활동은 한 열흘 정도. 다른 팀들하고 농촌활동 방식이 달랐던 게, 우리는 각 집에 한 명씩, 예를 들면 아예 머슴 식으로 들어가 그 집 일을 했어요. 잠자리는 "폐를 끼치지 않겠다", "식사도 받지 말자, 가서 일만 하자" 정말 머슴으로서 그런 방식의 활동을 하고. 저녁에 돌아와서 평가하고, 그다음에 각 집의 정보라든가 어떻게 사는지, 그런 내용을 다 모아 각각의 성격도 분석하고. 그래서 어떤 분들이 활동할 수 있나 고민하고. 마지막 날은 우리가 농촌활동 오기 전에 연습해서 준비한 농촌 가면극을 주민들 다 모아서 같이 공연하는 식이었어요. 그때 훈구, 영란이 다 같이 농촌활동을 했어요.(민경서 구술)

또, 기청연합팀은 구성원들이 노동현장에 가서 직접 일하며 노동자들을 만나고 노동 현실을 경험할 수 있도록 집단으로 공장활동을 시도했다. 이훈구도 1980년 겨울방학, 처음으로 구로공단의 박스 만드는 공장에 취업해 공장 생활을 경험했다.

2학년 때부터 "현장에 가서 직접 보고 만나고 일하면서 노동 현실을 경험해 보라"는 거죠. 나는 처음 공활로 구로공단의 박스 만드는 회사에 갔는데, 어휴, 정말 그때 생각하면. 육체적으로 힘든 것은 견딜 만했는데, 숙소에 쥐 나오고 식사는 시래깃국에 김치 하나. 고추장이 없으면 도저히 밥을 먹을 수 없는 거야. 그때 제일 기억에 남는 건 노동자 간의 서열 같은 거였어요. 기숙사 생활을 했는데, 기술 있고 경력이 오래된 돈을 많이 받는 노동자들이 얼마나 못되게 구는지. 그래서 나오기 직전에 술 먹고 막 싸우기도 하고.(이훈구 구술)

2) 민주노조에 탈춤반을 만들다

기청연합팀은 초기부터 학생운동과 노동운동을 연결해 활동했다. 이를 위해 여러 대학 탈춤반으로 활동 기반을 만들면서 다른 한편으로는 구성원들이 공장활동을 하게 했다. 이들이 노동자의 상황을 보고 노동을 경험하면서 노동운동에 관심을 기울이도록 한 것이다. 동시에 기청연합팀은 당시 민주노조들과 탈춤을 매개로 관계를 형성해 갔다.

우선, 기청연합팀은 1976년 동일방직노조의 요청에 따라 탈춤반 구성에 도움을 주었고, 1977년에는 원풍모방노조 집행부와 만나 노조에 탈춤반을 만들기로 합의했다. 원풍모방노조 안에 탈춤반을 만드는 과정에 75학번 이상훈이 관계를 맺었고, 이어서 77학번, 78학번, 그리고 79학번인 이훈구도 여성노동자들에게 탈춤을 지도했다. 그 밖에도 반도상사노조, 동광모방노조, 아리랑모사, 삼성제약노조 등에도 탈춤을 가르치면서 탈춤반을 만들도록 지원했다.(민경서 구술)

특히, 원풍모방노조의 여성노동자들은 적극적이어서 회사의 여러 문제나 생활상의 문제를 소재로 마당극을 만들기도 했다. 즉, 이들은 노동자들에게 탈춤을 가르치고 공연극을 만들어, 명절에 고향에 내려가지 못하는 여성노동자들을 위한 공연이나 노조창립일 기념공연 등을 할 수 있게 도왔다. 나아

가 영등포산업선교회에서 원풍모방의 여성노동자뿐만 아니
라 다른 민주노조나 다른 사업장 노동자들과 같이 공연했고,
그 과정에 이훈구가 노동자들의 공연 준비를 돕기도 했다.

80년 당시 학생운동은 물론이고 모든 운동, 특히 노동조합 활
동 자체가 불온시되고 민주노조는 극소수에 불과했던 시기
였거든요. 영등포산업선교회가 노동자들의 투쟁을 지원하고
교육하는 프로그램을 앞서서 했었는데, 거기서 진행했던 투
쟁 결의 집회나 노동절 프로그램에도 결합했어요. 원풍모방
노조는 민주노조 중 하나였는데, 당시 위원장과 여성 간부들
을 만나면서 일하는 현장도 들어가서 보고, 이야기도 하고,
탈춤도 함께 췄었죠.(이훈구 구술)

또, 안양근로자회관에는 한영섬유노조 출신 유동우가 참
여하면서 노동자들을 위한 프로그램을 시도했다.4 유동우
가 우선 탈춤반을 구상해 기청연합팀에서 이훈구를 보냈다.
이훈구는 탈춤 강좌를 진행했고, 이어 만들어진 노동법 강
좌에서도 보조로 활동했다. 탈춤 강좌가 횟수를 거듭하면서
탈춤을 배운 이들이 모여 공연하기도 했다.(민경서 구술)

---

4   안양근로자회관의 1981년 일지에는 "노동법 강좌가 수요일과 일요일 주 2회 모였
    는데, 교육이 9번 진행되어 연인원 105명이 참가하였고, 탈춤연습은 88회에 걸쳐
    연인원 659명이 참가하였다"라고 기록되어 있다. 탈춤 강좌는 근로기준법, 한문
    교육이 병행되었고, 120여 명이 참여한 가운데 '예수전'을 공연했나.(이시징, 『인앙지
    역 노동운동사』, 민주화운동기념사업회, 2007, 54~55쪽.)

1학년 때 세미나 했던 『어느 돌멩이의 외침』을 쓴 유동우 선배를 직접 만나 나름의 힘을 보탰어요. 그때는 글로 봤던 당사자를 직접 만난 것만으로도 참 가슴 벅찼죠. 안양근로자회관에서 하는 노동법 교실을 유동우 선배가 주관했는데, 내가 보조 스태프로 참가해서 노동자들과 토론도 하고 탈춤도 가르쳐주는 경험을 했어요. 이 프로그램은 회관에 오는, 열악한 환경에서 일하는 노동자들에게 숙식만 제공하는 게 아니라, 노동법을 알게 해서 권리의식을 갖도록 하고, 그것을 노동조합으로 이어지게 하자는 거였어요.(이훈구 구술)

한편, 1981년에 이훈구는 크리스챤아카데미의 농촌 부문 농민활동가 양성 프로그램의 보조 스태프로도 참여했다. 크리스챤아카데미는 한국사회 문제에 대한 조사 연구, 대화 운동, 교육과 훈련의 세 가지를 활동 과제로 삼았다. 또, 1970년에는 '인간화'를 한국사회가 추구할 이념으로 설정했다. 이를 위해 한국사회의 양극화를 극복하고 해소하려면 대립을 완충하고 매개하는 역할의 중간 집단이 필요하다고 생각했다. 그래서 1973년부터 중간 집단 교육을 준비하기 시작했는데, 그중에서 농촌사회 교육(정식 명칭은 '농촌 지도자 지도력 개발 과정')은 조금 늦은 1974년 6월에 시작되었다. 농촌사회 교육은 학습 프로그램 이외에도 5분 발언, 명상, 노래 공부, 아침 운동, 침묵의 시간, 공동 친교, 촛불 의식, 내일을 위한 잔치 등 다양하게 진행되었다. 이 프로그램에 참여한 교육생들은 공동생활을 통해 정보 교류뿐 아니라 농민운동에 나설 결심을 굳히는 강한 정서적 유대를 갖기도 했다.[5] 그러나 크리스챤아카데미는 1979년 탄압사건 이후 중심 운영진이 학생운동가 출신의 연구자 혹은 사회운동가들에서 목회자들로 바뀌었다. 1981년 농촌사회 교육 프로그램의 보조 간사로 참여한 이훈구는 체조, 탈춤 등을 참석자들에게 알려주기도 했다.

> 수원에 있는 크리스챤아카데미 연수원에서 3~40여 명의 농민이 참여하는 합숙 프로그램으로 1박 2일이나 3박 4일 진행했어. 예전 활동가 양성 프로그램과는 다르게 농촌교회 목회자와 교회에 다니는 농민들을 대상으로 농업문제와 사회문제를 (교육)했고, 재정사업 사례 발표, 신앙생활에 대한 프로그램이었던 것 같아요. 나는 거기 가서 보조 스태프로 아침에 일어나면 탈춤 체조를 만들어 가르치고, 학교 동료와 함께 약식 탈춤 공연도 하면서 힘 다지기 문화 프로그램도 했어요. 참여자들 조별 토론과 사례 발표 하는 걸 도와주기도 하고. (이훈구 구술)

프로그램이 끝나는 마지막 날에는 탈춤 공연을 통해 참석자들 모두가 같이 힘 다지기 문화프로그램을 진행했다. 탈춤 공연은 이훈구와 학교 탈춤반 동료들이 와서 진행했다.

---

5   차성환 외, 『1970년대 민중운동 연구』, 민주화운동기념사업회, 2005, 530~533, 545쪽 참고.

당시 공연에 참여했던 유영란은 이 시기 이훈구의 모습을 다음과 같이 기억하고 있다.

크리스챤아카데미에 내가 농촌가면극 공연 때문에 한두 번 참가했을 때, 엄청 쫑코를 먹은 적 있어요. 거기 프로그램에 '내가 그리는 미래의 상'이라고 있었어요. 저도 참여해서 '지혜로운 할머니', 주름진 할머니 상을 그렸었어요. 그랬더니 훈구가 "너는 그래서 안 돼, 야, 여기서 지금 부르주아를 비판하고 있는데 지혜로운 할머니라니 말이 안 되지!" [같이 웃음] 그래서, 그때 너무 충격이었어요. 걔는 "쁘띠 부르주아지" 어쩌고 뭐라 하고, 그랬던 기억이 나네요.(유영란 구술)

이처럼 이훈구는 아주대 탈춤반과 기청연합팀에서 사회과학 학습을 하며 사회 문제를 인식했고 이념적 기초를 다졌다. 또, 실천 활동인 농활, 공활을 통해 민중의 삶과 현실을 엿보기도 하고, 노동자·농민과 교류하며 자신의 운동 기준을 정리했다. 그리고 노동현장 투신을 결심했다.

3학년 말이나 4학년 되면 제가 기준을 정해요. 나는 왜 운동하는가. 그래서 개인적으로 PTR(Proletarian Revolution) 그리고 폭력 혁명, 이 두 가지를 기준으로 정해요. … 그리고 '현장 활동을 해야겠구나, 현장 노동자로 살아야겠구나'라는 게 대학교 4학년 때 기본적인 소양으로 만들어진 거 같아요. 저의 이론적 베이스가 그때 형성된 게 아닐까.

그래서 나중에 비판도 있었는데, 약간 민중주의적인 양상에 대해서죠. 그니깐 '민중' 그러면 끝나는 거 있잖아요? '노동' 그러면 말을 할 필요가 없는, 물신화되고 과신하는 거. '민중? 그치, 민중!' 현장으로 들어가야 하고. 실제로는 어떻게 되냐면 이게 '현장에 투신하느냐 아니냐'로 이어져요. 학교 때는 "데모를 하느냐 안 하느냐" 데모하고 바로 감방에 가고, 감방에 가야 군대를 안 가는 거고. 뭐 이런 게 도식화되어 있는 때였거든요. "노동운동을 할 거냐, 말 거냐?" 그렇게 안 하면 원칙에서 어긋난, 기준에 부합하지 않는다는 그런 게 있었던 것 같아요.(이훈구 구술)

내가 만난 이훈구

민경서가 기억하는 이훈구

아주대 탈춤반 선배이자 이훈구를 기청연합팀에 연결한
민경서는 학생운동을 마친 이후 노동현장에 참여하지만, 지
역을 달리하면서 이훈구를 만나지 못한 채 소식만 들었다.
2000년대 들어 아주대 탈춤반 출신들의 정기모임을 하면서
민경서는 이훈구를 계속 만났다.

(현장운동하면서 다들 안 만났잖아요. 언제 다시 보셨어요?) 인천 쪽에
훈구가 작업한다는 거를 먼발치에서 얘기 듣고. 나는 울산 쪽
으로 갔다가 노출이 돼서 86년에 부산으로 갔고. … 그때 인
천에서 문건(「113」문건) 나오고, 인천이 주도적으로 조직 노선
이라든가 선도하려던 쪽에 "훈구, 태규가 주도하고 있다"는
얘기를 들었어요. … 내가 인천 자취방에 보러 간 적이 한 번
있었는데, 그냥 개인적으로 근황도 궁금하고 짬이 나서요. 밥
만 먹고 깊은 얘기는 못 하고 온 그 정도 기억만 있어요.
그 이후에 만난 거는 이제 방용석하고 한번 대판 붙을 때(2005
년 하이텍알씨디 투쟁), 싸움한다니까 내가 한두 번 찾아갔던 것
같아요. 한노보연 할 때는 정기적으로 우리 아주대 선후배들
이 모이기 시작했던 때라서 봤고. … 아픈 얘기는 이종회 통
해서 듣고 … 내가 가볍게 전화한 적이 있었고. 그러다 2박 3
일 여행을 내가 "무조건 가자" 해서 갔다 오고요.
(훈구 형이 어떤 이미지로 기억에 남는지?) 솔직하고 거침없이 얘기

하는, 전후좌우 머리 굴리지 않고, 눈 돌리지 않고, 직설적으로 얘기하는. 그래서 어떨 때는 좀 거북스러운 적도 있었고, 어떨 때는 따갑기도 했던 느낌들이 많았어요.

나중에 노동안전보건운동하면서는 굉장히 유연해졌다는 느낌을 받았어요. 왜냐하면, 우리가 선배하고 한번 성남에서 만났을 때, 훈구가 선배들한테 직설적으로 얘기했어요. (그 전에?) 네, 76학번 선배가 품이 넓은 분이라 그 일에 대해서 마음에 담거나 하진 않았지만, 굉장히 직설적으로 공격을 받았어요. (구체적으로?) 이 양반은 일찍 운동을 정리하고 대기업에 들어갔어요. SK에 들어가서 이사 하고. 김상복, 이상훈의 동기인데 훈구가 그분한테 "뭐, 대기업 다니면서 번 돈으로 애들 술만 사주면 다냐?" 이런 식으로 굉장히 세게, 그 양반이 두 번 그런 공격을 받았어요. 그 선배가 훈구가 아플 때 2박 3일 여행 같이 갔거든. 그때 그 선배가 "야, 나는 네가 그때 나한테 그렇게 말했을 때, 나 정말, 정말…" 그랬는데. 하여간 한노보연 할 때 만났을 때, 굉장히 유연했고 우리 아주대 선후배 모임 할 때도 이 선배에게도 굉장히 달라진 모습을 보였어요. (어떻게요?) 각자의 거취, 삶, 그런 것들을 좀 인정하는 것 같았죠.

유영란이 기억하는 이훈구

이훈구의 대학 탈춤반 동료이자 기청연합팀 활동과 1기 이전팀을 같이 한 유영란은 이훈구를 성실하고 진실한 사람으로 기억하고 있다. 그러나 유영란에게 이훈구는 과도한 표현 방식과 문화가 부담스러운 사람이기도 했다.

(이훈구는 어떤 사람이었는지?) 제가 만난 훈구는 '되게 성실하고 진실했다'라는 생각이 들어요. 진지하고. 좋은 점을 많이 갖고 있죠. 근데 그 당시에 저의 감수성과는 안 맞았던 면도 있었던 것 같아요. [같이 웃음] 그니까 훈구는 공부하면서 그걸 다 자기 것으로 받아들이면서 "이 사회가 이것 때문에 이렇게 가니까" 분석하는 성향도 있지만, 뭔가 문제를 풀어나갈 때 과한 행동, 액션을 많이 취하잖아요? 근데 나는 그런 게 되게 힘들었거든요. 지금은 아무렇지도 않지만. 한 사람이 자기를 표현하는 방식으로 그 친구는 그게 정상이었겠죠. 하여튼 나한테는 과하게 보이는 것들이 좀 힘들었던 지점이 있었어요. 근데 아마 어려서부터 봤기 때문에 저한테 그렇게 했을 수도 있겠죠.

(학교와 기청연합팀에서 훈구 형은 어떤 모습?) 학교에서도 꽂히면 그 분야에 되게 열심히 했기 때문에 '다른 모습이다'라는 생각은 없었어요. 아, 더 많은 영역으로 자기가 열심히, 그리고 아주 구체적인 것들을 습득하려 하기도 하고. 근데 자기가 안 거를 또 다른 사람한테 많이 얘기하기도 하잖아요. 그런 부분에서는 학교에서와 기청 탈반이 다르게 느껴지지 않았고. 얘는 모든 걸, 딱 "이거다"라고 판단하면 사람들한테도 적극적으로 얘기했어요. 그리고 토론할 때도 되게 집요하잖아요. 하나에 꽂히면 그걸 계속 얘기하고 워낙 집요했어요. 자기가 틀

렸다고 느끼면, 끝까지 얘기해 나가야 하는 면들이 있었고. 선배한테도 그리고 옆에 친구한테도, 누구한테든. 그리고 되게 현장 중심적인 측면이 있는데, 그건 추상성보다는 구체성을 취한 것이기도 하고요.

3장

노동현장 투신과
인천지역 정치서클 활동[6]

---

6   이 장은 『1980년대, 변혁의 시간 전환의 기록』2, 봄날의박씨, 2015, 218~249쪽의 내용을 수정 보완한 것임.

1. 노동현장으로의 존재 이전 준비

'진영' 그룹은 기존의 노동운동 논리와 역사를 검토하고 현실을 분석하면서 독자 개념을 만들어 나갔다. 예를 들면 혁명론에서는 러시아의 '소비에트 혁명'과 프랑스의 '코뮌 혁명'을 사유하면서 한국 상황에 맞는 혁명론을 세워나가려 노력했다. 그 때문에 당시 노동현장론과 준비론, 무림·학림논쟁 등의 운동논리를 인정하지 않았고, 처음부터 '독자적 전위당 건설'을 조직 활동의 과제로 삼았다.[7]

이 그룹은 1982년 하반기부터 학생운동가들을 노동현장으로 진출시키기 위해 노동현장 이전팀을 구성했다. 이전팀들은 노동운동 또는 변혁론의 바탕이 되는 이론 학습, 특히 한국근현대사와 한국의 노동운동사 및 사회주의 운동사 등을 방대하게 학습한 것이 특징이었다. 이 과정에서 구성원들은 자신들의 사상적 기반과 변혁적 노동운동에 대한 지향을 다양한 방식으로 고민했다.

이훈구는 학교의 일을 중단하고 노동현장에 투신하기 위

---

7 유경순, 『1980년대, 변혁의 시간 전환의 기록』1, 봄날의박씨, 2015, 535~537쪽.

해 첫 이전팀에 참여했다. 신념과 결의도 있었지만, 개인적인 이유로 군 징집이 면제됐고 학교 졸업에 대한 부담이 없었기 때문에 가능했다. 1982년 하반기의 최초 이전팀은 여성 3인과 남성 2인으로 구성됐다. 이들은 공동생활을 하면서 낮에는 직업훈련소(직훈) 등에서 기술을 습득하고, 저녁에는 모여서 세미나를 했다. 진행 기간은 1년 정도였다.

> 저는 사생아니깐 군대가 면제돼요. 고아, 혼혈아, 사생아는 군 면제예요. 족보를 알 수 없는 놈이라는 거지. 이놈이 군대 왔는데, "애 아버지가 혹시 북한에서 온 놈인지 어떻게 아냐"는 거지. … 그래서 저는 노동현장에 들어가려고 진영에서 이전팀을 해요. … 이전팀 1기가 여자 셋, 남자 둘이었어요. 낮에는 직업훈련 다니면서 기술을 배웠는데 여자들은 주로 봉제, 남자들은 용접을 배웠죠. 1년짜리 직훈은 6개월 가르치고 6개월은 현장실습을 보냈어요. 저녁에는 세미나 하니까 합숙해요. 여자 방, 남자 방이 있었고. 기간은 1년이었나? 세미나 내용은 철학부터 시작해서 정치경제학, 근현대사, 국제 노동운동사, 노동조합운동론 등 커리큘럼을 짜서 했어요.(이훈구 구술)

이훈구가 건설회사 직업훈련소에서 용접을 배우고 이전팀을 마치면서 첫 실습을 나간 곳은 삼천포화력발전소였다. 어렵게 현장실습을 마친 이훈구는 기술을 더 쌓기 위해 두 명의 직훈 동료와 같이 대우조선소 사내하청 노동자로 입사했다.

실습 마치면 일자리를 보장할 수도 있다면서 현장실습이라는 이유로 급여도 조금 주면서 막 부려 먹고, 숙소도 발전소 부지 안에 허름한 군 막사 같은 곳에 자게 했다니까. 돈도 없고 기술도 별로였던 직훈 사람들이었지만, 이렇게 살 수는 없어서 발전소 근처 민가나 삼천포 시내 여관에 숙소를 구해서 거기서 다니기도 했어요. 직훈 동기 몇몇과 매우 친하게 지냈고요. 그곳에서 현장실습을 마치면서 직훈 동기 3명하고 대우조선소 사내하청 노동자로 취직했어요. 대우조선소 하청 노동자들은 대부분 건물 밖 노천에서 일하더라고요. 무더위와 추위를 견뎌야 하고 쥐꼬리만 한 임금을 보충하기 위해 잔업과 특근을 하는데, 보통 철야를 한 달에 3~4번 했어요. 식사는 줄을 서서 기다려서 먹고. 그래도 끼니마다 육류가 제공됐어요. 방 하나에 2층 침대 3~6개가 배치된 조선소 숙소에서 생활했고요.(이훈구 구술)

그 사이 '진영'은 새로운 이전팀들을 구성해 학습을 진행한 뒤 현장 접근 방법 프로그램을 준비했다. 이 이전팀에서 이훈구는 자신이 직업훈련소에서 기술을 익힌 과정부터 현장에 취업하기까지의 과정을 정리해 현장 이미지론, 현장활동론 등으로 교육했다. 또한 이들에게 용접 등의 기술교육을 하기도 했다.

이후 이훈구는 영등포기계공단에 있는 포클레인 제조업체에 취업해 6개월가량 기름통과 땅을 고르는 블레이드라는 부품을 용접했다. 그러나 그곳에서 활동의 가능성이 보이지 않자, 회사를 나왔다. 자리를 잡기 전까지 지하철 통풍기 설치와 영동대교 수중보조기 작업의 용접 막노동을 하기도 했다.

그는 지역 활동 거점을 인천으로 삼고, 인천으로 내려가 사료 차와 콘크리트 믹서차를 만드는 반도기계에 비정규직으로 취업했다. 이 회사에는 연세대 학생운동 출신 2명이 있었다. 그는 이들과 같이 비정규직 노동자들의 체불임금 문제로 싸움을 만들어 체불임금을 받아내는 성과를 냈다. 그러나 고용 안정 보장 문제와 노동조합을 결성하는 일은 실패로 끝났다.

제가 그때 콘크리트 믹서차랑 사료 차 만드는 공장에 비정규직으로 취직했는데, 전체 노동자는 백오십 명? 이백 명 정도 돼요. 딱, 학출 활동가 두 명이 보이는 거야. 딱 보여. '저거 학출이네!' 이런 그룹(현장 이전팀)이 우리만 있는 게 아니라 여기저기 있는 거지. 그래서 저 같은 방식으로 현장으로 많이 들어가요. 근데 나도 가라로 쓰고 들어간 거니깐, 염두에 두고 모른 체하면서 일하는 거죠. 그리고 선을 대가지고 "이 친구가 어떤 친구냐" 뒤로 찾아봤더니 연대 80, 연대 78. 그래 나중에 만났죠.

그 당시에도 부불노동이 많았어요. 일을 했는데 노동시간으로 안 쳐주고 빼는 거지. 일찍 출근시켜서 공짜 노동을 하게. 비정규직은 그런 식으로 했어요. 그래서 우리 셋이 "현안은 비정규직의 무료노동이고 이걸 쟁점으로 해서 터트리자, 비

정규직을 규합하면서 불을 때보자, 노조 만드는 것까지 해보
자"했는데 노동조합은 안 되고. 무료노동 문제는 비정규직
노동자 한 사람당 한 500만 원씩 챙겨갔나? 그렇게 마무리됐
어요. 근데 "누가 동을 떴다"는 걸 회사가 아니까 위장 취업한
두 사람은 그만뒀어요. 저는 대학 졸업도 안 했고, 군대도 안
갔고 뭐, 걸리는 게 좀 애매해서 더 다녔어요.(이훈구 구술)

2. 인천지역의 정치서클 활동

1) 인천지역 정치서클의 형성 과정

1985년 반도기계에서 나온 이훈구는 지역 정치서클을 조
직하는 지역 활동을 담당했다. 이 시기에 80학번 여성 이전
팀, 남성 이전팀을 마친 이들이 각기 인천으로 내려왔고, 서
강대 학생운동가들은 학교 이전팀을 운영해서 집단으로 인
천에 현장 이전했다. 전체 규모가 확대되자 이훈구는 지역
조직 활동을 위한 거점을 마련했다. 또, 조직 확대를 위해 부
천지역에서 지역 활동을 하던 이들을 합류시키고, 기존의
끊겼던 개인 관계들도 복원해 나갔다. 그 결과 1987년 직전
에 서클 규모는 40~50여 명이 됐다.

이훈구의 지역 활동은 주로 개별적으로 분산된 현장활동
가들을 모으는 일과 존재 이전을 하는 학생운동가들의 취
업, 현장생활 및 활동을 지원하는 일이었다.

85년경 지역에 거점을 만들죠. 공식 직함은 없었고. 개별화된 사람들을 모으고, 끊어졌던 관계를 다시 만나도록 연결하고, 그다음에 이전팀 마치고 현장으로 오는 사람들을 소개받아 취업하게 하고. 그때 우리가 크게 세 부분을 모은 건데, 하나는 이전팀하고 내려온 친구들, 또 우리가 부천에 가서 흡수한 지역 활동했던 친구들, 그리고 부천 와이(YMCA)에서 학생활동을 했던 사람들도 만나서 조직하고. 우리가 탈춤 가르치러 가서 지역에서 만난 사람들은 지역에서 직접 이전팀을 하게 해요. 그리고 서강대에서 직접 연결받은 친구들도 있고. 그래서 이들이 현장 들어가도록 해주고. 87년 되면 인천·부천에 사오십 명쯤 되나 봐요. 활동 방식은 제가 활동가들 개인 방을 돌면서 미팅하고 개별 관리를 해요.(이훈구 구술)

이 그룹은 1984년, 1985년에 노동현장으로 이전해 온 이들이 구직하고 적응하는 단계에서 서로 개별적인 관계만 유지하다가 1986년경 노동현장에 안착하면서 현장 논의 모임을 만들기 시작했다. 이후 인천·부천에 인원이 더 늘어나자, 지역조직 구조를 형성해 부천, 부평, 주안의 3지구 체계를 구축했다. 부천, 부평은 이훈구가 계속 관리하고, 주안은 여성활동가 1인이 담당하는 것으로 했다. 각 지구단위 산하에 기본단위로 현장활동가 모임을 구성했는데, 사업장 특성에 따라 봉제업종, 전자업종, 대공장 모임 등으로 나눴다. 기본단위 구성원은 보통 4~6명 정도였고, 정세 및 팸플릿 등을 매개로 한 정치토론이나 현장 활동에 관해 논의했다. 이후 점차 활동가들이 각 현장에서 활동 조건을 형성해 나갔으나, 이는 내부의 정치적 지도력이 형성되지 않은 채 지역 활동가 1인이 현장 문제를 논의해 주고 지원하는 수준이었다.(이훈구 구술)

조직을 부천, 부평, 주안 이렇게 3개로 나눴더라고. 지역마다 포스트를 세웠는데, 이훈구가 부천, 부평을 두 개를 다 커버하고 있었나? 그리고 현주가 주안이고. … 부평하고 주안이 사무실을 하나 얻었죠. 여기서 살다가 이사 갈 때 되면 또 얻고. 그래서 임현주하고 이훈구하고 같은 사무실에서 먹고 자고 한 게 1년 이상은 돼. 현주는 아침에 눈 뜨면 뭘 챙겨 먹고선 주안 지역으로 가서 그날 하루 일정을 했고요. 이훈구는 일어나면 자기 지역인 부평이나 부천으로 움직였던 거예요.(김혜란 구술)

85년에 내가 부천 와서 이리저리 취업할 때 이훈구는 무슨 기계더라? (반도기계) 거기 댕기고. 이훈구가 인천·부천 코디네이터 같은 포지션이었어. 86년에 내가 신흥정밀 들어가고 4명 부천팀이 짜인 거지. 정창수, 동국대 80, 나, 윤경수 이렇게. 그러고 이훈구랑 현장 토론도 하고. 그때 주사파가 쭉쭉 문건 냈는데 "이거 어떻게 봐야 하나?" 그런 토론. 나도 한 달에 잔업시간이 120시간에서 150시간이었어. … 그래서 뭐, 이리저리 이야기하다가 막 졸려서 뒤로 뻥~ 밀고 떨어진다든지. [웃음] (박장근 구술)

그 과정에 1986년 다산보임 사건(조직 탄압 사건)이 일어났
다. 다행히 인천지역의 활동가들은 드러나지 않았다. 그러
나 인천지역 활동은 혹시 모를 탄압에 대비하면서 조직 활
동 방식을 바꿨다. 즉, 조직 보위를 위해 이훈구는 현장활동
가들을 1대 1로 만나면서 현장 활동의 상황과 노동운동의
상황을 공유하고 토론하는 방식으로 조직 관계를 전환했다.

1987년에는 조직 규모가 더 확대되었으나, 이 서클의 현
장활동가들은 현장 진입기 혹은 정착 단계였기에 그는 정치
서클의 이름을 내세운 공식적인 지역 정치 활동을 하지 않
았다. 1987년 6월 민중항쟁이 일어나자, 인천지역에서는 부
평시장을 중심으로 가두투쟁이 일어났다. 그는 취업 준비
중이던 구성원들을 모아 오토바이로 전투를 위한 돌을 날랐
다. 항쟁이 격화해 백골단과 투쟁을 벌이는 날이면, 이훈구
는 투쟁에 대한 나름의 조직 지침을 만들어 집단으로 항쟁
에 참여하게 했다.

한편, 당시 제파PD 그룹은 당 건설 문제인 조직 노선에 대
해 단정적으로 정리하지 않았다. 이들은 "전위당의 건설은
대중투쟁의 고양 속에서 그 토대가 형성되고, 그 과정에서
형성되는 지도력에 따라 경로를 그릴 수 있을 것"이라는 지
향만 가지고 있었다. 더욱이 다산보임 사건으로 그룹의 중
심 역할을 담보할 조직이 해체당하면서 각 지역 차원에서
새롭게 조직운동을 만들어 가야 했다. 이런 조직 상황은 현
장 활동과 지역조직의 역할에 대해 서로 다르게 판단할 여
지가 있었다. 일부 활동가는 현장의 대중운동에 중심을 두

고 지역 활동은 이를 지원하는 수준으로 인식하는 경향이 있었고, 반면 일부의 지역활동가들은 현장 활동을 지원·지도하면서도 정치조직을 형성하기 위한 조직 활동을 중심으로 인식하기도 했다.

이처럼 구성원 간의 차이가 존재하는 속에서 6월 민중항쟁의 분위기가 사그라질 무렵 1987년 7월 울산에서 시작된 노동자투쟁의 바람이 8월 인천, 부천 지역에도 거세게 불어왔다. 이 그룹의 활동가들도 대중투쟁에 참여했다. 이들이 참여한 사업장은 부평공단의 대우자동차, 동국무역, 삼익악기 같은 대공장이었으며, 주안 지역의 불티나, 삼지산업 등의 중규모 사업장에서도 투쟁이 일어났다. 활동가들은 대우자동차나 삼익악기에서처럼 투쟁 과정에서 노동자들의 투쟁 지도부로 등장하기도 했고, 동국무역에서처럼 활동가가 입사한 지 얼마 되지 않은 경우에는 투쟁의 분위기를 익히며 후속 작업을 모색하는 방식이었다.

그러나 이 그룹은 대공장 투쟁의 경우 조직이 지도할 수 있는 대중투쟁 경험과 지원 역량의 부족으로 투쟁 과정에서 지원·지도 관계를 형성하는 데 어려움을 겪었다. 이훈구는 홀로 여러 사업장의 투쟁을 지도하거나 지원하는 일이 버거웠다. 사실상 지도라기보다는 상황공유, 투쟁 기조와 방안에 대해 의견을 제안하는 수준의 활동이 중심이었다.

어떤 딜레마가 있냐면, 87년 투쟁을 하면서 우리 친구들이 막 조합을 만들고 싸움을 만들어 가고 하는데 사전에 기획된 싸움이 아니고 단위사업장 중심의 투쟁이었기 때문에 삼익악기 싸움이나 이런 거에서 갈등이 있는 거예요. 우리가 아직 실질적인 지도력인 공동활동의 축적 부분들이 미약하고, 반대로 현장에서 싸움하는 과정에서 새로운 지도력이나 새로운 관계가 만들어지거든요. 그러니까 이쪽에서 조직선이라고 해서 투쟁 사업장에 갔는데, 현장에서는 안 먹혀요. 현장활동가들 입장에서는 노선 문제나 소속 조직 문제도 약간 있었을 테고, 자기가 이전티에서 했던 것들과 현장에서 달라지기도 하니까. 그래서 삼익악기는 지역에서 이 투쟁을 다 같이 풀어나가야 하는데, 지역 역량이 없잖아요? 그러면 현장에서 사람을 뽑아 올려서 토론해야 하는데, 그럼 늦죠, 여기서 막 벌어지고 있는 일에는. 그니까 문제는 토론다운 토론이 안 됐던 게 더 크다고 봐야죠. 토론이 방치되거나 해태되기도 하고. 그 결과, 조직 관계라고 하기에는 뭔가 부족했지만, 같은 내용의 이전팀 학습을 했다는 동질감이 현장 활동 과정에서 다른 조직 혹은 다른 생각으로 이어지기도 했어요.(이훈구 구술)

그런데도 급속히 확산된 대중투쟁의 분위기를 타고 이 서클의 조직원들은 활발하게 현장 활동을 벌였고, 현장 노동자들과의 관계도 넓게 형성되어 갔다. 이처럼 조직의 활동가들이 사업장을 중심으로 노조 활동의 폭이 넓어져 가자 1989년부터는 지역 대중 활동을 펼치기 시작했다. 인천지역노동조합협의회(인노협)와 부전지역노동조합협의회(부노협)에 쟁의부장, 교선부장 등 실무자를 파견했다. 미조직 노동자들을 조직하기 위한 지역 대중 활동으로 주안에서는 업종 노조 건설을 목표로 한 '목재 노동자의 집'에 활동가들이 결합했고, 부평지역에는 '봉제 노동자의 집'의 봉제노동자회를 중심으로 대공장 사업과 소규모 공장의 지역노조 사업을 결합해 섬유업종 노동자 조직 활동을 벌였다. 또, 부평에는 문화단체인 '우리마당'을 만들었다.(이훈구 구술) 또한 이 그룹은 노동 상담소를 세워 지역 활동을 했고, 부천지역에는 부천 노동문제연구소를, 부평지역에는 삼민동맹그룹과 공동으로 '노동회관'을 세워 노동자를 대상으로 하는 정치 교육 및 노조 지원 활동을 벌였다.

당시 인천에는 PD(People's Democracy, 민중민주) 경향으로 제파PD 그룹, 삼민동맹, 지역출신자들의 PD 그룹 등이 있었다. 이들 정치조직은 비공개 논의의 장을 마련하여 공동실천을 매개로 조직 통합 작업을 추진했다. 그중에 제파PD 그룹과 삼민동맹이 먼저 논의가 진전되어 '인노동(인천지역 노동자동맹)'을 결성했다. 인노동은 조직 통합으로 나아가기 위한 과도적 조직으로, 공동 선전물을 내고 노동회관을 만들어 공동실천을 했다. 그러나 양쪽 조직 내부의 문제로 무산되었다. 그 밖에 인천그룹은 비주사 계열인 일동그룹 등과도 비공개 논의 구조를 만들어 공동실천을 모색하기도 했다.(이훈구 구술)

인민노련이 대세였고, 나머지는 다 소수 서클 혹은 그룹이었죠. 그래서 제파PD가 삼민동맹, 일동, 지역 토박이 제파

PD(지역 PD 그룹)들에게 만나서 논의하자고 제안해요. 그래도 우리가 힘이 있었죠. 바닥의 힘을 가지고 "어떻게 갈 거냐" 했는데, 나머진 다 안됐고 삼민동맹 쪽만 조직 통합 논의를 하면서 인노동을 출범시켜요. "연맹이나 연합이 아니다" 그래서 이름을 "인노동으로 하자" 해가지구. 조직으로 합치기 전에 '투쟁을 통한 조직 건설'이란 입장 아래 "공동활동을 축적해 가자" 해서 89년 논의하는 중에 '선진 노동자들을 조직해야 한다'라는 필요를 공감하면서 부평에 노동회관이란 단체를 같이 만들어요. 그쪽이랑은 비슷했기 때문에 창립선언문도 내고, 인노동 명의로 유인물도 한두 차례 냈을 거예요. 그러면서 우리가 내부의 노선상의 문제가 생기죠. 89년부터 흔들흔들하다가 이걸 조직적으로 담지를 못하고 끝나요.(이훈구 구술)

삼민동맹 이외에도 이훈구는 토착 PD그룹, 일동그룹 등과 지역공동 정치 활동을 시도하였다. 그러나 이들의 공동실천 논의는 3, 4차례 진행되다가 연결선이 단절되어 중단되었다.

이처럼 이훈구는 계속 지역의 정치세력들과 공동실천을 추진했다. 그 방식은 단위사업장 차원에서는 현장활동가들 간의 공동논의 구조를 통해서 추진되거나 지역 차원에서는 비공개 논의구조를 만들어서 공동투쟁을 기획하고 준비하는 것이었다.

2)「113」문건 작성과 다른 지역 제파PD 그룹의 반응

1988년 들어 인천그룹에도 변화가 나타났다. 조직 규모의 확대, 일정한 노동현장 경험의 축적, 다수의 노동현장 진입 등 조직 상황의 변화와 동시에 민주노조운동의 급속한 발전 등이 그 조건이었다. 우선 확대된 인원과 활동력에 맞게 조직 구조를 재편하고 지도부를 새로 구성했다. 새로운 지도부는 1986년의 다산보임 사건 이후 각 지역으로 산개한 다산보임 그룹의 조직 역량을 복원해야 할 필요성을 느끼고, 다산보임의 이전팀들이 공동으로 학습했던 내용을 총정리한「113」문건을 만들었다. 내용은 한국사회의 성격, 혁명운동의 방향 등 이전팀에서 학습한 내용을 정리한 것이었다. 다산보임 그룹의 사상적 바탕이 되는 내용을 노선으로 정리한 것이라서 각 지역에 분산된 그룹 역량을 결집할 수 있다고 판단했다. 이 과정에 대해 당시 이훈구와 같이 생활했던 김혜란은 다음과 같이 기억한다.

> 「113」문건 나올 때, 최태규랑 같이 그 작업을 하더라고. 최태규가 술을 먹어야 글을 썼던 거로 기억해요. 어, 매일 둘이서 술잔을 기울이면서 토론하고, 최태규가 그거를 글로 쓰고, 이런 작업이 이훈구한테는 너무 좋았던 것 같아요. 굉장히 깊게 토론하고, 그것을 누군가가 타이핑해서 완성된 글로 만들어 내고, 이런 것들 자체가. 그리고 그런 문건을 쓰는 거에 대한 자부심이 좀 있었던 거 아닐까. … 이훈구가 그때 참, 아주 즐거워했다고 기억해요. 「113」문건을 만들고, 그 문건을 배포하고 논

쟁을 조직하고 이러는 과정을 굉장히 열정적으로 했고. 그 열정의 밑바탕에는 즐거움이 있었다고 기억해요.(김혜란 구술)

이훈구 등은 여러 지역에 분산되어 활동하는 제파PD 그룹을 찾아가 논의를 제안하고, 그 내용을 설명하며 토론했다. 그러나 각 지역에서 나타난 반응은 그리 긍정적이지 않았다. 지역마다 현장과 지역 활동 경험을 바탕으로 운동 방향에 대해 약간의 차이들이 생긴 것이었다. 그 와중에 성수동 지구와 안양지역 그룹이 조직 탄압 사건으로 다수 구속되면서 논의는 중단되었다. 이 상황을 이훈구는 다음과 같이 기억했다.

86년 다산보임 조직사건 이후에 조직복원 얘기가 다시 나오는데, 거기서 「113」 문건에 대한 자리매김이 불충분하고 불균등했어요. 우리가 인천에서 「113」 문건을 만들었는데 그걸 가지고 반제반파 그룹인 일레븐(11)모임, 성남, 서울, 안양을 돌았어요. "「113」 문건을 자리매김하고, 이걸 가지고 다시 조직을 재건하자" 이렇게. … 안양에서 소집해 설명회하고 그런 과정을 죽 했었지. 근데 다 데면데면했어. … 그 와중에 서울에 고민택도 구속되고… 조직사건인가 또 터져요.8 … 그니까 "논의 테이블을 구성하자" 이렇게 하는 와중에 또 단절되죠.

---

8   1988년 성수동 구속 사건, 1989년 안양 제파PD 사건.

그게 어떻게 보면 '이론적 타워를 재구성하자'는 문제의식도 있었고. 이전에 재건을 위해 몇 차례 회의했는데 그도 잘 안됐기 때문에 우리가 다시 시도한 건데. 그때 아마 인천 쪽은 좀 더 강력하게 "재건을 내실 있게 하자" 이런 입장이었고, 다른 쪽에서는 "지역별로 각자 가는 게 더 낫지 않냐, 보유력이나 조직력 상태로 볼 때" 이런 이야기들이 많았고, 또 상대적으로 「113」 문건에 대한 경계도 많았던 것 같아요.(이훈구 구술)

3) 인천 조직 내부의 분열과 활동 정리

한편, 인천의 활동 주체들 내부에서는 통합 지도부 건설 및 조직 운영과 관련한 조직 체계 논의가 진행되었다. 이론적 지도부에 대한 필요성을 주장하는 측과 현장에서 정치 활동의 중요성을 제기하는 주장이 대립했다.

현장을 강조하는 쪽에선 "현장 해보지도 않은 사람들이 현장에 대해서 뭘 안다고 무슨 이론 지도부냐?" 뭐 이런 약간 과잉의 평가가 있었고. 이론 쪽은 "현장에서 맨날 그게 뭐 하자는 거냐? 노선에 입각해서 그것을 진전시킬 수 있는 정세 분석도 하고 이렇게 가야지, 노선에 맞춰서 현장 활동을 모아가야지" 그런 거였는데, 쟁점이 그렇게 안 붙고 현장을 강조하는 쪽, 이론을 강조하는 쪽, 이렇게 붙게 되죠. 그래서 그게 깨지죠. 그 과정에서 기관지를 위해『햇빛』준비호를 두 번인가 냈고, 이 논쟁을 거치면서『햇빛』팀이 소수파가 되죠. 또, 이 과정을 겪으면서 현장에 있던 사람들이 조직에서 대거 이

탈해요. "이런 조직은 아니다, 정치 활동은 그게 아니다" 하면
서.(이훈구 구술)

　이 상황에 대해 당시 논쟁의 한 축에 있던 박장근은 다음
과 같이 얘기한다.

　현장에서 쭉 해왔던 활동가들하고, 태규하고 빽빼기하고 몇
몇은 계속 『What is to be done?』9을 어떻게 해석하는가를 가
지고 했었지만, … 사상 지도 밑에 현장 지도부, 이런 설정이
었던 거예요. 그래서 나의 논쟁 제안은 거부됐고. (논쟁 제안을
했어요?) 내가 이만큼을 써서 줬어요. 혼자 두 달인가 석 달을
팜플렛 썼어. … 정치 노선, 조직 노선, 투쟁 노선까지도 각 문
서로 내가 정리를 했어요. 그것이 어우러져서 전위조직론으
로 가야 한다는 거였어. 그래 그쪽에 줬어요. 그런데 단 한 마
디도 없어요. 내용은 첫째, 선도투 문제하고 이른바 사상 지
도부에 대한 문제를 철학적으로, 인식론 수준에서 어떻게 바
라볼 것이냐, 사상 지도에 대한 문제를 계급투쟁에서 어떻게
바라볼 거냐, 그리고 러시아에서 이 『What is to be done?』에
대한 해석이 또 어떻게 된 거냐. 이래서 내가 "너희가 앉아서
책상머리에서 계급투쟁을 지도할 수 있겠냐?"라고 했고. 그
쪽에서 정리한 팜플렛이 있는데(「113」 문건), 그걸 통해 자신

9　　레닌, 『무엇을 할 것인가?』, 1902.

들은 사상 지도부라고 생각하는 것 같고, 선전·선동 중심으로 가겠다는 것이에요. … 자기들끼리 위원회를 하나 만든 거지. 그것이 지도기관이니까 나에 대한 배치권이 있잖아요? 그래서 "너는 삼민(노동)회관 쪽으로 가라"는 거였죠. 그런데 이훈구는 그런 식의 해석에 동의한 것 같아요. (박장근 구술)

결국, 논쟁의 핵심은 당 건설 기조의 일상적 유지 문제와 당 건설 방향의 문제였다. 이훈구는 논쟁 초기에 양측을 중재하거나 조정하려 했었다. 그러나 중재가 안 되면서 최종 표결을 하게 되자 『햇빛』 쪽을 지지했다. 토론은 종결되었고 최종 결정이 났으나, 『햇빛』을 중심으로 이론적 지도부를 구축하자고 주장했던 세력이 소수파가 되었다. 그 결과, 소수파는 지도력을 상실했다. 나중에 이 논쟁을 되돌아본 이훈구는 당시 논쟁이 된 두 주장이 상호 대립하고 갈등할 문제가 아니며, 오히려 두 내용이 어떻게 통합될 수 있을지 논의했어야 한다고 생각했다.

이게 제 개인적으로는 아픈 경험이었는데, 되게 유의미한 측면이 있어요. 뭐냐면 현장과 이론이 분리될 문제, 선택 문제가 아니고 "이걸 어떻게 섞을 거냐, 포괄할 거냐" 이런 문제였다는 생각. 그 당시에는 되게 예민하고 치열한 주체들 내부에서의 다툼이었는데, 그래서 다수파(현장), 소수파(이론) 나뉘고. 소수파는 찌그러지고 운동을 그만두고 다른 부문운동으로 가버리고, 생업으로 가고. 다수파는 '현장으로 현장으로, 계속 현장으로' 하고. 그때 제가 소수파(이론)에 속합니다. 그래서 제가 개인적인 운동을 정리해요.(이훈구 구술)

인천의 지역 활동은 인천지역과 부천지역을 통합해 운영해 왔는데, 이 논쟁을 거치면서 인천지역과 부천지역으로 조직이 분리됐다. 이훈구는 계속 인천 조직책으로 활동하면서 기관지 『햇빛』 팀에 참여했다. 그런데 논쟁 과정에서 조직원들이 대상화된 측면이 부각되면서, 일부 조직원들이 조직에 비판을 제기했고, 회의를 느끼면서 조직을 나가기도 했다. 결국, 이훈구도 책임을 지고 인천을 떠났다.

그때 전체 논의를 일부 했지만, 이게 성원들의 전체적인 토론의 수렴으로 마무리하지 못했고 과정 자체도 미흡했고. 예를 들어 지도부 내부의 논의 와중에서 파탄이 나니까 지도부가 사실상 지도력을 부정당했다고 보는 거죠. 「113」 문건을 작성하고 주장했던 사람들이 사퇴하는데, 실질적으로 지도력 자체가 상실된 거니까 이 논의도 없어지게 돼요. 이 과정의 보고가 깔끔하게 안 되면서 소통이나 공유가 거의 없다시피 하고, 지도부 내부 논의 중에 일부 지도부가 일탈을 한 거죠. 그러니까 남아있는 사람들이 "어떻게 된 거야?", "뭐야?" 하는 반응이었죠. 남은 사람들이 지역에서 다시 자체적으로 지도부를 꾸릴 수밖에 없는데, 이걸 지도부로 인정하느냐면 그렇진 않았지요.(이훈구 구술)

이훈구는 당시 상황, 즉 '왜 지도부 내부에서만 논의가 이뤄졌는가'에 관해 비합 전위당 조직 노선이었기 때문에 지도부가 선 판단해서 지도해야 한다는 점, 보위 문제, 조직 운영력의 문제 등이 있었다고 보았다.

그 문제의식이 배경이 있어요. 우선 소위 비합 전위당 조직 노선과 대중투쟁에 대한 강조점은 유지했지만, 전위당 노선의 제일 위험한 측면인 '추수주의'하고, '내가 지도 편달을 해야 한다'라는 강박이 있었다고 봐야죠. 그러니까 조직 보위라고 하는 기제, 그다음에 위계적 질서하고 민주적 운영 능력의 문제, 실질적인 지도력, 이런 것이 사실은 지도부 내부의 논의로 제한되게 하죠. 또 하나는 배경으로 「113」 문건으로 전국적인 결집을 하려다가 실패하게 되잖아요? 조직 재건이라고 하는 것이. 이것도 영향을 주었죠.(이훈구 구술)

3. 1980년대 활동에 관한 문제의식[10]

이훈구는 1980년대 제파PD 그룹의 활동에 대해 이론적인 측면, 직접 행동을 중요시하는 관점 및 행동 등이 현재의 계급정치운동으로 계승되고 있다고 보았다. 또, 그는 1980년

---

10   이 절은 이훈구의 구술 자료를 바탕으로 정리하므로, 구술 인용문에 '이훈구 구술' 을 표시하지 않는다.

대는 '못다 핀 꽃'으로, 지금까지도 마르크스-레닌주의적 전통을 견지하는 흐름으로 이어지고 있다고 했다.

우선 이론적인 측면에서는 전체적인 틀거리를 자리매김했다고 할까? 사회구성체론, 계급론, 투쟁론, 조직론, 선전선동론, 이런 점에서 끊어졌던 것들을 모아낸 거죠. "제파PD 전략전술론이 뭐냐?"고 할 때 그런 중요한 요소들을 한군데로 통합해 냈다는 점, … 그다음에 '못다 핀 꽃'이죠. 80년대는 아마 좌절과 개별화 과정이 있었지만, 나는 지금은 그런 걸 하고 싶지는 않은데, 여전히 마르크스-레닌주의적 전통에 입각해 현실을 분석하고 어떤 계획을 내고 행동을 제안하는 부분으로 지금까지 이어지고 있는 게 아닌가 해요. 그런 걸 견지하고 제안하고 대중 노선을 견지하는, 오히려 우리 입장에서 보면 주체사상, 주체 노선을 중시하고 대중행동, 직접 행동을 중시하고. 또 어떤 주의, 주장보다는 구체적 현실을 보면서 진전해 가려고 했던 노력이나 그런 문제의식이 여전히 이어지고 있다고 봐요.

또, 이훈구는 1980년대의 노동운동이 사회 변혁 지향성이라는 측면에서 '경향'에서 '노선'으로 변화하는 과정이었으나, 노선의 과잉으로 조직 중심적 활동 과정이 활동가들에게 많은 어려움을 남겼다고 평가했다.

80년대의 활동은 '공상에서 과학으로'의 과정을, 그게 어떤 경향에서 입장으로 굳어지는, 견결해지는 과정이었다고 보고. 그다음에 문제가 되는 건 조직운동 경험, 그 당시 서클운동을 하면서 노선의 과잉이랄까. 노선의 과잉이 오히려 활동하는 사람들의 일상이나 활동을 포괄하지 못한, 당연히 조직 중심이 되겠죠. 뭐랄까, 얼마나 헌신적인 활동을 하느냐, 책임 있게 하느냐. 예를 들면 활동가로서 사회주의자로서 어떻게 그걸 담지하고 있느냐 하는 게 중심이었다는 생각이 들어요. 근데 그 과정에서 아쉽거나 힘들었던 일들이 다수의 경험으로 만들어지지 않았고 오히려 개인의 트라우마로 꽤 부정적인 영향을 미쳤다는 거죠.

그는 1980년대 노동운동을 옳고 그름의 이분법적 잣대로 평가하기보다는 그 시대와 활동, 그리고 활동가들이 변혁운동사에서 어떤 역할을 했는지 자리매김하는 것이 중요하다고 보았다. 다른 한편에서 그는 1980년대의 지나친 이념 지향성, 계급과 조직의 대리운동 방식 등으로 인해 많은 사람에게 공감받지 못했던 것들을 돌아보고, 다양한 사람들이 공감하고 참여할 수 있는 운동 방식을 추진하기 위해 성찰이 필요하다고 보았다.

지금 생각해보면 80년대, 그 당시처럼 할 수 있을까? 불가능하겠지. 그것이 옳고 그름으로 이분법적으로 평가되기보다는 통사적으로 어떤 함의와 실천 및 관계들을 형성하였는가에 대해 자리매김할 필요가 있고. … 세상을 바꾸려면 주력이 어떤 사람들인가도 있겠지만, 그러니까 사회구성체론, 계급론, 국가론, 조직론, 활동론, 투쟁론, 이런 여러 측면에서 당사자는 물론 그걸 하는 조직들도 마찬가지고. 계급이면 계급일 수 있고, 그 사람들이 어떤 이념에 의해서, 어떤 조직에 의해서, 어떤 활동으로, 이게 대행된다면 그게 가능할까. 이런 부분들을 제대로 주시하고 성찰해야 하지 않을까 싶어요.

기획도 세상의 일부이고 세상의 중요 요소를 담을 기획은 있었지만, 그러니까 세상을, 세계를, 일국을 고민하고 이야기는 하는데, 실제로 실행 계획은 현장에서 "어떻게 소그룹을 만들 거냐" 하는 데 있으니 너무 격이 안 맞는 거죠. 그래 우리가 훨씬 주목해야 할 건 운동을 정리하고 나간 사람들의 기억도 살펴야 한다는 거예요.

그는 1980년대 정치조직운동의 과정에서 민주적인 소통과 훈련이 부족했으며, 또 이념적 경직성 때문에 타자와 타자의 이야기를 일방적으로 규정했던 인식과 태도가 문제였다고 평가했다. 그런 일방적인 규정이 스스로 검열을 가했고, 운동 주체들의 자아실현적 측면보다는 운동에의 '헌신'을 강제하는 이데올로기로 작동한 문제가 있었다고 보았다.

지금도 그런 요소가 있는데, 상당히 아픈 기억이고. 1980년대에는 소위 딱지, 탁! 개량주의자, 기회주의자, 조합주의자, 소부르주아지! 이렇게 단정하는 딱지 붙이기가 있었죠. 사람이 평생을 살아가는데 얼마나 우여곡절이 많고, 개별은 얼마나 다층 다양하겠어요. 그런 역동성이나 통사성과 그의 현실성을 빼고, 거기다 '딱지' 단정을 하는 게 아주 일상화됐죠. 그런 것이 검열을 만들고, 경직을 만들고, 헌신의 담론을 누적시키고. 그래서 헌신하지 않으면 불충실한 거고, 비운동적이고, 반조직적이고 뭐, 이런 거를 나는 80년대 내내 견지해 왔어요. 지금도 주의하려 하지만, 오랫동안 습관으로 내면화된 측면이 있어서 그런 부분을 늘 일상적으로 주시해야 하죠. 80년대에 제파PD도 그런 부정적인 경향들, 태도들, 조직 관행을 만드는 데 일조했던 점들은 주목하고 주시해야 할 문제들이지 않나 싶고, 넘어서야 할 문제들이죠.

이훈구는 1980년대의 경험과 기억이 그 세대의 집단적인 기억으로 모이지 않고 개별화되고 파편화된 지점을 문제로 보았고, 그만큼 아쉬움이 컸다. 그 때문에 1980년대와 유사한 운동의 한계가 자신을 포함해 현실의 정치조직운동을 하는 사람들에게 여전히 노동운동 내부의 극복해야 할 과제로 남아 있다고 생각했다.

활동했던 사람들 내부에서조차 개별화되어 있고 단절되어 있다는 거죠. 조직 노선의 비합 전위정당 노선, 또, 공산주의 이념이 공포나 실패의 기억으로 왜곡된 부분이 아니려면, 그것을 왜 그랬는지, 어디까지 와있는지, 어떤 것이 모자랐는지, 어떤 건 참 좋았는지, 이런 부분들이 훨씬 사람들에게 많이 알려져야 하는데 운동은 되게 무겁지, 불친절하고. 그러니

노동자들하고 얼마나 멀었겠어요. 일상을 현실로 살아가는 사람들에게. 운동은 그런 일상과 현실을 녹여야 그게 지향이나 뭐 이런 것들로 만나질 수 있는 건데, 그게 참 어려운 거 같아요. 사실은 운동보다 더 어려운 게 삶일 수 있으니까.

세미나 할 때 많이 얘기한 기억이 있는데, 크렘린궁 앞에서 반혁명 시기, 이중정부 때 그 궁을 지키고 있는 늙은 노동자에게 "볼셰비키를 지지하냐? 당신은 볼셰비키냐?" 물었더니 "난 볼셰비키를 믿는다"라고 말했다는 얘기요. 그런 신뢰가 어떻게 형성됐을까? 그런 게 지도력이라면 가능할 텐데. 그걸 지지하고 함께 궁을 지키는 역할이라도, 그걸 하는 것이 세상을 바꾸고 사람을 바꾸는 원동력이지 않을까. 내가 만약 기획자라면 '그들을 어떻게 할 건가?', '그들과 어떤 관계를 맺을 건가?' 그들의 독립성을 보장하면서도 '내가 생각하는 걸 어떻게 지지하게 만들 것인가?', '어떻게 행동에 동참하게 할 건가?' 이런 의식들로 진전해야 해요. 그렇지 않으면 노동운동은 점점 작아지지 않을까 하는 생각이 들어요.

또, 그는 당시 여러 주체의 다양한 경험이 개별화하면서 부정적 기억으로 작동하는 지점들이 있다고 보았다. 그는 그런 개별화된 기억들 속에 당시 부족했던 지점, 굴절된 지점들을 소통하고 공유해서 집단으로 다시 끌어안아 가는 것이 1980년대를 제대로 자리매김하기 위한 출발점이라고 생각했다. 이훈구는 자신이 2010년의 구술 작업에 참여한 이유도 그 때문이라고 했다.

운동을 그만둔 사람들의 생각, 행보는 지금 많이 달라졌겠죠. 서로 다른 기억의 흔적으로 있겠고. 근데 기억이 개별화됐을 때는 되게 힘을 못 써요. 불편한 거, 공포, 부채, 모자람… 다 이런 부정적인 이미지로 남기 쉬운데, 그래서 그 기억을 집단화하려는 노력이 중요하죠. 그래서 이 인터뷰도 하는지 모르겠는데, 조각을 맞춰서 그 당시를 살았던 사람들의 집단적 기억으로 자리매김하려고. 그래야 이게 긍정적인, "아, 그때 그랬었지", "아, 그때 뭐가 모자랐지" 반성의 지점들을 내팽개치고 단절할 게 아니라 다시 찾는 거죠. 그때 뭐가 안됐고, 나는 어떤 점에서 모자랐고. 이런 걸 찾는 것도 상당히 긍정적이거든요. 불편함을 찾을 때 그 불편함으로부터 독립할 수 있지, 자주적일 수 있으니까요.

4장

운동의 새로운 모색과
휴지기

1. 마산창원지역 현장운동의 시도

　1990년 이훈구가 인천지역 활동을 정리하고 나온 지 얼마 지나지 않아 소련 사회주의가 붕괴했다. 그에게 소련 사회주의 붕괴가 큰 충격으로 다가온 것은 아니었다. 이훈구는 그동안의 활동을 정리할 겸 휴지기를 가지고, 생계를 위해 수유역에서 스낵 코너를 운영했다. 생계 활동만 한 기간이 1년 정도 지나면서 이훈구는 무력감을 느끼기 시작했다. 결국, 1년 6개월 만에 운영을 중단하고 다시 활동하기로 했다. 장사하면서 조직과 분리되어 있었기 때문에, 어디서 어떻게 다시 시작할지 혼자서 고민하고 판단해야 했다. 그는 노동조합운동의 상징성을 가진 마산창원지역(마창지역)으로 가기로 했다. 당시 마창지역에 다산보임의 이전팀 출신자 두 명이 활동하고 있었다.

　　정치적 입장이나 기풍 때문이기도 한데, 우리는 '러시아 망했다, 잘못했으니 망했지!' 이렇게 생각하는 사람들이 많았고, 나 같은 경우는 '잘못됐으니까 사달이 났지, 그런데 왜 사달이 났을까?' 그러면서 그 영향도 있었고. 나는 일단 인천 나와서 정리도 할 겸 활동을 안 했어요. 근데 도저히 안 되겠더

라고요. 1년 정도 지나면서 막 무기력해지는 거예요. '이렇게
는 못 산다, 다시 새로운 지역에 가서 활동해야겠다'고 생각
했죠. … 이전에 다산보임에서 두 명을 마창지역에 내려보내,
1년에 한 번이나 볼까 말까 하면서 배치했던 이전팀 출신 성
원들이 있었어요. 특히, 미숙이란 친구가 마창에 오래 있으면
서 마창노련에서 활동하고 있었어요. 그래서 창원으로 간 거
죠.(이훈구 구술)

이훈구는 마창에서 활동하는 이들을 만나 『마창노련신
문』을 구해 분석했다. 신문에서 노동조합의 교육과 선전 활
동을 살펴보고, 현장에서 제기되는 문제가 무엇인지 검토했
다. 이를 바탕으로 실천 방향을 모색했다. 그러면서 나중에
건설노조의 한 축으로 역할하기도 했던 마창일용공노조 사
람들과 함께 일이 있을 때마다 노가다 노동을 했다. 그런데
6개월 정도 지난 시점에 '제파PD 탄압 사건'이 터져 부천지
역과 부산지역의 제파PD 그룹 사람들이 연행됐다. 이 사건
의 여파가 마창지역의 이훈구에게도 미쳤다. 그가 생활하며
모임을 하던 집에 안기부 직원이 들이닥쳤다. 다행히 이훈
구는 서울에서 밤새 내려온 안기부원의 차 안에 1시간가량
갇혀 조사만 받고 풀려났다.

그때 조직사건이 터져서 부천, 부산이 다 털리고. 그런데 누
가 나를 불었다는 거야. 아침에 일어나서 화장실 갔다가 다
시 집에 들어가려고 하는데 탁, (안기부원에게) 낚아 채인 거지.

"같이 가자" 그러더니, 막 집을 털더라고. 추리닝 바람으로 차에 탔는데 한 놈은 협박하고, 한 놈은 회유하고. 얘들이 나를 추적했대. 내가 이 지역에서 세 번째 이사한 집에서 달린 거야. "너, 왜 여기 왔냐?", "니가 여기 영남책이다" 이래요. 내가 "나를 찾아다녔으면 어디서 어떻게 살았는지 다 알 텐데, 너무 일찍 온 거 아니냐?" 사실 속으론 큰일이다 했지. '이 지역까지 날아가면 어떡하나' 그래서 일면 거짓말, 일면 사실을 얘기해요. 그런데 집에서 털린 자료가 별로 없어요, 내려간 지 얼마 안 됐으니까. 1시간 지나 나를 놔주면서 "우리도 먼데서 왔고 증거로 자료는 가져갈 테니 포기각서를 써라" 그래 포기각서 써줬죠. 그동안 활동에 관해 쓰라고 해서 그것도 써줬어요. 괜히 나 때문에 이 지역에서 오랫동안 힘들게 활동하는 사람들이 조직사건의 피해를 보면 안 될 거 같아서. 그후 풀려나왔어요.(이훈구 구술)

풀려난 이훈구는 잠시 서울 집으로 돌아와 있다가 제파PD 사건 수사가 끝났다고 판단되자 다시 마산창원지역으로 내려갔다. 그러나 이훈구가 지역에서 자리를 잡기 전인 1993년경 부인 김혜란이 운영하던 학원에 문제가 생기면서, 학원을 정상화하기 위해 다시 서울로 올라와야 했다.

91년에 수유스낵에서 일하다가 "나 현장활동 하고 싶다"고. 그래서 "그렇게 하라"고 했죠. 지역도 본인이 마창으로 정하고. 나는 경제적인 활동을 할 수 있는 학원을 선택했고. 이훈구가 91년에 그렇게 내려가서 조직사건으로 한번 털리고 그냥 끝난 게 아니라 다시 갔어요. 조사받고 나서 "한번 털어서 정리됐으니까 이젠 괜찮을 것 같다" 그러고서 바로 다시 내려간 거로 기억해요. 그러다 학원 운영 문제가 터지면서 올라온 거지. 학원을 정상화하려면 이훈구가 필요했거든.(김혜란 구술)

2. 전노협 백서 작업 참여와 운동의 단절 시기

1996년 민주노총이 결성되고 전노협(전국노동조합협의회)이 해산하면서 그동안의 전노협 활동을 정리하기 위한 1기 전노협 백서팀이 만들어졌다. 이훈구도 이 팀에 자원활동가로 참여했다. 전노협 활동이 한국의 노동운동 역사에서 매우 중요하기 때문에 잘 정리해야 한다고 생각했다.

사진4-1. 이훈구가 작업에 참여한 전노협 백서.(노동자역사 한내 제공)

그 팀에서 자료 다 모으고, 백서를 총 9권인가 내려 했는데, 최종적으로 7권인가, 6권 낸 거 같아요. 그래서 자료 분류 정리부터, 완전 노가다지, 뭐. 자료가 정리된 형태로 있는 게 아니라 다 호치키스(스테이플러)로 찍은 회의자료, 이런 식으로 되어있는 게 많아서 찾고, 분류하고, 정리하고, 그리고 권당 주제를 잡고, 역할도 분담하고. 그래서 제가 『지역에서 업종으로』인가?(2권) 그걸 했어요. 좌우간 한 권, 제가 담당해서 정리했죠.(이훈구 구술)

이훈구는 전노협 백서 작업을 하는 한편 한국노동이론정책연구소(이하 '한노정연')에서 진행한 신자유주의 관련 세미나 팀에 참여해서 공부했다. 백서 작업은 마무리됐지만, 편집과 내용 정리에 문제가 있어 재작업을 위한 '2기 전노협 백서팀'이 구성되었다. 이훈구도 2기 작업에 참여했다. 2기 백서는 1998년 겨울부터 1999년 가을까지 작업했다.

'전노협 백서 2기' 한다고 종배 형의 개인 오피스텔에 갔다가 처음으로 훈구 형을 만났어요. 『전노협 백서』가 처음 나왔을 때 편집도 엉망이고, 비문도 되게 많고, 무슨 내용인지 하나도 모르겠다는 얘기가 나와서 다시 작업하려고 2기 팀을 구성한 거예요. "이거(1차 백서) 전체 교정을 다시 보고 재편집본을 내자"라고 해서 그때 훈구 형이랑 저, 용재 형이랑 종배 형이 했는데, 거기에 박재범도 있었고. 길동에 있는 종배 형 오피스텔에서 밤도 많이 새고, 맨날 밤 10시 넘게까지 일을 거

의 1년을 했어요. 훈구 형이랑 제가 제일 고생했어요.(전주희
구술)

전노협 백서 2기 작업에 참여했던 전주희는 당시 이훈구
가 40대 남성 문화를 가진 '꼰대'의 모습이었고, 성격은 꼼꼼
했다고 기억한다. 이훈구는 갓 학생운동을 마치고 백서 작
업을 하러 온 전주희가 노동운동을 하려면 학습을 제대로
해야 한다고 판단해 한노정연 자본론 학습팀에 참여시키는
등 관심을 기울였다.

(그때 이훈구는 어떤 모습?) 완전히 꼰대였지, 너무 꼼꼼하고요.
나는 막 덜렁덜렁하고, 대충 하려고 하고. 처음에는 성격이
안 맞았고 그 선배는 나를 놓고 "쟤 어떡하면 좋냐?"고 상담
도 했어요. 도저히 안 돼서 "너는 공부를 해야 한다"(초기니
까.) 어, "학습 뭐 해야 한다, 책을 사 오라"고 했어요. 한두 번
하다가 도저히 안 되겠나 봐. [같이 웃음] "너, 『자본론』읽어
봤어?", "아니요" 그랬더니 "『자본론』안 읽으면 현장 가서도
노동자들한테 완전 개무시당한다"고, "네가 지도해야 하는데
큰일 났다"고 그래요. 그러더니 백서 작업 마칠 때쯤에 나를
한노정연 자본론 팀에 억지로 넣었어요.
아직도 기억나요. 세미나 하는데 혜란 선배가 전화를 받더니
와서 "여기 전주희라고 있어요?" 찾아. 그래서 "전데요" 그랬
더니 "아, 왔구나" 하면서 전화에 대고 "여기 도착했어". 훈구
형이 내가 세미나 안 가고 중간에 샐까 봐 혜란 선배한테 전

화해서 확인한 거야. [같이 웃음] (전주희 구술)

1999년 초반까지 이훈구는 전노협 백서 작업을 하면서 한
노정연에서 세미나도 하고 있었는데, 그 사이 그의 어머니
가 살던 연립주택이 재건축에 들어갔다. 재건축을 하는 기
획자부터 시공사에 이르기까지 전 과정이 사기여서, 연립주
택에 살던 사람들 모두 쫓겨날 상황이었다. 결국, 이훈구가
나서서 재건축을 둘러싼 사기 사건을 정리했다.

> 2층짜리 연립에 6가구씩 12집이 살았어요. 이걸 부수고 재건
> 축을 해서 아파트를 지어주겠다는 거죠, 주상복합 건물로. 근
> 데 나중에 알고 봤더니, 이게 기획한 놈부터 시공사, 은행, 시
> 공사 하청의 하청에 이 업자들이 다 사기꾼인 거야. 그러니깐
> 돈을 줘도 내 것이 아니고, 나중에 돈을 또 내줘야 하고. 이면
> 계약 같은 게 많았던 거예요. 이걸 못 내서 집에서 쫓겨난 사
> 람들도 있고. 우린 중간에 냈는데, 이때 짝꿍이(김혜란) 마음
> 고생 한 거라. 논술해서 번 거 틀어막는 데 다 쓰고. 안 되는
> 사람은 새로 지은 집을 담보로 은행 융자를 해서. 일억에 얼
> 마짜리 월세를 사는 거죠. … 그니깐 사람들이 죽으려고 그러
> 죠. 집도 개떡같이 지어놓고. 그래서 엉망이 된 다음에 수습
> 차원으로 제가 12명 주민의 총무 일을 몇 개월 해요. 다 날아
> 가게 된 걸 그래도 어느 정도 선에서 막아요.(이훈구 구술)

집 문제가 어느 정도 정리될 즈음인 1999년 초 서울, 경기,

인천, 울산 등 전국에 흩어져 활동하고 있던 다산보임 출신의 활동가들이 "'노동자의 힘'을 만들자"라며 이훈구에게 같이 할 것을 제안했다. 이를 받아들여 이훈구는 노동자의 힘 건설에 참여했다.

5장

노동자의 힘

1. '노동자의 힘' 결성

1996, 97년 노동법 개악에 맞선 노동자 총파업은 전국적 정치 총파업이었다. 1996년 12월 26일 김영삼 정권의 노동법과 안기부법의 날치기 통과에 항의하여 민주노총은 즉각 총파업에 돌입했다. 40여 일간 파업 참가 누적 규모가 3,206개 노조에, 파업 참가 연인원이 359만7,011명에 이르는 한국전쟁 이후 최대의 정치 총파업이었다. 정리해고제의 법적 제도화 자체가 전체 노동자계급을 단결시키는 조건이 되었다. 그러나 1997년 1월 18일, 민주노총 지도부가 '유연한 전술'이라는 명목으로 수요파업으로 전환한 이후 투쟁의 주도권을 상실하면서 결국 3월 국회에서 노동악법 재개정이 통과됐다.11

이처럼 민주노총은 총파업투쟁의 정점에서 계급 역학 관계를 변화시켜 내지 못한 채 후퇴함으로써 노동법 개악을 완전히 저지하지 못했다. 이후 노동자들은 자본에 의한 대대적인 노동 유연화와 노동 통제 공세로 고통당했다. 한편

---

11   박성인, 「1987년 노동자대투쟁 이후 노동운동사」, 『노동자, 자기 역사를 말하다』, 역사학연구소 엮음, 서해문집, 2005, 294쪽.

사진5-1. 2009년 2월 8일 노동자의 힘 해산 총회.(노동자역사 한내 제공)

에서는 1996, 97년 노동자 총파업투쟁은 1987년 이후 노동
운동의 전략적 과제였던 '노동자·민중의 독자적 정치세력
화'의 가능성을 현실화시켰다. 우선 합법적 진보정당을 표방
하는 민주노동당이 등장했고, 이와 다른 비민주노동당 좌파
정치조직이 등장했다.12

96, 97년 총파업을 거치면서 정치세력화의 필요가 제기됐잖
아요. 총파업 과정에서 권영길 민주노총 위원장이 "노동자
출신을 국회로 보내야 한다"는 방식으로 정치세력화를 추진
한 거예요. 그런 방식을 그때는 굉장히 "개량적인 사민주의

---

12 박성인, 앞의 글, 298쪽.

적 정치세력화의 경로들"이라고 본 거고. 그래서 "의회주의적인 정치세력화와는 결을 달리하는 세력들을 전국적으로 결집해야 한다"고 해서, … 그때는 '국민승리21'과는 결을 달리하는, 이른바 아주 혁명적인 정치세력화의 전망을 갖고 결집하자는 거였거든요.(박성인 구술)

이런 정세 속에서 노동자·민중의 정치세력화를 위한 한 흐름으로 1997년 '노동자·민중의 정치세력화 진전을 위한 연대(준)'가 결성됐고, 1998년 12월 29일에 '새로운 정치조직 건설을 위한 제안문'을 운동사회에 제출했다. 그 결과 새로운 정치조직 건설에 동의하는 현장활동가, 노조 간부, 단체활동가, 진보적 지식인들이 모여 '새로운 정치조직 건설을 위한 예비모임'을 결성했다. 이 모임은 토론회, 지역순회 간담회를 진행하면서 지역 현장활동가들의 결의를 모아나갔다. 이어 1999년 8월 8일 '노동자의 힘(이하 '노힘') 준비모임'을 결성했다.13

그때 하나는 전국노련(전국노동단체연합)이 좀 주축이 됐고, 그 다음에 한노정연의 역량하고, 그다음에 오세철 교수는 다른 정파조직이 있었어요. 민정연(민중정치연합)인가? 그다음에 노동조합 내부의 이른바 현장 좌파활동가들. … 문제는 그런

---

13 '노동자의 힘' 청산위원회, 『백서 발간을 위하여』, 2009, 1쪽.

세력들이 전국 지역에 아주 소규모 정파 단위로 다 흩어져 있어서, 그때 나하고 몇 사람이 전국을 돌아다니면서 지역 정파들을 다 만나서 설득 토론을 했어요. "전국적으로 결집해야 한다" 해서. 그 과정에서 노동조합 내의 좌파활동가들, 후배 중에서는 좀 시기상조라고 얘기하기도 했어요. … 근데 오세철 교수나 김상복, 이종회 등은 "지금 더 늦출 수 없다, 일단 최대한 결집해서 출발해야 한다" 해서 99년 8월에 창립총회를 했지요.(박성인 구술)

전노협 백서 작업, 한노정연 세미나 참여 등을 하고 있던 이훈구는 1999년에 창립한 비제도권 계급정치운동 지향의 노힘 결성에 참여했다. 노힘 결성의 주축은 전국의 여러 영역에서 활동하던 다산보임 그룹 출신 활동가들이었다.

이 노동자계급 정당은 비제도적 투쟁 정당이에요. 그니깐, 등록할 순 있지만, 등록에 연연하지 않는. 당시에는 등록은 죽는 거지, 파는 거지. (제도권 안으로 들어가는 게?) 예, 파는 거지. … (제도권에 들어가는 걸) 되게 경원시하고 대척점으로 놓고 그랬던 거 같아요. 그니깐 다산보임 했던 그룹들이 쭉 전국적으로 흩어져 있다가 모인 거죠. 전국적인 조직을 처음으로 만든 거예요. 그전에 경향과 사람과 인맥으론 있었겠지만, 공식적인 조직으로 만들어진 건 처음 시도된 거라고 봐야죠. "우리도 개별적으로 흩어져서 경향적으로 활동할 게 아니라 공식적이고 공공연한 목소리를 내야 한다", "지금 소수지만 세력

화해야 한다"고. 이렇게 전국에 150, 200명 정도니깐, 이걸 어
떻게든 "다수화해야 한다" 이런 이야기들이 출발의 동인이었
던 거 같아요.(이훈구 구술)

2. 조직위원장의 활동 1: 투쟁 활동

1) 2001년 대우자동차 노동자들의 구조조정 저지 투쟁

'노동자의 힘(준)' 결성 직후 형성된 1기 집행부는 공동대
표와 중앙집행위원장이 있을 뿐, 조직 체계가 정비되지 않
은 준비팀 형식이었다. 그런데도 이훈구는 결성 직후부터
노힘에서 상근 활동을 했다. 상근자들은 차비도 나오지 않
는 상황에서 활동해야 했다.

이 시기에 한라중공업의 구조조정 저지 투쟁 등 구조조정
에 저항한 노동자들의 투쟁이 터져 나왔다. 특히, 창원 대우
국민차에서 일하다 산재 요양 중이던 이상관의 자살로 1999
년 7월 27일부터 노동안전보건 활동가들이 투쟁을 벌였다.
이들은 철야농성 투쟁, 노숙 단식투쟁 등 156일에 걸쳐 투쟁
했다. 이 투쟁은 "책임자 처벌, 유족에 대한 사과 · 보상, 재
발 방지를 위한 제도 개선을 위한 기구 구성"을 요구하는 제
도 개선 투쟁의 성격을 갖고 있었다.

이상관 투쟁은 개인의 인정 문제도 있었지만, 법 · 제도적인
문제가 있었어요. 왜냐면, 산재 중에 이 사람이 자살을 했거

121

든. 그니깐 "산재 중에 자살했는데 이 자살이 업무 관련성이 있다, 없다", "산재다, 아니다" 이 문제가 제일 핵심이었거든요. "그냥 일하다 다쳤다, 아니면 사고가 나서 다쳤다, 업무 때문에 다쳤다, 병이 들었다" 그건 되는데 "산재 치료 중에 이 사람이 죽었어, 혹은 요양 끝나고 나서 죽었어, 복귀 앞두고 죽었어" 이러면 근골격계 질환으로 죽음에 이르진 않지만, "이 직업병이 원인이 돼서 죽게 되는 스트레스로 작동할 수 있다"는 게 관건이었기 때문에, 이상관 투쟁은 개인 인정 투쟁만이 아니라 법·제도적인 개선 투쟁의 함의들을 가지고 있던 거죠.(이훈구 구술)

노힘은 한라중공업 등 구조조정 저지 투쟁에 조직적으로 결합했고, 이상관 투쟁에도 많은 힘을 기울였다. 노힘 회원 이면서 동시에 민중의료연합(이하 '민의련') 활동을 하던 활동 가들은 전격적으로 투쟁에 결합했고, 이훈구 역시 처음 접 한 노동안전보건 투쟁에서 많은 자극을 받았고 관심을 기울 였다.

그때 한라중공업 싸움이 있었고, 대대적인 구조조정 시기였으니까 파바박 투쟁이 터지는데 이상관 투쟁이 컸어요. 156일 농성을 했기 때문에. 이 투쟁에 훈구 형이 영감을 많이 받았어요. 그래서 이후에 "한노보연을 같이 만들자" 했을 때 좀 더 긍정적으로 생각할 수 있었어요. 이상관 투쟁에 노힘이 그냥 한 번 오는 게 아니었고, 없는 역량에 조직에서 나름대로 힘을 기울였어요. 물론 저도 조직원이고 또 그 상황실에서 일했기 때문이기도 했지만. (훈구 형이 결합한 건가요?) 훈구 형이 직접 결합하진 않았고 사람을 보냈을 거예요. 훈구 형이 조직에서 늘 이 투쟁을 보고하고 신경을 썼던 거죠.(김재광 구술)

서로 다른 지역, 업종, 환경에서 활동하던 이들이 노힘이라는 전국조직에 모여 같이 활동을 벌이는 건 버거웠다. 상근자들은 힘들어했고, 2기 지도 체제 구성이 난항을 겪기도 했다.

1기 때 사무실이 용산 쪽에 아주 허름한 건물이었던 거 기억나요. 그래서 1년을 운영했는데 (조직원이) 한 100명 정도였고, 쉽지 않잖아요? 재정 문제부터. 복이 형(김상복)이 집행위원장으로 상근했고, 나도 거의 상근했고. 아무튼 1년 하니까 다 힘들고. … 그러면서 2기가 출범할 때 총회에서 차기 집행부를 못 꾸린 거예요. 사람들이 "어떻게 할 거냐?" 하다가 총회 장소에서 "여기서 무너지면 안 된다, 그럼 내가 맡을 테니까 하자" 그렇게 설득해서 2기가 구성된 거죠. 그러면서 조직사업을 훈구가 하게 되는데 조직원들 계속 체크하고, 확대하고 이런 일상적인 일부터 하는 거죠.(박성인 구술)

이훈구가 공식 역할을 맡은 건 2000년 2기 집행부가 조직 체계 틀을 갖추면서였다. 조직위원장으로 노힘 내부 조직력을 강화하는 사업과 조직 확대 활동, 동시에 투쟁 조직도 해야 했다. 이때부터 이훈구는 노힘의 활동 기간 내내 벌어진 현장의 투쟁을 지원하고 그 지원을 조직하는 활동, 거리 투쟁을 기획하고 조직하는 활동을 계속했다. 이훈구와 같이 활동했던 김재광은 "조직이 투쟁까지 하는 거라서 훈구 형은 늘 투쟁 관련 일을 하고 다녔다"라고 기억한다.

2기가 활동했던 2000년 9월에서 2001년 10월까지는 박성인이 대표였다. 그는 이 시기 구조조정에 맞선 대표적인 대중투쟁인 2001년 대우자동차 투쟁에서 이훈구가 조직위원장으로 투쟁을 조직했다며 당시 상황을 다음과 같이 기억한다.

> 96, 97년 노동법 개악을 완전히 저지를 못 해버렸잖아요? 그래서 정리해고를 법제화한 이후에 현장을 깨나가고 현장에 적용하기 시작하거든. 그게 99년에 한라중공업, 그다음에 2001년 대우자동차 파업. 이게 정리해고제와 관련된 아주 대표적인 투쟁인데, 그때 내가 김일섭 (대우자동차노조) 위원장을 만나서 파업에 대한 전반적인 얘기를 했어요. 파업할 때 중요한 몇 가지 원칙이 있거든, 특히 위원장으로서 진짜 위험을 염두에 둔다든가. 그래서 96, 97년 총파업 경험하고 한라중공업 파업 경험들 쭉 얘기해줘요.
> 그리고 훈구가 맡은 조직이라는 게 투쟁하면서 또다시 현장을 조직하고 그런 거죠. 대우자동차 할 때는 김혁이를 거기에 완전히 짱박았어. 그때 공권력 투입을 했잖아요? 화염병 대량으로 만들죠. 그게 다 훈구 몫인 거예요. 그때는 화염병이

있었거든. 사람들 다 조직하고, 파업대를 조직하고. 대우자동차에 공권력이 투입되면서 우리가 "김대중 정권 퇴진 투쟁"을 전면화한다는 방향을 잡았는데 ⋯ 그때 관건이 ⋯ 현대자동차를 움직여 내는 거였거든. 그러면서 금속노조, 민주노총을 움직이는. 그런데 8월 막판에 현대차 민투위(민주노동자투쟁위원회) 동지들이 딱 꺾여버린 거에서, 그래서 8월 총파업이 접혀버린 거지.(박성인 구술)

대우자동차 투쟁에서 노힘은 다른 운동 세력과 함께 대책위를 구성하고, 현장에 회원인 김혁을 상주시켜 투쟁을 지원 · 지도하게 했다. 이 투쟁에 정권이 최루탄 등을 사용해 폭력적으로 무력화하려 했기 때문에, 투쟁 주체들도 나름 무장하고자 화염병을 만들었다. 실질적 투쟁에 필요한 것들

사진5-2. 2001년 대우자동차 정리해고 반대 투쟁 당시 공장에서의 노동조합과 공권력의 싸움.(노동자역사 한내 제공)

은 이훈구 조직위원장이 대우자동차 밖에서 조직해서 투쟁
이 제대로 진행될 수 있도록 지원했다. 이때 이훈구의 지시
로 화염병을 밖에서 만들어 오던 노힘 회원이 구속되기도
했다.

> 대우자동차 투쟁 과정에서 FB(Fire Bottle, 화염병을 가리키는 은어.
> '꽃병'으로도 불림)를 준비해야 하니까 훈구 형이 그때 선전 담
> 당이었던 OOO한테 지시했어요. 나는 그때는 선전 담당을 안
> 하고 있었기 때문에. 그러면서 훈구 형이 OOO에게 "톨게이
> 트로 가지 마라, 위험하다"고 했는데, OOO이 FB를 갖고 톨
> 게이트를 지나오다가 결국 잡혔던 거예요.(김재광 구술)

2) 근골격계 투쟁: 노동강도 강화 저지 투쟁

이 시기에 또 중요한 투쟁은 근골격계 직업병 집단 요양
투쟁으로, 노동조합이 주체가 되어 근골격계 직업병을 가진
조합원을 찾아내 집단으로 요양 신청을 하고, 실제 요양으
로 들어가는 투쟁이었다. 집단적인 요양이 진행된다면, 개
별 노동자가 진단과 치료를 받을 수 있을 뿐 아니라, 이러한
직업병을 초래하는 집단적 작업 환경의 문제점과 개선책을
사회적으로 제시할 수 있게 된다. 그러나 집단적 직업병을
인정받기는 매우 어려웠다.

그런데 근골격계 직업병 인정의 어려움을 극복한 것이
2002년 대우조선 집단 요양 투쟁이었다. 집단적 작업 환경
의 악화인 노동강도 강화 요인에 대해 노조가 전체적인 조

사를 수행했다.14 한편으로 증상을 가진 개별 노동자를 검진하여 의학적 진단을 붙인 후, 동시에 노동조합이 요양 신청을 하자 근로복지공단이 적극적인 반박을 할 수 없었다. 즉, 개별적 요양으로는 전혀 불가능했던 76명 전원 직업병 인정을 확보했다.15

대우조선이 그 싸움을 할 수 있던 두 축이 있었어요. 하나는 박장근 동지가 내려가서 (어용)노조를 뒤집으려고 밭갈이를 했기 때문이에요. 그리고 2002년에 근골격계 직업병 공동연구단이 있었고, 그 주요 멤버들이 다 노힘이었어요. 우리가 "근골 싸움을 하자"고 노힘에도 제기한 거죠. 노힘은 이 문제에 있어서 민의련의 주장에 잘 호응하고 같이 투쟁했어요. 노조운동이 안전보건 문제를 협상하는 정도의 수준으로 사고하잖아요? 그렇지만 노힘은 적어도 그렇지는 않았어요. 노힘은 (근본적인 관점으로) 판단했다는 거죠.(김재광 구술)

대우조선 투쟁을 거치며 노힘은 2003년 현장투쟁 및 신자유주의 분쇄를 위한 하나의 방안으로 "노동강도 강화 저지투쟁"을 상정했다. 이유는 첫째, 2002년 대우조선에서 촉발된 근골격계 직업병 투쟁은 협의의 노동자 건강권투쟁에 국

---

14   대우조선은 IMF를 이유로 정규직을 해고했지만, 주문 물량이 늘자 탄력적 인력 운용과 비용 절감을 이유로 2인 1조로 하던 일을 1인이 하게 했다.

15   사회진보연대,『사회운동』, 2002.7~8. 27호, 이세연(노동자의 힘)의 글.

한되는 치료와 보상의 문제가 아니라 노동자 현장 통제권과 긴밀히 연관되어 있다는 점, 둘째, 직업병 인정 투쟁을 넘어 현장투쟁으로 동력화할 수 있는 사안이라는 점, 셋째, 이 문제가 신자유주의 구조조정의 결과이기에 반신자유주의 구조조정 투쟁의 실물이라는 점이었다. 이러한 근거하에 노힘은 조직적인 대응과 기획을 위하여 상임집행위원회 산하에 "노동강도 강화 저지 투쟁팀"(이하 '노강팀')을 설치하고, 팀장에 이훈구 조직실장, 총괄에 김재광, 그 외 배영희, 전주희, 김현수(가명) 등이 초동주체로 결합했다.16

대부분의 노강팀원은 2003년 3월 14일에 결성된 "노동강도 강화 저지와 현장투쟁 승리를 위한 전국노동자연대 준비위(이하 '전국노동자연대')"의 사무처 성원을 겸했다. 그 때문에 노강팀은 회의를 진행하지 않았고, 대신 조직실장인 이훈구에게 전국노동자연대의 활동을 보고하고 같이 검토하는 방식이었다.

2000년, 민중의료연합의 노동자건강사업단이 있었고 그 노동자건강사업단이 2002년에 근골격계직업병연구단을 만들고 … 저도 노동자건강사업단의 단원이었죠. 당시에 한 사람이 여러 가지를 했어요. 그리고 이 성원들이 노힘 조직에 노동안전보건운동을 제기한 거예요. 여기에는 노힘 멤버십인

16　노동자의 힘, 『제12차 총회 자료집』, 2003.8.

사람이 다수였으니까 노힘에서는 구조조정 투쟁을 하고, 이제 고용투쟁도 중요하지만, "근골, 몸, 그런 투쟁을 해야 한다, 노동강도 저지 투쟁은 정치적 의의가 있다, 반신자유주의 투쟁이다" 이런 걸 우리가 얘기했고 조직에서도 그걸 받았죠. 그리고 '노동강도 강화 저지팀'을 구성하죠. 그리고 훈구 형은 그 문제에 대해서 상당히 많이 호응했고, 같이하면서 그 필요를 주장했죠.(김재광 구술)

팀 구성이나 전체적으로 세팅한 거는 재광이 형이랑 훈구 형이랑, 김현수(가명)가 한 거예요. 김재광이랑 훈구 형이 전국 순회 투쟁하면서 노강 저지, 그리고 전국의 노동안전보건단위 대상으로 김현수가 근골 투쟁한다고 현장 돌고 조직할 때였어요. 훈구 형이 조직위원장이고 조직 상황을 잘 파악하니까, 이 과정에서 재광 형이 훈구 형을 잘 끌어들였죠. 훈구 형도 현장에서 투쟁하는 거 좋아하니까, 그런 거에 잘 결합하고. 그래서 전국노동자연대 준비모임 만들 때, 회의하면 훈구 형이랑 재광 형이랑 배영희랑 있었어요.(전주희 구술)

전국노동자연대(준)은 5월 1일 경총(한국경영자총협회) 앞 집회를 기점으로 정식 출범했다. 목표는 우선 근골격계 직업병 인정 투쟁에서 노동강도 강화 저지 투쟁으로 나아가고, 두 번째로는 이런 투쟁을 개별 사업장에서 전국적 투쟁으로 발전시킨다는 것이며, 세 번째는 이를 통해 노동자의 현장 통제권을 확장한다는 것이었다. 공동투쟁 요구는 "살인적 노동강도 강화 중단 및 집단적 직업병 발병 원인 제거, 노동안전 평가제 도입, 노동자 작업 환경 개선위원회 활동 보장, 직업병 노동자의 재활 복귀 보장, 신체 부담 작업에 대한 법규정 협소화 반대" 등이었다. 이러한 목표와 투쟁의 요구를 정리한 것은 2003년 투쟁을 요양 중심이던 직업병 투쟁에서 노동강도 강화 저지를 매개로 한 노동자 현장 통제권 투쟁으로 확대하려는 것이었다.

전국노동자연대는 표1과 같이 3월 풀무원과 오픈에스이, 4월 현대자동차 민투위 집단 요양 투쟁, 5월 삼호중공업, 6월 쌍용자동차 창원지부 등에 관여하고 투쟁을 함께 고민했다. 실상 전국노동자연대는 2003년 집단 요양 투쟁의 대부분을 담당했고, 이후 투쟁으로 쟁점화하는 데 노력했다. 집단 요양 투쟁 외에 노동부 앞 전국 1인 시위, 투쟁소식지 발간 등을 통해 전체 노동안전보건 진영에 투쟁을 독려하기도 했다. 특히 5월 1일 경총 규탄 집회에 이어 노동절 영정 선전단을 구성해서 선전했는데,17 새로운 시도에 집회 참여자들만이 아니라 지나가는 이들도 관심을 보였다.

처음엔 나더러 "이름만 달아놓고 아무것도 안 해도 돼" 그랬었는데 재광이 형이 막판에 "넌 그래도 뭔가 한 가지 기획을 내야 하지 않겠니? 기획실장인데" 그래서 내가 그림자 영정

---

17 노동자의 힘, 앞의 자료.

사진, 그거를 기획했어요. 처음에는 "500개를 조직하자" 그랬는데 훈구 형이 "500명을 어떻게 조직해? 너 그거 다 명단 모을 수나 있어?" 막 뭐라 하고. 그때는 네이버가 막 나온 때고 검색 기능이 없을 때였어요. 그래서 "명단이랑 이런 건 내가 다 추릴 테니까 500명 조직해서 하자" 했는데 훈구 형이 "안 돼! 50명으로 해" 이러는 거예요. 나는 너무 짜증 나서 막 우겨서 200명으로 정해요. … 그래 노힘 사무실에서 몇 명 모아서 3박 4일 동안 명단 추리고 영정 만들고. 그래 피켓 200개 만들어서 했던 것 같아요.(전주희 구술)

표1. 상반기 집단 요양 투쟁 현황 (노동자의 힘, 『제12차 총회 자료집』, 2003.8.)

시기	주체	인원	시기	주체	인원
2002년 2월	대우조선노조	76명	2003년 3월	오픈에스이지부, 풀무원 춘천노조	26명
2002년 7월	한라공조노조	11명	2003년 4월	대우종합기계 노조	24명
2002년 7월	카스코 등 경남 2지부	32명	2003년 4월	현대자동차 민투위	32명
2002년 8월	VDO, 캄코지회 등	13명	2003년 5월	INI스틸(포항)지회	32명
2002년 11월	대우상용차노조	27명	2003년 5월	삼호중공업지회	89명
2003년 1월	삼호중공업지회	33명	2003년 6월	쌍용자동차노조 창원지부	23명
2003년 1월	두원정공노조	26명	2003년 6월	금속 충남지부	104명
2003년 1, 3월	대한이연지회	10명	2003년 6, 7월	쌍용자동차 본조 등	128명

이처럼 전국노동자연대는 2003년 상반기 투쟁에서 집단 요양 투쟁을 투쟁의 전형으로 만들었다. 그중에 대우조선이나 현대자동차의 경우 현장조직의 투쟁이라는 점에서 모범적 사례라 하겠으나, 여전히 현실은 직업병을 인정받아야

하는 수준이었다. 따라서 현장투쟁의 전형을 어떻게 만들 것인가를 더 고민해야 했다.

전국노동자연대를 통해 이러한 활동을 했던 노강팀은 노동강도 저지 투쟁이 실제 투쟁이 발화하는 곳에서 전국 전선의 설치가 가능하다는 것을 확인했다. 그 때문에 노강팀은 노힘 내부에서 노강 투쟁의 역량을 더 확장하기 위해 이후 과제로 "조직 내 역량을 재구성하고 새로운 투쟁을 발굴하여 투쟁 전선에 합류시키는 것"으로 정했다.18

3) 2002~2003년 '에바다 비리 재단 퇴진과 정상화'를 위한 투쟁

노힘은 노동자 투쟁만이 아니라 지역의 여러 사안을 둘러싼 투쟁에도 적극적으로 결합했다. 그중 하나가 에바다 투쟁이었다.

1996년 이후 장기화한 에바다 투쟁은 2002년 7월 농아원 진입 투쟁을 계기로 다시 활성화되었다. 청각장애인 특수학교인 에바다에서 1996년 11월 27일 새벽 5시 농아 원생 26명의 농성이 시작됐다. 비참한 생활환경과 강제 노동, 인권 유린, 시설 비리에 저항하는 농아 학생들이 지푸라기라도 잡기 위한 몸부림이었다. 이어 21명의 교사 중 11명의 교사가 투쟁에 참여했다. 전체 교사와 원생은 재단 쪽과 반대 쪽으로 나뉘어 대립했다. 그 과정에 주한미군의 에바다 학생 성

---

18   노동자의 힘, 앞의 자료.

추행 사건이 보도되면서 에바다 사건은 사회의 관심을 받기 시작했다.

1997년 1월 장애인단체와 인권단체 중심으로 '전국 공대위'가 만들어졌고, 그해 겨울 '에바다 대학생 비상대책위원회'가 결성돼 대학생들이 평택역 앞에서 천막농성을 시작했다. 또, 1998년 여름에는 참여연대, 민주노총 등 33개의 단체가 모여 '에바다 정상화를 위한 연대회의'를 꾸렸다. 점차 에바다 정상화 투쟁은 평택과 서울을 넘어 전국 곳곳으로 확산했다.[19]

2002년 7월 법인 운영권을 손에 쥔 민주 이사들과 '에바다 정상화를 위한 연대회의'는 농아원 정문에서 일주일간 진입농성을 벌였고, 2002년 8월에는 이러한 상황을 바탕으로 에바다복지회 산하 시설인 '에바다 장애인복지관'을 장악하는 데 성공해 정상화를 향해 한 발 내디뎠다. 2003년 3월 31일 에바다 학교가 농아원으로부터 복지관으로 수업 장소를 옮겨 14개월 만에 정상 수업을 시작했다. 5월 28일 민주 이사와 지역의 노동자, 학생들이 모여 농아원 진입에 성공했고, 약 10일간의 투쟁 끝에 2003년 6월 7일 비리 재단 관련자들을 '에바다복지회' 산하 모든 시설에서 완전히 몰아냈다. 이처럼 에바다 투쟁은 1996년 11월 27일부터 2003년 6월 7일까지 긴 기간 동안 '에바다 비리재단 퇴진과 정상화'를 요구

---

19   『매일노동뉴스』, 2007.2.16.(http://www.labortoday.co.kr)

해 마침내 학교 운영의 투명성과 민주화를 이루어 냈다.

노힘은 2002년 진입 투쟁을 전후해 에바다 투쟁을 '경기 노동자의 힘' 핵심 사업으로 설정할 정도로 이 투쟁에 적극적으로 결합했다. 조직위원장인 이훈구는 진입 결정 이후 평택지역을 비롯한 경기 남부지역의 현장조직들을 통해 노동자들의 참여를 조직하고, 인근의 한신대학교 사회복지학과 학생을 중심으로 50여 명을 조직해 투쟁에 적극적으로 참여하게 했다. 나아가 이훈구는 투쟁이 장기화하자 서울, 충청권 등에서 회원들을 투쟁에 참여시키는 등 전 조직적으로 결합하면서 투쟁의 지속과 확산을 위해 힘을 기울었다.[20]

2002년에 에바다 싸움은 되게 격렬했고 잘했어요. 제가 보기에 노힘이 원칙을 가지고 정말 끈질기게. 보통 사람들은 노힘이 노동운동에만 관심이 많았다고 생각하지만, 의외로 이 싸움을 굉장히 끈질기게 해요. 그때, 굉장히 위험했잖아요? 재단 측 사람들이 막 폭력을 행사하니까. 경찰하고 싸우는 것보다 위험했잖아요. 경찰은 눈치라도 보지. 제주도에 내려간 최정철은 "자기가 잘했고, 둘째는 훈구 형이 잘했다"고 해요. [웃음] 다들 자기가 잘했다죠. 지겹게 굉장히 길게 한 싸움이 있었어요. 훈구 형이 판을 짠 거죠. 이 에바다 싸움은 경기도만 해서는 싸움이 되지 않으니까 서울, 충청까지 다 소집시킨다

---

20   이승연, '장애인이 스스로 서기 위한, 에바다 투쟁 보고서', 『현장에서 미래를』 제90호, 한국노동이론정책연구소, 2003.9.20.

든가, 이걸 소집할 수 있는 사람은 조직위원장이잖아요? 싹
다 올라오게 해요. 하여튼 훈구 형이 개입되지 않은 투쟁이
없었어요. 주로 형이 전체 판을 짜는 거죠.(김재광 구술)

3. 조직위원장의 활동 2: 조직사업

3기 집행부가 시작된 2002년부터 이훈구는 다시 조직위
원장으로 활동했다. 조직위원회 사업은 목적의식적으로 지
속해서 진행해야 하지만, 사업의 성과가 바로 드러나지 않
는 성격의 활동이었다. 즉, 조직 구성원들과 끊임없는 소통
과 토론, 기본단위 사업에 대한 지원, 이를 통해 조직의 정비
와 강화가 이루어져야 했다.21 이런 의미에서 노힘이 출범한
이후 조직 정비 및 강화와 확대는 가장 주요한 사업이었다.

조직 정비와 관련해 이훈구는 첫째, 기본단위를 형식적,
내용적으로 정비하고 중앙의 지원과 안내의 필요를 찾아내
고 실천하는 사업, 둘째로 기본단위, 지역 모임, 사업단위
등 각 수준에서 안정적인 지도력 구축이 필요하다고 판단했
다.22 이를 위해 이훈구는 조직의 근간인 기본단위 정비와
강화 사업에 대해 안정도가 높은 기본단위는 담당 조직위원
을 통해 결합을 강화하려 했고, 불안정한 기본단위는 조직

---

21   노동자의 힘, 『제8차 총회 자료집』, 2002.4.
22   노동자의 힘, 『제11차 총회 자료집』, 2003.1.

위원회가 직접 결합했다.23 당시 조직위원회에서 이훈구와 같이 활동했던 전주희는 이훈구의 조직 활동 방식에 대해 다음과 같이 말한다.

> (조직위원회 활동은 구체적으로?) 조직국을 할 때 나는 훈구 형이 시켜서 기본단위를 계속 순회했어요. 울산, 거제, 강원, 이런 기본단위에 가서 중앙위 방침이나 회의 상황을 알려요. 그리고 기본단위의 현안이 무엇인지 우리가 들어요. 훈구 형이 "소통을 강화해야 한다"고 해서 그렇게 늘 듣고 와서 얘기해요. 그거를 굉장히 강조했어요. 조직 관리를 기본단위 활동을 중심에 놓고, 현장에 가서 같이 회의하고, 토론도 같이하고. 그렇게 상근자들을 계속 기본단위에 보내서 만나게 했어요.(전주희 구술)

이런 사업 방침을 공유하고 결정하는 조직위원회 회의는 한 번 할 때 보통 3~5시간 정도를 했다. 회의 사안이 많은 것도 있지만, 조직 담당자 중의 1인이 의사소통에 문제가 있었기 때문이다. 이훈구는 회의 시간이 길어져도 이 담당자에게 내용을 계속 설명하면서 설득하려 했다. 회의 시간에 설득이 안 되면 뒤풀이 자리로 이어졌다. 이훈구가 사람 관계를 맺는 특징 중의 한 모습이었다.

---

23   노동자의 힘, 앞의 자료.

조직국 회의는 한 3시간에서 5시간을 하는 거야. 그니까 한 동지가 말도 안 되는 원칙적인 거 가지고, 진짜 물고 늘어져. 내가 몇 번 설명하면 "준비를 해서 얘기를 하거나 다른 걸 얘기해" 막 지랄해요. 그럼 훈구 형이 이 사람이 설득될 때까지 5시간 동안 회의를 안 끝내고 얘기를 하는 거야. 뒤풀이에서도 계속. 와, 난 진짜 여태까지 훈구 형 같은 사람 못 봤어. 정말 하나부터 열까지 디테일하게. 그래도 설득이 안 되면 "너는 도대체 무슨 생각을 하는 거니?" 뭐 이런 얘기까지 물어보는 거예요. 그거를 회의 때마다 했어. 그래서 난 진짜 이 형의 디테일과 돌봄 근성에 완전히 질렸어요.(전주희 구술)

이런 특징은 관계에서만이 아니라 일을 진행하면서도 나타났다. 이훈구는 조직국장이었던 전주희에게 기관지에 실을 원고를 쓰게 하고, 쓴 글을 직접 검토하고 수정할 정도로 꼼꼼하게 일을 가르치며 훈련했다.

인상적인 거. 내가 조직국장 할 때 훈구 형이 노힘 기관지에 근골격계 투쟁 관련해서 글을 쓰라고 했어요. 근데 난 근골격계 투쟁에 대해서 잘 몰라, 열심히 하지도 않고. 그냥 한 건데. … 원래 일요일까지 쓰기로 했는데 토요일인가에 형이 "너, 다 썼어?", "아직 못 썼어", "언제 쓸 거야?", "일요일에 나와서 쓸게요", "몇 시에 나올 거야?", "11시" 그러잖아요? 그러면 노힘 사무실에 11시에 나와 있어요. (왜?) 나 쓰고 있는지 관리하려는 거죠. 그리고 자기가 원고를 검토해야 하니까. …

저녁 7시 되니까 성질을 부리더라고. "아니, 지금 너 때문에 내가 몇 시간 동안 앉아있는 거냐? 좀 빨리 써!" 막 난리야. 그래서 정신 차리고 써서 10시 반인가 줬어요. 그럼 그 글을 빨간펜으로 다 체크하고. "야, 여기 신자유주의적, 이런 거 들어가야 하지 않아?" 어쨌든 적당하게 타협 봐서 넘겼어요. 아휴, 그런 스타일이에요.(전주희 구술)

그러나 오랫동안 같이 활동했던 이들은 이훈구의 현장 지향적 특징을 알기 때문에 그가 조직 담당자로 조직 중심의 내부 활동에 매여 있는 것을 안타까워했다. 또, 이훈구가 직접 현장투쟁에 참여하고 현장 노동자들을 만나고 싶어 하면서도 활동 영역을 바꾸지 않는 것에 대해 답답해하기도 했다.

어떤 측면에서는 훈구 형이 자기가 할 수 있는 일들이 엄청 많고 하고 싶은 게 있는데, 완전히 조직에 매여 있다는 생각이 많이 들었어요. 현장에서 벌어진 투쟁에 가고, 현장 노동자들 만나고 싶어 했죠. 조직에 매여 있으면서 내부에서 "조직적", "조직적" 이러면서 들들 볶는다는 생각을 되게 많이 했어요. (양면적이었는데.) 그래서 나는 진짜, 한편으론 되게 답답해 보이고, '왜 저렇게 자신을 가두나'라는 생각이 들었죠.(전주희 구술)

4. '노동자의 힘' 상근자인 이훈구

1) 상근자들의 활동 조건과 관계

이훈구는 노힘이 결성된 이후 계속 상근 활동을 했다. 노힘 초기에는 상근비는 물론 식사비도 지급되지 않았다. 그 때문에 상근자들은 사무실에서 음식을 해 먹었다. 간혹 이훈구는 식사 때 무생채를 만들거나 김치를 담그기도 했다. 이런 상황을 당시 같이 상근했던 장혜경은 다음과 같이 기억하고 있었다.

> 형이 직접 사무실에서 반찬도 했어요. 이제 2기 때, 상근비가 없잖아요? 밥값도 안 줬어. 그래서 딱 제공하는 게 뭐였냐면, 점심때 '3분 카레' 사다 먹거나 이렇게 했던 것 같아요. 그랬는데 형이 무생채를 했던 기억이 나네요. 그다음에 김치를 하고. 반찬을 샀는데, 제가 김하고 뭐지? 깻잎 있잖아? 그거를 같이 사 왔나. 그랬더니 형이 뭐라고 하냐면 "너는 왜 같은 계열을 사 왔냐?" [같이 웃음] (장혜경 구술)

노힘은 시간이 지나면서 점차 조직 체계가 정비되어 갔고 회원들도 늘었다. 그 과정에서 무급으로 일했던 상근자들에 대한 조건도 달라지기 시작했다. 우선 선배 활동가들이 주위에서 모금해 온 돈으로 후배 상근자들에게 월 20만 원씩 지급하기 시작했다. 중앙집행위원이나 중견 활동가들에게는 지급하지 못했다.

임금 20만 원. 그것도 없는 걸 준 거예요. 당시에 나랑 최지영이랑 함소희, 김영선, 이런 20대들이 들어와 선전부장, 정책부장을 해요. 그때 중앙집행위원회에서 "상근자들한테 뭐라도 좀 주자"고 결의해요. 그래서 선배들이 앵벌이를 해 와서 우리한테만 20만 원을 준 거야. 중집들은 안 받고. 그래서 20만 원으로 먹고살았는데 어떻게 먹고살았지, 하하. (맨날 술도 먹었잖아?) 술은 그냥 (사람들이) 사준 거죠. 그러니까 지역 기본단위 회의를 중앙에서 하거나 서울 기본단위에도 무슨 회의가 계속 있잖아요? 그렇게 사람들이 오면 다들 그렇게 먹을거를 사줘요. 맨날 얻어먹는 거였죠.(전주희 구술)

2003년 집행부가 교체되어 4기 집행부가 등장하면서, 총회에서 특별기금을 내기로 회원들이 결의했다. 이후 걷은 특별기금으로 상근자들에게 월 60만 원씩 활동비를 지급했다. 이번에도 역시 중앙집행위원이나 일부 중견 활동가들에게는 지급되지 않았다. 이훈구는 중앙집행위원이었기 때문에 상근기간 내내 활동비를 받지 못했다. 그 때문에 이훈구는 활동 경비와 집안의 경제를 모두 그의 아내에게 의존하고 있었다.

이종회-홍석만 집행부 때, 총회에서 특별기금 결의를 해서 처음으로 60만 원을 받아요. 그때 특별기금이 십일조 비슷하게 "성의껏 다 내라" 해시 특별기금 통상을 별도로 만들어서 모아요. 그때 60만 원 받고 사람들이나 나도 너무 흥분해서

"적금 든다"는 둥 난리가 났었지. 하하.(전주희 구술)

조직이 정비되면서 후배 국장들한테는 60만 원씩 줘요. 기존 중집들은 기본적으로 상근비가 없어요. 부인 등을 치든, 뭐 어디서 협박을 해서 갖고 오든 하는 거죠. 그리고 상근자 중에 중견 몇 명도 상근비가 없어요. 그때 제가 중견이라서, 저도 안 받았어요. 나 줄 돈을 쪼개서 후배들 줘야 하니까. 걔들은 나보다 더 거지니까. 그렇게 해서 60만 원 정도 된 거예요. 예를 들면 주희나 영선이나 그런 친구들은 받고. 우리 양평동 사무실이 꽤 넓었잖아요? 거기를 꽉 채울 정도로 한때는 상근자가 진짜 많았어요. (훈구 형도 상근비 못 받았겠네요?) 안 받았어요. 형은 혜란 선배 등을 쳤겠죠.(김재광 구술)

한편, 노힘은 전국에서 서로 다른 활동 경험을 가진 이들이 처음으로 하나의 정치조직에 모여 시작한 활동이기 때문에, 출발에서부터 어려움을 안고 있었다. 거기에 재정 역시 여유롭지 못한 상황이었기에 어려움은 가중되었다. 하지만, 상근자들의 분위기는 나름 활기찼다. 그 이유는 노힘이 당시 노동자·민중의 투쟁에 적극적으로 개입하고, 일부 투쟁을 주도하는 등 활발하게 활동했기 때문이다.

노힘의 위기가 여러 번 있었잖아요. 특히 성폭력 문제라든가 조직 갈등이라든가. 성폭력 문제 때부터는 심각하죠. 왜냐하면, 거기에는 김원호 사건, 이건 충격이잖아요. 그전까지는 힘들었지만, 경제적으로나 너무 힘들었지, 그래도 되게 좋았어요, 여러 가지로. 사회적인 시민성. 우리가 노힘으로 출발해서, 좌파 찌꺼기부터 시작해서 그래도 연대투쟁한다고 호령하고, 어쨌든 재밌었어요. 제 인생에서도 상근은 가장 좋았던 시절이에요.(김재광 구술)

당시 노힘의 중앙집행위원은 주로 이훈구와 같은 40대들이 맡았고, 상근자 중 30대의 중견 활동가도 일부 있었지만, 20대가 많았다. 세대 차이는 활동 경험과 문화와 의식의 차이를 드러내기도 했다. 특히, 40대의 중앙집행위원들과 20대 상근자들 간에는 소통하기 어려운 점들이 있었다. 그래도 이훈구는 다른 중앙집행위원들보다 20대 상근자들과 소통하려 노력하는 편이었다. 그 역시 40대 중집위원들처럼 경직된 운동 문화를 갖고 있기도 했지만, 조직위원장으로서의 책임감과 본인의 성격 때문에 20대 상근자들뿐만 아니라 주위의 활동가들과 소통하려 노력했다. 소통의 자리는 주로 술자리였다. 그가 워낙 술을 좋아하는 이유도 있지만, 조직위원장의 활동이 주로 사람들을 만나는 일이기 때문에 거의 매일 술을 마셨다.

(훈구 형과 젊은 상근자들과의 관계는?) 좋아했죠. 훈구 형이 술을 아침부터 저녁까지 쭉. 어떨 때는 진짜 '술 먹으려고 나오는 건지 운동하러 나오는 건지 도저히 모르겠다'는 생각도 했었죠. (술값은 어떻게 냈어요?) 근데 희한한 게요. 우리가 돈은 없는

데 어떻게든 술을 먹었어요. 낮술도 많이 먹고, 밤술도 먹고, 새벽 술도 먹고…. 훈구 형은 진짜 술 많이 먹었어요. 훈구 형은 술 먹는 게 사업이에요. 아무튼, 훈구 형이 상근자들하고 친했어요. (세대 차이가 나는데?) 40대 선배 중에 제일 친했던 것 같아요. 후배들하고 얘기해 보려고 하고, 후배가 뭔가 얘기하면 경청하고 "아, 그러니?", "너는 그러니?"라고. 누구라고 거론할 수 없지만, 어떤 선배는 들어주지도 않으니까 애들이 얘기 안 하죠. 아, 물론 마냥 좋은 것만은 아니었어요. 권위적인 점도 있었는데, 그중 덜 권위적이었던 사람이지. (권위적일 때는?) 훈구 형이 욕을 많이 했어요. "야, 이 새끼야" 하고.(김재광 구술)

(훈구 형의 후배들하고의 관계는?) 조직 중심적이어서 약간의 배타성은 보였어요, 경직되고. 굳이 젊은 친구들을 챙긴다기보다는 다른 사람들이랑 두루두루 다 만났어요. 근데 기본적으로 그냥 사람 좀 챙기는 스타일이었지. 그러니까 사람을 챙기는 것도 있지만, 관리한다는 느낌을 되게 많이 받았어요. 전반적인 형의 분위기 때문에.(전주희 구술)

2) 이훈구의 조직 중심성

이훈구는 사무실에 제일 먼저 출근해서 가장 늦게까지 있거나, 심지어 사무실에서 잠을 자기도 했다. 다른 상근자들도 사무실에서 오래 일했지만, 특히 이훈구는 자신이 맡은 조직-투쟁 활동의 특성 때문에 언제 일이 생길지 몰라서, 또는 사무실에 찾아오는 현장 회원 등을 만나기 위해 사무실에 오래 머물렀다. 실제 투쟁이 발생하면 투쟁이 마무리될 때까지 거의 집에 들어가지 않았다.

제일 아침 일찍 오고 (훈구 형이?) 어, 되게 오래 있고, 거기서 잠도 많이 자고. 약간 붙박이식으로 했었죠. 다른 사람도 그랬지만, 특히 훈구 형이 제일 많이 그렇게 했었어요. 김재광 하고. 그쪽이 (투쟁 관련) 그런 팀이잖아요? 5분 대기조 같은 거였죠.(전주희 구술)

이훈구는 노힘 활동 과정에서 '조직 중심성'을 강하게 견지했다. 혹자는 이런 조직 중심적 인식과 활동이 당시 그의 헌신의 동력이었을 거라고 말한다. 그의 조직 중심성은 "'노동자의 힘' 회원이라면 이 정치조직에 대한 정체성을 가져야 한다"라는 관점과 태도로 나타났다. 일부에게는 이런 그의 태도가 조직 이외의 부분에 대해 배타적이고 경직된 태도로도 보였다. 이에 대해 당시 같이 상근했던 이들은 다음과 같이 기억한다.

조직 중심적인 게 있었고, (사고가?) 예. 후배들하고 술 마시고 "너 조직에서 뭐 하냐?" 이러면서 막 갈구고 쪼고, 계속. ⋯ 이때는 저보다 어린 후배들이 "(훈구 형이) 조직을 강조"하는 얘기를 엄청 많이 늘었다고 해요.(장혜경 구술)

결정적으로 훈구 형도 "조직에서 최종 결정됐으면 까라면 까는 거지, 뭐, 이제 와서 딴 얘기야?" 이런 게 있었어요, 훈구 형도. (본인이 조직에 충성스러우니까.) 그렇죠. 나랑 안 부딪힌 이유도 나도 그런 사람이었으니까. 토론할 때 토론하더라도 조직에서 결정하면 하는 거지, 뭐. (당시 그런 문화가 강했지.) 예, 그런 거니까 권위적인 모습으로 보일 수 있는 거죠. 그래도 훈구 형은 상근자들하고는 동지적 관계로 잘 지냈어요.(김재광 구술)

나는 훈구 형의 조직 중심적인 마인드가 그 사람의 헌신성의 추동력이라고 생각하지만, 조직국장 할 때 엄청 싸웠어요. … 내가 이상한 얘기하면 엄격·근엄·진지, "그거는 조직적으로 어쩌고저쩌고" 맨날 "조직적 사고가 어떻다"는 등 "노힘으로서, 조직 멤버십으로서 자부심을 느껴야 한다" 그런 거를 엄청나게 강조했어요. 노힘의 멤버십을 구축하는 과정에서 정말, 훈구 형의 잔소리와 디테일한 이런 것들이 엄청 많이 얘기된 거죠.(전주희 구술)

또, 이훈구는 상근자들만이 아니라 현장 노동자들에게도 노힘 회원으로서의 정체성을 공개적으로 밝히고 당당하게 활동해야 한다고 제기했다. 그는 현장 노동자들이 무엇보다도 자신의 정체성을 노힘으로 가져야 하며, 또 공개적으로 노힘 회원이라는 것을 밝히고 그에 걸맞게 활동해야 한다고 주장했다.

예를 들어서 "공공연하게 노힘의 멤버십을 스스로 밝히고 활동해야 한다"는 걸 굉장히 많이 강조했어요. 그게 공공연한 정치 활동의 핵심이라고 생각한 거예요. 그래서 현장 노동자들이 현장 깃발 가지고 집회에 참여하면, "왜 노힘 깃발이 이만큼 밖에 없냐?", "왜 노힘 깃발 아래로 안 오냐?" 뭐라 하고. "노힘 회원이 이렇게 많은데, 왜 집회를 가면 노힘 깃발로 모이는 사람이 없냐", "노힘이 뒤풀이 조직이냐?"라고 잔소리하고 투덜거리고. … "공공연한 활동을 해야지"를 강조하고. 그게 노힘의 이름으로 모든 활동을 전진 배치하는 거였어요. 현장 노동자들한테도 "너가 노힘 회원이라는 걸 밝혀라. 왜 못 밝히냐?" 이런 얘기하는 것도 종종 들었고요.(전주희 구술)

이 시기 이훈구는 모든 관계에서, 술을 마시는 자리나 그렇지 않은 개별적인 만남 등 어떠한 관계에서든 항상 노힘과 관련한 소재로 얘기했다. 특히 그가 강조했던 것은 "노힘이라는 조직적인 정체성을 가져야 한다"라는 것이었다. 물론 당시 조직 중심적 사고는 이훈구만이 아니라 그와 같은 연배의 활동가들인 중앙집행위원들, 상근자들이 대체로 보이는 특성이었다. 그 과정에서 이훈구 등은 일부 현장 노동자들과 긴장 관계가 형성되기도 했다.

그 형이랑 수많은 술을 먹었지만, 노힘의 주제를 빼고 얘기한 적이 없어, 모든 전반적인 내용이. 그거는 당시에 모든 중집이나 상근자들의 모습이었고요. 근데 우리 젊은 애들끼리만 모이면 딴소리도 하는데, 선배들끼리는 계속 그런 얘기하고. 그래서 특히 대공장 현장하고의 긴장도 걸렸었죠. (구체적으로?) 현대자동차(노조)는 사실 현대차 중심으로 가려고 하죠. 이런 모습에 대해 안재원 선배나 몇몇 사람들은 현장 상황을 충분히 고려해서 좀 유도리 있게 하려 하지만, 이훈구, 박성인, 고민택, 3인방은 그것에 대해서 굉장히 조합주의적이라는 판단이 앞서 있었던 거죠. 그래서 긴장이 계속 있었던 거고요.(전주희 구술)

조직 중심성이 강했지만, 한편에서 이훈구는 현장 노동자들 및 현장활동가들과 이야기하기를 좋아했고, 그들의 말에 귀를 기울였다. 또, 그들에게 필요한 일이 있으면 어떤 식으로든 도움을 주려 했다. 그 때문에 대부분의 현장 노동자들과 활동가들은 이훈구를 인간적으로도, 같은 활동가로서도 믿고 신뢰했다.

훈구 형은 아시다시피 얘기하는 걸 되게 좋아해요. 이게 장점인 것 같은데, 현장 동지들하고 얘기를 참 많이 해요. 시시껄렁한 농담을 하기도 하지만, 핵심은 뭔가를 더 진지하게 들어가려고 해요. 내 기억에 대전 동지들, 조민제 동지도 그렇고 동지들하고 뭔가 얘기하려고 나름 애썼어요, 제 기억에는. (현장 분들이 훈구 형 볼 때 반응은?) 신뢰했죠. 울산 현대자동차에서는 좀 싫어했던 것 같고. 왜냐면 그 사람들은 '내가 대장인데, 이씨'라고 생각했었겠지. 근데 내 기억에는 대부분의 현장 동지들은 이훈구 동지를 신뢰했어요. (신뢰의 내용은?) 형의 얘기를 진지하게 받아들였어요. … 왜냐하면, 형은 뒤로 빠지는 사람이 아니라 필요하면 뭐든 하는. 그러므로 사람한테 은연중에 그런 것들이 보였겠죠. 현장 동지들에게는 인간적 신뢰도 있었겠지만, 활동적 신뢰가 분명히 있었어요.(김재광 구술)

이처럼 이훈구는 노힘에서 조직위원장, 연대사업위원장 등의 역할을 맡아 활동하면서, 한편으로 벌어지는 노동자 투쟁, 연대투쟁 등에 노힘을 대표해 지원 · 지도하는 역할을 담당했다. 또, 집회에서 전투가 벌어지면 비슷한 연배의 활동가들과 달리 매우 전투적이었다고 한다. 다른 한편에서 그는 노힘이 조직 체계를 형성해 가는 과정에 상근자나 현장 회원들이 조직적 정체성을 갖도록 얘기하고 소통하려 애썼다. 특히, 조직위원회 활동은 노력한 바가 눈에 띄는 성과로 나타나기 어려운 일들이었다. 그런데도 그는 자신에게 주어진 역할을 묵묵히 헌신적으로 수행했다.

그때 노힘에 이른바 '독수리 5형제'라고 불렸던 그룹이 있잖아요? 그게 40대 남성 선배들을 말해요. 지금은 그렇지 않은데, 그때는 40대면 나이가 되게 많은 거였어요. 훈구 형이 막, 집회장에서 그 나이대에서 전투적으로 잘 싸웠어요. "어, 저 나이에 저렇게?" 보통 20~30대들이 막 앞에서 싸우는 분위기였는데 "지 나이의 선배가? 되게 전투적으로 잘 싸우네" 약간 놀랐어요. 집회장에서 정치적으로 잘 싸운 게 있었고요.

또, '굉장히 현장 지향성이 강한 것 같다'는 느낌이 있었고 …
투쟁, 조직, 이런 걸 잘하는 사람이었던 것 같아요. … 꾸준하
게 자기 영역 안에서. 조직이라는 게 사람 만나고 하는 일이
고 그게 참 티가 안 나는 일인데 공은 굉장히 많이 들여야 하
잖아요? 근데 후배들 얘기 들어보면 계속 후배들하고 술 먹
고 조직에 관한 얘기를, 그런 눈에 딱 띄지 않는 힘든 일을 쭉
했던 거로 생각해요.(장혜경 구술)

5. 2003년 11월 9일 전국노동자대회

1) 투쟁의 준비 과정

2003년 10월 한국노동안전보건연구소가 창립하고 이훈
구는 소장으로 활동을 시작했다. 그런데 그해 1월 9일 두산
중공업 노동자 배달호의 분신 이후, 10월 17일 한진중공업
지회장 김주익의 자결, 10월 23일 세원테크 지회장 이해남
의 분신, 10월 26일 근로복지공단 비정규직노조 광주전남지
역본부 이용석의 분신, 10월 30일 한진중공업 노동자 곽재
규의 투신으로 이어진 '열사 정국'이 형성됐다. 노힘은 열사
정국 속에서 대책위 상황실을 설치했고 이를 이훈구가 총괄
했다. 그는 각 상황에 대응 활동을 벌이도록 조직실의 상근
자들을 현장으로 파견했다.

중앙 차원에서는 판을 만드느라고 이훈구 선배 중심으로 노

힘 중앙 총상황실이 있었고, 훈구 형이 전반적인 상황을 관장했어요. 그래서 전노대 상황 총괄까지 한 것 같아요. 선봉대 만들고, 총파업 조직하고, 전노대 전야제하고. 기획은 이렇게 했던 것 같아요.

그때는 사실 그렇게라도 쏟아붓지 않으면 연쇄적인 자살을 막을 수가 없었어요. 한진중공업에서 곽재규 열사 죽고 나서 사람들이 완전 빡 돌아서. 내가 현장에서 목매다는 사람을 구했다니까. 그때 너무 놀랐어요. 김주익 열사가 사망하고 훈구 형이랑 관련 대책회의를 했는데 "대책위 상황실을 내부에서 꾸린다, 그리고 전주희가 내려간다", "현장의 좌파 상황실을 꾸려야 한다"는 거였어요. 그때 좌파단위 회의가 있어서 나랑 황정일이 내려갔고. 그때부터 전국노동자대회 때까지 있

사진5 3. 2003년 11월 16일 한진중공업에서 열린 김주익, 곽재규 열사 전국노동자장.(노동자역사 한내 제공)

었어요.(전주희 구술)

이런 열사 정국에서 2003년 전국노동자대회가 다가왔다. 노힘은 전국노동자대회를 기점으로 다른 정치세력과 공동으로 투쟁을 만들려고 했다. 이훈구는 비공개 단체를 포함해 여러 정치세력과 투쟁에 대한 논의와 역할 분담을 했다. 노힘은 화염병을 제작하기로 했고, 다른 단체가 이를 전국노동자대회 장소로 운반하기로 했다. 이 상황에 대해 노힘 대표였던 이종회와 상황을 총괄하던 이훈구는 다음과 같이 기억한다.

> 2003년은 비정규 열사 국면이잖아요. 연속으로 죽은 거거든요. 한진중공업, 그전에는 배달호 열사. 이게 큰 싸움으로 안 나갔어요. … 정말, 아무것도 할 수 없어서 "이제 막판 한판 하자" 뭐 이래 갖고 "좋다" 그래서 그 책임을 훈구가 맡았고. 그때 몇 개 정파를 모았어. 당건투니 뭐니 이런 애들을 모았고. 여기서 "하자", "오케이" 되고. 거기서 역할 분담을 한 거야. … 병은 우리가 만들고, 당건투 사람들은 나르기로 하고.(이종회 구술)

> 2003년 우리가(한노보연) 10월에 창립한다고 했잖아요? 제가 폭투를 주도해요. 마지막 폭력 가두투쟁을. … 논의할 때 여기저기 목소리 큰 그룹들이 다 왔어요. 근데 실제로 책임지는 놈이 하나도 없다는 걸 확인했죠. 이 그룹들의 실력을 확인

했어요. … 실력이 없다는 건 예를 들면 … 최소 인원인 FB가 다섯 개씩 열 개조 50명, 작대기가 세 개 라인 해서 150명, 총 200명이 필요한데 다 없어졌죠. 화염병 만드는 사람도 없어졌고.

전술 자체도 무리라고 하는 판단들이 많고. 가령 2만이 모였는데 앞에서 300에서 500명이 어쩌고저쩌고 한다는 게 맨 뒤에 사람은 뭐가 벌어지고 있는지도 모르는 상황인 거 있잖아요. 선도투는 필요하다고 보는데 당시 전술이 적절했는가는 남는 문제였죠.(이훈구 구술)

11월 8일 저녁 중앙대학교 대운동장에서 열린 전노대 전야제에 1만여 명의 노동자가 자리를 지켰다. 전야제 본 행사는 자신의 목숨을 던지며 투쟁을 호소한 열사들이 열었다. 한진중공업지회 김주익 열사와 곽재규 열사, 근로복지공단 비정규직노조 이용석 열사, 세원테크 이현중 열사의 영정이 나란히 무대 위에 섰다. 전태일 열사의 영정도 함께 자리 잡았다.24

이훈구는 전야제가 진행되는 중앙대의 한 장소에서 화염병을 만들고 각목을 준비했다. 그런데 노힘에서조차 화염병을 만들 줄 아는 사람이 없어 전국불안전노동철폐연대의 활동가를 섭외했다. 마침 부산에서 올라오는 노힘 회원들도

---

24   유경순, '전태일 열사 정신 계승 전국노동자대회, 그 투쟁의 자리- 총파업투쟁 결의의 장으로 만들자', 『노동자의 힘 기관지』, 2004.10.

같이 만들었다. 그러나 화염병이 다 만들어질 즈음, 이훈구
는 노힘 상근자들에게 중앙대에서 나가라고 했다. 혹여 모
를 상황, 즉 화염병 제작 문제가 노힘 조직으로 연결되지 않
게 하기 위해서였다.

> 훈구 형이 조직실장이었고 저는 노힘에 가입하기 전이거든
> 요. 저는 철폐연대 상근했는데 노힘에서 저를 불렀어요. 왜냐
> 하면, 노힘에 병 만들 줄 아는 사람이 아무도 없어서. 훈구 형
> 이 상황 얘기해 주고 돈뭉치 주면서 "알아서 해 주라" 해서 전
> 야제 때 학생들 모아가지고 병 만드는 걸 중앙대에서 한 거
> 죠.(전장호 구술)

> 그날 나는 부산에서 부산 노힘하고, 부산지역 단체하고, 대우
> 조선 사람들하고 쫙 다 같이 서울 올라왔어요. 그 사람들이랑
> 같이 화염병 만들고, 쇠파이프 묶고, 이런 거 했는데 그때 훈
> 구 형 지침이 "노힘의 중앙 상근자는 절대 개입하지 않는다"
> 는 거였어요. 왜냐면 "소수가 결의해야 하는 거지, 노힘이 전
> 면적으로 결합하면 피해가 너무 심하다"고. 그래서 아예 지
> 침으로 "너네는 그냥 화염병만 만들고 얼씬도 하지 마" 그런
> 거였어요.(전주희 구술)

문제는 화염병과 막대를 다 만든 새벽녘, 이것을 대회 장
소로 옮기기로 했던 다른 정치단체의 사람들이 나타나지 않
았다. 황당한 상황이 벌어진 것이다. 이훈구가 당황한 상태

에서 상황 판단과 대책을 모색하기도 전에 그 자리에 있던 한 활동가가 수습한다고 나섰다.

"하자, 하겠다" 이런 식이 됐고. … 막판에 화염병을 다 만들었으니 대회 장소로 물량이 가야 하잖아요. 그런데 책임 맡은 다른 정파 사람이 안 나타난 거야. 내가 컨트롤을 못해서 문제가 된 거지. 그러니까 평택의 김OO 동지가 "아, 형님이 그런 것까지 하십니까, 빠지십시오, 제가 다 알아서 하겠습니다" 이러면서 주변을 컨택한 거예요. 그래서 엄한 노힘 사람들을 막 갖다 꽂으면서 엮인 거죠. 이게 다 연행 택(전술)이고 구속 택인 걸 알긴 알았지만, 불가피했는데.(이훈구 구술)

결국, 한 활동가의 다급한 새벽 연락을 받은 전주희는 밤에 급하게 차량을 구해야 했다. 그 결과 노힘 회원들이 차량을 동원해 전노대 장소인 시청 광장으로 화염병과 각목을 옮겼다.

나는 부산에서 같이 온 현장 노동자들과 노힘 사무실 밑의 한노정연에서 잤어요. 근데 새벽에 김OO한테 전화 온 거야. "지금부터 내 지침을 따라라, 이훈구한테 다 위임받았다" 그러면서 "지금 섭외 가능한 차량 갖고 와라" 그래 부산 동지의 스타렉스를 타고 왔으니까, 그 동지 차를 보내려는데 서울 지리를 모른다고 해요. 내가 가려는데 나도 길치야. 그래서 배영희를 또 싣고 갔어요. 이래서 수배팀이 생긴 거야. 그런데 차가 한 대 더 필요하대 .… 그래 연락해서 최OO이 차 끌고 온 거고, 이 운반 건 때문에 빵에 갔지. 최OO하고 스타렉스 운전한 부산 동지가 잡히면서 나도 수배가 떨어진 거죠.(전주회 구술)

2) 전국노동자대회, 마지막 폭력투쟁

11월 9일 전국노동자대회가 열리는 날이었다. 본 대회에 앞서 연맹이나 노조별로 사전대회와 대시민 선전 활동을 펼쳤다. 본 대회가 시작된 오후 3시, 서울시청 앞 광장은 "손배·가압류 철폐", "노동 탄압 분쇄", "비정규직 철폐"를 외치는 10만 명의 함성이 가득했다. 민주노총은 대회에서 노무현 정권에게 반노동자 정책을 중단하고 현안 해결을 위한 대책을 내놓으라고 촉구했다.25 그 사이로 화염병과 쇠파이프, 각목을 실은 운반 차량이 들어왔다.

대회를 마친 뒤 촛불 행진을 위해 광화문 진출을 시도하던 참가자들은 경찰의 과잉 진압에 쇠파이프와 화염병 등으로 맞섰다. 이훈구는 집회 현장에서 다른 정치그룹의 2인과 함께 공동으로 투쟁 현장을 지휘하기로 했었다. 그러나 다른 정치그룹의 2인도 역시 현장에 나타나지 않아 이훈구 혼자서 현장을 지휘해야 했다.

---

25   유경순, 앞의 글.

노힘이랑 비합 서클 한두 군데랑 야사(야전사령관)를 세 명이 공동으로 하기로 했는데, 두 명이 안 나타나 가지고 나 혼자 하게 되고. 신호도 보내고, 퇴각도 하게 하고, 박으라고도 하고 그랬는데. 거기에도 노힘 회원들이 곳곳에 있어서 세팅하는 데 조금 나았어요. 마지막 폭력투쟁이었지만, 엄청나게 깨졌어요. "마지막 폭투"였죠.(이훈구 구술)

이날 노동자들은 오후 5시 10분부터 약 2시간이 넘게 종로 일대를 점거하고 가두투쟁을 벌였다. 다음의 글에서 당일 상황의 일부 분위기를 엿볼 수 있다.

"전쟁터라는 말밖엔 표현할 말이 없던 날" -2003년 11월 노

사진5-4. 2003년 11월 9일 서울시청광장에서 열린 열사정신계승 2003 전국노동자대회 풍경.(노동자역사 한내 제공)

동자대회

… 집회 후 행진이 시작되고 얼마 지나지 않아 행진을 불허하는 경찰과 싸움이 시작됐다. 한 번의 충돌로 지휘자를 잃은 사수대가 속출했고, 대오는 여기저기서 깨지기 시작했다. 경찰들은 누군가 버리고 간 쇠파이프를 집어 던지며 달려들었고, 맨손인 노동자들마저 잔혹하게 짓밟았다. 불발된 병에서 흘러나온 휘발유는 미끄러워 퇴각하다가 넘어지는 사람들도 나왔다. 경찰 방패에 옆구리를 맞고 휘청거리면서도 옆구리를 움켜쥐고 뛰는 이들도 있었다. 영풍문고 모퉁이를 돌 때쯤 화단에 올라가 있던 시민들이 "그쪽으로 가면 경찰 있어요!"라고 안타깝게 외쳤다. 이미 종로 일대는 경찰이 가득했다. 전경들이 새까맣게 몰려들었다. 당일 연행자는 100여 명에 이르렀고 부상자도 많았다.26

시위대는 저녁 7시 40분경 명동성당 들머리로 집결해서 마무리 집회를 했다. 이날 노동자들의 전투와 경찰의 폭력으로 참여자 50여 명이 중상을 입는 등 100여 명이 크게 다치고 113명이 연행돼, 이 가운데 57명이 구속됐다.27

차로 그냥 쵀악 들어와서 대회에다가 깔고. 근데 그거 (경찰

---

26   김성영, '서울 한복판에서 전쟁이 벌어졌던 날', 『오늘보다』 26호, 사회진보연대,
      2017.3.

27   유경순, 앞의 글.

사진5-5. 2003년 11월 9일 서울시청광장에서 열린 열사정신계승 2003 전국노동자대회 풍경.(이정원/노동자역사 한내 제공)

이) 다 보지, 차량 번호부터 해서. 그래서 대회 끝나고 가는데 대회장으로 들어온 운반조들이 영천IC 나가서 무슨 밥집에서 잡혀가고. 그래서 빵에도 가고, 도망도 다니고. 예를 들면 전화선을 탔는데 이게 보위 관리가 안 되니 똥물이 튀어서 잡혀간 놈이 얘를 또 불어야 하고, 그래서 토끼게 하고. 그래서 제가 상당 기간 도망 다녀요. 연구소는 창립해 놓고 무책임한 준비위원장이자 초대 소장 때문에 비대위 체제가 되죠.(이훈구 구술)

3) 구속, 수배, 도피 생활

전노대 이후 노힘은 비상 상황이었다. 투쟁으로 구속된 이들이 있었고, 일부 관련자들은 피신해야 했다. 일부 상근자들은 외진 곳을 찾아가 온종일 중요 자료를 소각하느라 진땀을 뺐다. 이훈구 역시 총괄 기획자로서 도피해야 했다.

이 사건은 신월동의 대공분실에서 조사했다. 구속자들의 변호를 맡은 변호사가 구속된 이들을 면회해 수사 상황을 파악했다. 그 내용을 전달받은 노힘 담당자가 상황을 정리해서 도피 중인 이훈구와 소통했다. 만약의 상황에 대한 대책을 마련하기 위한 것이었다.

> 이거 조사를 어디서 했냐면, 신월동에 있는 대공분실에서 했어요. 그리고 그때 전체적으로 박훈 변호사가 변호했어요. 박훈이 그때 정말 큰 건을 했어. 재판하면서 하나를 무죄를 받아낸 거야. 그건 정말로 영웅담이지. 그 당시 논의할 때 (보안을 위해) 말 안 하고 칠판을 가져다 놓고 써가면서, 안에서 조사받을 때 나오는 얘기를 매일매일 점검했어요. 홍석만이 그걸 담당했는데 석만이하고 훈구하고 (연결)선이 하나 있었던 듯해요. 누구 입에서도 훈구 이름이 전혀 안 나왔고. 훈구는 정말 (수사선상에) 안 보이게 작업을 한 거지. 그때 마지막으로 (정보기관이) 노힘을 치려고 했던 거야. 그래 이제 내가 갈(구속될) 준비했는데 그 직전에 수사가 끝난 거죠.(이종회 구술)

도피 기간이 길어지면서 이훈구는 그동안 잘 만나지 않았던 사람, 또는 노동운동과 전혀 관련이 없는 이들의 집과 방을 지인을 통해 빌려 피해 있었다. 사건이 마무리될 때까지 상황 파악과 대책 마련을 위해 도피하는 다른 이들과 노힘의 상황 담당자를 먼 지방에서 만나기도 했다. 이훈구는 10개월 만에 도피 생활을 마치고 활동에 복귀했다.

　전노대 사건은 열사 정국에서 일련의 투쟁을 기획하면서 일어난 것이었다. 정부 당국은 화염병을 만드는 과정에서 이미 중앙대학교 수위의 신고를 받았고, 투쟁 준비팀의 움직임을 파악하고 있었지만, 이를 지켜보고만 있었다.

　　중대에서 병이랑 쇠파이프 같은 걸 만들었는데 국정원이 다 알고 있었어요. … 근데 그냥 만들게 놔둔 거지. "한 번 해봐" 왜냐면 한풀이로 확 쏟아야 하니까, 해소하듯이. 실제로 운반 차량이 나가는 것도 이 차가 광장으로 들어오는 것도 다 알았는데 내버려 둔 측면이 있다는 거지. 우리가 그 손바닥 안에서 논 거죠.
　　근데 제가 보기엔 국정원, 경찰청 사이에 틈새가 있어요. 건수를 채우려고. 예를 들면, 학교 수위가 경찰에 신고했으니 경찰에선 파악했어. 그럼 경찰이 현장에서 잡아버리면 되잖아요? 물건 싣고 나가는데 물건만 잡으면 뭐 그다음 꽝인데. 근데 그걸 놓아둔 거지. 윗선에서 누가 "야, 빠져, 건드리지 마, 이거 내 꺼야" 이렇게 잡은 거예요. 이런 걸 나중에 변호사 통해서 확인했죠.(이훈구 구술)

　한편, 당시 노힘 대표였던 이종회의 구술에서 알 수 있는 것처럼 이미 정보당국은 노힘을 주시하고 있었다. 전노대 투쟁을 계기로 조직 침탈이 예상되어 노힘은 그에 대비하고 있었다. 그러나 다행스럽게 수사는 전노대 당일 투쟁했던 일부의 구속으로 마무리되었다.

> 대우자동차 투쟁 때부터인가? 발전노조 파업 때부터인가? 청와대에 내 친구가 한 놈 있었고 시민사회수석이 됐는데 "한번 보자"고 해. 내가 FTA범국본 대표를 할 때고. 만났더니 하는 얘기가 "청와대 주례 보고에 '노동자의 힘'이 올라간다"고. 그래서 내가 "야, 이런 영광이 어디 있냐?" 농담으로 그런 적이 있어요. 저쪽에서 이쪽을 계속 꼬나보고 있을 때였어요.(이종회 구술)

4) 투쟁에 대한 문제의식

2003년 전국노동자대회 투쟁은 이훈구에게 좋지 않은 기억으로 남아 있었다. 이 투쟁을 계기로 그는 노동운동 세력들이 정세 분석 등을 통해 대응 방향을 논의하지만, 아무런 실천적 결합을 하지 않는 모습이라는 것을 확인했다. 그는 문민정부 등장 이후, 특히 김대중-노무현 정권을 지나면서 노동운동이 정체성의 혼란을 겪고 있다고 판단했다. 또, 전노대 당일의 투쟁 전술에 대한 문제의식도 있었다.

> 운동권이 맨날 정세 보면서 "벼랑 끝에 몰려 있고, 투쟁으로 돌파해야 하고" 이런 거죠. 그래서 현장조직 그룹들도 많이 만나 비공개로 사전 논의를 하면 다 "알았다" 이러다가 마지막에 "누가 운반할 거야?" 하니 아무도 없고. 그니깐 2003년

에 김대중하고 노무현 정권을 지나면서 운동 진영은 더 엉망이 된 건 맞아요. 이거는 조금 안 좋은 기억으로 있죠.

그리고 여기서 저는 안 잡혀갔지만, 잡혀간 사람들이 있으니. 수괴는 안 잡혀가고 얘네들(같이 활동한 사람)은 잡혀가고 뭐 이런. 여기 기획했던 사람 중에 잡혀간 사람은 10개월에서 1년 살았고. 계획을 잘 모르고 노동자대회 갔더니 쇠파이프 돌아다니고 꽃병 던지고 하니깐 흥분해서 이걸 집었고, 전경 있으니 달려들다가 포위당해서 완전 개 맞듯이 맞고 한 사람이 최고 살았지. 3년 살았나? 유성기업 동지였는데…. 원래 거기서 싸우는 건 아닌데 막 공격하고 나간 거죠. … 그런 문제들도 좀 있었고. 그리고 선도투의 필요성은 있지만, 전술적으로 적당했는가? 정말 공감이나 울림, 분노를 확 표출하는 것도 필요하지만, 그래서 여기서 뭐가 남았지? 그런 문제죠.(이훈구 구술)

어쩌면 마지막 폭력 가두투쟁이었던 전노대 투쟁 전술을 짜고 준비하는 과정을 돌아보며, 이훈구는 노동운동의 투쟁 전술 구사와 관련해 다음과 같은 문제의식을 느끼고 있었다.

(폭력 가투는 왜 했나요?) 아, 마지막 전술 구사. 예를 들면 광우병 촛불 때 계속해서 "폭력투쟁 전술 구사가 필요하다, 경찰에 막혀선 안 된다, 경찰을 뚫으려면 뭐가 필요하냐, 무장해야 한다"는 거였죠. 근데 꼭 이런 방식이 아니어도 "이거를 안 해서 문제야"가 아니라, 실제로 "어떤 사람들에게 무엇을 공

감하게 하려고 했느냐"는 게 약해져 버리고. 그런 행위만 남아서 "뚫어야 한다" 뭐 이렇게 되니깐 안 맞는 거죠.

그다음에 "노대에 왔더니 집회 하고 뭐 되지도 않는 말 씨불이다 집에 간다"가 아니라 참여자들이 "아, 이게 투쟁하는 노동자대회구나" 하려면 맨날 행진하는 게 아니라 "정말 투쟁하는 게 뭐냐, 경찰에 막히는 노동자대회가 아니라 그걸 뚫고 나가야 한다"는 거죠. 근데 요즘은 그런 걸 하려 해도 첫 번째 "할 필요가 없다", "실효성 자체가 없다, 끝난 거다, 이런 식으로 하면 안 된다, 오히려 고립된다"는 무용론이 있고. 그다음에 "실력 없음", 그리고 분절과 단절. 무용론을 넘어서 필요성을 인정하고 실력을 복원해서 하려고 해도 할 수 있는 실무력이 없어요. 그런 단절. 그리고 이걸 소집해서 논의하고 할 관계의 분절이 있어. 이런 것 때문에 실제로 불가능하죠.

특히, 무용론은 좀 더 적극적으로 얘기하면 실제로 함께하지 못하더라도 공감할 수 있는 전술의 구사, 요구를 중심으로 해서 폭로와 우리 메아리 이런 것들을 중심에 놓으면 "촛불을 횃불로", 이건 사실 형태적인 접근이에요. 규모와 위계적인 접근이라는 거지. 마치 "촛불은 힘이 없어, 횃불 정돈 들어야해! 아니, 횃불 가지고 뭐해? 총을 들어야지! 총 갖고 되냐? 폭탄으로 쏴버리는데?" 그렇게 위계화되는.

그니깐 결국 이 전술을 왜 하느냐에서 '사람'이 빠지는 거죠. 정세가 있고 투쟁 방향과 투쟁 목표가 있고 다 있는데 그걸 함께할 사람, 이 과정을 통해서 새로운 경험을 축적하는 관계, 이런 게 자꾸 뒤로 밀리게 된다는 거예요. 그런 위계화가

되죠.(이훈구 구술)

6. '노동자의 힘' 활동에 대한
문제의식과 탈퇴

2004년 이훈구는 노힘을 탈퇴했다. 계기는 2003년 조직 내부에서 발생한 '디토 사건'의 성격에 관한 결정 과정의 문제의식 때문이었다. 이 사건은 간염 수치가 높아 술을 마시면 안 되는 상황이던 이훈구가 같이 활동한 여성활동가와 호프집 '디토'에서 뒤풀이한 데서 비롯됐다. 이후 이 사실을 알게 된 이훈구의 부인이 여성활동가에게 "훈구 형은 술 마시면 안 되는데 왜 술을 따라주었냐?"라고 했다. 이 말을 들은 여성활동가는 "술집 여자 취급했다"라며 "성적 수치심"을 느꼈고 이를 성폭력 사건이라고 한 것이다. 이 사건 발생 이후 사건의 성격, 즉 "성폭력 사건이냐, 아니냐"를 둘러싸고 대책위원회를 포함한 여성활동가 모임이 6개월에 걸쳐 논쟁했다. 대책위와 여성활동가들이 각자 공부하고 모여 논의하는 치열한 과정이었지만, 여전히 의견이 하나로 모이지 않았다.

그런데 이 사건을 조직의 중앙집행위원회가 검토하면서 다수결로 결정하기로 했다. 그 자리에 있던 이훈구는 사건이 논쟁 중이고 가장 선도적으로 사건에 임하는 대책위가 있는데 사건의 성격을 조직이 결정하는 것은 문제라고 제기하고 그 자리를 나왔다.

저는 노힘이 깨지기 전에 탈퇴해요. 탈퇴는 2004년에 했나? 음. 탈퇴한 이유 하나는, 이 조직에서 성폭력 문제가 터져요. … 그래서 조직 내 성폭력 대책위가 만들어지죠. … 여기를 (대책위) 통해서 조직에서 성폭력 내규 같은 것도 만들고. 근데 이 사건에 대해서는 "성폭력이다", "아니다"부터 논쟁 중이었어요. 그래서 피해자 중심주의에 관한 이야기에 기초해서 "피해자가 너무 힘들다, 조직에서 일단 결정을 내줘야 한다" 하는데 이게 내용으로 충돌하잖아요? … 저는 "대책위 논의가 가장 선도적이기에 그 내용을 인용하는 것이 가장 중요하다", "대책위가 논의 중이니깐 (의결구조에서) 결정하면 안 된다, 조직이 결정한다는 건 안 맞다, 이걸 결정하면 난 안한다, 내가 생각하는 조직은 이런 조직이 아니다, 내용을 가장 선도하고 있는 대책위에서 정리되면 조직이 인용하는 거로 충분하다, 그게 내실 있는 결정이다, 책임지는 태도다"라고 했죠. 근데 그러지 않고 그냥 결정해요. 그래서 나오는데….(이훈구 구술)

조직이 대책위에 개입한다는 게 어떤 맥락에서 나온 거냐면, 당시 디토 사건을 성폭력 사건이라고 규정한 게 투표 방식이었어요. (말도 안 돼. 6개월 동안 여활모(여성활동가 모임)에서 얼마나 죽어라 논쟁했는데?) 아니, 잠깐만 이게 전사가 있어. … 김원호 사건 때 2차 가해 문제 관련돼서 부천에서 엄청나게 반발했어. 계속 논쟁했고 해결이 안 났어요. 그러다 결국은 투표로 정하기로 해서 "2차 가해가 맞다"는 결론이 났어요.

디토 사건도 해결이 안 나니까 투표하려고 했는데 "이거(투표)는 말도 안 된다"라고 난리가 났었어요. 그래서 내가 "예전에도 투표해서 결정했잖아요?" 그래 당시에 회의 자료를 막 뒤져보니 그때 투표한 게 맞아요. 근데 그렇게 투표로 결정한 방식에 대해서 훈구 형이 반발하면서 그만둔 거죠. 나는 전례가 있는데 그걸 디토 사건에는 적용하면 안 된다는 게 말이 되냐는 입장이었고요.(전주희 구술)

이훈구가 노힘을 탈퇴한 또 다른 이유는 활동하는 과정에서 계속 부딪혔던 활동 방식을 둘러싼 문제의식이었다. 이에 대해 그와 같이 활동했던 김재광은 노힘의 중앙집행위원들이 금속산업, 공공산업 등 중요 산업의 대규모 사업장 조직의 집행부를 선거를 통해 장악해서 전체 노동운동에 영향력을 확보하려는 활동 방식을 취했다고 했다. 그러나 이훈구는 현장 노동자들이 투쟁할 수 있도록 하는 것이 가장 중요하다고 보았고, 또, 비정규직이 확산하는 상황에서 비정규직 투쟁을 조직하는 것이 중요한 일이라고 주장했다. 그 때문에 전자의 경향과 이훈구는 계속 의견이 대립했었다.

성폭력 사건은 형한테 노힘을 나가는 계기일 수는 있겠죠. 오히려 형은 조직이 금속이나 공공, 규모 있는 조직을 장악해

서 그걸 지렛대로 해서 뭘 하려는 거에 대해서 계속 부딪쳤
어요. 내가 볼 때는 박OO 형은 그게 굉장히 강했고, 다른 분
들도 강했는데. 그래서 형은 안 맞았던 것 같아요. 예를 들면
"근골 같은 싸움을 해야 한다, 그걸로 새로 조직하고" 그러니
까 노동조합의 조합원들이 싸울 수 있는 걸 계속 제공하는,
뭐 선거 나가고 집행부 잡는 거 말고. 물론 그거 중요하지, 당
연히 그걸 부정하지는 않았지만. 좀 더 현장에서 부딪히고 조
직하고, 특히 그때 비정규직 문제 많았으니까. 그런 방향으로
가야 하지 않겠냐고 계속 어필했던 것 같아요. 내 생각에는
중앙집행위원들이 견해가 다른 건 확실했어요. 그러니까 형
도 그런 게 쌓였던 거죠. 그리고 이렇게 갑갑한 것보다 운동
에 뭔가 더 던져보고 싶었을 거예요. 다르게 펼쳐보고 싶었겠
죠.(김재광 구술)

한편으로 이훈구는 주위의 활동가들에게 노힘에 대한 정
체성을 갖고 활동할 것을 얘기하고, 후배 활동가들에게 '조
직 중심주의'라는 말을 들을 정도로 조직에 '헌신'했다. 그러
나 시간이 지날수록 활동 방향을 둘러싼 고민이 쌓여갔다.
그는 자신도 견지하고 있었던 조직 중심적인 운동 방식, 조
직이 판단의 중심이고 조직원들은 배치되고 동원되는 방식
이 사람 관계에 상처를 주고 운동의 활력을 소진한다고 생
각했다. 무엇보다도 가장 근본적인 문제의식은 '어떻게 계
급적 주체를 형성할 것인가'라는 것이었고, 그와 잇대어 현
실에서 '왜 노힘 활동을 통해 주체가 형성되지 못하는가'의

문제였다.

당시 이훈구는 두 가지 방향으로 이 문제에 접근했다. 하나는 '구체성의 부족' 문제였다. 그에게는 이념과 이론적 지향이 있었고, 이는 활동의 중요한 토대가 되어 왔다. 그러나 현장의 문제와 삶의 문제는 거시적인 담론만으로 풀 수 없다고 생각했다. 그는 현실의 문제를 풀기 위해서는 추상적인 것이 아니라 구체적인 내용이 필요하다고 생각했다.

또 하나는 "우리가 얘기하는 가치는 충분히 의미 있고 옳은데, 왜 잘 실현되지 않을까"하는 것이었다. 노동운동 세력의 주장은 옳지만, 그 주장만으로 세상이 바뀌거나 현실의 문제가 해결되지 않았다. 그런데 그는 결과가 만족스럽지 않아도 자신의 문제라고 자각한 사람들이 함께할 때, 비로소 변화가 생기는 것을 경험해 왔다. 이에 근거해 이훈구는 "그 가치를 실현하고자 하는 당사자"에게서 답을 찾아야겠다고 생각했다.[28]

이훈구는 계급 주체 형성을 위해 1980년대 이후 계속 견지해 왔던 계급정당 결성을 실현하기 위해 노힘이라는 정치조직 활동에 온 힘을 실어 왔다. 그러나 탈퇴 시점 즈음해서 그는 "현장에서부터 주체를 형성"해 보려고 마음먹었다.

70~80년대 운동을 돌아보면서 세상을 바꾸는 '주체를 만드

---

28 정진주 외, 『결국 사람을 위하여』, 소이연, 2017, 233쪽.

는 데 실패한 거 아닌가' 하는 고민이 있었고, 정당조직이나 정치세력이 표방하는 선의의 가치나 지향이 되게 유의미한 내용인데 왜 이게 실현이 안 될까 고민했어요. … 이념의 과잉, 조직 중심, 전위 중심에서 실제로 '구체성'들이 부족했던 것들. 일련의 어떤 현장 경험들이나 이런 걸 하면서도 개인적으로는 그것이 유효했었지만. 그러나 실제로 '주체 형성에 실패한 원인을 어디서 찾을 거냐, 계속 이 프레임을 가지고 주장하면 10년 뒤에도 똑같을 거 아니야' 이런 고민. … 어쩌면 그동안 "내가 대신 바꿔줄 테니 나를 지지해 달라"거나 "우리 말이 맞으니 우리에게 힘을 주면 바꿔줄게"라는 대행 구조가 만연해 있었던 건 아닌가 반성했어요. 세상을 바꾸는 사람들, 바뀐 세상을 살리는 사람들, 세상을 바꾸는 과정에 대한 고민과 의지가 있는 사람들, 결국 주체, 그들이 가장 중요하지 않을까 하는 결론까지 온 거죠.(이훈구 구술)

내가 만난 이훈구

박성인이 기억하는 이훈구

이훈구와 같이 노힘 중앙집행위원으로 일했고 2기 노힘 대표였던 박성인은 이훈구에 관해 두 가지를 이야기했다. 그가 기억하는 이훈구는 집요함과 근저에서부터 사고하는 급진성을 갖고 있었다.

(훈구 형 스타일은?) 이훈구 하면 떠오르는 게 크게 두 개예요. 일단 처음에 드러났을 때하고 일하면서 느끼는 건 그 웃음, 알잖아? 굉장히 유들유들한 웃음 속에서, 굉장히 집요했어요. 집요하죠. 자기 생각과 일하는 게 굉장히 집요한 거, 이런 큰 이미지가 하나 있고.

그다음에 두 번째로는 사고하는 거. 훈구가 어떤 사안에 대해서 이론적인 틀과 이런 걸 갖고 사고하지는 않아요. 근데 특징이 있었어요. 뭐냐면, 항상 가장 밑바닥의 것으로 사고해요. 가장 바닥에 있는 근저적인, (본질이든?) 응. 소위 말하면 한 조직에서 어떤 문제를 논의하게 되면 상층부 중심으로 사고하는 게 아니라, 조직을 가장 밑바닥에서 본다거나, 또 노동운동을 하게 되면 구체적인 현장에서의 지점들에 대한 문제, 그래서 가장 아래로 있는 거, 그 문제에서부터 자기 생각들과 자기 고민을 구체화해 나가고 정리해 들어가고 하는 게 지금 돌이켜 보면 "그랬구나" 싶어요. 어떤 자기의 노선과 입장으로 정리하지 않는데도 토론하게 되면 가장 아래로 내려가기 때문에 거꾸로 가장 래디컬한 거예요. (그치.) 가장 근저적이고. 그래서 훈구는 상층에서 막 흔들리는 것에 의해서 쉽사리 흔들리지 않는 거죠.

그리고 노동안전보건이라는 문제가 결국 현실 노동에서도 가장 직접적이고 가장 밑바닥에 있는 거잖아요. 우리 몸, 신체, 특히 노동자들의 노동과 생명의 문제이기도 하고. 가장 구체적이면서도 가장 바닥에 있는 문제, 거기에서부터 자기가 기본적으로 가졌던 가치를 어떻게 현실화시키는가를 고민하는 거예요. 거꾸로 얘기하면 현실 정치운동이든 이런 부분들이 노동현장에서 그 문제까지를 현실화시켜 내지 못하면 그거는 민주주의도 아닌 거예요. 그러니까 가장 아래로 내려가 가장 직접 인간의 몸 문제로 보는 거잖아요. 그러기 때문에 가장 래디컬하게 나갈 수 있다고 나는 생각해요.

김재광에게 이훈구는

노힘에서부터 같이 활동하며 한노보연에서도 함께한 김재광은 자신에게 이훈구는 '사람을 아끼는 마음'이 무엇인지 알려준 '형'이자 '친구', 항상 운동의 고민을 나눌 수 있는 '동지'였다.

(나에게 이훈구는?) 제가 형이 돌아가시고 나서, 어…, 너무 보고 싶고 매일 생각나요. 나도 깜짝 놀랐어요. '아, 이훈구가 이 정도까지는 아닌데?' 친하긴 했지만. '형은 이거 맛있게 먹을까?', '아, 형은 또 날씨 춥다고 난리겠네?', '아, 형은 이거 뭐

라고 그러겠지' 이런 식으로 그냥, 보고 싶어서… 라기보다 그냥, 쓱.

나한테는 정말 고마운 사람이었어요. 얼굴 붉히고 다툴 때도 있었고, 그런 경우가 많지는 않았지만. 총체적으로 고마운 사람이었어요. 운동을 상의할 수 있는 사람이었고. 고민을 얘기하고 뭐든 같이 할 수 있는 게 훈구 형이었고. 개인적으로도 뭔가 아끼는 느낌을 받는 거 있잖아요. '아, 이 사람이 나를 아끼고 있구나'라는. 나도 그 형한테 줬을 거고 형도 나한테 줬을 거고. 또 제가 이혼을 했을 때 형이 가장 걱정했어요. 친형보다 더 진짜로 나를 걱정했어요. 그래 '아끼는 마음이 이런 거구나' 하는 걸 알게 됐고. 어, 약간 울컥해요. 저한테는 고마운 사람.

사진5-6. 2013년 한노보연 송년회에서 김재광(맨 왼쪽)과 이훈구.

제가 추모사에 썼듯이 '친구 같고, 정말 형 같고, 동지 같고' 그런 사람이 형인데 그런 사람은 저한테 유일한 사람이에요. 네, 정말 친구 같고. … 지하철 탈 때 아주대병원 전경이 이만한 게 딱 실사로 있어요. 이렇게 보면 형이 입원했던 5층, 돌아가신 방이 딱 보여요. 나는 알죠. 기분이 되게 묘해요. 지하철 탈 때마다 보거든요. 참 묘해요. … 고마운 사람이에요. [눈물]

전주희가 만난 이훈구

전노협 백서 작업으로 만나 노힘에서 이훈구와 같은 부서에서 일했던 전주희는 이훈구와는 일상의 친함으로 문화적 소통을 했던 기억이 있다. 특히 그에게 이훈구는 활동을 포기했을 때 다시 활동하도록 끌어들인 사람이었다.

(이훈구는 어떤 사람?) 전노협 백서 작업 때부터, 아주 어렸을 때부터 한노정연에서 자본론 세미나 할 때도 훈구 형이 자주 왔다 갔다 했었어. 노힘 활동하면서도 나 앉아서 세미나 책 보다가 졸고 있으면 훈구 형이 지나가다가 툭 치고 가. [웃음] 그러면서 깨고.
전노협 백서 작업할 때 갑자기 "돈 생겼다" 해서 아귀찜 사주고. 막 노래방 가서 배에 탬버린 튕기면서 '아빠의 청춘' 이런 거 부르고. 내가 "어머님은 짜장면 싫다고 하셨어~" 이거 부르니까 "이 노래 너무 좋다"고. 그렇게 약간 소소하게 논 게 있어서 나한테는 그렇게 권위적이지 않지만, 되게 답답한 구석도 있고 사업 스타일도 전혀 안 맞는 선배. 그래서 막 대들기도 하고, 투덜거리는 걸 많이 해도 다 받아주는 선배였어요. 나중에 내가 노힘 그만두고 "나 이제 노동조합 활동 전혀 안 한다"라고 했을 때도 한 몇 년에 한 번씩은 만났던 것 같아요. 그리고 마지막에 노동시간센터로 당길 때는 새벽 3시까지 술 먹고 어휴, 결국은 나를 이끌어서 활동하게 하고. "노동시간센터 하자, 야, 너는 시간에 관해서 관심 많냐?" 내가 그때 시간과 관련된 정치철학 책 읽을 때라 "시간 좋아해" 그랬더니 "야, 노동시간센터를 만들려고 하는데" 그래요. "그 시간 말고 나는 형이상학적인 시간인데" 했더니 "시간의 방향이 일직선이 아니다" 이러면서 … 그때부터 조금씩 일을 하게 된 거예요.

사진5-7. 2019년 광릉수목원. 전주희, 김재광, 홍석만과 함께.

6장

결혼생활과
이혼구

1. 연애와 결혼

1986년 이훈구는 인천에서 지역 활동을 하고 있었다. 현장활동가들과 그들의 자취방에서 모임을 했는데, 주로 현장활동, 정세 등에 관한 토론을 했었다. 그 과정에서 이훈구는 부평공단의 한 전자공장에 다니고 있던 김혜란과 연애를 시작했다.

> 저희 짝꿍은 학생 때 데모를 주동해서 빵에도 갔다 왔는데, 우리 그룹의 이전팀을 하고 인천에 내려온 친구였고, 봉제업종에서 일했던 사람이에요. 80학번이고 탈춤반 출신이야. … 내가 79학번이니깐 이 그룹에서는 우리가 1세대에 가깝지. 나중에 지역 차원에서 인천에 새로 들어온 사람들에 대한 제언이나 관리를 했는데, 선행자로서 "이건 이렇게 하는 게 좋겠다"는 제언 정도 하는 사이였죠.(이훈구 구술)

당시 연애하게 된 계기를 김혜란은 다음과 같이 기억하고 있다.

> 86년경 이훈구한테 마음이 있었어. (왜?) 좀 샤프해 보이고.

(훈구 형이?) 그때는 리더십에 대한 선망이 있잖아? 리더 선배에 대한 선망, 뭐. 좀 모호한 상태로 지나가려는 중에 자극제가 된 게 한 선배가 나한테 고백을 한 거야. … 주변 사람들도 알게 되고 한쪽에서는 부추기는 거지, "좋은 선배다" 막 이렇게. 내가 이훈구의 후배잖아? 그러니까 이훈구한테 약간 상담 비슷하게 "어떤 선배가 고백해 왔는데 어떻게 해야 할지 모르겠다" 이훈구가 "그래서 너는 어떤데?" 이런 식으로 얘기하다가 그게 계기가 돼 버렸지. 내가 "아, 나는 그 선배는 마음에 없고 차라리 네가 낫다" 이런 식으로 얘기한 거지. 그러고서 "그럼 우리 연애할까?" 이런 게 아니고 그냥 자연스럽게 이훈구가 내 자취방에 드나들게 된 거지.(김혜란 구술)

이 시기 노동운동을 하던 이들의 연애가 그렇듯이 연애라고 해서 다른 이들처럼 여행을 가거나 공원 산책을 하거나 커피숍에서 만나는 등의 일은 없었다. 김혜란이 공장을 다니고 있기도 했고, 밤에 이훈구가 현장활동가 모임을 주로 했기 때문에 두 사람은 만날 시간이 없었다. 그나마 가끔 각자의 집에서 만나 밥을 해 먹고 활동에 관한 얘기를 나누거나 몸 장난, 고스톱 등이 데이트 문화였다.

(연애 방식은?) 우리는 돈이 없잖아? 그러니까 맛집 다니고 뭐 이럴 것도 없는 거고. 그래서 정말 기억이 별로 없는 거야. 밥을 먹는다면 각자 집, 그러니까 그쪽 집에 가서 뭐를 해 먹거나 우리 집에 와서 뭘 해 먹거나 이런 일은 좀 있었던 것 같고.

그리고 돌아다니는 걸 좋아하는 스타일은 아니었던 것 같아. 갈 데도 없었고. 그렇다고 우리는 뭐 한겨울에 공원에 가서 앉아있는 스타일이 아니니까. 당시에는 정말 둘 다 삭막해서. 그렇다고 커피숍에서 죽 때리는, 커피숍이 그렇게 세팅됐던 시절도 아니고. 그냥 일 속에서 일하듯 연애하듯 그랬던 거 같아. 뭔가 딱 구별이 되는 게 아니고. … (좀 밋밋했네.) 완전 밋밋하게 했어, 진짜. 아, 레슬링하고 그랬어. [같이 웃음] 유치해. 그러니까 그걸 왜 하고 있니? 연애니까 그랬겠지. 또, 둘이 고스톱 했어. 그래 1점에 100만 원, 막 이래서 "너 2억 빚졌어!" 이러고. [같이 웃음] (김혜란 구술)

이들은 처음에 연애 사실을 주변에 알리지 않았다. 당시 모든 활동을 비공개로 하던 상황이었기 때문에 노동운동 하는 이들은 연애도 조심스럽게 해야 했다. 또, 노동운동에 모든 것을 쏟아부어야 한다는 경직된 '헌신'이 요구되는 분위기였기에 연애는 이를 거스르는 행위처럼 인식하는 것도 있었다.

우리가 사실 공개 연애를 한 거는 좀 나중이잖아. 그전부터 연애는 하고 있었지. 얘기하지 않으니 연애한 그 과정이 지금도 그렇게 이쁘게 기억되어 있지 않아. 그러니까 처음부터 공개하고, 주변 사람들도 다 알고 이러면서 연애했으면 좋았을 텐데 당시에는 운동하면서 연애한다는 것 자체도 좀 문제 제기받을 수 있는 거고 해서 감추면서 연애했던 시절이어서. '아름

다운 추억이었다' 뭐 이런 식으로 기억이 안 돼. 연애 기간이
조금 서글픈. (시대 상황이 보이는 연애네.) 그렇지.(김혜란 구술)

　시간이 좀 지나면서 이들은 주위 활동가들에게 사이를 밝
히고 공개 연애를 했다. 김혜란의 아버지가 건강이 위태로
운 상태여서 둘은 아버지가 살아있을 때 결혼하기로 했다.
결혼식은 1988년 10월 흥사단아카데미에서 허병섭 목사의
주례, 신랑 신부 동시 입장으로 진행됐다. 결혼식을 마치고
뒤풀이가 이어졌다. 밤늦도록 뒤풀이 자리에서 술을 마신
두 사람은 상봉터미널 근처 숙소로 가다가 육교에서 굴러
다치기도 했지만, 다음날 설악산으로 신혼여행을 떠났다.

사진6-1. 1988년 10월 결혼사진.

연애하고 있는데 우리 아버지가 건강이 급격히 안 좋아졌고. 그래서 "결혼할 형제들은 아버지 살아계실 때 해라" 해서… "결혼하자" 이렇게 얘기가 된 거지. 그렇게 자연스럽게 우리 집에 인사 오고, 나도 그쪽 집에 인사 가고 그렇게 결혼을 추진한 건데. 그래서 88년도 10월에 결혼한 거지. (결혼식은 어디서?) 혜화동에 있는 흥사단. 허병섭 목사가 주례. 우리 아빠 건강이 안 좋아서 아버지 손잡고 들어가지 못하고 이훈구랑 나랑 동반 입장을 한 거야. … 인천에서 위장 취업한 친구들은 얼굴이 노출될 수 있어서 못 왔지. (신혼여행은?) 그때는 밤새 뒤풀이하잖아. 밤새 뒤풀이를 우이동인가에서 하고, 이훈구가 술을 먹어서 육교에서 구르는데 나를 잡고 안 놔줘서 나도 같이 굴렀어. 나, 진짜 머리 깨지는 줄 알았네. 죽을 뻔했어. 그러고서 신혼여행은 설악산으로 재밌게 갔다 왔고.(김혜란 구술)

2. 인천에서의 결혼생활

신혼여행에서 돌아온 이들은 부평의 반지하에 방 하나, 화장실 하나 있는 집을 전세 600만 원에 구해 결혼생활을 시작했다. 그나마 결혼을 계기로 부모에게서 받은 돈을 전세금으로 사용해서 집 문제는 해결되었다.(김혜란 구술)

결혼하고 지층 같은 데 방 한 칸짜리에서 결혼생활을 시작했거든요. 초기에는 둘 다 자기 정체성에 대한 확신, 좋게 얘기하면 확신이고 다르게 얘기하면 약간 사회성이 부족한 그런 몰입이 되게 컸던 거였죠. "뭔가 한 번 해봐야 하는 거 아니냐?" 이런 것도 있었을 거 같아요.(이훈구 구술)

문제는 생활비였다. 김혜란은 결혼 전에 다니던 공장을 나왔기 때문에 수입이 없었다. 그나마 결혼 초기는 신혼 자금으로 버틸 수 있었으나 그 이후가 문제였다. 지역 활동을 하는 이훈구는 약간의 상임활동비를 받지만, 사무실 운영하며 식사를 할 정도였기에 차비는 집에서 받아 써야 했다. 1년 정도 김혜란의 어머니가 2개월 간격으로 방문해 쌀, 반찬거리를 마련해주고 약간의 용돈을 준 것이 도움은 됐지만, 한동안 생활비가 떨어져 생필품을 구하지 못하는 상황을 겪기도 했다. 그러나 이들은 경제 문제 때문에 갈등하지는 않았다. 당시 노동운동을 하는 이들이 자신의 가치 실현과 그를 위한 활동 목표에 전념하고, 생활이 어려운 것을 크게 신경 쓰지 않았듯이 이들 부부 역시 생활의 어려움을 당연하게 감수했다.

결혼했을 땐 짝꿍이 현장을 그만뒀던 거 같아요. 인천에 이전 팀을 해서 온 사람이 4, 50명이 되니깐, 그거를 안내하고 관리하는 역할을 두 사람이 하게 돼서. 음. … 결혼 초기에는 결혼해서 받은 현금 있잖아요? 몇백만 원. 그거 가지고 한 6개월 버티고. … 89년에 좀 어려웠던 거 같아요. 집에서 나올 때

차비로 "나 이천 원만 줘봐" 이런 식으로 챙겨서 나왔는데, 치약 떨어지면 쌀 떨어지고 비누 떨어지고 하이타이 떨어지고 동시에 떨어져요. 되게 어려웠던 기억이 있고. 그런데 짝꿍이 "맞춰서 사는 거지, 뭐" 그래서 둘 간의 갈등, 그것 때문에 다투거나 "돈을 벌어 와라, 우린 어떻게 살 거냐?" 이런 거는 없었던 거 같아요.

현장 다니는 친구들이 십일조씩 내서 그걸로 사무실도 하나 얻어서 바깥에 '복덕방'이라고 써 붙여놓고 거기서 회의도 하고. 관리하는 사람이 인천에 둘, 부천에 하나 있었는데, 그 사람들 활동비 정도 줬던 거 같아요.(이훈구 구술)

결혼 초기야 뭐 신혼 자금으로 살았어. 이훈구가 따로, 예를 들면 살림하라고 나한테 돈을 주지 않았고. 그리고 맨 처음에 신혼집 구한 곳이 전철역에서 되게 가까운 곳이어서 엄마가 두 달에 한 번 오시면 냉장고부터 꽉 채워주고 쌀도 사주고 가시지. 그럼 그걸로 두세 달 버틴 것 같은데. 엄마가 그렇게 채워주고 용돈 주고 가셔서. 그게 1년이 좀 안 넘어서 수유스낵을 했던 것 같아요.(김혜란 구술)

이들의 결혼생활에서 가사노동은 아내인 김혜란의 몫이었다. 이훈구는 집에서 눈에 보이는 일은 했다. 예를 들어 설거짓거리가 쌓여 있으면 김혜란이 굳이 하라고 하지 않아도 이훈구가 알아서 했다. 그러나 눈에 보이지 않는 일인 세탁기 돌리기 등은 하지 않았다. 식사 준비도 다 김혜란의 몫이었다. 당시 김혜란은 당연히 아내인 자신의 몫이라고 생각하고 가사노동을 즐겁게 하려 했다.

> 눈에 보이는 가사노동을 회피하거나 그러지는 않았어. 그러니까 설거짓거리가 쌓여 있으면 본인도 설거지하고. 눈에 딱 띄는 것들은 시키면 하기도 하고, 굳이 안 시켜도 알아서 하고. 딱, 눈에 보이는 것만. 그런데 세탁기는 안 돌려. (왜?) 아, 눈에 안 보이잖아. 세탁기는 욕실에 가야 있고 그 안에 빨래가 있는지 없는지 확인해야 세탁기 돌릴지 판단할 수 있는 건데 그렇게까지는 안 한 거지. … (식사는?) 신혼 초에나 좀 먹고 거의 집에서 밥을 안 먹었지만, 집에서 밥 먹으면 내가 다 차렸지. 집에서 하는 거 다 내가 했어. 그때는 가사노동에 대한 문제 인식도 없고 하니까 즐거운 마음으로 했지. 내가 김치 담그면 이훈구는 "내가 무슨 실험쥐냐? 너무 맛이 없다" 이러고. 하하.(김혜란 구술)

3. 수유스낵 운영과 다시 현장으로

경제 상황이 점차 어려워졌지만, 부부는 둘 다 활동에 전념했다. 그러던 중 1989년 인천 그룹 내부에서 논쟁이 일어났고, 소수파였던 이훈구는 책임을 지고 인천 제파PD 그룹 활동을 정리하기로 했다. 그때 마침 아는 이의 소개로 수유스낵을 소개받았다. 그는 그동안의 활동도 정리하고 경제

행위를 하기 위해 서울로 이사하기로 했다. 김혜란은 인천 제파PD 그룹에서 대외활동을 담당하기 때문에 꼭 인천에 거주하지 않아도 되었다.

인천 제파PD 그룹이 논쟁해서… 소수파가 돼서 조직 나오면서 "그럼 어떻게 할 거냐?" 하다가 머리도 식히고 정리도 해야 하고 뭐 다 끝난 건 아니고. 또 90년 초반에 우연히 스낵코너가 연결되어 돈 없이 몸만 가서 일 년 반인가? 돈 버는 일을 하죠.(이훈구 구술)

1년 정도를 어렵게 살다가 90년부터 수유스낵 한 거지. 사실은 우리가 수유스낵 일하면서 그나마 경제적으로 뭘 사 먹고 할 수 있는 처지가 된 거야. 진짜 돈이 없었어. 그니까 서울로 이사한 계기는 수유스낵 때문이야. 수유리로 이사를 해 700만 원짜리 전셋집이었나? 처음에는 수유리에 연탄 집이 있어요. 그때 내가 연탄가스 맡아서 큰일 날 뻔했지. 그래 "빨리 집을 옮기라"고 해서 조금 더 멀쩡한 집으로 옮겼고. 수유스낵이 90년이네. 형은 1년을 했지. 그게 경제적으로 도움이 완전히 됐지. 생활하고도 남았어요.(김혜란 구술)

이훈구가 수유스낵에서 일하며 지낸 지 1년 정도 지나면서 그는 단순한 경제 행위만 하는 것이 견디기 어려워졌다. 사회 변혁의 가치나 노동운동을 정리한 것이 아니었기에 시간이 지나면서 힘들었던 인천 활동에 대한 느낌도 아무는

듯했다. 반복되는 단순한 일상을 더 지속하다가는 숨이 막
힐 것 같았다. 그는 다시 노동현장으로 들어갈 결심을 했다.
노동운동의 변화 상황을 고려해 마창지역으로 가기로 했다.

도저히 못 견뎌서, 스스로가 그런 생활을. 그래서 마창으로
간 거죠. 수유스낵을 우리 짝꿍한테 주고 "이러다 죽을지도
모른다, 나는 마창으로 간다" 어쩌고 하면서 "나는 활동을 계
속해야 하겠다" 해서 마창으로 간 거죠.(이훈구 구술)

이훈구가 "나 현장 활동하고 싶다"라고. 그래서 그렇게 하라
고. 지역도 본인이 마창으로 하겠대. 그래 마창 가고 나서 나
는 혼자 못하겠으니까 내 동생한테 수유스낵에서 일하게 하
고 내가 얼마 받았어. 그리고 '내가 운동과 경제활동을 병행
하며 할 수 있는 게 뭐 있나?' 고민하다 보습학원을 인수했고.
내가 활동하려면 그 보습학원에 누구를 앉혀놔야 하잖아? 그
래서 운동했던 후배를 부원장으로 앉혔어. 나는 활동하고.(김
혜란 구술)

1991년 마창지역에는 다산보임 출신의 활동가 두 명이 여
전히 활동하고 있었다. 이훈구는 이들과 만났고 일도 하면
서 지역의 상황 정리를 시작했다. 그러나 6개월 정도 지나
제파PD 사건의 여파로 끌려가 조사받게 되면서, 마창지역
의 1차 활동은 정리됐다. 다행히 이훈구는 조사만 받고 풀려
났다. 사건이 수습되기를 기다렸다가 이훈구는 2차로 마창

으로 내려갔다. 그러나 서울에서 김혜란이 운영하던 학원에 문제가 생기면서 이의 수습을 위해 1년도 채 안 되어 다시 서울로 올라왔다.

이훈구가 91년에 그렇게 내려가서 조직사건으로 한 번 털리고 나서, 그냥 끝난 게 아니라 다시 갔어. "한 번 털어서 정리됐으니까 이젠 괜찮을 것 같다" 그러고서 바로 간 거로 기억해. … 그런데 학원 부원장이 노름인가를 해서 학원비에 손을 대기 시작하고 그게 발각이 나서 부원장 자르고. … 학원을 정상화하려면 이훈구가 필요하다는 생각에 "큰일 났어, 긴급하게 올라와" 했고. 그래서 나는 국어하고 영어 가르치고, 그 다음에 이훈구가 수학하고 뭘 가르치고 해서 네 과목을 했어. 그때 쉴 틈 없이 수업해서 정상화하느라고 내가 위궤양에 걸렸어.(김혜란 구술)

이 시기에도 부부는 둘 다 활동을 중심으로 생각했다. 영역이 달랐기 때문에 서로의 활동에 관해 깊게 토론하지는 않았지만, 각자의 활동을 상호 지지했다.

짝꿍은 인천지역 활동하다가 한노정연 준비를 했거든요. 그때 되게 재밌어하더라고요. 그래서 저도 "야, 현장에서 끝까지 승부를 봐야 하지 않겠냐?" 뭐 이렇게 토론한 적은 없었던 거 같아요. "그래, 니가 좋은 걸 해야지" 내가 마창으로 간다고 할 때도 "거길 왜 가느냐?"는 둥 논쟁적인 토론을 해본 적은 없어요. 제가 기억하기에는 믿음? 이런 게 있었던 거 같아요. 신뢰, "니가 뭘 하든 잘할 수 있을 거다" 이런 거죠. "연구한답시고 그게 혁명이 되겠냐?" 뭐 이런 토론은 아니었던 거 같아요. "넌 충분히 할 수 있고 유의미하겠다, 그것 좀 해봐라" 그런 거지요. 그래서 짝꿍이 한노정연에서 풀 상근, 사무처장을 했는데, 아르바이트를 평일 2일은 밤에 하고, 토요일, 일요일은 종일 했던 거 같고. 나중에는 돈이 왜 필요했을까? 아마 어머니가 집 지을 때 돈이 필요하니까 짝꿍이 반 상근으로 일을 줄이면서 아르바이트를 더 했던 적이 있어요.(이훈구 구술)

사진6-2. 1995년 8월 14일 가족여행 중 김혜란과 이훈구.

4. 생활경제의 의존성

전업으로 노동운동을 하는 이들에게 경제 문제는 해결해야 할 중요한 문제다. 특히 둘 다 활동하던 이들이 결혼하면 가정의 경제 문제를 해결하기 위해 주로 아내가 활동을 중단하거나 활동을 줄이고 돈 버는 일을 했다. 남편은 계속 활동하면서 가정생활과 경제 문제에서 아내에게 의지한다. 이훈구와 김혜란 부부의 경우 서로 의논해서 역할을 나누었다기보다 '자연스럽게' 김혜란이 활동하면서 돈 버는 일을 병행해 생활했다. 이훈구가 돈을 번 것은 초기 현장에 들어갔을 때와 1990년 수유스낵을 운영했을 때, 어머니가 사는 집을 재건축하는 문제로 사건 수습차 몇 개월 총무로 일했을 때뿐이었다.

> 제가 돈벌이한 게 현장에서 번 거랑 수유스낵에서 번 거랑 또 우리 집 재건축한다고 할 때 총무로 사건 수습차 들어가서 한 7, 8개월 번 게 전부인가 봐요. … 집 지을 때도 잘못되어서 돈이 많이 들어갔거든요. 그것도 짝꿍이 다 벌어서 댄 거고. 제가 번 거는 그렇게 세 번밖에 없어요, 기간도 충분히 긴 것도 아니고 단절도 많았고. 그리고 제가 뭐 번듯한 선물을 사준다거나 한 기억이 별로 안 나네요. 목걸이 하나랑 금으로 만든 열쇠고리 붙이는 거 있잖아요, 한 돈짜리. 하트로 두 개 달린 거 해서 둘이 하나씩. 그거밖엔 없는 거 같아요. 나중에 같이 사네 안 사네하고 그럴 때 대학원 학비를 한 학기 내준

거. 그게 다예요. 사실은 짝꿍에 대해서 지금 미안함, 그게 제일 크죠.(이훈구 구술)

특히 이훈구가 노힘에서 5년여에 걸쳐 상근비가 없는 상근 활동을 할 때 전국을 돌아다니는 등 활동비용이 상당히 많이 들었다. 그 비용은 김혜란이 한노정연에서 활동하면서 논술 아르바이트를 해서 벌어오는 돈으로 충당했다. 이훈구는 김혜란에게 경제 문제에서 '의존'의 정도를 넘어 '빈대' 붙어서 살았다. 훗날 이훈구는 그런 자신의 모습에 대해 1980년대 운동을 해오면서 형성된 이념을 절대시하며 그 밖의 일은 무시했기 때문이라고 해석한다.

노힘에서 제가 한 5년쯤 했는데, 연 2천만 원씩 1억쯤 쓰지 않았을까요? (그 돈이 다 어디서 나왔어요?) 짝꿍이 어떻게 했겠죠. 1999년 노힘이니깐 요때부터 2004~5년까지 한 5년? 그때가 돈을 제일 많이 썼던 거 같아요. 수입도 없으면서. 처음엔 활동비 없이 지하철 사용권 하나 주고. 오히려 "돈을 내면서 활동해야 한다" 이랬으니까. … 그니까 우리 짝꿍이 논술해서 번 돈에 제가 '빈대' 붙어 산 거지. … 지나가듯이 쓱 얘기했지만, 짝꿍에 대한 의존도가 너무 높았다고 봐야죠. 지금 생각하면 이런 후유증인 거 같아요. 이념의 과잉. 이념 자체를 너무 절대시했기 때문에 나머지를 다 등한시했거나, 또 그러지 못한 거에 대해서 반감 같은 것도 있었던 거 같고.(이훈구 구술)

그나마 이훈구는 한노보연에서 상근 활동을 하면서 단체 활동 중에 처음으로 월급을 받았다. 월 100만 원을 받으면 20만 원을 회비로 냈다. 이처럼 이훈구는 월급을 회비와 자신의 활동비로 썼고 여전히 가정의 경제 책임은 김혜란이 져야 했다.

> 한노보연은 갓 들어온 사람이나 10년 동안 활동한 사람 활동비가 다 똑같아요. 너무 이상하죠? 평등주의가 너무 과해서. 처음 시작했을 때는 돈을 하나도 안 받았어요. 돈을 내면서 활동했었잖아요. 한노보연 오면서 처음에 우리가 (상근비가) 100만 원씩인가 그랬던 거 같아요. 그런 개념도 부족하고 필요 자체가 찌그러져 있는 상태여서 100만 원 받아가지고 20만 원씩 회비 냈어요. 짝꿍을 등치고 살면서도 계속 정신 못 차린 거죠.(이훈구 구술)

5. 별거 그리고 이혼

2008년 이훈구 부부는 결혼 20년째를 맞이했다. 그런데 이훈구는 아내의 생각과 상황을 고려하지 않고, 소통하려는 방식도 아닌 툭 던지는 듯한 제안을 한다. "20년을 살았으니 각자에게 자유롭게 사는 걸 선물로 주자"는 것이었다. 전후 맥락에 대한 설명 없이 갑자기 불거진 이훈구의 제기에 김혜란은 황당했던 것 같다. 김혜란의 반응에 이훈구는 더 이상 얘기를 꺼내지 않았다. 그러나 그동안 같이 살아온 과정을, 새롭게 공부하는 여성주의의 시각으로 다시 돌아보고 있던 김혜란은 바로 별거를 제안했다. 이번에는 이훈구가 이 제안을 받아들이지 않다가, 결국 두 사람은 6개월 별거를 시작했다.

결혼 20주년 기념으로 제가 "야, 20년 살았으니깐 20주년 기념선물로 따로 살아보자, 각자 하고 싶은 대로" 이런 얘길 해요. "우리가 서로에 대해 이념적으로나 실천적으로, 개인적으로 세상에서 가장 잘 아는데, 20년 살았으니 결혼 기념으로" 이렇게 제가 얘길 했지만, 충분히 논의하고 합의하면서 가야 했는데 약간 일방적이었어요. "야, 어때?" 이렇게 해버리니 저한테 정나미가 떨어졌나 봐. 그래서 짝꿍이 "그래, 따로 살자" 이렇게 됐어요. … "너는 이 집에 책임을 다하지 않았으니 이 집에서 나가라, 니가 집 청소를 몇 번이나 했냐?", "꼴 보기 싫다"고 해서. 집에 있던 옷가지랑 몸만 딱 가지고 나왔어요. … "이혼하고 법률적으로도 처리하자"라고도 얘기했는데, 알아보니깐 이게 판사의 판결을 받아야 하더라고. "이혼할 때 왜 우리가 너희가 하는 판결을 받아서 이혼해야 하냐?" 자존심 상해서, 그래서 이혼은 내버려 두고.(이훈구 구술)

나는 기억에 별로 없는데 … 이훈구가 그렇게 얘기할 때 엄청 화를 냈더니 그 얘기 더 안 꺼내고 쑥 들어갔는데. 근데 나는 그때부터 (따로 살겠다는) 발동이 걸린 거였지. "인제 그만 정리하자" 했을 때는 이훈구가 싫다고 그러더라고. 그래서 "기간을 정하자", "기간을 뭘 어떻게 정하냐?" 막 그러다가 이훈구가 "일단 6개월 그렇게 해보자"라는 식으로 얘기를 하더라고. 그래서 기간 갖고 더 싸우면 따로 살자는 것도 무마될 것 같아서 "그래, 그럼 그러자" 하고서 6개월로 시작했지. 그러고 나서 다시 종로에서 만났어. 근데 따로 살기 시작하니까 차라리 훨씬 낫더라고, 편안하고. 만났을 때 내가 존중을 받는 느낌이었고 나한테 말도 함부로 안 했고.(김혜란 구술)

각자 생활을 꾸린 이후 두 사람은 가끔 만났다. 서로에게 필요한 일이 있으면 이전처럼 도움을 주기도 했다. 이혼은 누군가 필요한 사람이 제기하면 하기로 했다.

2018년 가을에 두 사람은 이혼하고 서류를 정리했다. 2017년 김혜란이 암 수술을 하고 1년 동안 항암 치료를 한 뒤였다. 김혜란의 입장에선 앞날이 어찌 될지 모르는 상황이어서 주변 정리가 필요했다. 이훈구는 아무 얘기 없이 이혼 서류를 정리한 뒤에 자신도 암 선고를 받았다고 얘기했다. 그러나 치료하면 괜찮을 거라고 가볍게 얘기해서 김혜란은 이훈구가 자신보다 가벼운 증상이라고 판단했다. 김혜란이 이훈구의 상태를 제대로 알게 된 것은 이훈구가 사망하기 2개월 전이었다.

내가 2017년 12월에 암 수술을 했어. 그때까지는 이훈구가 보호자로 되어 있었어. 그래서 삼성병원 와서 사인하고, 왔다

갔다 하면서 병실 지키고 진짜 남편으로서 할 거 다 했네. 전날 집 와서 짐 같이 챙기고, 동생 차로 병원 같이 이동하고 뭐이런 거 다 했지. 그렇게 1년 동안 항암 치료하고 2018년도 9월에 끝냈거든. 그때 내가 이훈구한테 "우리 이제 서류 정리를 했으면 좋겠어"라고 얘기를 했어. "내가 앞으로 어떻게 될지 모르는 거 아니냐?" … 동생들이 싱글맘으로 애들 키우면서 사는데, 같이 여기까지 일궈온 거라 동생들한테 살길을 열어주려는 게 있었고. 또 하나는 진짜 내가 어떻게 될지 모르는 거고. 근데 이렇게 관계가 형성되어 있는 게 부담스러웠거든.

근데 이미 이훈구도 2018년 10월에 확진 받았어. 이훈구가등기소 가서 이혼 서류 정리를 모두 끝낸 날, 우리 집에 다시와서 같이 밥 먹고 다음 날 갔다고. 근데 얘기를 하더라고, 자기 암이라고. "지금부터는 수술도 아니고 그냥 약물 치료를한다"라는 거야. 그럼 나보단 쉬운 건가 보다며 가볍게 생각했어. … 나는 죽기 두 달 전에 상태를 알았어.(김혜란 구술)

6. 부부관계에서의 이훈구,
가부장적인 남성

가정에서 이훈구는 다른 1980년대 남성활동가들과 크게다르지 않은 가부장적인 남성의 모습이었다. 가사노동이나경제 문제만 등한시한 게 아니라 부부관계에서도 일방적인 남성 가장의 모습이었다. 집안에서 종종 술을 마시며 활동에 관한 이야기가 이어져도 김혜란의 생각에 공감보다는 냉소적인 모습을, 정치적 토론을 할 때는 끝까지 지지 않으려 우기는 모습이었다. 가끔 같이 활동하는 이들이 방문해 술을 마시며 토론할 때는 김혜란의 의견이나 주장에 긍정적인 태도나 지지하는 모습을 보이기도 하면서 태도가 달라졌다. 이런 가정에서의 이훈구의 모습에 대해, 2000년대 들어 여성주의 공부를 했던 김혜란은 '가부장적 남성'이라고 기억한다.

(그전에는 말을 함부로 했어?) 함부로 했지. (어떻게?) 이훈구는 1대 1로 토론하잖아? 절대로 나한테 안 굽혀. 정치토론을 할 때 자기가 맞다고 끝까지 우겨. … 그래서 인천에서 살 때도 내가 맡은 셀(CELL, 모임)의 상황, 진단과 대안을 내가 얘기하면 안 들어. 아니라는 거야, 다른 얘기 하면서 자기가 맞다는 거야. 그러다가 내가 너무 화가 나잖아? 그럼 내가 젓가락 같은 걸 던져. 결국 내가 폭력을 써서 가해자가 돼. 갑자기 그 순간에 상황이 확 뒤바뀌는 거야.

근데 둘이서만 술을 먹으면 꼭 그래요. 우리도 술 많이 먹었으니까 집에서 술 마시면서 얘기 자주 했는데, 끝엔 꼭! 싸우는 거야. … 그래서 내가 한번은 "둘이서는 앞으로는 토론하지 말자", "이거야말로 철저히 가부장성이다, 지금 마누라한테 지기 싫은 거지? 한 번도 둘이서 정치토론 할 때 흔쾌히 내 의견에 따라 본 적이 없다" 그랬어. (2000년대에도?) 계속 그랬어. 그런데 한 명이라도 제삼자가 딱 끼잖아? 그러면 딱 태도가 바뀌어. 완전 정치토론 잘 되고, 내 의견에도 때로는 "맞아, 맞아" 막 이러기도 하고.

(한노보연 할 때 달라지지 않았어?) 그때 외향적으로 부드러워지려고 엄청나게 노력하던 때였지. (이전 활동에 대해 많이 반성하고 고민할 때라 변화가 있던 때인데?) 그때까지는 사적 공간을 공유하고 있는 나로서는 변한 게 없다고 느껴지는 거야. 그래서 이렇게 표현하는 거지, '부드러운 척하려고 엄청나게 노력하던 때'라고. 나는 완전 냉소적이지.(김혜란 구술)

더 큰 문제는 두 사람의 가정 경제를 김혜란이 담당했음에도 이훈구의 친가 쪽에 생긴 경제 문제도 김혜란이 책임졌다는 것이다. 그런데도 가정 내의 중요한 사안, 예를 들어 이사나 가족들이 같이 사는 문제 등을 이훈구는 혼자 결정해 김혜란에게 통보하는 식이었다. 이런 모습들 때문에 김혜란에게 남편으로서 이훈구는 '가부장적 남성'이었다. 김혜란은 별거 이후 이훈구를 만나면서 오히려 제대로 된 공감과 존중을 받았다고 한다.

따로 살기 전까지 점수로 매기자면 남편으로는 빵점이야, 빵점. (구체적으로 얘기하면?) 그러니까 중요한 거취를 결정할 때마다 한 번도 의논하지 않았지. 그리고 "그 집을 우리는 나와서 살자"라든가 "집에 누나가 들어와서 살게 됐다"라거나 한 번도 집 일을 나하고 의논한 적이 없어, 한 번도. 그래서 내가 그때 한 번 뺑 돌았어. "왜 나하고 의논 안 하니?" 이러면서.

그게 단적인 예지. 경제활동은 다 내가 하고 있었는데, 그 중요한 일들을 다 자기가 결정해. 이훈구도 철저한 가부장적 남성이었어.

실제로 따로 살면서 오히려 내가 존중을 받았다고. 따로 사니까 종로 같은 데서 만나서 술 먹고 그럴 땐 얘기를 잘 들어주고 호응을 잘해주더라고. 뭐든지 내가 얘기하면 먼저 "그랬어?" 하면서 긍정 표현하고. 그전에는 부정 표현이 항상 먼저 나왔어. "그게 되겠어?" 비판적이었거든. 그 버릇은 남아 있긴 했어. 그건 같이 산 사람만 아는 거니까.(김혜란 구술)

7. 감정, 부부관계에 관해
새로이 주목하는 이훈구

이훈구는 노힘에서 활동하던 2003년 조직 내 성폭력 사건들을 겪으면서 처음으로 '(성적) 자기 결정권'이란 용어를 접했다. 즉, (성적) 자기 결정권에는 객관적 정황만이 아니라 개인이 갖는 감정, 정서 등도 중요하게 연결되어 있다는 것을 알게 되었다. 그 과정을 겪으며 이훈구는 그동안 활동하면서 억압했던 개인적인 감정 등에도 관심을 기울이려고 노력했다. 노힘을 탈퇴할 즈음에는 감정이라는 것이 감성적인 접근이 아니라 사람이 자신을 표현하는 중요한 실체라는 것을 인식했다. 이훈구가 노힘을 탈퇴한 것은 조직운동 방식의 문제도 있었지만, 노힘에 모든 것을 쏟고 여러 역할을 해

온 자신의 5년에 걸친 헌신이 다수의 의견에 따라 무시되는 것에 자존감이 상처 입었다는 것도 이유였다.

개인적 관심이랄까, 무슨 애정 표현이랄까 이런 건 둘 다 운동에 눌려왔던 게 아닐까. 애초에 그러진 않았을 텐데, 살면서 스스로 약간 누르고 "사치스럽게 무슨, 감정적으로" 이런 태도였으니까요. 감정 문제도 사실은 노힘을 그만둘 때쯤부터 중시하는 게 생겼던 거 같아요, 개인적으로. "이거 중시해야 한다", "감성적인 접근이 아니고, 그 감성도 한 사람이 갖는 아주 중요한 실체이기 때문에"라는 걸 조금 더 주목해서 보려고 애쓴 거 같아요. (계기는?) 음. 직접적 계기는 성폭력 사건 관련한 조직 내 논의 과정과 결정 과정에서 "그걸 깼으면 좋겠다, 그렇게 결정하면 안 된다" 이렇게 얘기했는데 그게, 자존심의 상처 같은 것도 있었을 거라는 생각이 들고. 내가 이렇게 살아왔고 조직에서도 이런 역할을 해온 건데, 이런 의견에 대해 떼로 막 표결하는 것이 상당히 문제가 있다고. 그리고 그게 제가 나온 계기이기도 했지만, 노힘 내에서도 성폭력 문제가 몇 차례 있었어요. 그러면서 노힘 내에도 페미니즘적인 부분들이 제기되고, 그런 중에 성폭력 문제가 공론화되고. 그래서 성폭력 내규를 만드는 과정에 있었는데. 그러면서 "아, 그 사람의 자기 결정권이라는 게, 정황이 그랬어 저랬어 만이 아니라, 그의 어떤 감성적인, 어떤 상황? 느낌? 이런 것들을 얼마나 소중히 봐야 하는가" 이랬던 거 같아요. 그러면서 그게 탈퇴까지 이어지기도 했는데, 그게 개인적인 계기

였다면 계기였을 거 같아요.(이훈구 구술)

이런 이훈구의 변화 과정은 별거 상태이지만, 20여 년에 걸친 결혼생활 과정에서의 자기 모습에 대한 문제의식으로 이어졌다. 한노보연 활동을 하면서 이훈구는 '현장에 주목해야 할 필요'를 강조해 왔음에도 삶의 주인인 자신에 대해, 그리고 주변 관계에 대해 제대로 주목하지 않은 자신의 모습을 확인한다. 그 이유로 그는 1980년대 운동 과정에서 형성된 이념과 헌신과 강박 등에 있다고 판단했다. 그는 이후 별거 중인 김혜란에게 그동안의 미안함을 조금씩 갚아 가기 시작했다. 특히 김혜란이 두 여동생과 같이 귀농했을 때 초기에 이훈구가 큰 도움을 줬다. 시골이라 여자들끼리만 사는 것을 마을 사람들이 이상하게 여기는 분위기였다. 그런데, 이훈구가 시간 날 때마다 와서 함께 생활하니 마을 사람들은 김혜란과 이훈구를 주말부부로 알았다.(김혜란 구술)

그래서 집을 뭐 얼마 되지도 않지만, 다 놔두고 몸만 나오게 되고, 몸 나왔는데 따로 살기 시작한 게 2007, 8년 정도. 그래서 이런 것도 아마 작동이 되지 않았을까? … '현장을 그렇게 주목해야 한다고 하면서 왜 자기의 삶이나 자기 주변 관계에 대해서 주목하지 않을까' 그런 게 있는 것 같아요.

그게 신념이든 헌신이든, 헌신과 강박 그 사이든. 뭐가 있는 거 같아요, 저 개인적으로. 음, 그래서 짝꿍이랑은 법률적 혼인 관계이기는 했고, 미안해서 제가 2002년부터는 활동비를 적지만 받고 있어서 그걸 모아요. 짝꿍도 이런 과정을 비슷하게 거쳤을 거 아니에요? 이 친구가 페미니즘이랑 동물운동을 해요. 이대 여성학 석사과정을 하는데 제가 한 학기 등록금 500만 원을 보태라고 쏜다든지, 면피 수준에서. 그다음에 짝꿍 식구들이 용인으로 귀농 비슷하게 했는데 가끔 시간 되면 가서 일도 도와주고, 뭐 그런 관계죠.(이훈구 구술)

7장

노동안전보건운동

1절
한국노동안전보건연구소의
창립과 활동 방향

1. 노동운동에 대한 문제의식과
노동안전보건운동의 참여 계기

이훈구는 노힘에서 활동하는 과정에서 이상관 투쟁을 조직적으로 지원하면서 노동안전보건 문제에 관심을 두기 시작했다. 그가 노동안전보건운동 관련 직접적인 실천을 하게 된 것은 한노보연 결성을 준비하면서부터였다. 그 이전까지 그는 노동안전보건 문제에 거의 관심이 없었다.(이훈구 구술)

이훈구는 한노보연 준비위원회에 참가하기 이전까지는 노동자계급 주체를 형성해야 한다는 추상적이고 원론적인 판단을 가지고 활동했었다. 그는 당시까지 자신의 운동을 돌아보며 '큰 이념의 과잉' 속에서 구체성이 부족한 상태였다고 진단했다. 그 때문에 자본주의 전체를 문제로 삼으면서, 한국 자본주의의 변화 과정과 그에 따른 노동현장의 변화를 놓치고 있었다고 판단했다. 그는 전노협 백서 작업을 하면서 노동현장의 변화 과정을 포착했고, 한노정연에서 진행한 세미나에 참여해 공부하면서 현재 자본주의의 구체적인 단계는 신자유주의라는 것을 인식했다. 나아가 그는 신자유주의를 무너뜨리기 위한 중심 고리가 '현장의 노동과정'이라고 판단했다.

한노보연 전의 경험은 '큰 이념의 과잉', 그다음에 실질적인 어떤 구체성의 부족, 뭐 혁명론에 대한 인식이라든지 이런 것들을 갖고 가다가 … 중간에 전노협 백서를 만들 때, 그때 현장의 여러 가지 변화 과정 같은 걸 보게 되죠. 그리고 이전에는 자본주의 전체에 대한 문제 인식이었는데, 자본주의의 구체적인 실태가 무엇인가에서 한노정연에서는 신자유주의라는 걸 제기했어요. … 신자유주의에 주목했더니 신자유주의는 한마디로 모든 것을 유연화하겠다는 건데 결국은 노동시간도 유연화하고, 고용도 유연화하고, 임금도 유연화하고, 노사관계도 유연화한다는 거죠. 그래서 이걸 보려면 노동조건을 볼 수밖에 없었던 거예요. 저는 이런 자연스러운 변화가 있었고요.

자본주의라는 큰 틀에서 지금의 자본이 어떻게 자기 위기를 관리하느냐는 측면, 신자유주의라는 유연화 공세로 확장하는 과정에서 노동조건이 유연화되어야 한다는 건 저희 얘기로는 노동강도가 강해지는 거죠. 그래서 "신자유주의 분쇄"를 주장하는데 뭐를 어떻게 분쇄할 거냐, 추상인데. "노동과정이 접점일 수 있다"해서 유연화하려고 하는 일터의 노동과

정을 중심으로 보는 거고 거기서 노사관계까지 보는 거죠.(이
훈구 구술)

이처럼 노동운동에 관한 문제의식이 변화해 가고 있던 이
훈구는 노동안전보건운동을 하게 된 이유를 다음과 같이 말
한다.

(계기는?) 음, 배경이나 이유가 여러 가지인데, 가장 첫 번째는
반(反)자본이라고 할 때 반자본의 실체는 어디에서 누구에게
어떻게 이루어져야 하는가. 노힘에서 활동하면서도 고민이
었죠. 자본과 노동 간의 갈등과 이해관계의 최접점이 현장이
라고 생각했고, 현장에서도 일하는 노동자들의 몸과 삶, 노동
안전보건이라고 하는 것이 조금 더 반자본의 취지를 구체화
할 수 있는 것이 아닌가 하는 고민이 하나 있었고.
그러면서 자연스럽게, 한노보연에 함께하려고 준비하는 과
정에서 "신자유주의에 대한 문제의식", 신자유주의 분쇄라는
목표가 자본주의 반대보다는 진전되고 현재적인 의미로 재
구성한 거지만, "여전히 부족하다"라고 생각해서 "노동강도
완화, 노동강도 저하" 이런 이야기를 하게 된 거죠. 연구소 사
람들도 대부분 "이게 중요하다"라며 동의했어요. … 자본의
입장에선 유연화하면 노동조건이 나빠지고, 노동조건이 나
빠지면 노동강도가 높아지고, 노동강도가 높아지면 노동자
의 몸이나 삶이 망가지게 되는 거죠. 아프고, 병들고, 죽고, 이
렇게 되는데, 이런 결과의 한 증거가 산재이긴 하지만, 노동

과정을 주목해야겠다고 본 거죠.(이훈구 구술)

두 번째 이유는 이즈음 노동안전보건운동이 전환기를 맞던 것과 관련이 있다. 1988년 문송면 산재 인정 투쟁 이후 형성된 산업재해추방운동은 1990년 초·중반기를 경유하면서 지역마다 산재추방운동 단체의 결성으로 나타났다. 그러나 1997년 말 경제 위기 국면, 자본의 정리해고와 구조조정의 위협 앞에서 이전의 성과로 획득한 노동조건은 후퇴했고, 단체협약에 보장된 내용은 유명무실해져 갔다. 그 결과, 노동강도는 한층 강화됐으며 이와 연관된 직업병이 급증했다.

이러한 상황에 노동건강연대(이하 '노건연')29는 당시 문제의식을 공유한 산재추방운동 단체들과 같이 1998년부터 논의를 시작해 노동현장, 단체, 전문역량이 결집하는 형태로 1999년 초 전국산재추방운동연합(이하 '전국산추련')을 조직하려 했다. 전국산추련은 말 그대로 전국적인 조직을 만들기 위한 시도였다. 그러나 전국산추련은 산재추방운동 세력들의 통합을 이루지 못하고, 1999년 이상관 산재 인정 투쟁 후인 2000년 초에 해산했다. 이상관 투쟁 과정에서 노건연이 제대로 투쟁하지 않는 모습이 드러났고, 이에 대해 마창산추련이나 금속노조 등에서 비판하며 전국산추련 결성이 무

---

29   당시 이름은 '노동과 건강 연구회'. 노동건강연대의 전신인 '노동과 건강 연구회'는 1988년 창립되었고, 2001년 산재추방운동연합이라는 연합 단체의 해소와 함께 사라졌다. 이후 남은 활동가들이 2001년 노동건강연대를 창립했다.(노동건강연대 홈페이지 http://laborhealth.or.kr/about/laborhealthh 참고)

산된 것이다.(김재광 구술)

155일간 지속한 이상관 투쟁은 노동안전보건운동의 주체로 현장 노동자를 어떻게 세워낼 것인가, 노동조합의 힘으로 노동안전보건운동을 어떻게 진전시켜 나갈 수 있을까 하는 과제를 남겼다.[30] 이러한 상황에서 노동자건강사업단(이하 '노건단')은 새롭게 노동안전보건운동을 형성할 주체 세력을 어떻게 모을 것인가에 대해 고심했다. 더욱이 기존 산재운동 단체, 특히 노건연/재단법인 원진직업병관리재단 원진녹색병원(이하 '원진') 쪽이 전문주의에 근거해 교섭 중심, 결과 확보를 중시하는 활동 방식으로 다른 산재운동 단체들에 영향을 미치고 있었다. 그 때문에 이에 대항할 새로운 주체 형성은 이들에게 시급한 과제였다.

세 번째 이유는 실질적 계기로, 이훈구와 문제의식이 유사한 새로운 집단이 등장한 것이다. 민의련 산하의 노건단이 노동안전보건운동으로 방향을 정리해 활동하기로 한 것이다.

> 제가 생각했던 문제의식과 약간 궤를 같이하는 곳으로 민의련 산하에 노동자건강사업단이 있었죠. 이들이 내부 논의를 거쳐서 "민의련의 하부 단위로 노동자건강사업단이 아니라 그 정체성의 무게중심을 노동안전보건 쪽으로 구체화해

---

30   한국노동안전보건연구소, 『한국노동안전보건연구소 10주년』, 2013, 22~24쪽.

보자"라는 결정을 하게 돼요. ⋯ 그니까 노동자건강사업단이 완전히 노동안전보건에 독자성을 갖고 그걸 중심으로 활동하려는 와중이었고. 그 배경에는 원진이 일종의 전문주의 부분, 또 실천보다는 교섭에, 과정보다는 성과에 초점을 많이 둔 행태를 보여 왔다는 게 있고, 문제를 제기했지만 별 영향은 없었던 거죠. 그러면서 지역단체들은 그 당시 산재 보상에 초점을 두고 70~80% 이상의 역량 배치를 하고 있었던 거죠. ⋯ 결국, 노동안전보건운동에 부정적 영향을 미치는 원진의 행태, 여기에 맞설 수 있는 새로운 주체들의 결합이 필요했던 시기였죠.(이훈구 구술)

한편에서는 신자유주의 노동 유연화와 노동강도가 강화되는 상황에 대해 노동운동 내부에서 문제 제기가 시작되었다. 노건단은 노동강도 강화로 발생하는 질병, 특히 전 산업에 걸쳐 확산하는 근골격계 직업병에 주목했다. 이들은 질병의 치유에 그치는 것이 아니라 그 원인을 폭로해 노동자의 단결과 투쟁을 촉구하는 주요한 고리로 근골격계 질환을 인식했다. 2002년 대우조선 노동자들의 집단 산재 요양에서 시작해 2004년까지 이어진 집단 요양 투쟁은 이 직업성 질환을 사회적 의제로 올려놓았고, 한노보연 창립의 주요 지렛대가 되었다.

투쟁을 전국으로 확산하고 조직하기 위해 2002년 9월 6일 구성된 근골격계 직업병 공동연구단(이하 '연구단')은 투쟁과 현장 연구 확대를 위해 여러 사업장의 다양한 연구 조사를 진행했다. 연구단의 연구 활동은 집단 요양 투쟁과 현장 투쟁으로 이어졌다.

이와 같은 활동을 펼치던 연구단은 한편으로는 새로운 연구소를 결성하기 위해 노력하고 있었다. 이들의 활동에 이훈구는 노힘 활동과 연계해서 지원했고, 노힘 내부에서 이 활동의 중요성을 주장하기도 했다. 연구단의 의견을 이끄는 역할을 했던 김현수(가명)가 새로운 연구소를 만들기 위한 논의 과정에서 '상징적이고 실질적 활동의 구심'이 될 대표를 물색하다 이훈구를 추천했다. 회의 참석자 모두 동의했다. 당시 이들은 대표로 의료 관계자를 내세우지 않으려 했다. 그 이유는 기존 단체들이 의료진을 중심으로 활동하는 것에 비판적이었기 때문이었다.(김재광 구술)

이후 대전 경화장에서 열린 노동보건연대회의에서 노건단의 김현수가 이훈구에게 새로운 연구소를 결성하기 위한 창립준비위원회 위원장을 맡아 같이 활동할 것을 제안했다.

대전 경화장에서 노동보건연대회의인가 그랬을 거예요. 역량 강화를 위한 엠티도 하고, 지역 발제도 하고, 토론하고. 그 자리에서 "노건단을 노동안전보건 단체로 전환하자" 그리고 "이걸 노힘으로 집단 가입하자" 이런 그룹이 민의련 내에서 약간 다수가 돼요.
그중에 경화장에서 모임을 기획했던 김현수가 나한테 아주 구체적으로 "창준위 위원장을 맡아 달라"고. 그날 그 제기가 비공식적인 최초의 공론화죠. 김현수는 "노힘의 유력한 선배

그룹 중에 지역하고도 관계가 있는 사람이 창준위 위원장을 하면 좋겠다"는 판단이었대요. 그래 김현수가 "선배님, 꼭, 선배님밖에 없어요" 그래서 제가 "그래, 알았어" 했는데, 계속 반복해서 말하는 거예요. 나중엔 "알았다니까, 이 자식아~" 확답을 했는데도 계속 확인하고, 확인하고. 지겨워서. [웃음]

(이훈구 구술)

2. 한국노동안전보건연구소의 결성

새로운 연구소, 즉 한노보연 준비 주체들은 기존 산재 단체, 특히 노건연/원진 쪽과는 활동 원칙에서부터 차이를 보이며 자신들의 정체성을 형성해 갔다. 가장 중요한 차이는

사진7-1. 2003년 한국노동안전보건연구소 창립식. 맨 왼쪽이 이훈구.

노건연/원진이 전문가 중심의 전문주의에 기초한 활동을 벌였다면, 한노보연 준비 주체들은 현장 노동자 중심의 입장을 분명히 밝혔다는 점이다. 그에 따라 노건연/원진은 산업재해 인정을 중심으로 활동했지만, 한노보연 준비 주체들은 산재가 발생할 수밖에 없는 노동과정을 중요시했다. 전자가 산업재해가 일어난 결과를 중심으로 보고 접근했다면, 후자는 산업재해가 일어나는 원인을 중심으로 접근해 그 원인을 해결하는 방식을 지향했다. 그 때문에 노건연/원진은 정책 만드는 것을 중심으로 한 교섭 활동을 중요시했고, 한노보연 준비 주체들은 현장 노동자들의 투쟁을 통한 주체 형성을 중요시했다. 또, 단체 운영 방식에서도 노건연/원진 등이 운영위원과 집행위원이 분리되어 있었던 반면, 한노보연 준비 주체들은 이를 일치시키는 방식으로 운영하려 한 것에서 차이가 있었다.

처음에 첫째는 전문가 혹은 전문주의 대 현장 노동자 중심, 이렇게 붙었어요. 둘째는 노동자들이 "산재가 직업병이다, 산재 신청이 권리다"라는 것도 안 되는 단계니까 계속 산재에 초점을 맞출 수밖에 없고. 실제 현실적인 어려움 때문이기도 하지만, 노동과정으로 접근을 못 하는 거죠. 산재를 주로 해왔고 필요나 요청도 있고. 그니깐 산재 인정 한두 건 하다 보면 노동과정으로 못 가거든요. 문제는 다수의 호응을 얻는 게 아니라, 이 사람이 인정받느냐 안 받느냐. 그리고 불승인 되면 사회화하는 방식이니까.

셋째는 초기엔 현장 실천과 법제도 개선, 정책 중심, 이런 게 좀 다른 점이고. 그러니까 투쟁파와 교섭파, 이런 게 다른 점이었어요. 한노보연은 주체 혹은 직접, 이런 걸 강조했다면, 노건연/원진은 대리. "교섭을 대표성으로 해야지 어쩔 수 없는 거 아니냐" 이러는 거죠. 거기에 한노보연은 "니가 대신할 게 아니고 당사자들이나 주체들이 훨씬 중시돼야 하고, 그 행동에서 활력을 만들어야 한다" 이런 주장과 갈등이 있었죠. 그다음에는 단체들이 대부분 운영 주체하고 집행 주체가 달라요. 운영 주체는 돈 조금 내고 한 달에 한 번씩 와서 훈수 두고, 집행은 여기서 다 하는 거잖아요. 이런 거는 좀 지양해야 하고 될 수 있으면 일치해야 한다는 게 한노보연 만들 때의 문제의식이었죠. … 이런 차이들 때문에 우리가 노건연/원진에 극단적인 '딱지' 같은 것도 붙이고. "얘네는 무슨 근골격계 사업하면 보고서 내고 아웃소싱하고, 그걸 무슨 사업이라고 잡았냐? 그게 운동이냐?" 막 "이런 쓰레기 같은…" 그래서 현장 가서도 쟁점 토론하고, 전국적으로도 토론해서 고립시키고. … 좌우지간 초기에는 이런 갈등이 되게 컸죠.(이훈구 구술)

이처럼 한노보연 결성을 모색하던 이들은 노건연/원진 쪽의 활동 방식을 계속 비판하며 많은 갈등을 겪었고 그 과정에서 2003년 2월 27일 한국노동안전보건연구소 준비위원회(이하 '준비위')를 출범시켰다. 한노보연 결성 준비에 함께한 조직은 연구단 이외에도 민중의료연합 노동자건강사업단, 노동보건연대회의, 전국노동자연대 등이 있었다. 그러나 활동가들이 이들 단체에 중첩되어 있기도 했고, 각 단체의 구성원들이 모두 준비위에 합류한 것은 아니었다. 준비위에는 현장활동가, 연구자, 전업 활동가가 구성원으로 참여했다.31

이훈구는 창립준비위원장으로 본격적인 노동보건운동을 시작했다. 노힘 활동을 반(半) 상근으로 정리하고, 준비위에서 반 상근을 했다. 연구단과 준비위는 근골격계 직업병과 노동강도에 관한 현장 노동자와 활동가의 이해를 돕기 위해 2002년 12월 『노동강도 강화와 근골격계 직업병 대응』(연구단)이라는 단행본과 2003년 6월 교육용 영상 '골병과 죽음의 현장을 당장 멈춰'(준비위)를 각각 제작했다. 다른 한편으로 준비위는 연구소 창립 발기인을 모으는 활동을 벌였다. 그 결과, 노조 간부, 전문의사, 활동가 등 158명이 발기인으로 참여했다.

이런 활동 과정에서 준비위원장을 맡은 이훈구는 새로운 영역인 노동안전보건운동에 관해 공부하기 시작했다. 정치조직운동과는 활동 범주와 내용이 다르므로 가능한 집중해서 빠른 속도로 배워야 했다. 새로운 공부가 몹시 힘들었지만, 초기 2~3년 열심히 공부했다.

형의 장점은 어쨌든 전국 판에서의 시야, 그리고 자기 운동의 경력과 또 친화성, 뭐 여러 가지가 있었고. 그런데 형이 초기에

---

31 앞의 자료, 27~28쪽.

공부를 많이 했어요. 아휴, 되게 힘들어 했어요. 노동안전보건이 알아야 하는 것이 너무 많은 영역이잖아요, 사실. (토론하고 이러려면 운동 경력만으로는 어렵지.) 그니까. 안 되는 거죠, 한계가 있지. 그래서 초기 2, 3년은 굉장히 공부를 열심히 했어요. 나름 뭐 여러 가지 찾아보고 물어보고.(김재광 구술)

한노보연은 2003년 10월 24일, 서울 용산 철도웨딩문화원에서 200명이 넘게 참여한 가운데 출범했다. 당시 노동운동의 분위기에 비해 꽤 많은 이들이 참여했다. 158명의 발기인이 나서고, 그중 60여 명이 한노보연의 창립 회원이 되었다. 창립 회원은 보건의료인과 노조활동가, 직업활동가 등 세 그룹이었다. 건강 문제를 다루는 보건의료 전문직뿐 아니라 준비위 때부터 같이 사업했던 풀무원, 대우조선, 두원정공 같은 사업장의 노조 간부들이 회원으로 참여했고, 운동을 직업으로 하는 사람들도 함께했다.

한노보연 회원들은 노동자들이 개인의 삶을 포기하지 않으면서 건강하게 일할 수 있도록 노동환경과 노동조건을 재구성해야 한다는 데 의견을 모았다. 이훈구는 당시 창립대회 분위기에 대해 준비위에서 활동해 왔던 이들은 마침내 한노보연을 창립한다는 것에 흥분했고, 다수 참여한 노조 간부들은 창립의 의미에 공감해 주고 지지를 보냈다고 기억한다.

우리랑 같이 사업했던 사업장의 노조활동가들이 왔어요. 철도회관에서 창립했는데, 그때 집회하면 많이 안 오던 때였는데도 200명 가까이 왔나? 많이 왔어요. 분위기는 주체들은 "드디어 우리가 뜬다" 이런 거고, 연구소랑 사업을 했던 노동조합의 현장활동가들은 "참 의미 있는 조직이 만들어지네, 잘됐으면 좋겠네" 그 정도이지 않았을까. 참석한 대부분 사람은 신망이 생긴 거잖아요. 연구소랑 일해 본 후 다른 데랑 일해 봤더니 완전히 다른 방식이었고. 자기들을 풍덩 빠뜨려서 계속 피드백하고. 외주화하면 "알아서 가지고 오세요" 이랬는데… 이런 것과 (연구소는) 다르니까, 창립대회에 온 사람들이 "의미 있고 중요하다", "잘됐으면 좋겠다" 뭐 그런 분위기, 손뼉을 좀 세게 쳤나.(이훈구 구술)

그러나 한노보연 창립에 대해 모두 지지하는 분위기만은 아니었다. 한노보연과 대립하던 노건연/원진의 반응도 그랬지만, 마창산추련 등도 한노보연의 등장을 경계했다고 한다.

창립에 대해 마창산추련이나 울산산추련은 문제 제기를 많이 했어요. 특히 OOO은 민의련 내에서 분리되어 나오는 것을 맘에 안 들어 했고, "연구소가 전국단위를 지향하면서 노힘과 같이 제패하려고 한다"라는 느낌으로 경계했어요. 경계가 심했던 것 같아요. 그런 것을 설득하거나 같이 좀 더 토론하지 못하고, 김현수 형의 밀어붙이는 스타일이 같이 겹치면서 많은 얘기를 못 한 상황이었어요. 물론 일이 너무 많아서 그런 것도 있지만, 우리가 공감을 많이 나누지 못하고 결성한 것도 좀 있죠.(이숙견 구술)

이훈구는 이런 지역단체의 경계하는 반응을 이해하면서도, 동시에 지역 산재 단체들의 지역에 대한 자기중심적 생각에 비판적이었다. 그는 지역 산재 단체들의 활동이 지역 차원에 머물러 있어 지역 패권적인 측면이 있고, 특히 총자본과 국가권력의 공세를 지역 차원에서 대응해서는 해결되지 않는다고 판단했다. 총자본과 국가의 전국적이고 전 산업적 공세에는 총노동의 시각으로 대응해야 한다는 것이었다.

> 그런 문제 인식과 해석과 현실적인 것이 있다고 봐요. 또 지역은 자기 것이라는 의식이 있는데 그건 자기도 그 지역에서 패권적이거든요. 그러면 전국주의와 지역주의가 붙는 거거든요. 그 패권성을 빼면 쟁점이 되는 건 "뭘 할 거냐?"의 대안 문제고 "어떤 범주에서 할 거냐?"는 문제지. "내 지역에서는 잘할 거예요" 그러면 "다른 지역은 어떡하냐?"는 거고. "경남에서 잘 싸워서 부산에서 근골 인정이 쫙 올라가지만, 인천에서는 쫙 내려가고 그러면 어떡할 거야?" 그런 큰 마인드 있잖아요. 큰 마인드는 "모든 노동자가 중심이어야 한다"라는 거죠. … 근골 투쟁의 핵심은 전국적인, 전 산업적인 총자본 입장에서 자본과 정권이 한 몸이 되어 덤비는데 그걸 지역에서, 단위사업장에서는 게임이 안 된다는 거지. 맞짱 뜨려면 우리도 전국적 차원에서 계획을 세워서 싸워야 한다는 거죠.(이훈구 구술)

또, 이훈구는 2015년 구술 작업에서 노동안전보건운동의 전국조직 건설에 대해 한노보연을 중심으로 건설하려는 것은 아니었다고 말했다. 그리고 그는 내셔널 센터 건설이라는 의제가 없어진 것도 아니라고 했다. 그는 각 단체가 의제 중심으로 네트워킹하며 경험을 만들어 가는 방식으로 발전해 갈 수 있다고 생각했다. 그러므로 그는 한노보연은 결성 이후 다른 단체들과 점진적인 소통을 하며 공감을 형성하기 위해 노력하면서 교류를 넓혀나갔다고 했다. 그는 이런 과정을 통해 전국조직 건설은 주체들의 경험과 문제의식이 절실하고 성숙하는 시점에서 형성될 것이라고 보았다.

그거는 설득하고 토론할 문제가 아니라, 연구소는 그런 현실에 대해 이해하고 점진적인 소통, 공감, 교류를 넓히고. 실제 그런 거 많이 했지. 우리가 매년 그 먼 지방까지 가서 기획교육을 몇 탕씩 하는 게 다 그런 이유 중의 하나야. 교안에 우리 얘기하면서 섞이고 하는 거지. … 마창산추련도 바뀌고 우리도 바뀌고 조직 중심주의적인 것이 아니라 네트워킹, 의제 중심, 경험 중심으로 진화해 갈 수 있는 여지가 있는데. 전국조직 건설이 "지금은 깨졌어요", "이제는 끝났어요"가 아니거든요. 그때 안 된 거예요. 지금 그 의제는 없어진 게 아니라 다른 형태로 있는 거예요. 왜냐하면, 사안별로야 다 하지. 필요하면 다 검토해서 동의해서 하는 거지. 그거야 기본이잖아. 아직 때가 아닌 거야. 주체들의 경험, 문제 인식, 필요, 영향력, 책임감, 전체적인 정세 속에서의 일점 돌파를 무엇으로 잡느냐. 다 다르거든. 이런 것들은 아직 끝난 게 아니지. 모든 노동자가 하려면 어떻게 해야 해? 내셔널 센터라는 게 한 단일조 직에서 수직적으로 쫙 만들어지는 게 아니고, 다양한 스펙트럼이 있을 수 있고. "맞아, 빼도 박도 못해" 이런 기세와 기운을 사람들과 만드는 게 중요하지.(이훈구 구술)

3. 한노보연의 활동 방향: 현장성·전문성·계급성

한노보연은 노동안전보건운동이 산업 또는 사업장에서 어떻게 산재를 추방할 것인가의 문제에 관해 기존 단체들과 방향을 달리했다. 한노보연은 노동자의 건강 실현의 방안 중 노동자의 건강권이 관건이고, 노동자가 스스로 노동을 통제하는 것이 가장 중요한 목표이며, 이를 위한 조직화를 노동안전보건운동의 주요한 과제로 보고 있었다.[32] 그 때문에 이훈구는 한노보연이 초기에 산업재해 관련 상담을 하지 않고 그 원인인 노동강도나 노동조건을 중심으로 관심을 집중했다고 기억한다.

저희는 산재 상담이 오면 다른 데를 소개해 주는 편이었어요. 일부러 "우리는 안 한다" 이렇게 명시적으로 하진 않았지만,

---

32 앞의 자료, 24쪽.

대체로 산재 인정보단 원인 주목을 훨씬 중시했어요. 노동강도, 노동조건. 근데 이제 이건 산재 당사자가 있으므로 구체적인 거리가 있고, 사실은 노동강도도 또 추상적이잖아요? "노동강도를 얼마나 낮출 거냐? 임금을 얼마나 더 받을 거냐?" 이것도 또 추상적인 거라. 그래서 처음에 신자유주의 얘기했을 때도 사람들이 "뭐야? 자본주의면 자본주의지, 신자유주의는" 이랬다가 나중엔 다 신자유주의를 말하듯이, 노동강도를 우리가 막 얘기했을 땐 "무슨 노동강도야? 산재 여부지" 이러다가 지금은 다 노동강도 얘길 해요.(이훈구 구술)

당시 민주노조에 참가한 노동자는 전체 노동자의 5%도 안 되었다. 그런데 안전 문제에 대해 그 5%의 노동자들은 "나만 아니면 돼"라는 인식이 여전히 강해서 "내가 당사자가 아니니까", "내가 안 다쳤다", "아직 일할 만하다" 등의 태도였다. 거기에 산업재해가 일어났을 때 결과를 중심으로 접근해서 당사자 문제로만 취급됐다. 이에 대해 한노보연은 산업재해의 원인으로 접근해 노동조건 전반의 문제로 연결할 수 있도록 하고, 그렇게 접근할 때만이 주체, 즉 연관성 있는 노동자들이 더 많아진다고 판단했다.

단위사업장의 노동조합 수준에서는 산재 문제를 보게 되는데, 전체 사회 구성원의 관점에서 조직된 노동자만이 아니라 조직되지 않은 사람들, 더 나아가 사회 구성원 전체를 포괄하지 않으면 산업재해 인정만 지키기도 사실 어렵죠. 그래서 경총이 계속 개별 사건으로의 산재를 공격해요, 이 권리를. 이게 당장 현안 권리니까 계속 공격하면 노동조건으로 못 가죠. 그리고 "산재라도 제대로 해야지" 이렇게 쏠리게 되는 거예요. 그러니깐 한노보연 초기에는 산재 상담을 안 했어요, 의도적으로. 결과에 대한 거를 상담하는 거기 때문에. … 우리는 산재 인정 투쟁이 아니고 보호 예방, 노동강도, 노동조건 전체로 확산해야 한다는 문제 인식이 되게 컸었죠.(이훈구 구술)

한노보연은 이러한 활동 방향을 응축해 "현장성·전문성·계급성"(삼성)으로 표현했다. 주체들 간에 계급성 관련해서는 이견이 없었다. 심지어 처지가 다른 단체들, 노건연/원진조차 계급성을 지향한다고 할 정도였다.『한노보연 창립 자료집』에선 '계급성'에 대해 "연구소가 다루는 작업장 모순의 내용을 바로 노동–자본 사이의 비타협적인 투쟁의 과제로 인식하는 것"(16쪽)이라고 명시했다.

그러나 초기에는 '현장성'에 대해 혼선이 있었다. 예를 들어 한노보연 초기부터 함께한 의료활동가 김정수처럼 현장성을 현장에 더 가깝게 가는 것 정도로 이해하기도 했다.(김정수 구술) 그러나 한노보연의 '현장성'은 현장 노동자 주체화의 문제였다. 이에 대해『한노보연 창립 자료집』은 "'현장성'은 작업장, 더 나아가 노동과정을 가장 중요한 연구와 조직, 투쟁의 대상으로 삼고자 하는 것이며, 이러한 관점은 바로 노동운동의 일상적 조직화 방향이 바로 기층 현장의 모순과 기층 현장의 주체화라는 과정을 중시한다는 것이

다. 즉, 현장성은 연구소 활동의 대상 및 조직화 경로를 표현하는 것"(17쪽)이라고 했다.

이와 연관하여 『한노보연 창립 자료집』에서 '전문성'은 쟁점의 영역으로 대리주의적인 전문주의를 지양하면서 '새로운 전문성'을 요구하고 있다면서, 현장을 주도하는 전문성, 노동운동의 과제를 담당하는 전문성이라고 제시했다. "전문성은 노동운동의 전략적 가치를 구체화하기 위한 노동운동 본연의 이념과 정책을 추구한다는 의미이다. … 실천적 이론을 추구하고 정책적 이데올로기적 연구와 나아가 현장에서 구체적으로 적용할 수 있는 방법론의 개발 및 적용에 대한 요구를 받아 안는 것"(17쪽)이 '새로운 전문성'이라는 것이다. 이는 곧 노동자들의 주체성과 계급성을 강화할 수 있는 전문성을 의미했다.

'현장성'하고 '전문성'에 대해서는 "우리가 지향하는 현장성과 전문성이 뭐냐?" 이런 부분에서 얘기들을 많이 하고, 고민을 많이 했던 것 같아요. '현장성' 같은 경우에는 현장 노동자들에게 일단 물리적으로 더 가까이 다가간다는 측면도 있었던 것 같고요. 그러니까 그냥 책상머리에서 고민하고 토론해서 뭔가 정책 제안하고, 뭐 제도 바꾸고 이러는 게 아니고 "뭔가를 변화시켜 내기 위해서는 현장의 노동자들이 직접 나서서 싸워야 한다", "주체가 돼야 한다" 그런 측면에서의 현장성. 저는 처음에 현장에 참여하고 이 정도 수준으로 이해를 했다가, 당시에 이훈구 선배라든가 선배들하고 그 부분을

토론하고 같이 경험하면서 그게 아니라는 걸 배우는 과정이
었죠.

(그게 다른 단체들하고 제일 큰 차이죠?) 그렇죠. 그리고 그거와 연
결되어 '전문성'이라고 하는 것도 전문주의적인 것을 배격하
는, 지양하는 전문성이라는 거고. 어쨌든 전문적인 것들이 현
장을 주체로 세우는 과정에서 계급적인 지향이라든가 현장
의 주체성이라든가 이런 것을 강화하는 데 도움이 되는 방향
의 전문성, 전문적인 역할이라는 개념이죠. 그 부분에 대해서
초창기에 토론도 많이 했어요.(김정수 구술)

이러한 '삼성'은 한노보연 활동의 기본적인 지향이었다.
초기 참여했던 활동가들과 회원들은 이를 동의하고 출발했
다. 그 내용의 이해 정도에서 나타나는 차이는 같이 실천하
고 토론하면서 좁혀졌고, 점차 활동가들이 체화해 갔다.(김
정수 구술)

4. 한노보연 결성 초기 상황: 소장과 사무처장의 도피

한노보연 준비위 때는 의료인인 김정수, 공유정옥, 김인
아 등이 노동안전보건운동에 입문하는 상태였고, 김형렬 등
이 직장에서 자리를 잡아가던 때라 활동할 사람이 없었다.
그런데도 한노보연 창립 때까지는 모두 열심히 활동했다.

초기 전체 기획과 역량 배치, 실질적 추진 등의 활동은 김현수가 중심이 되어 많은 역할을 했다.(이훈구 구술) 그런데 준비위 단계에서 열심히 참여했던 이들이 막상 한노보연 창립 이후 활동이 축소되는 상황이 벌어졌다. 이훈구는 그 답답함을 CUG(회원제 비공개 게시판)에 넋두리하기도 했다.

콩(공유정옥)도 총회 때 그런 얘길 했는데, CUG에 만연체. 술 먹고 새벽에 쓴 문제 제기, 넋두리, 이런 게 있어요. CUG에 이훈구 첫 글. 얘들이 창준위에 쫙 오다가 갑자기 없어진 거야, 실제 일할 사람은 없는데. 얘들은 입문 혹은 직장에서 자리를 잡아야 하는 시점이라 연구소에 별로 파이팅이 없는 거지. 그런 넋두리와 문제 제기였어요. "하려면 제대로 해라, 이거 왜 만들었냐?"부터 시작해서 그런 얘기를 주구장창 했죠.
그니까 노건단 때는 '쟤들이 이렇게 술을 먹고 어떻게 직장생활을 하지?' 할 정도로 술을 먹으면 새벽 4시 첫차 다닐 때까지 마시더라고. 그런 게 막 '활력이 있다'는 느낌이었어요. 그 다음에 술을 먹거나 토론할 때 자기를 실어서 한다는 느낌. 술을 먹을 때도 흔쾌히 마시는 거지, 싸울 때도 신나게 싸우고. 그러다가 내가 온 건데 10살 이상 차이 나고 주축 멤버들이 세대 차이, 경험 차이가 있는데도 특별히 부담스럽지 않았고. 나도 의사들 안 가리고 생각한 대로 다 얘기하고 그랬던 터라. 그래서 아마 연구소 초기에 집중하지 못하는 모습 보면서 실망했거나 화가 났거나 주사가 있었거나 그랬지 싶어요.(이훈구 구술)

연구소에서 훈구 형 인터뷰 남길 때(2021년) 같이 가서 들으면서, '그때가 훈구 형도 되게 힘든 시기였구나' 하고 느꼈어요. 훈구 형이 노힘에서 연구소로 왔을 때 뭔가 될 것 같아서 푸시도 많이 당하고 그렇게 막상 왔는데, 이 사람들이 의지는 엄청 많지만 현장 활동 경험은 없지. 그리고 자기를 부른 몇 명은 도망가 버리고, 훈구 형이 홀로 전체를 짊어져야 하는 상황이었어요. 저는 그땐 그것도 몰랐던 거죠. … 내가 힘든 상황을 훈구 형한테 말만 하던 때였으니간. … 훈구 형은 노힘의 활동가라는 이유로 현장의 구력이나 경험이 있다는 거로. (낯선 의사 집단하고?) 그들과 계속 힘겨루기도 해야 하고, 관장도 해야 하고, 견인도 해야 하는 거니까. 그런 점에서 훈구 형이 되게 힘들었을 거 같아요.(이숙견 구술)

거기에 한노보연은 2003년 출범과 동시에 조직 내적인 어려움을 겪었다. 2003년 열사 정국에서 열린 전국노동자대회의 폭력투쟁과 관련해 소장인 이훈구와 사무처장이 도피해서 한노보연 활동을 할 수 없었다. 이 일은 노힘 활동가로서 이훈구가 책임을 맡고 했던 일이라 한노보연에서는 알지 못하는 일이었다. 당시 한노보연 상근자들과 회원들은 연구소 내부에 지도력이 상실되면서 문제가 생긴 일로 이훈구를 비판하거나 책임을 물을 수 있는 상황이었다. 그러나 이들이 투쟁의 대의에 동의하고 있었기에 큰 문제가 생기지는 않았다. 오히려 도피 생활을 하는 이훈구에 대한 지지와 안쓰러운 마음을 보내기도 했다. 이런 상황에서 한노보연 활동가들은 세미나와 현장 프로젝트 등을 하면서 가능한 수준에서 조직을 꾸려 나갔다. 그러나 현장 회원 조직화 등 이훈구만이 할 수 있는 활동은 중단됐다. 당시 상황에 대해 이훈구는 다음과 같이 기억한다.

상근하던 나하고 사무처장 두 사람이 전국노동자대회 때의 집회에서 폭투와 연관이 되는 바람에 수배돼요. 사무처장은 확실히 수배됐고 나는 긴가민가했는데 나도 10개월인가 도망 다녔던 것 같아요. ⋯ 이건 연구소하고 내부 논의를 거친 건 아니죠. 노힘에서 하게 된 거죠. ⋯ 그러면서 연구소가 돌아가야 했잖아? 나는 정수를 연락책으로 썼어요. ⋯ 다른 사업이 거의 안 되고 내부 사업으로만 세미나를 한다든지, 콩이 맡았던 도시철도공사 공황장애라든지 김정연 동지가 했던 철도 교대제라든지 이런 건 일이 돌아갔고. 나는 도망을 다니면서 정수를 분기에 한 번 정도 봤나. ⋯ 10개월 도망 다니면서 조직화 사업이 없었죠. 내가 움직여야 현장 회원도 조직할 텐데 도망 다니니까 그런 걸 할 수 없었지. (과정에서 갈등은 없었어요? 왜 소장인데 그런 역할을 했냐는 등.) 이게 제가 알기로 거리에서의 마지막 폭투예요. ⋯ 연구소 회원들도 "IMF 직후에 (운동이) 비리비리한데 그래도 우리 소장이, 우리랑 얘기한 건 아니지만, 의미 있는 싸움이다"는 반응이었죠. 갈등도 없었어요. 지지와 안쓰러움, 아쉬움, 그런 거였죠.(이훈구 구술)

10개월의 도피 생활을 정리하고 이훈구는 활동에 복귀했다. 이 시기에는 김인아, 김정수, 공유정옥 등이 활동했다. 다른 전공의들은 학교에 매였는데, 이들은 사정이 허락되어 한노보연 활동을 하며 전공의 시절을 보냈다. 이 과정에서 이들도 노동현장에 처음 가보는 등 현장 활동도 시작했다. 이훈구는 의사들보다 현장의 노동조건, 노동과정에 대한 관점과 지식이 훨씬 전문적이었기 때문에 이들을 가르쳤다. 이들은 자신들이 갖고 있던 노동에 대한 감수성을 바탕으로 이훈구의 경험과 문제의식을 흡수했다.(이훈구 구술)

이훈구는 한노보연 초기에 의료인 활동가들과 함께 활동하면서 항상 소통하려 했기 때문에 큰 갈등은 없었다고 했다. 그렇지만 존재 차이에 대한 부담은 있었다. 이훈구가 활동을 정리하고 갈 곳이 없었다면, 의료인들은 활동을 정리해도 의사로 돌아갈 수 있다는 것이다. 그는 의료활동가들이 돌아갈 곳이 있으므로 더 적극적이고 능동적으로 활동에 적응하기 위한 변화를 시도하지 않았다고 생각했다. 또 그는 이들이 한노보연에서 지향하는 계급성, 전문성, 현장성을 머리로는 동의했으나 일부는 실제 활동 과정에서 부담을 느꼈을 거라고 보았다.

다른 상임활동가들은 두 개 다 부족한 거잖아요. 하나는 현장에 대한, 노동에 대한 감수성, 경험도 없고. 또 노동안전보건도 잘 모르고. 그래 약간 역량 강화 교육을 하고. … 그렇지만 부담이 있죠. 저긴 의사고 난 아니고. 그런 갈등. 그러나 막 심각해져 본 적은 없어요. 내가 봤을 땐 초기 상임활동가들은 저하고 늘 같이하고, 문제가 있으면 상호 소통할 수 있었으니까. 그렇지만 다른 건 있었겠지. 따로 할 수 있는 일이 있는 사람하고, 딴 걸 할 수 없는 사람과는 다르죠. 그들은 활동을 때려치워도 의사를 할 수 있잖아요. 그건 엄청난 큰 차이죠, 돌아갈 데가 있다는 건. 그런 점 때문에 안 맞으면 변화라든지 능동적 참여가 안 되고. 그리고 처음엔 계급성, 현장성, 이러니까 "와 괜찮다" 공감했는데, 나중에 보니 "과한 것 같다, 격하다"며 부담이 있을 수 있겠고. 사람마다 다양했겠죠.(이훈구 구술)

2절
한노보연 운영과 문제의식

1. 2004년 '교대제' 현장세미나와 현장 프로젝트 사고

한노보연 결성 직후 소장인 이훈구와 사무처장이 10여 개월 동안 전국노동자대회의 폭력시위 사건 관련해서 자리를 비웠지만, 한노보연은 2004년에 교대제 현장세미나를 진행했다. 교대제 현장세미나를 시작하게 된 계기는 궤도노동자들의 교대근무 현장연구사업이었다. 이 세미나의 목적은 노동과정, 노동조건, 비정규직, 교대제, 노동시간 등의 노동환경과 건강과의 관련성을 살펴보고, 전체 노동운동과의 관련성 속에서 문제의 해답을 찾아 나가려는 것이었다.[33] 그 때문에 세미나에 현장 노동자들을 참여하게 했으나 철도노조에서 두 명, 궤도에서 두 명이 참여하는 데 그쳤다. 한노보연에서는 공유정옥과 김정연이 중심 역할을 했고 김소진, 손미아 등이 참여했다.(이훈구 구술) 이후 이 사업을 바탕으로 "밤에는 자자"는 슬로건이 만들어졌고, 3무(임금 삭감 없는, 노동시간 연장 없는, 노동강도 강화 없는)를 전제로 근무 형태가 개선되어야 한다는 것, 자동차산업의 주간연속 2교대를 제기할 수 있었다. 이 세미나의 결과물은 단행본으로 출판되었다.

> 세미나의 직접적인 계기가 되었던 건 궤도노동자들의 교대근무, 교번제부터 교대근무 형태가 너무 다양하잖아요? … 그래 궤도로부터 시작했지만… 자동차, 발전이나 철강, 이런 쪽의 교대 패턴들도 보게 되고, 유럽 상황도 보니까 교대제 근무 형태 변경이라는 게 노사 간의 협의와 합의에 따라서 되더라고. 우리는 그런 것들을 보면서, 소위 "3무', 즉, 임금 삭감 없는, 노동시간 연장 없는, 노동강도 강화 없는 것을 전제로 해서 근무 형태 개선이 되어야 한다"고 얘기했죠. "밤에는 자자"는 슬로건을 만들게 되고, "공공 쪽 병원이나 공공노동의 불가피한 경우에는 돌아가면서 8시간 일하면 4시간은 자고 4시간 일하게, 인력 충원을 통해서 하자" 이런 것들을 세

---

33   『2004년 한노보연 수련회 자료집』, 25쪽.

미나를 통해서 만들어 냈고. 이것이 기반이 되어 현대자동차의 주간연속 2교대제 프로젝트의 대안, 노동자의 요구안을 만들었고요. 궤도 쪽 도시철도는 교번제에서 인력 충원 문제라든지 전체 승무 시간의 문제에 대한 개선을 제안했고, 철도 쪽은 교번 자체를 정리하는 계기가 된 것 같아요.(이훈구 구술)

2004년 하반기 들어 도피 상태의 소장과 사무처장이 복귀했다. 당시 한노보연은 울산 현대자동차 프로젝트(심야노동, 노동강도)를 시작했는데, 소장 이훈구, 공유정옥, 이숙견이 참여했다. 그 과정에 이훈구는 거의 울산에 가서 살았다. 다른 프로젝트인 경기도 사업장 세 곳의 연구는 사무처장과 김인아, 김정수가 담당했다. 그런데 사무처장이 개인 문제로 사업 진행을 제대로 하지 않은 채 연락이 끊기면서 이 프로젝트 진행이 중단됐다. 그 결과 경기 안산지역에서는 한노보연에 대한 비판적 시각이 형성되었고, 사업 관계도 단절되었다. 한노보연이 그동안 경기지역에 형성해 오던 활동 거점이 유실된 것이다.

(현대차) 프로젝트는 큰 건이야. … 이게 캐면 고구마 줄기 캐듯이 막 나올 수 있는 프로젝트야. 잘만 되면 의미도 되게 있고. 노동강도, 심야노동 문제, 이 두 가지 했는데 … 나, 정옥이, 숙견이하고. 내가 울산 가서 살기 시작했고. … 수도권은 조직 규모가 작은 거라 사무처장이 우창전기, 삼남전자, 또 안산의 3개 사업장을 맡아서 진행해요. … 그래 정수나 인아

가 백업해 주고. 근데 사무처장이 교육하고 설문도 했는데 설
문 코딩이랑 분석이 안 나오는 거야. 사무처장이 잠적한 거
야. 그래서 3개 사업장 프로젝트를 완전히 말아먹었지. 아픈
기억이지. … 담당자가 무책임하게… 현장 작업을 하다 사
고가 난 거잖아요. 그때 이 친구가 개인 문제가 있으면서 아
예 전화를 안 받는 거야. 현장에서는 계속 "어떻게 된 거냐?",
"설문 가져갔는데, 언제 설명해 줄 거냐?"하고, 서울은 완전
히 뒤집혀서. 그러면서 사무처장은 문제 제기를 받고 그만두
고. 삼남, 우창 현장을 말아먹었지. 단절. 어떻게 사과할 수도
없고. … 연구소가 소문이 나서 안산지역에선 안 불렀어요.
찍힌 거죠.(이훈구 구술)

사진7-2. 집회에서 쟁반 선전전 중인 이훈구.

2. 2005년 한노보연 운영 체계의 정비

1) 집단지도 체계로의 운영 체계 전환

2004년의 어려움을 겪은 한노보연은 2005년 들어 새롭게 운영 체계를 구성했다. 한노보연은 사무처 산하에 '실'을 구성했는데 연구기획실, 편집실, 교육실 등이었다. 그러나 사무처장에게 권한과 책임이 지나치게 집중되었다는 문제의식과 상근자에게도 실질적 권한을 주어야 한다는 이유로 운영위원회와 집행위원회를 구성해 권한과 책임을 나누고, 집단지도 체계를 형성하기로 했다. 이에 대해 이훈구는 다음과 같이 말한다.

> 그전에는 연구기획실, 이런 '실' 단위였어요. 한해 넘어가면서 위원회로 갔다가 실이 초기에는 사무처 중심이었어요. 사무처장이 있는데 책임이나 권한이 과잉이라 '이러면 안 되겠다' 한 거죠. 사무처장이 사고를 냈잖아요? 경기 남부에서 현장 사업하다가 말아먹고 잠수타고 했잖아요. 그니까 사무처에 대한 문제 제기가 세게 있었던 거예요. 상근자가 실제로 역할을 해야 하고, 중요한 의사 결정도 해야 하고, 운영위원회 조직에 전체 보고도 해야 하고, 상황에 대한 것도 해야 하니까 이게 제일 중요한 거고. 그래서 "안 되겠다. 집단지도 체계를 만들자", "운영위원회에서 자리를 주자, 역할을 주게 하고 운영위와 집행위를 꾸려서 권력을 나누고, 책임을 주고 그 구조 내에서 상호 힘이 될 수 있도록 하자"는 것이 집행위-운

영위 체계죠.(이훈구 구술)

이어서 교육위원회와 편집위원회를 선전위원회로 통합해 회지인 『일터』의 내용 수준을 높이려고 했다. 연구기획위원 회는 한노보연의 '연구'가 학술적인 것이 아닌 현장 연구로 기획되어 진행되는 만큼 위상을 기획위원회로 바꿨다. 그리 고 새로이 조직위원회를 만들었다. 2003년 말에서 2004년 중 반까지 소장인 이훈구가 도피 중이어서 현장 조직화가 지체 된 것도 있고, 부소장들의 현장 조직화 역할이 느슨해지면서 현장과의 관계가 멀어지고 있었다. 이에 현장과의 거리를 좁 히기 위해, 현장 조직화를 위한 조직위원회를 만들고, 그 산 하에 특별위원회를 설치했다. 이훈구가 담당자였다.

사진7-3. 2006년 전국노동자 대회에서 『일터』 홍보 중인 이 훈구.

그러나 이 활동은 제대로 성과를 내지는 못했다. 그 이유에 대해 이훈구는 우선 자신의 조직화 역량을 문제로 보았고, 다른 이유로는 각 지역에 소수의 활동가가 분산적인 형태로 있기 때문이라고 진단했다. 이들은 집중되는 지역의 요구를 수용하면서 그 활동 역량을 지역 중심으로 만들지 못하는 상황이었다.

부소장들의 역할이 애매하면서 현장 쪽이 자꾸 느슨해지는 거야. 또 제가 도망 다니면서 공백기가 생겼잖아요? 그래서 현장이 점점 더 멀어지는 거야. 그래 현장을 당기려고 조직위원회를 만들었고, '노동강도 저하 특별위원회'를 만들자고 했어요. 현장위원회, 이런 것에 대한 논의가 이때부터 시작된 거예요.

그런데 제대로 된 적이 한 번도 없죠. 왜 그랬을까 생각해 보면 내가 약간 조직화 능력이 떨어지는 게 아닌가 하는 생각이 들고. 그다음에 너무 사람들이 지역에 퍼져 있는 거예요. 대전에 한 명, 인천에 한 명, 안성에 한 명, 춘천에 한 명. 사람이 없는 건 아니야. 이들이 자기 바닥에서는 잘해. 잘하니까 이들은 자기 업무 때문에 정신이 없어. 그러니까 이쪽에서 콜을 해도 "이훈구 동지, 좋네요" 이러고 "잘하시겠지, 뭐" 다 모르는 체하는 거야. 이런 게 반복되는 거였어. 그런 사람들이 안 담아지니까 조직화가 안 되는 거죠.(이훈구 구술)

한노보연에서 현장 조직화에 대한 역할은 주로 이훈구에

게 쏠려 있었다. 그가 오랜 활동 경험을 바탕으로 전국에 걸쳐 다양한 인간관계가 있고, 현장 문제를 이해하면서 노동자들과 같이 활동을 만들 수 있기 때문이었다. 이에 이훈구는 조직위원회, 현장위원회를 만들어서 현장 관계를 넓히려고 했지만, 한노보연 내부에서 같이 조직 활동을 할 수 있는 사람이 없었다. 이에 대해 이훈구는 한노보연 내부에 사람을 배치해 조직화 훈련을 적극적으로 해야 했는데 그러지 못한 것을 문제로 보았다.

조직을 새로 못한 내 책임도 있고. 현장이 나한테 쏠림이 있는 거야. 다른 사람은 없는 거야. 다 배워야 하고. (아이구(이훈구의 닉네임) 있을 때만 현장 조직화 시도가 되는 거잖아요.) 그런 단절. 내가 현장위원회, 조직위원회, 그러면 내부에도 배치나 훈련이나 적극적으로 해야 하는데, 그런 것이 이어지지 않은 측면이 있고. 현장활동가들을 좀 더 당겨내야 했죠. 비전도 나중엔 냈지만, "공장 안에 있으면 안 된다, 다 망한다, 지역으로 나와라, 공식적으로 지부장이든 부지부장이든 걸맞은 일이 천지고, 일이 없어서 못 하는 것은 아니다, 일하는 방식도 바꿔야 한다"는 얘기도 많이 했지.(이훈구 구술)

2) 2005년 '상근자 파동'과 연구소 재정 문제

한편, 2005년 현장연구사업은 전년도와 비교해 축소되었다. 특히 근골격계 사업이 제도화되면서 현장 프로젝트가 줄어들었다. 이에 따라 재정에 문제가 생겼다. 한노보연은 결성한 지 얼마 되지 않은 시기였기에 안정적인 재정 구조를 확보하지 못한 상태였다. 회원들은 재정 문제 해소를 위해 회비 인상을 결의하여 한노보연의 기본적인 운영에 기여했다. 그러나 상근자들의 상근비를 감당하기에는 부족했다.

이런 와중에 '상근자 파동'이 일어났다. 총회를 앞두고 상근자 3인이 "상근비 10% 인상"을 요구했다. 소장이나 사무처장 등과 사전에 논의도 하지 않았다. 한노보연 결성 전부터 활동했던 회원들은 이런 상근자들의 태도에 문제를 느꼈다. 이훈구가 하이텍알씨디 투쟁에 결합했다가 연구소에 복귀한 직후의 일이었다.

3인 상근자들이 "10만 원인가 올려야 한다"고 하고, 나하고 대부분은 "예산에 맞춰서 받을 수밖에 없다"라고. 그런 와중에 논의가 감정적으로 흘렀죠. 단어를 놓고 상근자들은 "상근인데 임금 아니냐?"는 문제를 제기했고 연구소는 "임금 준 적 한 번도 없다, 활동비지" 이렇게 붙으니까. "저런 애들은 원래 그랬어, 괜히 뽑았어!" 이런 것부터 시작해서 나나 사무처장이나 집행위원장한테 얘기하지 않고 자기들끼리 터뜨린 것에 대한 불신, 아쉬움도 있었고. 당시 CUG에 한 운영위원이 "난 너희들이 없어도 하나도 안 불편해!"라고 쓰고. "이들이 연구소 활동과 연구소 역할에 대해 제대로 인식하도록 하는 게 먼저다"고 하고.

2006년 초반에 이 친구들 세 명이 집단으로 나가죠. 노안 활동을 여기 와서 처음 한 친구들인데, 이쪽은 완전히 케케묵고 구력 있는 친구들이었으니까. 갈등이 확 되었다기보다 눌리고 제압당하고 그러니까 이 친구들은 더 힘들었을 거고 상처 많이 받았겠고. 그 행태들을 보면서 우리 내부에서도 "저건 너무 한 거 아니냐, 2~3년 같이 고생했는데 어떻게 저런 식으로 막 처바르냐?" 이런 상처도 있었고.

긍정적인 건 아마 "활동비는 얼마나 줘야 하나", "애초에 상임 활동가들이 먹고살게는 해 줘야지" 그런 얘기의 시발점이 되었던 건 아닐까. 늘 얘기 나오는 "마창산추련은 퇴직금도 있는데, 우리는 없다" 뭐, 그런 얘기들이 오갔고….(이훈구 구술)

그러나 상근자들의 문제는 임금 인상에만 있지 않았다. 그 전에 이미 상근자들 간 관계에 균열이 가고 있었다. 임금 인상을 요구했던 상근자들이 맡은 일은 '해치우고' 비용을 지불하는 아르바이트에 전념하거나, 상근자로서 공동으로 지켜야 하는 출근 시간, 청소 시간 등의 약속을 지키지 않았다. 이런 문제들이 쌓이면서 임금 인상을 요구한 상근자 3인과 다른 상근자 간에 간극이 더 벌어져 같이 활동하기 어려운 상황이었다.

결국, 3인의 상근자는 2006년 초 한노보연을 나갔고, 재정 문제는 상근비를 100만 원에서 80만 원으로 줄여 운영하는 것으로 정리되었다. 이 상황에 대해 당시 상근 활동을 했던 공유정옥은 다음과 같이 기억하고 있다.

하나는 단식하고 있지, 하나는 울산 다니면서 지가 제일 힘든 것처럼 굴고 있지, 하나는 임신했다고 떠났지. 그럼 나머지 상근자 세 명이 연구소 일들을 다 해야 하니 힘들었겠죠. 그래서 다른 세 사람을 미워하기 시작한 거 같아요. … 대화가 약간 단절이 되고 이 친구들이 약속을 어기기 시작해요. "사무실 청소하자", "10시에 오자" 아무도 안 와요. 나는 빈 사무실에 앉아서 기다리고. 계속 이런 식으로 되고. 서로 약간 다른 단체 사람 대하듯 인사하게 되고. … 이제 눈빛이 느껴지는 거죠.

2005년 말쯤 '조직이 깨질 것 같다' 그러니까 상근자들 안에서 바스락바스락하는 거예요. 설문지 입력하면 한 부에 500원 지급으로 책정을 해놨었거든요. … 상근자가 다른 일을 해야 하는데 "내가 500부 할게" 이러면서 그걸 하는 거예요. 그걸 다른 사람에게 아르바이트로 돌려서 했던 건데. '와, 쟤는 여기서 상임활동가로 할 일은 후딱 해치우고 설문 입력하느라 바쁘구나' 그러니까 이제 분노? 같은 것도 좀 생기고. 어느 날, '나 여기서 더 이상 일 못 하겠어' 이런 마음이 들고, 훈구 형도 결은 좀 다르지만 비슷한 얘기를 좀 했어요. 그니까 하이텍 단식하면서 계속 … 느끼고 본 거죠.

2005년 하반기가 정말 지옥 같았어요. 지옥 같은데, 재정난이 온 거예요. (구체적으로?) 그때 상근자가 서울 6명, 부산 1명인데 상근비를 줄 수 없는 상태가 된 거예요. 그래서 수입을 늘리든지, 상근자를 줄이든지, 상근비를 100만 원에서 깎든지. … 근데 얘들 3인 상근자는 10% 임금 인상을 요구했고…. 그때 훈구 형은 "이 친구들이 남처럼 구는 태도, 월급 받아가

는 것처럼 하는데 상근비를 보전하기 위해서 수입을 더 내거
나 회비를 더 쥐어짜는 건, 나는 못 하겠어, 나는 하고 싶지 않
아" 그랬어요.

근데 그 와중에 그 상근자들 안에서 "노동조합을 만들자"는
얘기도 나왔어요. 훈구 형이 엄청나게 실망하고, 나중에 술 마
시면서 이 친구들한테 "어떻게 그럴 수가 있냐?"고 막 얘기하
고. "운영집행위원으로서 다 같이 이름을 올려놓은 사람인데,
그런데 이 친구들이 '너희가 나가서 뭘 해와'는 식으로 나를 보
는 거구나" 막 속상해했고. 그러다 총회 때, 이 예산안을 놓고
얘기하는 와중에 상임활동가들이 다 나가겠다고 선포해요. …
저는 그때 일로 3~4년 동안 우울했거든요.(공유정옥 구술)

3) 한노보연 상근자들의 일상 활동

상근자들은 매년 총회에서 결정된 집중사업을 수행하고,
이미 진행 중인 사업, 각종 회의 준비 및 참여, 그리고 각자
가 참여하는 사업단위 활동 등을 한다. 거기에 매년 주무 작
업이 결정되면, 상근자 간 일 배치를 통해 그 사업을 진행하
기도 한다.

우리가 매년 총회 때마다 집중사업 같은 걸 정해요. 그다음
에 기왕 하던 사업들이 있고요. 그리고 우리는 총회가 있고,
운영집행위원회가 월 1회 회의를 한 번씩 해요. 운영집행위
원회는 임원급, 소장, 집행위원장, 감사, 선전위원장, 지역연
구소 소장까지. 거기다가 총회에서 추천으로 운영집행위원

을 선출해요. 상임활동가들은 다 당연직이에요. 규정에는 없는데 그게 관행이 돼버려서. 그러고 주 단위 상임회의를 하고, 격주 단위 안전보건 동향 작업을 상임회의하면서 같이 하고. 사업단위 활동들이 있죠. 예로 지역안전건강센터 하는 성원들이 있고, 노동시간센터 하는 성원들도 있고. 이런 사업이 구체화하면 그 팀별로 가동돼요. 그럼 상임활동가들은 이 집중사업이랑 기왕의 사업이랑 하면서, 역할 분담을 매해 한 번씩 해요. 주무 작업을 하죠. 뭐 "올해는 세월호 투쟁 관련해서 존엄과 안전위원회에 더 집중해야 한다" 그러면 여기에 우리 상근자를 배치해요.(이훈구 구술)

예를 들어 2015년 인터뷰에 따르면 상임활동가 이훈구는 2014년 동희오토 황재민 뇌혈관질환 산재 인정 투쟁에 결합한 것을 계기로 2015년에는 충청지역에 거점을 만들기 위한 사업을 추진한다. 그리고 근골격계 사업으로 3년마다 하는 유해요인조사 사업을 주무하고, 경기지역과 충청지역에 기획 강좌를 정착시키는 것, 그밖에 노동시간센터나 안전건강센터 활동 등을 담당하고 있었다.

제가 예컨대 충남 거점을 만들려고 하고 있으니까 … 예를 들면, 두원정공은 특수한 상황이라고 자꾸 그러는 거예요. "갑을도 약간 특수하다" 어쩌고 하니깐. "그렇지 않다, 가능하다" 그래서 동희오토 사내하청이랑 2014년 7월 하반기부터 결합해서 황재민 씨 뇌혈관질환 산재 불승인된 걸 뒤집고 다시 심사하게 해서 산재 승인이 됐어요. 그래서 이걸 가지고 동희오토 전체 흔들기를 3년 정도 기획으로 하고 있거든요. 그리고 내년이(2016년) 근골격계 유해요인조사 3년마다 해야 하는 시기예요. 그래서 요거를 주무하는 거랑 그다음에 경기 지역이랑 충남지역에 노동자를 대상으로 한 노동안전보건 기획교육이 될 수도 있고, 뭐 환경, 언론 이런 거하고 전체를 조인할 수도 있고 이런 식으로 기획 강좌를 정착시켜보는 거랑. 그담에 올해 병원 안전건강센터 하는 거니까 시간센터도 지금 금속노조랑 자동차 부품사들 실태조사랑 대안 만드는 프로젝트를 하고 있거든요. 그거 보고서 중에 맡은 거 하기. 다른 사람들도 이렇게 일이 있는 거죠.(이훈구 구술)

3. 2006년 '4대 실천 의제' 설정과 노동자계급 주체 형성의 문제

2005년 말 '상근자 파동'을 겪은 뒤 한노보연 상근자는 이훈구, 공유정옥, 이숙견이었다. 7명의 상근자 중 4명이 빠져 나갔지만, 남은 상근자들은 무리하지 않도록 일은 줄이고 비상근 회원들이 조금 더 역할을 하는 식으로 상황을 정리해 갔다. 회원들은 자신들이 할 수 있는 일을 시도했다. 특히 부산의 강동묵, 인천의 김인아 등 몇몇 회원은 한노보연을 알리기 위해 라디오 방송에 출연하기도 했다.

이 시기에 무엇보다 중요한 활동은 연구소의 활동 방향을 재정리하며 '4대 실천 의제'를 확립한 것이다. 이는 그동안 한노보연의 활동 성과를 바탕으로 자본의 이윤에 빼앗겨 온 노동자의 몸과 삶을 되찾기 위한 것이고, 당시 상황을 돌파하기 위한 시도였다. 당시 노동안전보건운동은 근골격계 직업병 투쟁 이후 이윤에 맞서는 명확한 의제와 이를 바탕으로 한 대중행동을 조직하지 못하고 있었다. 오히려 이를 차단하기 위한 자본의 탄압과 포섭이 힘을 발휘했다. 이러한 정세를 뚫어내는 것이 절실했다. 이런 점에서 '4대 실천 의제'는 "죽지 않고, 다치지 않고, 병들지 않고 일하고 싶다"에서 "이윤보다 노동자의 몸과 삶이 중요하다"라는 문제의식으로 일보 나아가 자본에 빼앗긴 현장과 노동자의 몸과 삶, 이데올로기를 되찾기 위한 노력이었다. 이 의제는 현재에도 진행형이고 여전히 중요하다.

한노보연은 이를 매개로 현장 일상 활동 강화, 지역 공동 실천 및 전국적 투쟁의 주체와 대중 직접 행동의 전형을 만드는 것을 목표로 하였다. 이에 '명확한 실천 의제와 조직, 대중 활동의 확대 강화, 조직 활동으로의 단련'이라는 세 가지 사업 방향을 설정했다. 조직 체계에도 사업 방향을 반영하여 중장기적으로 '4대 실천 의제'를 중심으로 한 반(反)자본 대중 직접 행동을 기획하고 실천하기 위한 '노동강도 저하 특별위원회'(이하 '특위')를 설치했다. 특위의 총괄 책임자는 이훈구였다. 특위 설치는 노동강도를 중심으로 한 사업의 집중이라는 측면에서는 긍정적 시도였다.

'4대 실천 의제'의 첫 번째 의제인 '교대제로부터 생명 지키기'는 "밤에 자자"라는 구호로 표현된 심야노동 철폐였고, 두 번째 '숨 돌리면서 일하기'는 "쉬엄쉬엄 일하자"로 휴식 시간 확대이며, 세 번째는 '유해요인에서 벗어나기-이를 위한 작업중지권 복원'이었고, 네 번째는 '제대로 치료받기-근로복지공단 3대 독소규정 폐기'였다. 이에 대해 이훈구는 다음과 같이 말한다.

우리가 2006년도 '4대 실천 의제'를 만들었어요. 첫째는 "밤엔 자자"- 교대제로부터 생명 지키기. 두 번째는 "쉬엄쉬엄 일하자"- 숨 돌리면서 일하기, 이게 노동강도 얘기예요. 일에 매이는 게 아니라 "내가 쉬엄쉬엄 일해야 안 피곤하고, 안 망가지고, 정년을 맞이하고 나서도 젊었을 때의 체력과 건강을 유지할 수 있을 정도의 노동강도여야 된다"라는 거죠. 그니깐, 상상하기 어려운 정도의 노동강도예요. 놀듯이 일해야 한다니까 나라가 망한다고 생각하죠. 실제 안 망하는데. 꼭 자본과 정부에게만 얘기하는 게 아니라, 노동자 내부에 시비를 걸려고 하는 거죠.
내부에 이걸 얘기해서 "왜곡된, 고용과 임금, 물량, 이런 거로 물신화된 거를 넘을 수 있는 관계, 필요를 찾자" 이런 시비 걸기를 한 거예요. 그러면서 사회적으로도 문제를 제기한 거죠. "심야노동 철폐, 노동강도 저하"였는데, 이걸 조금 더 풀어서 설명한 거예요. 이게 다 절박해요. 밤에도 자지 못하고 일하고, 이런 독소조항 때문에 일하다가 아프고 병들고 죽으면 제대로 치료받지도 못할 수 있다는 거죠. 그래서 찾아와야겠다는 거예요. 세 번째가 유해요인에서 벗어나기. 작업중지권이라는 게 있어요. "위험하면 일을 하지 말아야 한다, 일이 만세가 아니라 사람이 중요하다"라는 측면에서.

그리고 근로복지공단 독소규정이 있어요. 예를 들면 "요양관리는 어떻게 해야 한다, 산재 승인은 어떻게 해야 한다, 집단 민원은 어떻게 대응해야 한다"는. 임의적인 규정이죠. 그걸 폐기해야 한다는 거고. 그래야 네 번째 '제대로 치료받기'가 되고. 그니깐 이런 과정에서 실제로 노동의 주체로, 죽은 노동이 아니라 산 노동으로 갈 수 있는 중요한 의제라는 거였고. 노동과정에서 다치고, 병들고, 아플 수 있으므로 권리를 막는 실질적인 독소조항 같은 거를 폐기해야 한다고 잡은 거죠.(이훈구 구술)

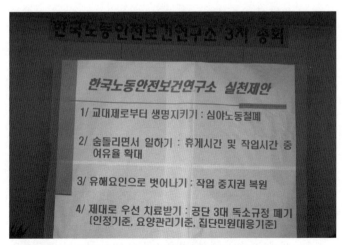

사진7-4. 2006년 1월 21일 한노보연 3차 총회에서 다뤄진 4대 실천 제안.

이런 의제를 현장에 실천한 상황을 보면, '교대제로부터 생명 지키기'는 주간연속 2교대 관련해 현대자동차, 유성기업에서 시도했고, '심야노동'은 금속노조와 같이 연구한 연구보고서를 내고 토론회를 했다. '노동강도, 휴게시간 확대'는 현대자동차에서 노동강도 평가 사업을 하면서 한노보연이 획기적인 안을 냈다. 즉, '여유율'을 기준으로 노동자들이 아프지 않으려면 현재 일하는 것의 2분의 1만 해야 한다는 것이다. 이런 내용으로 현대자동차 노동조합과 회사 측을 불러 설명회를 했다. 그러나 둘 다 반응은 "지금도 노는데 60~70%만 일하면 어떡해요? 현장 가보셨잖아? 골방이나 휴게실에 들어가 다 자고 있어요" 이런 반응이었다. 또, '작업중지권'은 금속노조에서 제일 반대했다. 그나마 '4대 실천 의제' 중에 '제대로 우선 치료받기'는 보건의료노조의 경우 같이 해보려고 했었다.(이훈구 구술)

이런 현장의 반응에도 이훈구는 '4대 실천 의제'의 설정과 그에 따른 활동이 첫 번째로 이윤을 절대 선으로 삼는 자본과 맞서기 또는 맞설 이유 찾기, 두 번째는 주체들이 자기 삶과 노동을 꼼꼼하게 들여다보기, 세 번째는 나만이 아니라 우리 공동체라는 틀에서 보기, 네 번째는 행동으로 이어질 가능성이 있다는 데 그 의미가 있다고 말했다.

이런 활동들을 계속해오는 중이었는데, 큰 틀에서 의제의 유의미성이 있었어요. 첫 번째는 절대화된 자본, 이윤을 절대 선으로 삼는 것과 맞서기라는 측면. "이건 문제다, 폐기해야 한다"가 아니라 폐기하는 이유가 뭔지를 찾는 것, 맞설 이유. 이런 의제가 있다는 거죠. 불가피한 노동이 아니면, 사회적으로 꼭 있어야 하는 공공노동 아니면 "밤에는 이윤 생산성을 위해 심야노동하면 안 된다"고 법으로는 돼 있어요. 근데 심야노동을 다 한다는 거예요. 이거는 우리는 금속노동자를 중심으로 쭉 했었던 건데, '조직노동자의 완고함, 잃어버릴 게 많아졌고, 왜곡 당한 틀에서 이 사람들이 스스로 이걸 뒤집을 수 있을까?' 이런 고민이 있는 거죠. 그래서 맞설 이유를 찾는 거라는 점이 있고.

두 번째는 주체들이 있어야 해. 노동이나 삶을 꼼꼼히 들여다봐야 하는 문제. 그냥 스쳐 지나가는 게 아니라 "내가 어떤 노동을 했지? 어떻게 살고 있지?" 예를 들면 여유롭고 행복하게 살려고 노동을 하는데 여유가 없어, 너무 장시간 노동을 하는 바람에. 이런 주체들의 삶을 들여다보기, 소위 마르크스적으로 얘기하면 "주시하고 주목하는 것" 그래야 이 필요가 연결되죠. 세 번째는 나만이 아니라 우리라고 하는 공동체, 더 많은 사람, 더 열악한 사람들의 문제를 포괄할 수 있고, 할 수 있다는 점에 있어요. 마지막으로 이게 액션, 행동으로 이어질 가능성이 있다는 점에서 의제로서의 유의미성이 있는 거예요.(이훈구 구술)

이훈구는 '4대 실천 의제'를 제시한 현실적인 이유가 노동자들이 처한 상황 때문이라고 했다. 그는 노동자들 사이에 전문가주의가 형성되어 '대행의 구도', '대리의 구도'가 만들어져 있다고 판단했다. 또, 부문주의가 형성되면서 관계의 단절 문제가 생기고, 조합원들은 자신의 문제인데도 타인의 문제처럼 인식하며, 조합주의에 의해 조합원들이 대상화되고 있다고 보았다. 그는 이런 현상이 '노동운동 위기의 본질'이라고 했다.

주체는 계속 뭐랄까? 전문가주의, 부문주의, 또 조합주의. 전문적인 요소가 필요하죠. 근데 사실은 노동하고 사는 사람들이 들여다볼 때 자기를 제일 잘 볼 수 있고 잘 이해할 수 있는 사람들인데, 그런 점에서 자기들도 전문가인 거죠. 전문가가 필요한 측면이 없지 않아 있는데 요게 전문가주의로 연결되어 왔다 갔다 하면서, 예를 들면 '대행의 구도', '대리의 구도'가 생겨요. "야, 노안, 그거는 노안단체들이 어떻게 애써야 하

사진7-5. 2006년 11월 전국노동자대회에서 4대 실천 의제 쟁반선전전을 하는 이훈구 (맨 오른쪽).

고, 조합 내에서는 노안 간부, 노안 담당자가 해야 하고" 뭐 이렇게 돼 버리는 거야. 조합에서도 여러 가지 부서가 있는데 노안이 협의로 보면 부문이잖아요? 부문. 근데 이게 부문주의가 되면, 단절돼요. "야, 노안 담당, 네 것 왔다", "노안 집회인데 노안부장 가냐?" 이렇게 된다는 거지.

그니깐 조직부장이 노안을 알아야 하는 게, 조합 활동을 하면 당연히 알아야 하지. 예를 들면 근로기준법은 알아요. 노동조합법 알아. 근데 산안법, 산재법은 몰라. … 부문주의로 되면 닫히는 거거든. 근데 노안이 조직에서 "야, 이걸 가지고 조직해 보자". "이걸 가지고 교육 선전해 보자" 이렇게 되면 부문이 전체하고 넘나들 수 있게 되는 거예요. … 행동은 어떻게 돼요? 당연히 조합이 이런 거를(부문주의, 단절) 경과하면서 주체들은 자기들의 문제니까 단결해야 할 거를 연대로 풀려고 접근해요. 남일 때 연대하는 거지, 자기 문제라서 단결해야 할 문젠데 연대하는. 그런 '관계의 왜곡들'이 있다고 봐야 해요. 전체적으로 보면.

"조합의 주체는 누구냐? 조합원입니다, 그럼 대한민국 주체는 누구? 국민입니다" 이렇게 하는 것처럼 그런 레토릭이 생긴 거예요. 조합이 공동체로서의 조합과 조합주의, 요사이를 왔다 갔다 하면서 "조직 만세"가 돼버려서. 조합원들은 다 구경꾼이 되고 동원되는 관행이 꽤 오랫동안…. 이게 십 년 된 '노동조합운동의 위기'의 핵심이에요.(이훈구 구술)

이훈구는 나아가 정당운동이나 사건이 발생할 때 만들어

지는 공동투쟁체 운동 역시 노동자들을 대행하는 구도로 형성되어 주체들이 제외되는 상황이 만들어진다고 보았다.

> 주체와 관련해서 추가해서 봐야 할 건 정당운동하고, 공동투쟁체 운동이에요. 예를 들면, 공동투쟁체는 대책위 운동이죠. 뭐가 생기면 늘 대책위가 만들어져. 근데 여기서 중요한 건 주체들이 빠진 거야. 주체들은 지위와 역할이 없어. … 정당운동은 예를 들면 통합진보당, 정의당이니 진보당이니 당 운동이 이런 문제를 대행해 줄 큰 구도로 잡혀요. 투쟁은 이 공동투쟁체가 대행해 주는 구도로 작동을 한다고. 이게 지지와 엄호가 아니라 "이걸 해결할 길은 이것이다" 그럼 이 주체들은 다 어디가 있나? 이걸(진보정당) 뽑으면 되고, 여기서(대책위) 하라는 대로 하면 되고, 이런 관계가 돼 버렸다는 거지.(이훈구 구술)

이훈구는 노동자 주체가 가장 중요한데, "주체가 노동강도의 종이 되어 죽은 노동을 하고 있다, 노동강도를 통제할 수 있는 주체가 되어야 한다, 그래야 산 노동으로 갈 수 있다"라고 말한다. 그러므로 그는 "노동강도를 잡자"라고 제기했고, 처음엔 노동자들이 이를 무시했지만, 차츰 노동강도 문제가 중요하다는 것을 받아들여 가고 있다고 했다.

이훈구는 노동강도의 중요성을 무시하고 간과했던 사람들은 자본의 주류 이데올로기에 갇혀있는 것이라고 했다. 구체적으로 노동자들은 "파이를 키우는 데 기여해야 그 파이를 나눠 받을 수 있다"든지 "일을 하고 돈을 달라 해야지", "성과를 내야지 돈을 받지"라는 성과주의 이데올로기, "일 안 하면 당연히 돈 못 받는다"라는 무노동 무임금 논리나 "투쟁을 통해서 노동강도를 많이 낮췄다, 일 할만 하다"는 등의 논리 속에 갇혀 있었다.

이런 상황이어서 이훈구는 가장 중요한 노동자계급의 주체 형성이 제대로 물꼬를 트지 못하고 있다고 판단했다. 조직노동자들은 '잃어버릴 게 많은' 노동자들이 되어 그 자체에 대해서도 돌아보지 못하고, 특히 정규직 노동자들은 비정규직 노동자들과의 관계에 관심을 가지려 하지 않았다. 이에 대해 이훈구는 노동자들이 자신 안에 형성된 '내부 문제'를 보지 않고서는 그와 맞물린 '외부 문제'에 대해서도 제대로 접근할 수 없다고 보았다. 그러므로 이훈구는 여전히 "주체 형성을 어떻게 할 것인가"가 노동운동의 과제라고 했다.

여전히 주체 형성은 "제대로 물꼬를 트지 못했다" 그니깐 "주체를 어떻게 만들 것이냐"가 지금도 핵심 과제죠. … 근데 조직노동자들이 "잃어버릴 게 많은 노동자"가 되어서. 그리고 왜 잃어버릴 게 많다고 생각하는지의 근거를 돌아보기 여의치 않은 상황이어서.

그럼 "조직노동자가 의미나 역할이 없는 거냐?" 그렇지 않아요. 조합운동이 운동인지 아니면 이해집단의 합인지가 왔다갔다 하는 상태로 있다는 거고. 그리고 조직률이 10%밖에 안 되고 그중에 민주노총은 5%밖에 안 되는데, 이 5% 내에서도 교란이 있으니 미조직된 노동자들은 오죽하겠습니까. … 예로 부품사들은 완성차들이 갑질을 한다고 그래요. 자본도 그렇고, 조합도 그렇고. 근데 자기들도 보면 부품이 들어가서 차가 되는데, 요걸 만들기 위해서 많은 업체와 노동이 바깥에도 있거든. 그런데 이건 안 본다는 거죠.

또, 예를 들면 반(反)자본 얘기하는데 사실은 우리 내부에 이런 자본의 논리가 있는 거죠. 그걸 안 찾고, '반~' 이렇게 잡으면 거짓말이지. 핵심은 "자기 안에 자본의 논리를 얼마나 찾아내느냐, 이게 왜 이렇게 됐는지 제대로 들여다보느냐"는 거고. 또, "이걸 계속 유지하는 게 맞냐? 아니면 이걸 바꿔야 하느냐? 그럼 뭐로 어떻게 바꾸냐?" 이렇게까지 조직노동자들이 가야 한다는 거죠.(이훈구 구술)

4. 2007년 '4대 실천 의제'와 네 가지 과제

2007년 들어 한노보연은 '4대 실천 의제와 조직, 대중 활동 확대·강화, 조직 활동으로의 단련'이라는 2006년의 사업 방향을 유지하기로 했다. 이에 2007년 활동 목표로는 '4대 실천 의제의 현장 쟁점화', '현장 일상 활동 조직', '지역운동체로의 자리매김', 그리고 '노동안전보건운동 실천 담론 주도'라는 네 가지 과제를 내세웠다. 이 내용은 상호 연결되어 있었고 전체 활동의 흐름과 사업 속에서 과제를 담으려 했다. 일부는 다양한 매체를 통해 현장에 전해졌다.

이 중에서 '4대 실천 의제의 현장 쟁점화'와 '현장 일상 활동 조직'은 한노보연에서 계속 제기해 온 과제로서 상근자들과 회원들은 이미 알고 있지만, 이때 공식적으로는 처음 밝혔다. '현장 일상 활동 조직'은 전문주의와 대리주의에 대한 반(反)정립을 넘어, 현장 노동자들을 자본의 노동강도 강화에 맞서는 주체로 조직하는 일상 활동을 구체적으로 제안하고, 공세적으로 조직하자는 것이다. 특히, 민주노총 건강권 쟁취 실천단이 형식적 체계로 그치지 않고 현장과 지역에서 실천하는 핵심 주체가 될 수 있도록 주력해야 한다는 것이다.[34]

'지역운동체로서의 자리매김'은 중앙인 서울에서 이슈 파이팅은 되지만, 일상적인 현장 활동 혹은 주체들의 활동으로 이어지지 않는다는 점에서 시작된 문제의식이었다. 부산 한노보연과는 달리 서울과 경기지역에서 한노보연은 아직 지역운동체로의 정체성을 갖지 못했다. 이에 한노보연은 노동안전보건에 대한 전국적인 운동체로서의 긍정적 활동과 더불어 현장과 구체적으로 교류가 가능한 '지속적 운동체'로서의 지역운동체에 대한 고민을 집중하기 시작했다. 그 결과, 서울과 경기지역에 이후 활동에 필요한 중요한 기반을 마련했고,[35] 2008년에는 경기 사무실을 만들었다. 또, 부산 한노보연은 지역사회에 제대로 알려지지 않았기 때문에 사회적 확장성을 위해 교수인 회원이 방송에 출연해 공공연하

---

34 『2006년 제3회 한국노동안전보건연구소 정기총회』 25쪽.

35 『2008년 제5회 한국노동안전보건연구소 정기총회』 107쪽.

게 활동을 알리기도 했다. 이에 대해 이훈구는 다음과 같이
말한다.

> 서울이 지역성도 있지만, 중앙이기도 하잖아요. … '지역운동
> 체로서의 자리매김'을 중앙에서 하면 이슈 파이팅은 되는데,
> 일상적인 현장 활동 혹은 주체 활동으로 이어지지 않는다는
> 문제의식이 컸던 거죠. … 경기 남부를 정한 이유는 거기에
> 두원정공도 있고, 실제로 금속 현장 친구들도 있고, 활동가
> 들의 이동 등도 같이 고려한 것이고. … 그래서 경기사무실을
> 만들죠. … 경기 남부지만 수원에서 주로 촛불하고, 시민운동
> 단체와 주체들과 같이 얘기하고. 근데 대시민, 대노동조합까
> 지도 못 간 측면이 있었죠. 그래도 경기본부 차원이나 경기금
> 속에서 기획교육안 올려서 깨지고, 이때는 초기니까 씨도 안
> 먹혔죠. 지금이야 "해볼까요?" 이러는데, 그게 다 노력의 결
> 과가 이어진 거라고 봐야죠. … 또, 부산도 부산 연구소가 있
> 는데 "너희들 얼마나 사회화되어 있느냐? 우리끼리 다 알지
> 만 누가 알아주냐?" 그런 얘기가 나오고. 그래서 "우리 안에
> 서만 하지 말고 공공연하게 활동해라, 넌 나가서 교수 이름
> 팔고 교수답게 국제신문에 연재도 하고" 그렇게 한 거죠.(이
> 훈구 구술)

특히, '노동안전보건운동의 실천 담론 주도'는 한노보연
이 자신들의 활동 방향을 제시해서 실천 담론을 주도하자는
것이었다. 당시 노동조합운동 위기론과 정치운동의 정체 상

황에서 노동운동 내부에서 양 날개론(산별노조 건설과 정치세력화)이 제기되었고, 한노보연은 이에 대해 비판적인 입장이었다. 더욱이, 2007년의 주요 현안인 산재보험 개악 저지 투쟁, 산별노조의 노동보건운동, 대선 시기에 노동보건운동의 실천 과제에 대해 실천 담론을 적극적으로 제출할 필요가 있었다. 산업재해보상보험법 개정에 대한 민주노총의 대응은 현장 주체들을 대상화하는 대국회 청원과 형식적인 집회 동원을 거쳐 다시 전문주의로 회귀하고 있었고, 결국 대선 시기 정책 대안론과 조합원 대상 캠페인으로 귀착될 우려가 컸다.

이에 한노보연은 '노동자의 몸과 삶을 지키는 3대 지침'(노동재해 사후대응 지침, 대공단 투쟁 지침, 현장 개선 투쟁 지침)을 중심으로 지역과 현장의 일상 실천을 조직할 수 있는 기획을 제출해 직접 실천할 수 있도록 했다. 그리고 이 성과를 바탕으로 대선 시기에는 '산재노동자 피해 증언대회' 등 현장 주체들의 요구를 직접 드러낼 수 있는 지역별 실천과 전국적 쟁점화를 도모하려 했다. 즉, 전국적으로 제안하고, 일부 지역에서라도 이를 건강권 쟁취 실천단의 과제로 현실화하기 위해 힘을 기울인다는 것이다.[36] 이에 대해 이훈구는 다음과 같이 기억하고 있었다.

---

36   앞의 자료, 108쪽.

'노동안전보건운동의 실천 담론 주도'는 경총의 기업안전보
건위원회, 정부의 법제화, 노동조합운동의 위기론, 정치운동
의 정체, 제도정치의 물꼬 트기, 이런 것이 겹치고 복잡해지
면서 "도대체 우리는 무엇이냐"라는 게 문제였죠. 그래서 노
동안전보건운동에 대한 평가 때 자주 했던 얘기들인데, 결과
중심이 아니라 보호 예방 중심으로 사각지대 노동자들을 적
극적으로 받아 안아야 한다든지. 모든 노동자로 확장하는 것
처럼.

그래서 2007년 대선 있을 땐가? 노동조합운동의 위기론이 있
으면서 양날개론이 제기되자, 우리는 '쌍두마차 비판론', '양
날개론'을 비판하면서 "4대 의제의 실천 쟁점화, 일상 정치
활동의 조직, 지역운동의 정착 시도, 이런 것들을 해야 비로
소 노동조합운동의 위기가 옳게 극복될 수 있다" 그런 얘기
를 하면서 실천 담론 주도 얘기가 되었던 것 같아요.

이때만 해도 현장 회원들은 알았을지도 모르지만, 비회원, 의
사, 의료인 회원 같은 경우는 현장을 잘 몰랐을 거예요. 어떤
맥락인지.(이훈구 구술)

5. 2009년, 반자본주의 노동안전보건운동과
'1회원 1과제 실현'

1) 경제 위기와 '노동시간 단축 및 생활임금 쟁취' 주장
2008년 서브프라임 모기지론이 터지고, 세계 경제 위기

상황이 벌어졌다. 2009년 들어 한노보연은 구조조정의 흐름에 맞선 투쟁의 물꼬를 트는 노동안전보건운동을 만들어야 했다. 이에 반자본 운동으로서 노동자의 건강과 삶을 기준으로 한 "노동시간 단축, 생활임금 쟁취" 등의 의제를 쟁점화하는 것을 과제로 삼았다.[37] 그러나 총자본의 기획으로 발생하는 구조조정 상황에서 개별 자본에 맞선 노동자들은 고용 이외에는 아무런 관심을 두지 않았다. 이에 대해 이훈구는 의제가 잘못된 것이 아니라, 총자본의 기획 속에서 진행되는 구조조정에서 사업장의 노동자들이 '고용 의제'로만 빠지기 때문에 한노보연이 제기하는 의제가 설득력을 갖지 못한 것이라고 보았다. 그는 이 국면에서 근본적인 문제는 총자본의 공세에 대한 총노동이 기획되지 못하는 것에 있다고 판단했다.

> 연구소 주체들과 당사자 주체들과의 간극이 너무 큰 거죠. 구조조정 상황이 발생하면 나머지는 다 없어지고, 임금과 고용만 남아요. 특히, 고용만 남아요. "다 양보하고, 고용은 지키자" 이렇게 되니까. 생활임금, 노동시간 단축 얘기하면 "뭔 노동시간 단축이야?" 연구소 입장에서 보면 "경제가 어려워지니까 이걸 가지고 적극적으로 반자본 얘기를 하자, 노동시간 단축해서 고용을 지키자, 임금 하락 없어야 한다, 생활임금

---

37   한국노동안전보건연구소, 『한국노동안전보건연구소 10주년』, 2013, 100쪽.

오히려 역제기하자"고. 생활임금 450만 원. 그런 얘길 했죠. 3만 불 시대에 4인 가족이면 12만 불이고 1억 2천인데, "연봉 1억 2천 주라, 그래야 떵떵거리고 사는 것도 아니고 남들만큼 산다" 이런 얘기를 하려고 했던 건데, 이건 총자본의 의제예요. 근데 구조조정에 맞선 사람은, 구조조정이 행해지는 사업장이 개별 자본에 의해 발생되잖아요? 어떻게 보면 총자본 의제면 총자본 의제에 맞는 총노동의 기획이 있어야 하고요. 근데 총노동이 아니라 개별 노동으로 가니까 결이 안 맞는 거예요. 그 사람들은 어떻게 돼? "노동시간 단축, 생활임금, 뭔 얘기야? 내 일자리만 지키면 되는 거지" 이렇게 되는 것에 밀리는 거죠.

사실은 그 의제 자체가 잘못된 것이 아니라, 총자본에 대한 총노동의 기획과는 결이 다른 것인데, 총자본과 개별 노동, 개별 사업장, 이렇게 되니까 현실 단위사업장에 가면 판판이 깨지는 거죠. 사용자 측이 아니라 노동자 주체 때문에. 예를 들면 지금 GM도 1주일에 이틀 일하고, 3일 일하고, 휴가 주고 이러잖아요. … 임금 동결, 삭감하고. 그게 다 신호를 주는 거라고. 단위사업장에 공포를 조장하는 거야. 그 공포를 단위사업장 내에서 못 이겨. 양상은 개별 자본인 GM 자본이지만, 전체 기조와 힘은 총자본의 맥락에서 들어오는 것이거든. 그러니까 적어도 금속노조 차원에서 뭔가 올라오는 기획이 만들어져야 해요.(이훈구 구술)

이훈구는 이 의제들이 한편에서는 고용을 지키기 위해서

라도 노동권 전체에 대한 필요를 확인시켰고, 다른 한편 일상적 활동에 빠져 있는 한노보연 내부에 다시 '노동안전보건운동의 반자본적 성격'을 공식화한 것이 의미라고 말했다.

의제 자체의 유의미성은 있지. "고용을 지키려면, 고용만 지키려 해서 고용을 지키는 것이 아니다, 노동권 전체에 대한 자기 필요를 확인해야 한다, 얼마나 왜곡되고 뒤틀려 있는지" 그런 얘기는 의미 있었던 거로 생각하죠. … 또, 연구소 차원에서 보면 "노동안전보건운동은 반자본 운동의 일환"이라는 것을 공식화한 측면도 있죠. 처음 창립 기치가 '반자본'이잖아? 그런데 자꾸 일상화되고 사업화되는 거야. 다시 이때쯤 끄집어내서, 시기도 서브프라임 모기지론 터지고 경제위기 국면이 되니까, 이것과 맞아서 "반자본 운동으로서의 건강권 운동"을 제안한 거죠. 우리 내부를 향한 목소리도 있다고 봐야죠.(이훈구 구술)

2) '1회원 1과제 실현': 회원을 주체로, 회원들의 '필요'에 기초한 운동

한편, 2009년 한노보연은 회원들이 연구소의 주체로 설 수 있도록, 그리고 회원 간의 소통과 섞임을 통한 변화를 추동하기 위해 '월 1회 회원의 날', '열린 토론', '1의제 1투쟁 결합', '1인 1과제 실현' 등 여러 프로그램을 시도했다. 이훈구는 이런 프로그램의 기저에 2009년 연구소가 노동안전보건운동의 반자본 운동적 성격을 분명히 하려 했지만, 연구소 활동이 추상적인 수준에 머물러 있었기 때문에 잘 진행되지 않은 점이 있다고 보았다. 그 때문에 그는 추상에서 구체 활동으로 만드는 과정이 필요하다고 판단했다.

당시 회원들은 총회에서조차 서로 얼굴을 보기 어려웠다. 회원들과 연구소의 일상 활동은 거리가 있었다. 회원들이 각자의 장에서 어떠한 활동을 하는지, 그의 개인적 상황과 관심은 무엇인지 서로 알지 못했다. 회원들이 여러 지역과 업종에 1~2명 정도씩 분산된 조건의 한계도 영향을 주었다. 이와 달리 연구 프로젝트를 하는 이들조차 자신이 한 프로젝트만 알고 있을 뿐, 다른 이들이 수행한 프로젝트 내용에 관심이 없는 상황이었다.

이에 이훈구는 회원들이 "지속해서 일상적으로 하는 것에 기초해서" 무언가를 시도하면, 이것이 "추상에서 구체로 가기 위한 시도"가 되는 것이고, 이 과정에서 중요한 것은 '회원들의 필요'라고 제기했다.

총회에서 얼굴 보기도 힘든 회원들이 다수야. 이 사람들이 자꾸 '공동의 장'으로 만들어져야 한다는 거고, 그런 프로그램이 구체적으로 제시되어야 하고. 가서 구경만 하면 안 되잖아. 자기도 자신의 관심사가 연루된 일상적인 직업이든 관심사든 연동된 뭔가 의제 거리를 만들어서, 거기에 "지속해서 일상적으로 하는 것에 기초해서 하면 좋겠다, 활력이 있겠다, 추상에서 구체로 가기 위한 시도이다" 이렇게 보면 될 것 같고.

여기서 '회원들의 필요'라는 게 중요한데, 연구소는 총회에서 논의해서 뭘 정해요. 근데 이걸 할 사람이 회원이야. 그런데 이 회원이 어떻게 지내는지 몰라. 2010년 초반까지만 해도 내가 연구자들, 의사들한테 계속 얘기한 게 "너 프로젝트 하는 거 연구소에 까 봐라", "노동부에서 하든, 학회에서 하든, 개인 돈벌이로 하든 그 주제를 던져봐라, 우리가 공유할 게 있으면 해보게" 그런 얘길 했지. 지금도 여전히 부족하지만, 조금 되는 편이에요. 그런 게 너무나 중요하지.

무언가 시도가 있을 때 미리 알면 조율도 하고 섞어도 보고. 농협노동자(프로젝트), 나만 해. 판매, 콩하고 나만 알아. 고대병원, 인아랑 나만 알아. 나머지는 다 몰라. 그럼 어떻게 되니? 똑같아. 다른 애들이 하는 것도 이런 식일 거잖아. 그런데 그걸 공유하려고 "사후로라도 같이 하자" 이렇게 되고, 그게 나중에 '현장 연구 나눔마당'으로 이어지게 되는 거예요.

'필요'라는 건 뭐냐면, 강동묵이 부산대 교수인데 이 사람이 사회적으로 어떤 프로젝트에서 어떤 역할을 하고 집에서는 어떤지 몰라. 사생활 침해를 하지 않는 범위 내에서는 그런 게 섞여야 하거든. 그러니까 '필요'를 들여다보려 할 줄 알아야 해. 이건 일이고, 운동이고, 각각 삶과 일상은 다 알아서 가는 것이고, 이런 게 아니어야 한다는 거지. 우리가 '열린 조직' 할 때, 제일 어려운 게 그런 거거든. … "그 사람한테 맞는 것이 무엇일까?" 그가 찾아서 하고 있다면 조금 더 왕성하게 할수 있도록, 아니면 약간 방향을 제안할 수 있도록 섞여야 한다는 것이거든. 연구소 기존 멤버들이 '열린 조직'에 대해 더 넓어지고, 문턱이 낮아질 때 필요를 보는, 필요를 얘기할 수 있도록 하는 필요성 메이커가 되는 거지. '필요'라는 건 뭐야? 필요를 가진 주체잖아. 사람을 조직하는 것이거든. 사람을 만나는 거고. 변화도 같이 모색하는 거고.(이훈구 구술)

이런 문제의식을 바탕으로 한노보연은 회원들이 각자 한 가지의 일에 참여하는 '1인 1과제 실현'이라는 목표를 세웠다. 회원들의 직업과 관심이 다양하지만, 회원들 모두 구체적인 역할을 가져야 살아있는 조직이 된다는 이훈구의 생각은 변함이 없었다. 이런 상황에서 회원들의 '필요'에 기초한 연구소 활동을 해야 한다는 것은 당시에, 그리고 현재의 과제이기도 하며 '열린 조직' 역시 현재의 실천으로 연관해 고민되고 있다.

'1회원 1과제'는 어떤 단체나 단체의 지향이겠죠. 그리고 이걸 하는 사람들이 실제로 얼마큼 섞이느냐가 제일 중요한데. 저는 어떤 조직도 운영과 집행이 분리되는 구도는 안 된다고 봐요. 그래서 공동 결정, 공동체적으로 논의하고 결정하고. 그러고 어떤 사람은 채소 장사를 해요. 아니면 도시철도에서 운전해요. 우리 회원이에요. 근데 이 사람은 하는 게 없이 회비만 내요. … "이런 사람들이 이런 식으로 하면 안 된다, 연구소도 이 사람들한테 뭔가 제안을 해야 하고, 이 사람들도 연구소에 뭔가 제안을 해서 구체적인 역할을 가져야 한나"라는 거고. 그래서 "연구소가 '1회원이 1과제'는 반드시 해야 한다, 안 하면 그건 회원이라고 보기 어렵다" … 무엇이든 구체적인 역할을 해야 한다는 거죠. 그래야 연구소도 활력이 생기고, 그 사람도 예전에 같이 했던 경험에만 갇혀 있어서는 곤란하다는 거고. 근데 이걸 '실현'이라고 한 이유는 잘 안되기 때문인 거예요.

지금 십 년 됐는데, 실제 회원이 70명 정도 되는데 너무 멀어. 울산에 한 명, 청주에 한 명, 아산에 한 명. 도시철도에 두 명, 부산지하철에 두 명, 이렇단 말이야. 이런 절대적인 한계도 있어요. 그렇다고 불가능하다고 생각하지는 않아요. 그럼 이걸 궤도로 엮어서 자기가 그냥 '궤도활동가모임'을 만드는 역할도 우리 역할이라고 나는 생각하거든요. 한노보연의 문제 인식을 '궤도활동가 네트워크'를 통해서 교류하고. 그것조차도 지금 다 닫혀있으니깐. 서울지하철, 도시철도, 이런 전국적인 망을 시도해 보고 구축해 보고. 이런 게 엄청난 일이죠. 그러면 자기가 조합 차원에서도 역할을 하는 거죠. … 여전히 "실현해야 한다"라는 건 지향이고, 한계 때문에 모자람이 되게 많은 현실이죠.(이훈구 구술)

여러 한계에도 한노보연은 '1회원 1과제 실현'을 위해 회원들이 같이 활동할 수 있도록 다양한 모임을 추진했다. 예를 들어 노무사들의 모임이 만들어져 2년간 진행하면서 산업안전보건법 매뉴얼을 만들었다. 원래 취지인 회원의 참여뿐만 아니라 활동 성과를 낸 것이다. 그 밖에도 현재까지 국제번역팀, 여성노동건강권팀 등의 모임이 진행되면서 회원

들이 참여하고 있다.(김재광 구술)

6. 2011년 '중장기 전망모임'

한노보연은 2011년 '중장기 전망모임'(이하 '전망모임')을 구성했다. 이는 2011년 총회 때 중장기 전망 마련에 대한 필요성이 확인되면서 2011년 조직 운영 기조의 첫 번째 과제로 설정된 것이다. '전망모임'에는 소장의 주도하에 운동의 세대, 상근과 비상근, 직종, 지역 등을 고려하여 다양한 회원들이 참여했다. 전망모임에서는 한노보연의 전망에 대한 서로의 생각을 공유해서 정리하고, 벤치마킹할 수 있을 만한 기관들의 운영과 활동에 대해 살펴보기도 하면서 전망에 대해 대략의 방향을 설정하는 성과를 남겼다. 특히, 과거의 전망 논의가 '의료기관 설립' 중심이었던 것에서 벗어나, 한노보연 운동의 내용과 방식, 조직 형식, 내부-외부의 소통 방식 등에 대한 폭넓은 토론이 이루어졌다. 그뿐만 아니라 모임을 통해 향후 핵심 논의 과제인 "어떤 형식의 기관을 설립할 것인가, 어떤 주제를 중심으로 어떤 활동을 해 나갈 것인가, 회원들과 어떻게 소통할 것인가, 회원들의 전망과 연구소의 전망을 어떤 식으로 조우시켜 나갈 것인가"를 제시함으로써 이후 중장기 '전망모임'을 지속해서 이어갈 수 있는 틀을 마련했다.38 이러한 논의 과제를 모아낸 뒤 전망모임은 2013년 해소했고 이후 (가칭)노동안전보건센터 준비모임, 노동시간센터(준), 국제연대모임으로 분화하여 논의와 활동이 진행되었다.

특히, 이훈구는 그동안 한노보연 안에서만 이야기된 노동강도 문제를 더 공공연한 활동으로 확장하는 데 노동시간센터가 필요하다고 보았다. 그 때문에 그는 노동시간센터가 한노보연 부설기관으로 운영되는 것이 아니라 독립된 단체로 발전해 가야 한다고 판단했다.

> 연구소에서 노동강도 이야기를 맨날 우리끼리 하고 있지. 그래서 이걸 "사회운동이나 좀 더 공공연한 활동으로 하기 위해서 노동시간센터라는 거를 만들자" 해서 지금은 한노보연 부설처럼 운영되고 있는데, "얘도 반올림처럼 독립해 나갈 수 있게 인큐베이터 역할을 좀 해보자" 그래서 지금 그런 역할을 하는 거죠. 시간의 길이, 시간의 배치, 자기 결정권, 여가, 휴식, 이런 이야기. 뭐, 우리가 얘기했던 게 다 여기 엮어서 갈 수 있어요. 강수돌 선생이나 사회학자 김영선, 그런 분들이 여기 들어와 결합해서 "우리만이 아니라 이런 의제를 중심으로 해서 연구자들을 좀 붙여서 독자적인 산물로 만들어 가는데, 우리가 인큐베이터 역할을 좀 하면 되지 않겠냐" 그런 고

---

38 『2012년 제9차 한국노동안전보건연구소 정기총회』, 29~33쪽, 121~122쪽.

민을 하는 중이고.

그런 모색들이 더 많아져야 하는데, 절대적으로 수가 적어요. 이번에 총회를 했는데 성원이 54명이었으니까. 그래서 이걸 어떻게 하면 다수화할까. 아직 논의된 건 아닌데, 운동이라면 어떻게 다수화할 거냐 이런 고민 해 가야 하는 상황이죠, 10년의 전망에서.(이훈구 구술)

7. 2013년 사회화 방안 모색과 2018년 '열린 조직'의 지향

한노보연은 2013년부터 연구소 활동을 사회화하는 방안을 마련하고 그 시스템을 구축하려 했다. 사회화 방안이란 말 그대로 한노보연의 활동과 생각을 다양한 방식으로 사회에 알리는 것을 의미했다. 구체적인 방식은 회원들이 <매일노동뉴스>, <민중의 소리>, <노동과 세계>, <오마이뉴스> 같은 인터넷 언론매체에 노동안전보건 관련 글을 지속해서 기고하는 방식이었다. 이렇게 사회화 방식을 추진하면서 성과가 나타나기 시작했다. 현장 노동자들이나 활동가들, 그리고 연구자들이 게재된 기사를 보고 한노보연에 연락했다. 이들은 한노보연이라는 단체의 활동에 대해 알아보고, 모임에 참여하거나 회원이나 후원회원으로 가입하고 있다.(김정수 구술)

한편, 그동안 한노보연은 활동가들 중심으로 운영되어 왔고, 그 때문에 한노보연의 독자적인 활동 기풍을 만들면서 발전해 왔다. 그러나 2016년 조직 운영을 '열린 조직 운영'으로 추진하고, 2018년에는 '열린 조직'을 향한 정비를 하기 시작했다.(손진우 구술) '열린 조직'이란 그동안 활동가 중심의 조직 운영에서 대중적으로 쉽게 참여할 수 있는 조직으로의 전환을 의미했다. 즉, 한노보연은 활동가와 대중의 벽을 없애고, 그동안 한노보연이 해온 문제의식을 사회화하고 대중화하면서 확장해 나가려 했다. 이런 확장 과정에서 활동가 조직이라는 정체성은 많은 대중이 참여하면서 새로운 수준의 질로 정리될 것으로 예상했다. 이런 조직 운영에 대한 문제는 이훈구가 처음 제기했다. '열린 조직'으로 나아가는 과정에서 한노보연은 우선 회원과 후원회원의 구분을 없애는 시도를 고려하고 있다.

'열린 조직'은 지금 조직적으로 매우 큰 변화 중의 하나인데, 지금까지 연구소가 핵심활동가들, 조직에 충성도 높고, 회비 많이 내고, 활동 결의도 높고, 이런 활동가들 중심으로 활동했어요. 이게 우리 스스로 자랑스러워하는 큰 장점이자 기풍이고 연구소를 지금까지 이만큼 만들어 온 것들이 분명하죠. 그런데 이런 게 언제까지 가능할 것이며, 또, 이렇게 계속 가는 게 바람직하냐는 문제의식이 있는 거죠. 사실 이 문제의식을 처음 제출한 게 훈구 형이에요. "이걸 우리가 뛰어넘어야 한다"라는. 예를 들면 "(한노보연의 문을) 확 열어서 그냥 쉽게 들어갈 수 있어야 한다, 우리의 고민이나 문제의식을 더 사회화하고 더 대중화하고 더 확장해야 한다" 이런 고민을 훈구 형이 특히 많이 던지기 시작했어요. (활동가와 대중의 관계 벽을 없앤다고요?) 그렇죠. "우리의 문제의식을 몇몇 활동가와 연구 자만 아는 게 아니고, 전 국민한테 다 전달하고 알릴 수 있어야 하는 게 아니냐, 그러려면 이런 식으로 확장해 나가야 하는 게 아니겠냐" 그게 '열린 조직'의 표현이었어요. 그래서 계속 해마다 약간씩 열고 있고, "지금은 후원회원-회원이 구분돼 있는데, 조만간 이 구분도 아예 없애자" 후원회원을 회원으로 하면 400~500명 돼요. 그러고 "1천 회원을 목표로 만들어 보자" 이렇게 한 1, 2년 전에 결의도 하고 지금까지(2021년) 가고 있거든요.

(취지는 좋은데, 다양한 분들이 참여하면 정체성이 변화되지 않나요?) 그렇죠. 그런 우려도 당연히 있어서 논쟁이 되어서 회원토론도

사진7-6. 2013년 한노보연 10주년 행사. 세 번째 줄 맨 왼쪽이 이훈구.

했는데…. 하여튼 "기존의 지향이나 방향성을 담지하면서 어떻게 열어나갈 거냐"는 고민을 같이 더 해 나가야 하겠죠.(김정수 구술)

내가 만난 이훈구

김정수가 만난 이훈구

한노보연에서 결성 초기부터 같이 한 김정수는 '활동가 이훈구'에 대해, 그리고 개인적 관계에서의 이훈구에 대해 다음과 같이 말한다.

(이훈구와 관련해 기억나는 것 편하게 얘기하면?) 저는 2003, 4, 5년 초기 3년이 굉장히 열심히 했던 시기인데, 그때가 연구소에서 근골격계 문제에 주목하고 집중하고 여러 연구를 하면서 뭐랄까, 기반이나 토대, 이런 것을 만들어 나가는 시기였거든요. 사실 그 시기에 어떻게 보면… 조직이 처음 시작하는 상황이기 때문에 중심을 잡고 방향을 확실하게 제시하는 게 되게 중요한 시기였는데, 그 시기에 훈구 형이 소장이기도 했고

사진7-7. 김정수(맨 오른쪽)와 이훈구(맨 왼쪽).

운동의 선배이기도 하고 그래서 그런 역할들을 조직에서 아주 확실하게 해주신 것 같아요. 어떻게 보면 한노보연의 색깔이라고 하는 것들을 만들었다고 그래야 하나?

당시 제가 한노보연 활동을 하면서 '나는 의사인가, 활동가인가' 하고 고민했는데, 답이 '나는 활동가로서 이걸 하는 거지, 의사는 크게 중요한 건 아니다' 이런 식이었어요. 왜냐하면, 내가 한노보연의 활동을 하는 이유에 물론 직업환경의학을 하고 있으니까, 의사라는 것과 나의 전공이 활동에 상당한 무기가 되고 도움을 줄 수 있다는 게 있죠. 근데 '나는 의사로서, 전공의로서 이런 걸 하는 게 아니라, 활동가로서 하는 거다'라는 생각이 그때 있었거든요. 근데 그걸 제가 혼자 생각한 게 아니고, 어떻게 보면 조직에서 그렇게 생각하게 해준 거죠. 그리고 그 역할을 선배 그룹들, 특히 훈구 형이 얘기를 굉장히 많이 했으니까. 그분들이 "너희는 활동가다, 의사로서 이런 걸 하는 거라기보다는 활동가로서 하는 거다" 이런 얘기를 많이 한 거죠.

인터뷰한다고 해서 훈구 형에 대해서 어떤 얘기를 하나 생각했더니 맨 먼저 떠오른 게, 훈구 형이랑 같이 활동하면서 제가 좀 부끄럽다는 느낌이 들 때가 상당히 많았다는 거예요. 나이가 저희보다 훨씬 많은데 활동에 대해서도 회의할 때도, 실제로 "이거 해보자", "저거 해보자" 할 때 보통 저나 다른 멤버들이 얘기하는 것보다 훨씬 신선한 아이디어들을 아주 많이 내시는 거예요. 그냥 무턱대고 던지는 게 아니고, 실제로 "그런 거 해보면 좋겠다"는. 그래서 사소하게 예를 들면 "집회에서 선전전을 어떻게 할까?" 이런 것부터, 연구할 때도 결론이나 제안 부분에서도 다양한 아이디어를 많이 내셔요. 그래서 '내가 많이 부족하구나'하고 생각했죠.

보통 나이가 많은 선배들이 아무래도 조금 그런 경향들이 자연스럽게 생기잖아요. (고착되고 뻔한 발상?) 네, 근데 오히려 조직 내에서 제일 신선한 아이디어를 많이 내는 걸 보면서, '이거는 많이 고민한, 계속 그 문제에 대해서 고민한 결과다, 그러니까 내가 선배만큼 거기에 집중해서 고민을 못 하는 거다, 나도 더 열심히 해야겠다' 요런 반성도 많이 들고. 사실 어떤 분들은 열심히 하는 것 같은데도 그만큼 아이디어가 안 나오는 분도 있어서.

하여튼 '참 독특하다'… 생각하시는 거라든가 '뭔가 상식을 파괴하는, 내지는 그런 것들을 의도적으로, 막 넘어서려는 시도들을 굉장히 자유롭게 하는 분이구나' 이런 부분들이 있어서, 뭐랄까 굉장히 좋았어요. 그런 게 훌륭하고 굉장히 존경스럽다는 생각도 들었고요. 그러면서 운동의 원칙도 굉장히 견고하시고 확고한 분이라서, 한 사람이 그 두 가지 측면을 다 갖추는 게 사실 쉽지 않은데 그런 걸 다 갖추고 계시는 분이었고…. (사고가 유연하다는 건가요?) 그렇죠, 맞아요. (관계 안에서도 그게 통용되는 거고?) 네. 그러니까 같이 어울려서 술자리하고 얘기하는데, 처음부터 어색함, 이런 걸 느껴보지 못했어요. 그냥 아주 자연스럽게 잘 얘기하면서 잘 지냈던 것 같아요.

(15년의 과정에서 본 이훈구는 어떤 활동가였나요?) 음… 훈구 형은

그냥 말로 혹은 머리로만 활동하신 분이 아니고 본인의 온 존재를 다 해서, 몸과 마음과 영혼이라고 하는 게 있으면, 그런 존재 전체, 삶 전체를 다 활동에 담그신 분이라는 생각이 들었어요. 그런 정도로 형은 삶의 대부분을 운동이나 활동이나 세상을 어떻게 개선해 나갈까, 노동자들이 어떻게 하면 안전하고 건강하게 살 수 있을까 하는 데에 쏟아부으신. 그러다 보니 나이가 많은 선배인데도 후배들보다 훨씬 더 다양한 참신한 아이디어를 많이 낼 수도 있고. 현장 활동을 할 때도 거의 지방 현장에 내려가서 살다시피 했고. 같이했던 활동가들이 그런 경험들을 하면서 형의 진정성을 느끼고, 그러면서 형이 생각하는 방향을 받아들이게 되는. 또, 그런 방향을 같이 추구하는 활동가로 성장하는. 어떻게 보면 일종의 '씨앗' 같죠. 이런 '활동이나 운동의 씨앗' 같아요. 우리 주변에서 저도 제일 존경하는 선배였고요.

훈구 형이 있었으니까 제가 이 정도까지 활동할 수 있었다는 생각이 들고, 저한테 쏟은 애정, 활동의 방향이나 지향을 계속 제시해 주는 부분들도 그렇고요. 근데 가만히 보니까 저뿐만이 아니더라고요. 최진일 동지, 안재범 동지, 지역에도 이런 분들이 많고. 연구소 안에도 훈구 형 얘기하다 보면 그런 회원들이 상당히 많아요. 훈구 형이 운동하는, 그냥 소장이었던 활동가였다고 하면, 사실은 그렇게까지 다른 사람들이 받아들일 수 있었을까? 제가 볼 때는 그게 아니라 일종의 '씨앗 같은 존재'였기 때문이에요. 그 훈구 형의 씨앗이 저한테도 하나 오고, 다른 활동가들한테도 간 거고요. 그래 훈구 형이 지향했던 게 제 안에서 또 자라고 있는 거 같아요. 그런 식으로 활동하셨던 분이세요.

(김정수에게 이훈구는?) 이전부터 지금까지 뭔가 활동하면서 '뭔가 믿고 따를 만한 선배'가 한두 명이라도 있다는 것과 없다는 건 굉장히 큰 차이라고 생각하거든요. 근데 그런 선배가 돼 주신 것도 굉장히 고마운 거고요.

저도 20대에서 30대 넘어가는 과정에서 매우 큰 변화의 과정을 한번 겪었는데, 그게 제 인생에서 굉장히 의미 있고 중요한 변화의 과정이에요. 그런 변화의 과정을 만들어 준 계기가 이훈구 선배고요. 그래서 그 선배한테 항상 그런 면에서 고맙고. (구체적으로 얘기하면?) 당시 저하고 OOO하고 좀 사귀었었어요. 사귀다가 또 깨졌다가 이런 관계가 몇 년 동안 있었어요. 훈구 형이 지켜보시다가 2004년에서 5년 넘어가는 시기였던 것 같은데, 두 사람을 딱 붙잡고 "야, 너희 관계에 대해서 나랑 셋이 제대로 한번 얘기 좀 해보자, 너네 이렇게 살면 안 될 것 같다"고 제안했어요. 그래 처음에 셋이 만나서 얘기하고, 훈구 형하고 저하고 몇 번 얘기하고. 훈구 형이 또 OO랑 몇 번 만나서 얘기하고 다시 다 같이 만나서 얘기하고요. 이런 경험도 있거든요. 아마 그때는 개인적인 애정이 있었고, 조직에서 중요 역할을 하는 후배들이라 그런 듯해요.

그래서 재광이 형이 "평소에는 안 그러는데, 저 양반이 남의 연애에 왜 지러니?" 싶었대고. [웃음] 그 이후 사람들이 "김정수는 이훈구의 아들이다" 이런 표현을 쓸 정도였어요. 근데 그게 매우 큰 도움이 되었어요, 제 인생에는. 훈구 형이 저한테 그렇게 관심 가져준 게. (애정과 관심이?) 예. 저는 20대 후반이었고 한노보연 활동은 굉장히 열심히 했는데, 개인의 심리가 굉장히 불안정했던 시기였거든요. 그래서 활동하는 중간중간에 잠수하고, 술 마시고 다음 날 못 일어나고, 생활도 불규칙하고. 그래서 연애 관계도 안정적이지 못하고 그냥 좀 좋았을 때 몇 번 만났다가 아니면 또 그냥 멀어졌다가, 막 이런 식이었죠. 그래서 어떻게 보면 상대방을 막 힘들게 하는 게 있었거든요.

이런 매우 큰 불안정성을 내가 한 번쯤 극복해야 하는 거라는 문제의식을 크게 갖지 못하고 있었어요. 근데 훈구 형이랑 그런 대화를 몇 번 나누면서, 그때 '내가 뭐가 문제가 있구나, 나한테 진짜로' 이거를 딱 받아들이게 된 계기가 그거였어요. 훈구 형이 "너는 이런 게 문제인 것 같아" 하면서 몇 가지 제 얘기를 해준 게 있었거든. 예로 "네 감정에 너는 되게 충실한 사람이야, 근데 이게 남한테 영향을 줄 수 있다는 걸 네가 인지를 잘 못 해, 그러면서 네 감정에만 충실해, 그러니까 너랑 같이 있는 다른 사람들이 힘들 수 있는데 너는 그걸 잘 몰라" 뭐 이런 얘기라든가. 이런 것들 몇 가지 문제를 몇 차례의 대화를 통해서 진지하게 해주었어요. 그렇게 얘기해 준 사람은 처음이었고. … 어쨌든 저는 초기에 실제로는 못 받아들였다가 그 일이 있고 몇 개월 지나고 나서, 어느 날 문득 가만히 생각해 보니 '내가 진짜 뭐가 문제가 있나 보다' 이런 생각이 들었어요. '나는 왜 그런 사람이지? 나는 어떻게 자라고 나의 마음속에 뭐가 있길래 이런 거지?' 이런 물음표가 확실히 생기더라고요.

'내가 이 물음표를 꼭 찾아야겠구나' 싶은 생각이 들었고. 군대에 가서 시간적인 여유가 좀 있어서 여러 가지 심리학책, 정신분석에 관한 책, 이런 책들을 꽤 많이 봤어요. 스스로 내가 어렸을 때부터 어떤 식으로 성장해 왔고, 내 마음속에는 어떤 것들이 있고. 이런 것들을 좀 돌아보기 시작했고, 그러면서 '나라는 사람이 이런 사람이구나' 하는 것을 좀 더 이해하게 되고, 그 뒤로는 심리적으로 훨씬 안정감이 생기고요.

그러다가 몇 년 전 연구소 선배들하고 공감센터 운영위 뒤풀이 자리였는데, 훈구 형도 있었어요. 연구소 초기부터 지금까지 한노보연이 활동해 오면서 "초창기 멤버들 중에 지금 제일 많이 바뀐 사람이 누구냐?"라는 얘기가 나왔어요. 사람들이 "예전의 김정수가 아니다", "김정수가 좋은 쪽으로 제일 많이 바뀌었다"라고 얘기하거든요. 그러니까 초기에 제가 보였던 그런 불안정한 모습이 한노보연 소장도 하고, 공감의원도 하고, 지금 이사장 역할까지 하고 있는데 상당히 많이 바뀌었다는 거죠. 제가 볼 때는 훈구 형이 저한테 관심 가져준 것들이 변화의 시작점이었다고 생각해요.

공유정옥이 만난 이훈구

공유정옥 역시 한노보연 결성 과정부터 이훈구와 활동을 같이했는데, 그는 이훈구에 대해 다음과 같이 기억하고 있다.

(이훈구는 어떤 활동가였나요?) 음. 진짜 독특한 점은, 일단 학습 욕구? 학습력? 혹은 배우는 자세? 뭐라고 해야 하지? 그러니 까 … 궁금해 하고, 되게 열심히 배우는. 그래 놓고 질문할 때 보면 자기 하고 싶은 얘기만 하는. [웃음] 그러니까 저희가 사람을 불러서 강연을 듣거나 세미나 하면, 대여섯 명이 앉아 서 하거나 많아 봤자 열댓 명이에요. 그러면 늘 제일 처음 질 문하는 사람, 질문 제일 많은 사람, 나중에는 그게 꼬리에 꼬 리를 물어서 우리가 제지해야 하는 사람. 그러니까 궁금한 것도 많고, 하고 싶은 얘기도 많고요. 저는 그걸 달리 말하면 "학습", 그러니까 새로운 것을 배우려는, "어, 그게 뭔가요?" 그게 운동에 대한 거든 아니든. 물론 안 배우고 싶은 건 "나 안 해, 안 해" 막 이러는데. 새로운 내용은 진짜 귀가 이만해 져서 [양손을 벌리며] 듣고 메모하고, 줄 긋고. 근데 나중에 보면 다 자기 생각만 적은 거예요. 그런 태도가 참 신기했죠.

사진7-8. 2006년의 (왼쪽부터) 김재광, 공유정옥, 이훈구.

275

그리고 사람에 대해서나 의제에 대해서나 정말 "집요하다. 끈질기다"는 게 있고. ⋯ 한 시기를 지나면서 훈구 형이 한참 입에 달고 다닌 말이 두 개예요. "천사불여일행(千思不如一行)",[39] "여조삭비(如鳥數飛)"[40] 저도 훈구 형한테 처음 들은 얘기인데, 그 말이 되게 격려가 많이 됐거든요. "괜찮아, 그러다가 나는 거야, 근데 날았냐 못 날았느냐가 아니라, 계속 그렇게 날갯짓을 하는 거다" 그리고 천사불여일행은 백문이 불여일견(百聞不如一見), 백견이 불여일행(百見不如一行), 천사가 불여일행. 그렇게 해놓은 거라서, 어⋯ 그게 바꿔 말하면 집요한 거죠. 그러니까 여조삭비도 달리 말하면 집요한 거고.

그리고 "사람 좋아하는 활동가", 이렇게 말할 수도 있을 것 같고요. ⋯ 어쩜 그렇게 관심이 많고 사람을 좋아하는지. 그게 달랐던 것 같아요. 활동가들이 보통 사람에 치여서, 막 조용한 데 가서 쉬고 싶어 하고 그러잖아요. 근데 훈구 형은 안 그랬어요. 꼭, 누구랑 같이 뭐 하는 걸 좋아했던 것 같아요. 사람들하고 같이 밥 먹고 얘기하고 그런 걸 좋아하는. 그래서 그것도 되게 '독특한 사람이구나' 했어요.

또, 훈구 형은 뒤풀이하면 옆에 누가 있건 붙들고 할 얘기가 많은 거예요. 들어보면 자기 얘기가 아니야. 이 사람에 관해 얘기하는 거예요. 훈구 형도 말 진짜 많거든요. 보통 그런 자

---

39   천 번 생각보다 한 번의 행동이 더 중요하다.

40   새가 하늘을 날기 위해 자주 날갯짓하는 것과 같다. 배우기를 쉬지 않고 끊임없이 연습하고 익혀야 한다.(『논어』 학이편)

리에서 저는 제 얘기하거든요. 근데 훈구 형은 그 사람 얘기하는 거예요. "너 이러지 말고, 아니면, 너 이거 이렇게 해라, 뭐, 이거는 뭐다" 그 사람한테만 할 수 있는 얘기를 그 사람한테 하는 거죠. 물론 시기별로 주제는 거의 일관돼요. 그러니까 그 시기에 형이 뭐가 꽂혀 있으면 계속 그 얘기를 하는 건데. 그걸 그 사람한테 하는 거죠. 그래서 그런 걸 보면서 '진짜 다른 주형으로 만들어진 사람이구나' 그런 생각을 많이 했고 더 시간이 지나면서 알게 된 건 '저런 주형으로 만들어진 사람이 참 드물구나' 훈구 형 같은 주형으로 만들어진 사람이 있겠지만, 적은 것 같더라고요.

그런 거 보면서 '참, 저 형은 진짜 할 얘기 많은가 봐' 이러기도 하고 '저 형은 저렇게 두루두루 다 궁금해 해, 다 좋아해, 무슨 레트리버 강아지도 아니고 다 좋아해' 근데 나중에 훈구 형 아프고, 가고, 그러면서 사람들이 다 '나와 이훈구의 기억'이 있는 거예요. 그런 대화의 기억들이. 그게 1년짜리건, 10년짜리건 중요한 게 아니라 그때마다 훈구 형은 그랬던 거야, 모두에게. 그러니까 한 가지 얘기를 하더라도 예를 들어 "야, 회비 좀 올려라" 얘기했다면, 그 이야기를 진짜 온 마음으로 "너는 그래서 얼마를 버는데?", "야, 너 1만 원도 못 올리냐? 이 형이 담뱃값은 해야 하지 않겠니?" 이런 얘기. 진짜 그걸 온 마음으로, 그러면서 자연스럽게 다른 얘기도 같이 나누고 그 사람을 진짜 궁금해하는 거죠. 저 같으면 그냥 "회비 좀 올려주실 수 있을까요?" 문자로 할 것을.

그게, 장례식장에 둘러앉아 발인 전날 밤 술 한 잔씩 하면서 돌아가면서 얘기하는데, 그런 이야기가 있더라고요. 그러니까 느낌이 '너무 존경하는 운동가' 이게 아니라 "나랑 훈구 형이랑, 훈구 형이 나한테 그런 것도 물어봤었어", "맞아, 그래서 싸웠지", "그래서 나는 울었지, 훈구 형이 나한테 그 얘기하다가 울더라" 이런 게 다 있는 거예요. 그리고 그 모든 순간에 형이 진짜 진심이었을 거라는 걸 알죠. 그건 모두가 아는 거예요. 그 자리에 있던 모두가. '그래서 모두 그리워하는구나' 싶은….

(공유정옥에게 이훈구는?) '언니.' … 한때 언니라고 불렀었어요. 그거는 저 때문이 아니라, 아마 2006년, 7년 그 무렵에 최민희라는 동지가 잠깐 상근을 왔는데, 이 친구가 자기 아버지랑 훈구 동지가 나이가 같다고 그랬었어요. [웃음] 그래서 장난으로 "아빠" 이렇게 한 번 불렀어요. 근데 훈구 형이 막 "야, 너! 어떻게 나한테 그럴 수가 있냐?" 약간 노발대발. "그럼 뭐라고 불러요?" 하니까 "언니라고 불러"라고. 그래서 그 친구가 훈구 형을 "큰 언니", 저를 "작은 언니" 이렇게 잠깐 불렀고요. 저는 "훈구 형", "훈구 형" 그랬지만, 어쨌든 저도 가끔, 언니가 없어서 그런지 좀, 진짜 언니 같은 게 있는 거죠. (그걸 조금 더 풀어 얘기해 보면?) 예를 들면 일을 같이하는 걸 떠나서 그냥 사람으로. 음, 근데 진짜 너무 다른 사람인데 나를 너무 잘 알아주는 사람이었어요. 오해하는 일들이 있었지만. 결론적으로… "형, 나 알잖아요. 나 원래 그런 거 알잖아요?" 그냥 이렇게 말할 수 있는 사람이, 저는 그전에는 진짜 없었거든요.

그리고… 어, 여태까지 살면서, 제가 우는 걸 제일 많이 본 사람은 앞으로도 훈구 형밖에 없을 것 같아요. 이제 거의 안 울고 살거든요. 근데 예전에는 뻑 하면 울었는데. [웃음] 화나도 울고, 힘들어도 울고. 진짜 많이 울었는데…, 혼자 운 게 제일 많고 그다음에 훈구 형이 제 눈물을 제일 많이 봤을 거예요. … 아, 그리고 훈구 형 앞에서 별로 안 감춰도 되고요. 그러니까 처음에는 막 부끄럽고 미안하고 여러 가지가 있었는데, 나중에는 그냥 울어도 되는 사람. 그리고 훈구 형도 많이 울었죠. (어떨 때 울어요?) 속상할 때 많이 울었던 것 같아요. 근데 저같이 막 "엉~엉~" 계속 울면서 얘기한다기보다는 얘기하면서 좀 우는, 그래서 "형, 울어요?" 그러면 "나는 울면 안되냐?" 이러고. 한 열댓 번은 운 것 같아요.

그래서 나중에 훈구 형 보내고 나서 재광이 형하고 둘이 술 먹으면 재광이 형은 막 "꺼이~ 꺼이~" 우는데 저는 그 정도까지 안 울고. … 재광이 형이랑 그런 얘기를 했었어요. 음… 약간 우리가 세 자매? 삼남매? 삼형제? 셋이 2005년 그 힘든거(상근자 파동) 딱 지나고 한 1, 2년은 서로 걱정하고 그랬는데 저는 제일 어렸기 때문에, 이 언니들이 "우리 막둥이, 그래, 괜찮아, 잘했어, 잘했어" 약간 이런 정서적인 게 있었죠. 그렇게 직접 말하는 사람들은 절대 아니에요. 근데 저는 어쨌든 재광이 형이 남았지만, 재광이 형은 그런 형이 없어진 거죠. 그래서 재광이 형이 훨씬 더 아프게 운 거고. 사람들이 살면서 부모나 가족으로부터 그런 걸 받기가 힘든데, 훈구 형은 "아, 괜찮아, 괜찮아" 이런 걸 정말 많이 준 사람.

아마 다른 동지들도 이렇게 표현할지 모르지만, 제가 느끼기엔 '형이 저 사람한테도 이렇게 그 매직을 썼겠구나' 그걸 일부러 쥐어짜서 쓴다기보다는 그냥 훈구 형이 그런 사람인 것 같다는 생각이 들더라고요. 다독이면서 "조금 더 해볼까? 넌 어때?" 이렇게 가서 약간 "응?" 이러는 거, [표정을 지어 보이며] 훈구 형 표정이 있거든요. "응?" 이런. 장례식장에서 사람들 모습 보면서 "'뭔데?' 막 이렇게 하는 거를 곳곳에 하고 다녔구나. 그래서 이 사람들이 여기 와서 이렇게 우는구나' 하는 생각이 들었어요.

손진우가 만난 이훈구

짧은 기간이었지만 노힘에서 활동했고 2009년경 한노보연에 참여해 이훈구와 같이 활동했던 손진우는 이훈구에 대

사진7-9. 2018년 이훈구 집들이. 왼쪽부터 손진우, 이훈구, 이나래, 김재광.

해 다음과 같이 기억하고 있다.

(이훈구의 문제의식들을 얘기해주면?) 제가 보기에는 초반부터 "세상과 연루되어야 한다"라는 표현을 제일 많이 썼거든요. "운동권 사투리 버려야 된다", "연구소의 이야기를 중학교 2학년도 알아들을 수 있게 만들어야 한다" 이런 주장도 굉장히 많이 하셨어요. [웃음] (노힘 때도 그랬어요?) 노힘 때는 그렇지는 않았던 것 같고요. 노힘 때는 그런 얘기보다는 "어떻게 열심히 투쟁할 거냐"가 중심 얘기였던 것 같고요. 저는 그런 지점도 되게 좋았어요. 그래서 저도 연구소로 오게 된 계기가 사실 '그냥 노동자 투쟁 열심히 하고 지지 복무하면 좋은 세상 오는 게 아니구나' 해서, 이제 새로운 고민을 하다가 연구소에 왔는데, 훈구 형도 정말 그런 고민을 하고 있고. 그러니까 너무 반갑기도 하고. 코드가 맞을 수도 있다는 생각도 하고, 경계도 했지만요. [웃음]

(이훈구 하면 떠오르는 기억은?) 시야…. 그러니까 사람을 어떻게 만나야 하는지, 활동가가 어떤 진정성을 가지고 사람들을 만나야 하는지, 어떤 마음으로 누군가를 대해야 하는지, 이런 걸 가장 많이 보여준 사람이기도 해요.
2002년도에 노힘에 있을 때, 훈구 형이랑 같이 부산을 내려갔었거든요. 그때 대선 실천단 관련해 막 여러 지역을 돌았어요. 그때 부산 사람들이 집에 가려는데 훈구 형이 다 붙들고 여관방으로 끌고 들어가요. 자기는 런닝하고 트렁크 팬티만

입고 사람들 다 앉혀놓고. 저하고 이백윤 동지랑 그때 같이 갔는데, 힘들어서 옆에서 "어이구, 죽겠네" 이러고. 훈구 형은 계속 집요하게 자기가 해야 한다고 생각하는 거, 그리고 그들도 동의할 수 있는 지점을 찾으려고 끊임없이 설득하고요. 근데 되게 신나 하면서 얘기했죠. 부산 동지들도 어쨌든 그런 이야기를 해야 하고 나누고 싶었고, 그러니까 그렇게 만날 수 있었다고 생각하거든요. 저는 훈구 형을 떠올리면 그런 장면들이 제일 기억에 남아요. 항상 누군가와의 관계 안에 존재했던 훈구 형으로.

(나한테 영향을 준 거는?) 영향이 제일 큰 건, 다른 활동가들도 마찬가지인데 사실 제 판단이 옳았는지에 대해서 '지금 내가 이 시점에 이렇게 생각하는 게 맞나'라는 보증이 안 될 때가 있잖아요. [웃음] '이래도 되나?' 뭐, 이럴 때. 리트머스 시험지처럼 물어볼 수 있는 사람이었어요. (아주 중요하지) 저는 훈구 형이 그게 너무 컸거든요. 그러니까 연구소에서 중책을 맡게 되는 일이 계속 생길 때, 집행위원장이든 아니면 반올림 활동이든 '내가 이렇게 해도 되나?'를 가장 일차적으로 확인하는 선배였죠. 그래 "이렇게 해도 될까요?" 그러면, 형은 정말 마음 편히 "그냥 저지르라"고. 저지르라는 얘기 많이 하고, "그렇지, 저질러라" 그래서 저도 다른 동지들한테 그런 얘기 많이 하거든요. "저지르면, 같이 수습하면 되니까 해보자" 이런 얘기, 그런 생각, 태도를 갖게 하는 데 굉장히 많은 영향을 준 존재죠. 지금은 다른 동료들하고 그런 얘기를 나누는 거죠.

3절
현장 프로젝트

1. 초기 근골격계 투쟁

1) 대우조선 집단 요양 투쟁과 근골격계 문제의 사회화

민의련 노동자건강사업단은 질병을 치유하는 데 그치는 것이 아니라, 그 원인을 폭로하고 노동자의 단결과 투쟁을 촉구하는 주요한 고리로 노동안전보건운동을 인식했다. 이 즈음 이들은 신자유주의 노동 유연화가 진행되고, 현장에서 노동강도가 강화하면서 전 산업에 걸쳐 확산하고 있는 근골격계 직업병에 관심을 기울였다. 근골격계 질환은 이미 알려진 직업성 질환이었고, 그 심각성을 인식해 투쟁을 벌이기 이전에도 조사 연구가 진행되었다. 그러나 2002년 대우조선 노동자들의 집단산재요양 투쟁에서 시작해 2004년까지 이어진 집단 요양 투쟁은 이 직업병 질환을 사회적 의제로 만들었다.[41]

> IMF 직후에 세진 노동강도에 의해서 당연히 … 주체들의 호응과 절실함이 기본으로 있었고. 그래서 근골격계 유해요인

---

[41]   한국노동안전보건연구소, 『한국노동안전보건연구소 10년사』, 2013, 24~27쪽.

투쟁을 중심에 두었고. … 풀무원, 두원정공, 로템 같은 데가
몇 군데 있는데, 실제 이 싸움을 기획한 주체들이 인식이나
힘을 쏟는 게 다른 점이고. (그걸 통해서 뭘 하려고 한 건지?) "신자
유주의 분쇄, 노동강도 완화, 원인을 잡아 패야 한다" 그걸 가
지고 밀어붙일 힘을 가진 주체들이랑 골병도 잡아야 하고, 원
인도 찾아야 하고요. 뒤에 가서는 노사가 원만하게 하는 데랑
또 중간에서 우왕좌왕하는 곳과는 다르고. 공통점은, 이게 삶
전체와 인간관계 전체로의 확장을 안 하니까 그냥 "좋았지,
돈 많이 받지" 이러고 끝이라는 거예요. 근데 싸운 노동자들
은 징계당하고, 감봉당하고, 해고당하죠. 두원정공도, 풀무원
도. 거기는 정말 "뭐가 핵심이다"라는 걸 우리와 똑같이 생각
하고 힘을 쏟고 공을 들였지. 그래 나름대로 의미 있는 과정
과 결과를 만들어 냈죠.(이훈구 구술)

이들은 이 투쟁의 의의를 전국으로 확산시키고 조직하
기 위해 2002년 9월 6일 근골격계 직업병 공동연구단(이하
'연구단')을 구성했다. 연구단은 투쟁과 현장 연구 확대를 위
해 2002년 하반기 두원정공(자동차 부품 제조) 연구 사업을 시
작으로, 2003년 풀무원 춘천공장(식품), 현대자동차 울산공
장(완성차 제조), 오픈에스이(데이터 입력 작업), 삼호중공업(선
박 건조), 쌍용차 창원공장(완성차 제조), 철도 수색사업소, 서
울도시철도(전철 여객운송), 기아자동차(완성차 제조) 카니발 라
인, 태평양 밸브(자동차 부품 제조), 부산 일반노조 상용직 노동

자 등 다양한 연구 조사를 진행했다.[42]

연구단의 연구는 보고서 제출로 끝나지 않고, 집단 요양 투쟁과 현장 투쟁으로 이어졌다. 특히 연구단은 대우조선, 두원정공, 현대차 울산공장, 풀무원 춘천공장, 삼호중공업, 금속노조 충남지부 등과는 긴밀한 실천투쟁을 함께 벌였다.

이훈구는 당시 지역 간에 편차가 크게 나타나던 상황에서 큰 그림을 그리기 어려웠고, 오히려 한 사업이라도 제대로 해야 한다는 생각이었다고 기억한다. 당시 근골격계 투쟁을 펼치는 주체들 사이에도 이 투쟁을 바라보는 시각 차이가 크게 있어서, 전체 활동의 상을 그려내는 데는 한계가 있었다.

초기에 사람들이 없었는데, 연구소도 로템에 정수가, 충청에는 인아가 가고, 내가 서포트하러 돌아다니고, 상근자들은 배울 겸 훈련 겸 인터뷰하러 다니면서 녹취 풀고 이런 시스템으로 했죠. 대개 의미 있지만, 아쉬움은 좀 있는데, 사실 싸워서 법이 만들어졌잖아. 세계 유일한 근골격계 유해요인조사라는 게. 물론 다른 나라도 위험성 평가라든지 다른 방식이 많지만, 근골만으로 법제화된 것은 우리나라가 처음이니까 투쟁이 되게 파괴력이 있었던 거예요. 정부가 제도적으로 잡으려고 법을 만든 거니 보통 파워가 아니었다고 봐야죠. 그런데 다 흩어져서 각자도생하다 보니 지역별 편차도 크고, 우리는

42   앞의 책, 24~27쪽.

큰 그림보다는 "하나라도 제대로 해보자"라는, 약간의 역편향 같은 것도 있었다고 봐요.(이훈구 구술)

투쟁 주체들 사이에 근골격계 투쟁을 바라보는 관점의 차이는 근골격계 투쟁이 시작된 기점을 언제로 보느냐는 것에서부터 드러났다. 노건연/원진 쪽은 근골격계로 확인된 전화교환원 건으로 보고, 연구단 쪽에서는 집단적 투쟁을 시작한 창원의 로템이나 대우조선으로 보았다. 또 다른 차이는 노건연/원진 쪽은 "근무 중 치료"를 제기했고, 연구단 쪽은 "아프면 나가서 치료받아야 한다"라고 주장했다는 점이다.

당시 두 가지 쟁점이 있었는데 첫째는 근골 투쟁은 언제부터 시작됐느냐. 이걸 원진은 전화교환원에서 찾아요. 우리는 창원의 로템이나 대우조선에서 찾죠. 집단적 행동을 했느냐 안 했느냐, 노동강도의 측면에서 접근했느냐 안 했느냐. 이렇게 보는 거랑은 다르죠. "근골격계 여기 있어요" 이런 게 근골격계 투쟁은 아니다, 엄밀한 의미에서 우리가 규정하는 근골격계 투쟁은 다르므로. 둘째는 원진이 "근무 중 치료" 어쩌고 하면 우리는 "무슨 개풀 뜯어 먹는 소리냐, 아프면 나가서 치료를 받아야지" 그랬고요. 원진은 "회사 입장도 있고 이 사람 나가면 어떻게 할 거냐" 이렇게 논쟁이 붙어서 꽤 오래갔어요. 노조 집행부는 두 쪽이 다 와서 그러니까 갑갑하지. 그래서 대의원들 있는 데서 둘이 토론하라고 해서 토론하고 그랬지. 초기 근골격계 투쟁에 대한 몰이해, 다른 이해에 대한 전형적

인 사례죠.(이훈구 구술)

이러한 투쟁 과정에서 투쟁 주체들은 전국 공동대응의 필요성을 인식하고, 전국노동자연대를 조직했다. 전국노동자연대는 한편에서는 사업장 투쟁을 같이했고, 다른 한편에서는 경총에 대한 대응 등 전국투쟁을 이끌었다. 전국노동자연대는 2004년 하반기까지 노동강도, 집단 요양, 현장 개선투쟁을 선도하는 연대체로서 주요한 역할을 하였다. 그 때문에 공동대표였던 이훈구는 초기 근골격계 투쟁 과정에서 가장 기억에 남는 것이 바로 전국노동자연대의 결성이라고 했다.

(근골 투쟁 조직할 때 가장 기억에 남는 것은?) 근골 투쟁할 때, 단위사업장 혹은 노동조합, 현장조직, 단체, 그런 것을 뛰어넘어서 의제를 중심으로 해서 같이 모이고 같이 행동하는 시도는 되게 의미 있죠. … (전국노동자연대는) 노동조합 대표로 조민제, 현장조직은 대우조선에 김정곤, 단체는 나, 이렇게 3명이 공동대표였어요. 그래서 경총 앞에서 데모도 하고, 경총이 '안전보건대응지침' 책자 내면 "이런 걸 쟁점화해야 한다"라면서 그걸 가지고, 단위사업장의 근골 얘기를 놓지 않으면서도 공동 사안을 가지고 싸우고. … 그런데 지속하지 못한 거야. 단위사업장이라는 틀이 세게 작동하니까. 긍정성에도 불구하고 한계가 있었다고 봐야지. 소문이 나다 보니까 두원정공처럼은 못해도 흉내를 내고 환자를 찾고, 치료하고, 약간의

노동강도를 완화하는 접근까지 가는 시도들이 많이 있었던
거지. 그런데 집단적인 경험의 정도와 질은 사업장마다 달랐
죠.(이훈구 구술)

2) 신자유주의에 맞선 노동운동으로서 근골격계 투쟁이 가능했던 이유와 의미

신자유주의에 맞선 근골격계 투쟁이 가능했던 이유는 전
산업에 걸쳐 노동강도가 강화되면서 노동자들의 몸에 문제
가 생겼기 때문이다. 그 때문에 한노보연은 노동자들의 건
강과 삶에 대해 문제를 제기하면서, 동시에 그 원인인 노동
강도 강화와 그 근저에 있는 자본의 노동 통제 문제, 노동자
들의 자기 결정권이 침해당한 것에 대한 문제를 제기했다.

(근골 투쟁의 의의를 지금 연구소가 잘 이어가고 있는지?) 음, 잘 이어
가고, 이어가려고 애쓰고 있죠. 특히 전 산업 혹은 노동 유연
화된 주체들, 유연을 강요받는 주체들의 현실 요구에 부응하
려고 하는 다양한 시도, 확장된 시도는 의미가 있다고 봐요.
잊지 말아야 할 것은 "일하는 사람들의 몸, 모든 일하는 사람
들의 몸과 삶이 무엇보다 중요하다" 이것만 얘기하면 한 면
인 거고. … 한 면만 강조하면 "내가 제일 중요해" 이러면 끝
나잖아요. 잘못하면 눈앞에 있는 적들만 보게 되거든요. 예를

사진7-10. 2004년 11월 노동자대회 전야제에서 선전전에 참여 중인 이훈구(오른쪽에서 두 번째).

들면 문 기수의 싸움43에서 잘못하면 마사회만 탑으로 찍을 수가 있잖아요. 또 태움으로 인한 자살이 병원으로만 끝날 수 있잖아요? 당연히 병원, 마사회, 잡아야지. 그런데 "왜 이들 이 이렇게 되었나?" 태움의 원인을 같이 얘기해야 내 급도 올라가지, 그냥 그렇게 싸우면 그 나물에 그 밥이에요. 우리 마음만 다쳐. 이들은 큰 시스템 중에 일부잖아. 우리 몸값을 올리려면 대정부 투쟁을 잘해야 해. 그게 정치투쟁이지. 여론 몰이도 할 수 있고, 다양한 참여와 관심을 유발할 수 있는 거

---

43 부산경마장의 기수였던 문중원은 마사회의 부조리, 무한 경쟁 등 경마 산업의 부조리에 저항해 2019년 11월 29일 스스로 목숨을 끊었다. 이에 '한국마사회 고 문중원 기수 죽음의 진상 규명과 책임자 처벌을 위한 시민대책위원회'는 진상 규명과 책임자 처벌, 제도 개선을 요구했다.(http://yolsachumo.org)

죠.(이훈구 구술)

이훈구는 근골격계 투쟁 이전에도 문송면 사건, 원진레이온 직업병 투쟁 등이 있었지만, 근골격계 투쟁과는 차이가 있다고 말했다. 전자가 주로 사망 등으로 보상받는 방식으로 끝났다면, 근골격계 투쟁은 다수가 고통받고 있으므로 모든 일하는 노동자가 주체가 될 수 있고, 주체가 되어 작업 통제권을 갖도록 제기할 수 있다는 점에서 의미가 달랐다. 이훈구는 근골격계 투쟁을 통해서 한노보연이 "(노동자들의) 보호와 예방에 무게중심이 옮겨"가는 방향으로 확장해 가고 있다고 말했다. 나아가 이훈구는 모든 노동자가 근골격계 문제만이 아니라 모든 문제로부터 자기 결정권을 행사할 수 있고, 자신의 노동조건, 노동을 들여다보고 드러낼 수 있는 실체와 연합 같은 것이 만들어져야 한다고 제기했다.

> 뭐냐면 산재 사망은 문송면도 그렇고, 원진은 단위사업장 문제에서 엄청난 사건인데. 이황화탄소 중독 질환으로 죽어가고 있는데, 계속 돈 얘기만 하는 거예요. 그들의 노동, 고통은 아무도 몰라. 거기서 대행한 애들의 밥그릇 싸움, 수당 얼마 당겨오는 것만 하고 있어. 얼마나 처참한 거야. 그러다 잊힌다고.
> 그러면 이전과 다른 건 뭐냐? 우리가 초기에 얘기했던 게, 사망보다는 다수의 경험이고. 그래서 근골을 주목한 거예요. 훨씬 더 많은 사람이 경험하고 있고 고통받고 있는 것. 왜냐면

거기에 우리의 얘기가 있잖아요. 모든 일하는 노동자들이 주체가 되는 거예요. 자기 작업장을 통제하는 거, 그거죠. 모든 노동자가 주체가 되어 통제할 자기 결정권을 행사하는 것. 그러려면 죽음보다는 아픔을, 비교할 수 없겠지만, 그리고 그건 그것대로 이건 이것대로 중요하겠지만. 그래서 근골을 얘기하고 연구소가 조금 더 진전되는 게 뭐냐? "보호와 예방에 무게중심이 옮겨가야 한다" 이렇게 확장하는 거죠. 이제는 모든 노동자가 근골만이 아니라 모든 문제로부터 자기 결정권을 행사할 수 있는 자기 노동조건, 자기 노동을 들여다보고 드러낼 수 있는 그런 실체와 연합 같은 것이 만들어져야 한다는 점에서 연구소는 이미 보호 예방이라는 것을 던졌죠. "보호 예방 중심으로 가야 한다" 그러니까 자연스럽게 보건의료, 상병수당, 산재보험, 의료보험, 통합 문제, 이런 게 과제로 오게 되는 거죠. 그래야 노동안전보건이 살아요.(이훈구 구술)

2. 현장 프로젝트의 방향과 개별화된 노동자들

1) 현장 프로젝트 방향: 노동자를 주체로

한노보연의 주요 사업은 현장 프로젝트였다. 이들의 현장 프로젝트는 여느 단체들의 방식과 차이가 있었는데, 이는 노동안전보건활동 방향의 차이를 반영하는 것이기도 했다. 한노보연의 현장 프로젝트 연구는 연구 주제가 무엇이든·우선 노동조건 전반에 대한 조사를 기본으로 했다. 그 내용은 사업장의 고용 방식, 임금, 노동시간, 작업 방식, 노동강도, 작업장 환경 등 노동자들이 일하는 노동환경 전반을 포괄하였다. 두 번째는 구체적인 연구 주제로, 구체적으로 노동자들이 앓고 있는 질환을 확인하며 그 원인을 현장에서 찾는 작업을 한다.

사업장의 구조나 기전을 분석하는 데는, 예를 들면 노동조건 전반에 대한 조사, 그럼 이런 게 다 들어가겠죠? 노동강도를 둘러싼 임금이 어떻고, 시간이 어떻고, 업무량이 어떻게, 작업 방식이 어떻고, 고용이 어떻고, 근무 형태가 어떻고. 이런 게 다 들어갈 거 아니에요? 노동강도 전반이죠. 그다음 물리적 환경, 소음은 어떻고, 조도는 어떻고, 뭐 분진은 어떻고, 이런 여러 노동조건을 중심으로 한 조사가 하나 있고요.
또 하나는 골병이라고 하는 근골격계 질환을 가지고 하는 게 있어요. 예로 여기 산재가 났는데 근골격계 질환이면, 이건 직종과 상관없이 우리나라뿐 아니라 국제적으로도 30~60% 까지는 이 질환의 위험에서 벗어나 있지 않다는 거예요. 그니깐 중량물을 작업한다든지, 계속 반복 작업을 한다든지. 이럴 때 이 골병 요인이 있거든요. 이게 근골격계 질환이니깐 증거잖아요? 그럼, 이 증거를 놓고 원인을 찾아요. 원인은 현장에 있잖아요.(이훈구 구술)

한노보연이 주목하는 것은 현장에서 질환의 원인에 대해 가장 잘 아는 사람은 바로 '노동하는 현장 노동자들'이라는

사진7-11. 2004년 10월 8일 로템 근골격계 직업병 노동자 산재 요양 전원 승인 요구 투쟁 선포식.

것이다. 그 때문에 한노보연은 노동조합에 '실천단'을 만들게 해서 조사 과정 전체에 참여시킨다. 그들 자신의 노동을 보게 하고, 또, 활동할 사람을 남기기 위해서, 현장 노동자들이 연구팀과 같이하는 방식이다. 이는 '참여 행동 연구'로 불린다. 이런 방식으로 연구 작업을 진행하고, 그 결과를 토론회, 교육 등을 통해 노조 간부, 실천단, 조합원들과 공유한 뒤에 현장 개선을 위한 실천 방안을 모색하도록 했다.

실제 두원정공, 갑을오토텍처럼 노조가 '실천단'을 구성해 같이 작업한 뒤 문제를 해결해 나간 경우가 있지만, 노조에서 부담을 느껴 연구팀이 보고서만 제출한 곳들도 있었다.

여기서 연구소가 주목한 건, "원인은 현장에 있다, 현장 노동자가 현장을 제일 잘 안다"라는 거죠. 개선 방향을 우리가 보고서에서 낼 순 있어요. 토론을 통해서 "이렇게 개선하시오, 원인이 이거니깐 이걸 바꾸시오, 그다음에 증상 있는 자들이 이만큼 있으니깐 이걸 치료하시오" 이렇게 요구를 낸단 말이에요. 이게 끝이 아니고요. 원인 진단을 할 때 설문도 하고, 인터뷰도 하고, 뭐, 교육도 하고, 다양하게 할 거 아니에요? 그럼 이 노동조합에 '실천단' 같은 걸 만들었어요. 조사 과정 전체가 "노동자들이 자기 노동을 볼 수 있게 하는 과정", 또 "사람을 남기는 과정"에 주목했거든요. 그게 우리 식으로 하면 '참여 행동 연구'라고. 그래서 "현장 노동자가 제일 잘 아니깐 현장 노동자 중에서도 문제 인식이 있고, 이런 조사 활동을 같이할 사람들, 이들이 나중에 현장을 개선하기 위한 초동 주체가 돼서 할 수 있는 사람들을 구성해서 하자" 이렇게 보고서를 내고요.

근데 노조 입장에서 보면, 이게 잘되면 성공적인데 잘 안되면 부담이죠. 왜냐면, 이 사람들 시간을 빼려면 사용자 측이랑 협의하고 합의해야 하잖아요. 이런 게 다 부담되니깐 "아, 그냥 돈 주면 보고서 내주면 되지, 뭘 복잡하게 해…" 이런 집행부의 성향에 따라서 그렇게 하기도 하고. 다 똑같이 된 건 아니고 스펙트럼이 다양했죠.(이훈구 구술)

2) 총자본의 대응과 개별화된 노동자들

초기 근골격계 투쟁은 신자유주의에 맞신 돌파구로서 노동안전보건운동의 위상을 높인 투쟁으로 사람들의 기억에

강렬하게 남았다. 그러나 정권과 자본에 의한 법제화를 거치면서 투쟁이 사그라졌다. 이에 대해 이훈구는 총자본은 근골격계 투쟁을 '노동과 자본의 대립'으로 보고 적극적으로 개입했는데, 노동자들은 '개별의 문제'로 전환했기 때문이라고 보았다. 이런 상황을 이훈구는 다음과 같이 기억한다.

> 싸움이 그렇게 안 된 거지. 그러니까 총자본은 노자 간의 힘겨루기에 핵심 고리로 보고 들어왔는데, 이쪽은 나만 안 아프면 되고, "근골이 산재야?", "당근이지, 집행부에 가서 얘기해" 이 정도에 머무는 거예요. 이걸 못 넘어가는 거지, 계속. 내 몸이 얼마나 소중한지가 아니라 "보상은 어떻게 된대?" 이런 식으로. … 노자 간의 접점은 없어지고 개인이 남은 거죠. 저쪽은 "앗, 뜨거" 해서 법까지 만들었어, 세계 유일한 법을. 우리는 "개새끼들" 이러고 말고. 시도를 안 한 건 아니야. 공동조사단이라든지 공동투쟁위원회를 만든다든지, 실천단, 이런 것들을 시도는 했지만, 단위사업장별 수준의 기획, 준비가 만약에 안 됐으면 그다음에는 그걸 넘는 뭔가를 해야 했는데, 그러지 않은 거지.
> 저들이 법제화하려고 할 때 "이 법이 어떤 법이다, 경총 안전보건위원회는 뭘 지침으로 냈는데, 이걸 뒤집어 얘기하면 우리에게 답이다" 교육하고 다녔는데, 한노보연이 교육을 했으면 얼마나 했겠냐고. 몇 명이나 했겠어요? 그 얘기를 몇 명이나 들었겠어.(이훈구 구술) ——

한편, 노동자의 몸과 삶을 전면에 걸고 싸우는 이슈로서 근골격계 투쟁이 위치 지어졌다면, 다른 문제들은 그 정도 위상을 갖고 투쟁을 조직하지 못했다. 한노보연이 이 시기 진행했던 프로젝트인 직무스트레스나 심야노동 문제는 근골격계 문제보다 소수였기 때문이다.

예를 들어 유성기업은 "밤엔 자고 싶다"라는 슬로건을 가지고 주간연속 2교대 투쟁을 벌였다. 노동자들은 사업장 차원에서 투쟁을 벌였는데, 자본 측은 유성 자본만이 아니라 자동차업종 총자본으로 대응했다. 그 때문에 유성기업 노동자들의 투쟁은 고립되어 실패했다.

실제 직무스트레스나 심야노동 문제도 똑같은 맥락의 연장선에 있어야 했지. 그래서 노동강도 얘기도 그렇고, 우리가 '4대 실천 의제'에 넣은 이유도 그런 건데, 그게 노사의 첨예한 접점이고요. "자동차 울산공장에 취직했으면 24시간 심야노동 당근이지 뭐, 아니면 다른 데 가든지" 이런 거랑, "아, 나는 자야 해, 난 모르겠고 밤에는 자야겠어" 이런 거랑은 완전히 다른 거지. 그런데 이게 근거는 뭐가 있느냐? 상처, 흔적이 남잖아요. 심야노동해서 잠 못 자서 불면증 걸리고 과로사하는 사람들이 있긴 있는데 소수야. 그만큼 현재성, 가시성이 다르다는 거죠. 그런 점에서의 다름이지.

예를 들면 유성의 "밤엔 자고 싶다" 주간연속 2교대 투쟁이 왜 고립되었을까. 연구소 입장에서 거기다 불을 질렀단 말이야. 문제 제기한 거예요. 그 동지들이 완성차보다 더 열심히 했어. 그런데 개 박살 났고요. 1대 1로 붙으니까 (총자본이 유성 투쟁을) 완전히 죽여 버린 거야. 왜냐면 유성을 죽여야 울산공장이 살거든. 자본 측은 유성만의 문제가 아니라 자동차산업 전반인 총자본의 문제로 대응했거든요.(이훈구 구술)

이훈구는 심야노동 문제에 대해 노동자들이 "밤에는 집에 가서 자는 것이 당연하다, 그러기 위해서는 밤 11시에는 퇴근해야 하고, 하루 8시간이 아니라 7시간 노동해야 한다"라는 것으로 고민해야 하는데, '3무' 중에서 임금 보전을 중심으로 삼았다고 지적했다. 그는 임금 문제가 노자 간 이해관계의 첨예한 지점이지만, 노동자들이 임금으로만 해결하는 방식으로 접근하면서, 결국 "임금을 왜 달라고 하는가"의 문제가 사라지고, 앙상하게 '돈'만 남게 되었다고 말했다. 그 결과, 총자본은 현대자동차나 부품사 노동자들의 노동시간 문제를 손쉽게 '돈'으로 해결하고, 노동자들은 개별화되었다는 것이다.

주간연속 2교대제의 경우 현대자동차 모델은 완전히 누더기가 되었지. '3무'는커녕 0.25시간 그걸 돈으로 환산하고, 돈 주면 다 양보하고. 이렇게 되니까 12시 넘어서 1시, 2시까지 막 일하고. … 그러니까 총자본의 입장에서는 현대자동차를 막은 게 성공한 거죠. 그 비용 아무것도 아니거든, 줘도 되거든. 밑으로는 부품사는 다 완전히 누더기가 되었지. "현대자동차도 저러는데 무슨" 이러고요.

그런데 두원정공 조합원들은 이렇게 생각한다는 거예요. "일을 하루에 7시간 해야지"로 자연스럽게 연결된단 말이야. "아니, 왜 8시간이야? 출퇴근하고 어쩌고 하면 7시간만 일하면 되겠구먼" 그래 그렇게 디자인된 거야. "앞으로 6시간으로 줄여야겠네"라고 되어야 하는데.

가치와 의미보다는 현찰, 현찰 중요하죠. 개인적으로 현찰을 너무 경시한 건 아닌가. [웃음] 근데 우리 정서랑 안 맞는 거야. 우린 약간 취지와 가치 중심적인 게 있잖아? 오히려 "왜 현장은 돈을 그렇게 밝히나"라면서. 이유가 있단 말이지. 그게 옳고 그른 것을 떠나서, 그런 과정과 현실적인 이유가 있단 말이에요. 그런 것을 같이 보면서 가야 하는데….(이훈구 구술)

3. 현대자동차 노조 프로젝트

1) 2004년 주간연속 2교대제 연구

자동차산업 노동조합들은 야간노동 축소와 폐지를 위한 교대근무 체계 개선 방안으로 주간연속 2교대를 제기해 왔다. 현대자동차 제도개선위원회에서도 검토했으나, 1997년 11월 외환위기가 터지면서 논의가 중단됐고, 노동시간 단축을 통한 고용 안정 확보로 논의가 이동했다. 그 뒤에는 정리해고 저지 투쟁의 실패로 잠시 거론되는 수준 이상을 넘지 못했다.

2004년 들어서 '주간연속 2교대 및 월급제' 요구가 노동자 건강권과 인간다운 생활을 영유할 권리를 확보하는 투쟁으로 주목받기 시작했다. 이는 IMF 이후 상시적인 잔업과 특근, 철야, 노동강도 강화, 고령화, 과로사 등 노동자의 건강과 생활이 심각하게 파괴된 현실을 반영한 것이며, 그 핵심 원인 중 하나가 야간노동이라는 것이 확인됐기 때문이다.

이에 현대자동차노조는 2004년 3월부터 '근무 체계 변경을 위한 프로젝트' 연구팀을 구성했고, '야간노동 철폐 및 주간연속 2교대 실시'를 위한 연구를 시작했다. 프로젝트는 기획 초기부터 교대제와 관련된 모든 영역(임금, 해외 생산, 건강, 국내외 교대제 사례 등)에 대한 조합의 요구를 수용해 진행됐다. 여러 단체가 모여 진행한 프로젝트 연구에서 한노보연은 초기부터 건강 문제에 대한 전문적인 역할 중심으로 결합했다.

이 프로젝트는 상시적인 고용불안에 대한 조합원 인식, 강화된 노동강도, 야간노동 및 교대제 등 장시간 노동으로 인한 노동자의 건강 악화 상태 등을 확인하고 쟁점화하는 계기가 됐다.[44] 한노보연은 이 프로젝트에서 '심야노동 폐지'를 주장했다. 사회적으로 꼭 필요하지 않다면 심야노동을 없애야 한다는 것이다. 심야노동을 없애려면 기존의 노동강도, 임금, 노동시간을 조정할 구상이 필요했다. 이에 한노보연은 "노동강도 강화 없는, 임금 하락 없는, 노동시간 연장 없는" 심야노동 폐지가 필요하다는 '3무 원칙'을 제시했

---

44 『2005년 한국노동안전보건연구소 제2차 정기총회』, 108~109쪽.

다. 나아가 이훈구는 '3무 원칙'의 문제 인식인 "일하는 사람의 요구에서 출발한 다른 셈법"을 제기했다. 그 셈법은 임금에 대한 다른 셈법, 노동강도에 대한 다른 셈법, 노동시간에 대한 다른 셈법으로 구성되었다.

우선, 임금 문제를 보면 자본가들은 노동자들이 이익에 기여한 만큼에 따라 임금을 지급한다고 하고, 노동자들도 그에 따라 임금을 지불받는 방식이 고착되었다. 그런데 이훈구는 노동자들의 셈법은 '자신의 필요에 따라 임금을 결정'할 수 있어야 한다고 했다.

> 임금은 성과급, 직무급처럼 표현은 여러 가지가 있겠지만, "이익에 얼마큼 기여하느냐에 따라 돈을 주겠다"라는 게 임금노동-자본주의의 핵심이고 이걸 깨야 한다는 거예요. 그런데 노동자들 스스로 고정화하고 있는 거지. "필요가 얼마냐?" 이렇게. "얼마나 필요해?", "그럼 이걸 받아야지" 이렇게 임금 셈법이 바뀌어야 해요. … 노동자의 임금 셈법은 "경영상 문제가 있어, 그래서 잘 안됐으면 먹고살게 해줘야 할 책임이 니들한테 있고, 개별 자본이 안되면 사회가 그걸 책임져줄 필요가 있다" 이렇게 셈법을 바꾸는 거죠.(이훈구 구술)

이어 이훈구는 "노동강도에 대한 셈법" 역시 "정년퇴직하고도 육체적으로 정신적으로 건강"할 정도의 노동환경을 만들어야 한다고 제기했다. 현대자동차 노동자들은 2인 1조 작업에서 1인이 5시간 집중해서 일하는 동안 다른 1인은 쉬는 시간을 갖는다. 2인의 일을 1인이 몰아쳐서 해야 하므로 노동강도는 엄청나게 강해진다. 그런데도 노동자들은 "5시간 일한다"라는 것만 기억하고, 5시간 동안 몰아치기를 했던 것에 대해서는 기억하지 않았다.

노동강도도 "할만해, 버틸만해" 이게 아니라 "정년퇴직하고도 젊었을 때처럼 육체적으로 정신적으로 건강할 수 있는 노동환경을 갖춰야 해"라고 요구하는 거죠. 현대자동차 조사해봤더니, 공정에 두 사람이 작업해요. 예컨대 타이어 조립 공정에 타이어 앞바퀴, 뒷바퀴가 있을 거 아니에요. 오른쪽을 보면 작업자 2명이 배치되어 있어. 한 사람이 두 사람 작업을 다 하는 거예요. 그럼 한 사람 어디가 있느냐, 구석에서 놀거나 자고 있어. 옛날에 열 시간씩이었다면, 한 사람이 다섯 시간, 또 다른 사람이 다섯 시간 하는 거예요. 근데 사용자 측도 이걸 알아. "너희, 두 사람이나 달라고 해서 줬는데, 지금 혼자 다 하고 있잖아" 이렇게, 그리고 압박을 해요.
근데 더 중요한 문제는 노동자들이 "그래, 나 다섯 시간밖에 일 안 해" 이것만 기억해요. 2인이 하는 작업을 5시간을 몰아서 쉬려고 5시간 동안 어떻게 일하는지는 생각을 안 해. 그니까 5시간 동안은 막, 날아다녀요. 이런 몰아치기 같은 게 여긴 유행이야. … 그러니깐 쉬려고 확 달려야 했다는 걸 기억을 안 해. 그리고 힘들다고 그러죠.(이훈구 구술)

또 다른 문제는 노동자들이 5시간 몰아서 일하고 5시간

쉬면 피로가 누적되어 피로 해소는 더 더디다는 것이다. 오히려 30초 일하고 30초 쉬는 것이 피로가 누적되지 않는다는 것을 모른다. 그 때문에 이훈구는 노동은 '몸에 부하가 안 걸릴 정도로' 해야 한다는 인식과 셈법의 전환이 필요하다고 제기했다.

한편, 노동시간은 길이만이 아니라 배치도 중요하다. 이훈구는 노동자가 쉬는 시간을 어떻게 배치할 것인가에 관해 자본 측이 시키는 대로 하는 것이 아니라, "노동시간에 대한 자기 결정권"을 가져야 한다고 제기했다. 자기 결정권은 일터에서만이 아니라 자신의 삶, 자신이 사는 지역이나 세상에 대한 결정권으로 확장해 나가야 요구나 공감이 넘나든다고 보았다.

> 노동시간도 마찬가지예요. "노동시간이 OECD 1위다" 길이만 얘기해. 근데 사실은 배치도 중요하거든요. 노동자가 쉬는 시간을 어떻게 배치하느냐, 노동시간에 대한 자기 결정권이 있어야 한다는 거지. 기획은 연구나 사측이 하고, 이들은 시키는 대로 로봇처럼, 이런 게 아니라 "노동시간에 대한 자기 결정권"이 있어야, 배치권이 자기한테 있어야 한다는 거죠. "나는 한 달 동안 쭉 일하고, 한 달 동안 연속 휴가를 보내고 싶어" 이런 필요 말이에요. 자본은 어떻게 시간 기획을 하고 있는가, 노동자는 자기 시간 기획을 어떻게 할 건가. 당연히 공장에서 확장해서 일터뿐 아니라 삶터, 지역이나 세상에 대한 확장으로 가야 요구나 공감이나 이런 게 넘나들 수 있다

는 거죠. 이런 '셈법의 전환'이라는 게 필요하다는 거예요. …
현대차 프로젝트에서는 이런 의미가 있었지만, 집행부가 이
걸 못 받았죠.(이훈구 구술)

이처럼 이훈구는 "피곤하지 않을 만큼의 노동"에 따르는
"필요한 만큼의 임금"을 받아야 한다고 제기했다. 이러한 관
점을 통해 이훈구는 일하는 노동자들이 자기 노동을 찬찬히
뜯어보아야 한다는 것을 알리고 싶었다. 그래야 노동자가 정
해진 시간 동안 정해진 양만큼 노동하는 것보다, 자기 노동
전반에서 주인이 될 수 있기 때문이었다. 그러기 위해서 임
금, 노동시간, 노동강도 등에서 노동자의 기준이 필요했다.

이러한 이훈구의 "셈법의 전환"은 중요한 문제였지만, 열
심히 일하기만을 강요받아 온 대부분 노동자에게는 어려운
문제였다. 보통 노동자들은 그동안 투쟁을 통해 노동강도를
현재 수준으로 낮춰놓은 것에 만족하며 "이 정도면 됐지, 뭘
또 낮춰?"라는 반응을 보이기도 했다. 이는 이훈구가 제기했
듯이 노동자들이 강한 노동강도로 몰아쳐서 일한 건 간과하
고, 오직 근무 중에 취한 휴식에 만족하기 때문이었다. 그 때
문에 노동자들의 반응은 "자고 있는데 뭘, 또 자래"와 같이
나타났다.

특히, "심야노동 폐지" 주장에 노동자들이 동의하지 않은
건 임금 때문이었다. 대다수 노동자는 시간제로 임금을 받
고 있어서, 심야노동 시간이 없어지면 몸은 덜 힘들어지지
만, 임금이 적어진다. 노동자들은 노동시간 단축보다는 현

재 임금 수준을 유지하기를 바랐다. 대체로 "할 수 있을 때 바짝 벌어야지"와 같은 태도를 보였다. 기업 측도 생산량을 줄일 수 없다는 태도였다. 결국, 노사가 서로 다른 이유로 현 상태를 고수하려 했다.(이훈구 구술)

2) 2005년 현대자동차 노동강도 평가와 대안 마련 연구

2005년 현대자동차 노동강도 평가와 대안 마련을 위한 사업(이하 '현대차 현장 사업')은 울산 2공장 예비 평가에 이은 본 평가 사업이었다. 이 연구는 노조, 한노정연, 안양노동정책연구소와 한노보연이 공동으로 진행했다. 이 작업은 현대차 노조 교대제 프로젝트팀의 후속 작업의 필요성, 특히 "노동강도 강화 없는 주간연속 2교대"라는 정책 제안에 대한 구체적인 근거와 대안 마련의 필요성에서 시작됐다.

한노보연은 2004년 프로젝트에서 제기한 내용을 사실상 노조가 사업으로 받기 어려운 현실을 확인하면서 2005년 프로젝트 참여 여부를 고민했다.[45] 어렵게 프로젝트 참여를 결정한 한노보연은 연구진을 3팀으로 나누어, 1과제 팀은 현장 활동을 일상적으로 추진할 '실천단'을 조직하고 이를 강화할 것, 2과제 팀은 구체적인 노동강도 평가 기준을 만들어서 제시하고, 조합원이 쉽게 결합하여 전 공장으로 확대할 프로그램을 만들 것, 3과제 팀은 대안 방안을 만들 것 등의

---

45 『2006년 제3회 한국노동안전보건연구소 정기총회』, 65쪽.

역할을 담당하기로 했다.

　자동차산업에서 완성차 공장의 업무량과 속도는 모든 부
품 생산 공장과 노동자에게 영향을 미쳤다. 그 때문에 완성
차 공장인 현대차 노동강도를 들여다보는 작업은 매우 중
요했다. 연구진은 현대차 경영 자료를 분석했는데, 기업 재
무 안정성이 높아졌으나, 노동자는 더 오래 일하고 더 가난
해졌다. 즉, 임금 총액은 4배 이상 올랐지만, 실질임금은 하
락했고, 장시간 노동이 지속하고 있었다. 회사가 말한 '성장
이데올로기'는 회사의 성장이었지, 노동자들의 성장은 아
니었다.

　　'자본의 변화, 노동의 변화' 이렇게 해서 자본이 실제로 부를
　　얼마나 누적해 왔는가, 노동은 실제로 얼마나 망가져 왔는가
　　를 통사적으로 보는 거예요. 현대차 자본의 수익성이 어떻고,
　　재무 안정성이 어떻고를 경영 분석을 해가지고 같이 봐요. 그
　　리고 얘네들이 하려는 이데올로기 측면, '글로벌 탑10', '탑5',
　　'탑3', 이렇게 했는데, 그럼 이런 기준들이 실제로 어떻게 변
　　화해 왔고 노동은 어떻게 변화해 왔는가. 실제 5년 동안 봤더
　　니 자본은 엄청나게 부를 축적하고 재무 안정성이 높아진 반
　　면에 노동은 총액으로 보면 4배 이상 임금이 올랐는데, 실질
　　임금 하락에 장시간 노동, 계속 고령화되면서 가고 있는 걸
　　볼 수 있었죠.(이훈구 구술)

　연구진은 노동자가 자신을 위해 건강하게 일해야 한다고

설득하려 했다. 이를 위해서는 구체적인 수치가 필요했다. 연구진은 신체 측량 기구를 이용하여 심박 변화 등 노동자들의 체력을 측정했다. 예상한 대로 과한 노동, 몸에 무리가 가는 노동을 하고 있는 것이 나타났다.

당시 노동안전보건운동에서는 "아프지 않고, 다치지 않고, 죽지 않고" 일하는 것을 시급한 문제로 인식하고 있었고, 이는 노동자들에게 익숙한 구호였다. 그러나 한노보연은 이 구호 역시 방어적인 대처라고 판단해 더 적극적으로 나서기 위해서는 "더 안전하게, 더 편하게, 더 쉽게"를 주장하는 이른바 '3더' 운동을 내세웠다.

그전까지는 노동안전보건운동에서도 "아프지 않고, 다치지 않고, 죽지 않고" 이런 방어적인 권리를 쟁취하자는 거였는데, 이때 '3더' 얘기를 해요. "더는 누가 결정하냐? 노사가 결정하는 거다" 노사는 교섭이나 투쟁에서 결정하는데, 노동 쪽이 "노동자들은 얼마나 더 원하나? 그건 충분한가? 이런 물음이 있어야 한다" 이런 이야기들을 하면서 그 근거로 30%, 뭐, 신체 계측하고 그래서 "이 사람의 체력에, 지금 일하는 걸 봤더니 너무 과한 노동을 한다, 30% 낮춰야 한다"는 거지. 실제로 주중에 하는 노동보다 특근 때 하는 노동이 30%를 낮춘 노동이었어요. 작업량, 작업 속도가 주중이 10이면 특근은 8이나 9로 낮춰줘요. 인원은 주중에 10명이 했는데, 특근은 11명이 해. 주중에는 돈을 100을 줬는데, 특근은 150을 줘. 그러니깐 조합원들이 실제로 "주중에도 주말 특근처럼 했으면 좋겠다" 이게 한 30%쯤 돼요. 그래서 현장 노동자들의 실제 경험에서 나오는 이야기랑 심박 변화나 이런 걸 다 조사해가지고 했던 30% 요구 자체가 정량적으로 제시됐죠.(이훈구 구술)

연구진은 노조를 설득해 연구 결과를 실제 교섭에 반영시키는 것이 관건이었다. 연구진의 접근 관점과 방법도 중요했지만, 무엇보다도 당사자인 노동자들이 나서지 않으면 현장의 문제를 개선할 수 없다. 그 때문에 연구진은 처음부터 내부에 기획 선전 파트를 만들어 사업 과정 전반에 걸쳐 노동자들과 소통하기 위해 신문, 소자보, 대자보 등을 공장 선거구별로 붙였다. 각 선거구의 대의원에 따라 참여 정도가 달랐지만, 전체 참여율은 20% 안팎이었다.

연구진은 노동강도를 낮추자고 주장하면서 노동자들을 설득하려 했다. 주야 10시간 맞교대 대신 야간노동을 없애고, 주간연속 2교대로 바꾸자는 내용도 제기했다. 실제 노동자들을 대상으로 조사한 자료에 따라 '심야노동 폐지'의 현실화 방안을 제기했다. 그런데 노동자들과 노조 집행부는 연구진이 "현실을 모른다"는 부정적인 반응을 보였다.

주야 맞교대 노동은 정말 버거웠다. 그런데도 버텨야만 하는 노동자들은 2인 1조가 배치된 작업에서 번갈아 쉬는 방식을 찾아냈다. 한 사람이 두 사람 몫을 하는 동안 다른 사람은 기계 근처에서 쉬었다. "입이 허옇게 뜨고 소금꽃이 필" 정도로 한 사람이 '몰아치기' 하면 다른 사람이 잠시 쉴 수 있는 것이었다.

> "현실을 모른다"고 한 이유가 뭐냐면 현대자동차 노동자들
> 혹은 활동가들은 이렇게 생각하고 있었어요. 일을 10-10, 그
> 러니까 10시간씩 맞교대를 해요. 예를 들면 자동차 바퀴의 조
> 립은 두 명이 해요. 근데 가보면 한 명만 해요. 한 명은 자고
> 있어. 그니깐 10시간 중에 5시간씩 자기들끼리 합의를 해가
> 지고 '몰아치기'를 해요. 그러니 혼자 작업할 정도로 노동강
> 도가 낮다고 생각하고 있는데, "또 낮춰? 미쳤구만" 이런 거
> 지. "현실을 모른다"고.
> 우리도 알고 있었어요. 5시간을 쉬려고 "입이 허옇게 뜰 정도
> 로, 소금꽃이 필 정도로" 일해요. 문제는 사측이나 노동자나
> 간부들은 그 노동은 안보고 "5시간 쉰다"는 것만 보는 거예
> 요. 그렇게 얘기했는데도 잘 안 되더라고. 설명하는 데 실패
> 했죠. 활동가도 노동운동가들도 우리 제안을 사측에다 내는
> 게 어려웠어요. "이렇게 던지면 사측은 못 한다, 말이 안 된
> 다, 생산성 높이려고 바꿔주고 하는 건데" 이렇게 얘기가 흘
> 렀던 거죠.(이훈구 구술)

이훈구와 연구진은 노동시간과 노동강도 문제를 교섭 내
용에 포함시켜 회사에 요구하자고 주장했다. 그러나 노조
간부들이나 노동운동가들은 제기된 안을 회사와 교섭하는
걸 불편해했다. 노동강도를 낮추고 노동시간을 줄이는 것은
노동자의 건강을 위해 꼭 필요하지만, 현실에서 실현하기

쉽지 않았다. 노동조합은 더 신중했다. 결국, 연구팀은 '현대차 노동강도 평가 사업'에서 노동강도 관련해 문제 제기하는 것에서 그쳤다. 기획 선전 파트가 지속해서 선전 사업을 진행했지만, 연구진이 제기한 방향은 노동자들에게 수용되지 못했다.

이에 대해 이훈구는 노동자들의 의식 기저에 1998년 구조조정 투쟁의 결과로 정리해고가 수용되었던 경험과 공포가 깔려 있다고 보았다. 투쟁 이후 등장한 집행부들이 조합원들의 이러한 파편화된 경험, 공포를 조직 차원에서 재구성하는 작업을 하지 않았기 때문이었다. 그 뒤에 진행되는 비정규직 고용, 공장별 작업 속도, 작업량 인원 결정 등을 보면서 노동자들은 1998년 파편화된 기억 위에 또 다른 고용 불안의 조각들을 새겨놓고 있었다. 이런 과정에서 노동자들은 '물량-고용-임금 이데올로기'에 갇혔다. 이에 이훈구와 연구진은 프로젝트 보고서에 <98년 구조조정 투쟁 당시 여성 노동자들의 투쟁> 경험을 넣었다.(이훈구 구술)

지금은 2015년이잖아요? 근데 이 사람들은 98년 구조조정 정리해고의 경험, 그때 만여 명 이상 잘렸다가 복직은 됐습니다만, 이때의 구조조정 공포가 계속 상존하는 거예요. 그리고 물량이 없어지면 그때 기억, 공포가 복기되는 거지. 이게 재구성이 안 된 거예요. 활동가들은 "그때 투쟁 열심히 해가지고~" 뭐 이렇게 기억하는데, 조합원들은 투쟁의 기억이 파편화되어 있어요. 구조조정 과정에 대한 재구성 같은 걸 했어야 하는데, … 집행부가 몇 번 바뀌면서 지금까지 안 한 거죠. 그래 "과정이 대상화되고 개별화되는 과정"을 뚫지 못한 거예요. … 그런 노동자들의 의식을 보면서 '물량-고용-임금 이데올로기'로 우리가 정식화했는데. 작업자들이 작업 물량이 없어지면, 즉, 특근이 없어지면 불안해해요. … 예를 들면, 사측의 물량에 따라서 비정규직 고용을 알아서 할 수 있게 한 16, 17% 열고. 또, 지금은 공장별 작업 속도, 작업량 인원, 이걸 대의원 대표랑 공장장이랑 결정하게 되어 있는데, 이걸 통합 운영하게 한다거나 전환배치를 하게 한다거나. 이렇게 파는 과정들이 있어요. 근데 이거를 조합원들이 파편적으로 다 기억하지. 그걸로 쭉 흐름도를 만들었어요.

그래서 우리가 이게 왜 고착화되었는지 노동자 주체 내부의 문제 인식을 보게 하려고, 추가로 구조조정 투쟁 당시에 식당 여성노동자들의 투쟁, <밥·꽃·양> 영상으로 만들어진 걸 다시 복원하는 거. 그걸 보고서에 넣었죠. 이런 게 주 연구 결과였어요.(이훈구 구술)

이훈구와 연구진의 활동 목표는 노동자들이 스스로 문제를 발견하고, 인식하여 해결의 주체가 되도록 돕는 것이었다. 그러나 결과는 만족스럽지 못했다. 이에 대한 한노보연 자체 평가는 노동자들의 인식과 현장의 상황을 제대로 파악하지 못한 점, 즉, 사업을 진행하는 데 연구소와 노동조합의 입장에 차이가 있어 연구 제안은 "옳지만 부담스러운 내용"에 머물 수밖에 없었다고 판단했다. 또 다른 문제는 사업 규

모에도 있었다. 노동자들의 마음을 움직이게 하려면 직접
만나 충분히 설명하고 설득하는 과정이 필요했다. 그러나
현대차는 조합원 규모가 워낙 컸기에 연구진이 다수의 노동
자들을 만날 수 없었다.

현대차 프로젝트가 끝난 뒤에도 주간연속 2교대제가 실
행될 때까지는 꽤 오랜 시간이 걸렸다. 회사 측과 노조 측이
교섭했지만, 결과는 임금 보장과 물량 보전을 유지하는 정
도로 마무리됐다. 이러한 현대자동차 사례는 자동차 부품사
들에게 영향을 미쳐, 대부분의 회사에서 이런 방식을 본받
아 진행했다.

4. 두원정공 노조 프로젝트

1) 근골격계 프로젝트

두원정공 노조는 한국노총 소속이었다. 1993년에 노동자
들이 투쟁을 벌였는데, 사측은 직장폐쇄를 했고 어용노조는
방관했다. 이에 현장에서는 노조를 바꿔야 한다는 생각을
가진 이들이 현장조직인 '새날을 여는 노동자회'를 만들었
다. 처음에는 3명으로 시작해 철학, 역사, 경제 등을 공부하
다가 점차 늘어나 20여 명이 되자, 주로 실천을 둘러싼 토론
을 벌였다. 이들은 노조에 대의원, 간부로도 참여해서 활동
기반을 넓혀갔다.(이기만 구술)

1998년 경제 위기를 거치면서 구조조정으로 500여 명이

회사를 떠났다. 어용노조 집행부는 강제 퇴사를 눈감아 주는 등 여전히 노동자들의 입장을 대변하지 않았다. 현장에 남은 노동자들 모두 강제 퇴사한 이들의 몫까지 일하며 힘들어했다. 현장 분위기는 당연히 어수선했다.

더욱이 회장의 지시로 일(1)자형 라인에서 일하는 노동자들의 동선을 단축해 생산성을 높이겠다며 오(O)자형이나 유(U)자형 라인으로 만들어 작업하게 했다. 노동강도가 갈수록 강해지고 노동시간이 길어지면서 노동자들은 더 피폐해져 갔다.(권영국 구술)

이런 상황에서 현장 노동자들 사이에 "이렇게는 안되겠다"는 분위기가 형성되기 시작했다. 2001년 지회장 선거에서 민주파는 "이렇게는 못 살겠다, 우리는 조직을 바꾸겠다, 민주노총으로 전환하겠다"는 공약을 내걸고 선거운동을 했다. 선거 결과, 민주파 후보가 단 4표 차이로 승리했다. 노조의 민주화가 이뤄진 것이다. 민주파의 중심에서 노조 민주화를 이끌었던 이기만 지회장은 당시 상황을 다음과 같이 기억하고 있다.

98년 경제 위기를 거쳤기 때문에 현장이 굉장히 안 좋은 상태였어요. 구조조정하고 많은 사람들이 나갔고, 그다음에 나이는 막 먹어가고, 일은 엄청 힘들어졌고, 이런 상태였어요. 근데 워낙 한국노총이 사람 관리를 잘하고 자기 조직을 확실하게 챙기기 때문에 거기서 바꾼다는 게 쉽지 않아요. 그런데 현장이 너무 힘드니까 "이렇게는 안된다"라는 분위기와 흐름이 있었던 거예요. 그래 우리가 당선될 수 있는 가능성이 생긴 거지. 작은 표 차이로(4표) 이겼어요. 그때 당선돼서 딱 "이 겼다!"라고 선언되는 순간, 아마 인생에서 가장 [웃음] 기쁜 순간이었던 것 같아요. 나도 모르게 "만세~!"가 절로 나왔죠. 현장조직을 10년 가까이 해서 실제로 민주화되니까 정말, 그 때 환희가 지금까지 기억이 남아요.(이기만 구술)

민주파 집행부는 어용노조와는 다른 방식의 운동을 전개해 조합원들에게 신뢰를 얻어야 한다고 생각했다. 그 기본은 노조의 민주적 운영과 최선을 다해 투쟁해 승리하는 경험을 조합원들이 갖게 하는 것이었다. 우선 민주파 집행부는 2002년 임단협 파업으로 요구를 확보했고, 이에 조합원들은 집행부를 신뢰하기 시작했다. 그 뒤에 민주파 집행부는 "민주노조운동이 중요하다"는 것을 조합원들에게 인식시킨 다음 "상급단체 전환" 조합원 투표를 했다. 조합원 3분의 2 이상이 찬성해 상급단체를 한국노총에서 민주노총으로 전환했다.(이기만 구술)

한편, 2002년에 근골격계 투쟁이 금속노동자들을 중심으로 전국에서 한창 진행되고 있었지만, 두원정공 노조는 노조의 기틀을 잡는데 몰두하고 있었다. 그 과정에서 두원정공의 현장 문제로 근골격계 투쟁을 하던 김현수(가명)를 초청해 교육받았다. 그에게 근골격계 투쟁을 해보겠다고 했더니, "환자 만들고 요양 보내는 것까지만 할 거면, 차라리 투쟁하지 말라"고 했다. 노동강도 저하 투쟁을 해야 한다는 것이었다. 고심하던 집행부는 현장을 완전히 바꿀 생각으로 근골격계 투쟁을 하기로 결정했다. 이후 한노보연이 결성되면서 이기만 지회장은 현장을 대표해 부소장 역할을 맡았다.

두원정공의 근골격계 질환에 대한 프로젝트는 2002년 9월부터 기획하고 진행해서 2003년에는 투쟁으로 이어졌다. 김정수, 김인아, 김현수 등이 연구단으로 참여해 현장 조사를 하고 조합원들을 진단한 후 산재에 해당하는 조합원들을 결정했다.(김정수 구술) 조사 결과 60명이 근골격계 질환자에 해당했다. 집행부는 근골격계로 판단되는 노동자들을 대상으로 교육해 이들이 주체적으로 투쟁하도록 조직했다. 이들은 산재 인정 투쟁을 벌이면서 노동부, 근로복지공단, 그리고

사진7-12. 2002년 두원정공 근골격계질환 평가 연구 참여 중인 연구소 회원들.(금속노조 두원정공지회)

회사 측에 책임을 물었다.(이기만 구술)

한노보연은 2005년에 두원정공에서 두 번째 프로젝트를 진행하면서 '실천단'을 만들었다. 연구단은 프로젝트 시작부터 현장의 투쟁을 만들기 위해 지도부를 중심으로 주체가 될 사람들을 세워내는 과제를 설정했다. 이를 위해 연구단은 한편으로 조사 연구 작업을 하면서 다른 한편으로는 주체를 세우기 위한 과정을 만들어 가야 했다. 이러한 프로젝트 방식은 기존 노동안전보건단체들이나 노건연/원진 쪽과 확실히 다른 지점이었다. 즉, 한노보연은 현장의 주체를 세우는 것을 중심으로 근골격계 사업을 진행했다.(김정수 구술) 연구단이 '실천단'과 같이 현장을 돌면서 조사한 결과, 250명이 환자로 확인됐다. 전체 조합원 중에 반 이상이 환자였다. 경제 위기 이후 노동강도가 강해지면서 나타난 결과였다. 이 작업 과정을 이훈구는 다음과 같이 기억하고 있다.

"근골격계 원인이 이 현장에 있다, 그러니 이걸 다 개선해야 된다, 개선하려면 개선을 위한 실천단들이 가장 잘 아니깐 이 사람들의 활동 시간을 보장해라" 이렇게 요구하고. 공장이 3개 동인데 동마다 '실천단'이 있죠. 단장, 1중대, 2중대, 3중대, 그렇게 공정별로 실천단원들이 있어요. 지금도(2015년) 있어요. 투쟁할 때 이 친구들이 중간 허리 역할을 하고 현장 개선도 해요. 한 6개월 정도. 그래가지고 이걸 몇 년 동안 개선해요. 개선해야 할 요구안을 우리가 같이 토론해서 찾았더니, 300개인가 나왔어요. 돈 많이 드는 거는 중장기 계획으로 내

사진7-13. 2002년 근로복지공단 앞에서 항의 집회 중인 두원정공지회.(금속노조 두원정공
지회)

고, 바로 고칠 거는 바로 고치고.(이훈구 구술)

이 프로젝트 진행 과정에서 중요한 점은 '실천단'이 중심
이 되어 움직인 것이다. 각 라인마다 '실천단'을 선정해 이들
이 조합원들과 회의를 하고, 근골격계 질환이 발생하는 현
장의 원인을 찾아 나섰다. 그리고 그 원인을 해결하기 위한
방안을 또 조합원들과 논의해 실천안을 도출하고 이를 집행
부에 전달하면, 집행부는 이를 취합해 회사와 협상을 벌였
다. 이런 현장 개선 활동 가운데 두원정공 노조의 대표적인
성과는 작업장의 U자 라인을 일자로 다시 펴고, 업무량을 줄
이는 투쟁을 3년여에 걸쳐 벌여서 승리한 것이다.

대부분의 사업장에서는 산재 신청 내고 거기서 머물러요. 근데 저희는 산재를 내고, 그다음에 근골격계 질환의 이유를 찾아서 그것을 바꾸는 싸움을 하거든요. 이걸 할 수 있는 사람들이 '실천단'이었어요. 이 사람들이 계속 회의해서 '어떻게 진행할 것인가' 같이 논의하고. 그리고 현장에 가서 실제로 병들게 할 수밖에 없는 구조, 라인 형태, 이런 것들에 대해서 확인하는 거죠. 그리고 어떻게 바꾸는 게 좋을 건지에 대해서 그 라인에 있는 사람이 가장 잘 아니까, 그 라인에 있는 사람들과 같이 논의해서 바꿀 방향을 정리해 오는 거예요. 그러면 그거 가지고 회사하고 교섭해서 라인을 바꾸는 거예요.

이 싸움을 한 3년 했어요. 라인 바꾸는 게 간단하지 않아요. 왜냐하면 자본이 가장 효율적으로 설비를 배치해서 가장 노동력을 잘 뽑아낼 수 있는 구조로 만들어 낸 것이 이 작업인데, 이걸 다시 그 반대로 바꾸는 거잖아요? (힘 관계죠.) 예, 힘 관계가 엄청나야 하죠. 절대 자본이 움직이지 않아요. 이거는 현장을 바꾸는 문제기 때문에.(이기만 구술)

이처럼 3년여에 걸친 근골격계 투쟁의 성과를 바탕으로 두원정공 노동자들은 다른 사업장의 노동자들보다 작업장 안전 문제에 대한 관심이 높아져 있었다. 특히 '실천단'을 통해 일상적으로 자신들의 요구와 의견을 제시할 수 있고, 그것이 전체 합의를 통해 실천되고 개선될 수 있다는 점이 노동자들이 작업장 안전 문제에 더 관심을 갖게 만든 요인이었다. 더욱이 라인을 펴면서 고용 조정까지 할 수 있게 되자 노동자들의 기대는 더 높아졌다.

현장에서 자기의 안전에 대해서 관심도가 높아지죠. 그전 같으면 그냥 귀찮으니까 넘어가고 이랬는데, 각 라인별로 실천단이 있으니까 자기 의견 얘기하고 "이런 것들은 어떻게 했으면 좋겠다" 하고. 그러면 라인별로 나온 것을 실천단 회의에서 다 검토해서 가능한지, 맞는 건지, 이런 것들을 다 검토한 다음에 "가능하다"고 하면 그것을 조합하고 얘기해서 개선할 수 있게끔 회사에 요구해서 개선하고. 이런 방식으로 쭉 해왔기 때문에, 노동안전에 대한 관점은 두원정공에 있는 노동자들이 다른 사업장 분들보다는 높았던 것 같아요. 어쨌든 직접 참여해서 하고, 눈으로 봤고. 진짜 그런 과정들을 통해서 라인을 편다는 것, 그리고 건강을 지키는 것도 있지만, 한 측면에서는 그러면서 계속 고용 조정을 했잖아요. 그런 것들에 대해서 되게 현장에 있는 분들이 기대가 커요.(권영국 구술)

또한 근골격계 투쟁에서 승리하고 노동자들의 논의와 결정을 중심으로 현장 개선 활동이 진행되면서, 두원정공 노동자들은 노동조합을 전폭적으로 신뢰하기 시작했다. 이 신뢰는 그들의 힘으로 현장을 더 개선할 수 있다는 기대와 잇닿아 있었다. 노동자들은 현장에서 직접 고통받고 있었고, 무엇이 고통의 원인인지도 알고 있었기에 현장의 분위기는 바뀌어갔다. U라인 안에 갇혀 일만 해야 했던 노동자들이 일자 라인에서 옆의 동료들과 이야기도 나눌 수 있게 되면서 현장 노동자들 간의 소통이 확산되었다.(권영국 구술)

2) 주간연속 2교대와 '3무 원칙'

이훈구에게 두원정공 노조와 함께 진행한 2008~09년 노동강도 평가 사업은 아주 중요하고 특별했다. 노동강도 평가 사업을 진행할 당시 조합원들은 근골격계 투쟁을 통해 현장을 바꾸는 성과를 확보하면서 자신감에 차 있었다. 그런데 회사는 "곧 회사가 망할 것이다"라는 분위기를 조성해 노동자들을 불안하게 했다. 이에 노조는 구조조정 대응 연구팀을 구성해 진상을 파악했다. 결론적으로 회사 측이 노동자들을 협박하기 위해 낸 소문이었다. 문제는 작업 물량이 점차 줄어들면서 조합원들의 노동 상황이 불안정하다는 데 있었다. 이런 상황에서 현대자동차에서 '주간연속 2교대' 문제가 제기되자, 두원정공 노조도 준비팀을 구성하고 한노보연과 프로젝트를 진행하기로 한 것이다.(권영국 구술)

한노보연은 두원정공 노동강도 평가 프로젝트에 현대자동차 사업에서 사용했던 평가 도구, 사업의 진행 과정, 틀을 비슷하게 만들어 진행했다. 현대자동차 노조 프로젝트가 미완성이었다면 두원정공의 경우는 성공한 사례였다. 이에 대해 이훈구는 그 핵심이 조합원의 마음을 얼마나 얻는가, 즉, 그들을 얼마나 주체로 세워냈는가, 그리고 초동 활동가 주체들이 조직적으로 배치되고 운영되었는가에 차이가 있었다고 말했다.

조합원들의 마음을 얼마냐 얻느냐, 그걸 얼마나 주체로 세워내는 과정이었느냐, 실질적으로도 그렇고 일상적으로도. 그다음에 그걸 할 초동 활동가 주체들이 조직적으로 배치되고 운영되었는가. 요구안이나 근거는 대부분 현대차에서 제출이 됐고, 여긴 또 근골격계 투쟁하면서 노동강도 얘기를 기본적으로 하고 있었기 때문에. 실제로 여기는 100이면 뭐 한 50 할라나? 그니깐 이 기계가 100개를 만들어야 하는데, 여긴 50개밖에 안 해. 왜? 몸이 아프니깐. 그리고 막 천천히 해요, 자기 노동을 몰아쳐서 하지 않고. 무리하면 안 된다는 걸 알기 때문에요. 현대차는 그렇게 안 하는 거고 두원은 그렇게 해보려고 하는 거고요. 물론 두원도 일부 막 몰아치기하는 사람이 있죠. 그리고 어디서 놀고 있고, 자고 있고. … 노동자들이 자기의 노동을 통제하면서 자기 여유를 숨기는 거예요. 근데 이 숨기는 방식에서 너무 몰아치기를 해가지고. 지금 쉬는 것으로 보이는, 외형상 노동하지 않는 시간만 주목하는데, 쉬기 위해 어떻게 노동했는가를 주목하지 않으니깐 문제고. 그래서 몰아치기가 아니라 펴야 하고, 피로가 누적되지 않도록 하는 노동에 대한 훈련과 경험이 필요한 거죠.(이훈구 구술)

이처럼 조합원들의 마음을 얻을 수 있었던 것은 프로젝트 처음부터 조합원들과 같이하기 위해 20여 회에 걸쳐 똑같은 내용을 여러 방식으로 교육한 것도 영향을 주었다. 이러한 교육을 통해 노동자들이 스스로 자신의 노동과정을 살펴보게 한 다음, 이훈구는 노동자들에게 "노동강도를 펴라", "피로 누적을 줄여라, 그래야 회복도 빠르다"라고 설득하기 시작했다. 그런데 노동자들은 관성대로 일하기 때문에 바꾸는 것이 쉽지 않았다.

처음에 두원정공 들어갈 때 교육을 스무 번쯤 했나. 똑같은 걸, 똑같은 사람들한테. 요렇게 하고, 저렇게 하고, 사례로도 하고. 다 근골격계 문제, 노동강도 얘긴데 20차례 이런 식으로 계속 교육하니 초기에 머리가 아팠을 거예요. 그래서 거의 외우지 않았을까? 세뇌 같은? 실제로 그렇게 하니깐 좋거든. 그다음에 제일 중요한 건 "노동강도를 펴라", "피로 누적을 줄여라, 그래야 회복도 빠르다" 그런데 이건 몸에 잘 안 배어요.(이훈구 구술)

한편, 이 프로젝트에서도 '실천단'은 현장 노동자와 연구진 간의 의사소통 통로였다. '실천단'과 연구단은 같이 현장을 돌며 실태조사도 하고 토론도 했다. 노조 집행부도 적극적이었다. 연구단은 집행부나 실천단, 그리고 조합원들과 같이 움직이면서 연구 과정에서 어느새 격의 없는 사이가 되었다. 또, '실천단'이 움직이고 집행부가 적극적이어서 사업이 힘을 갖고 진행되었다.

이 과정에서 한노보연은 노동안전보건 활동의 명목으로 '노동자들이 자신의 삶을 들여다보는 계기'를 만들었다. 노동자들은 이제 집행부가 지침을 내리지 않아도 스스로 문제를 찾고 해결하는 데 적극적으로 나섰다. 노동자들은 이 프로젝트를 통해 주간연속 2교대를 확보하는 것만이 문제가 아니었다. 그에 따른 임금의 문제가 연동되었다. 이훈구는 현대자동차 프로젝트에서 제안했던 '3무 원칙'을 두원정공 노동자들과 공유했다. 두원정공 노동자들은 생활임금 문제 해결을 위해 5년 동안 단계별로 준비하고 시행해서 '주간연속 2교대제, 월급제, 단일호봉제'를 확보해 냈다.(권영국 구술) 이런 두원정공 노조의 사례는 다른 사업장에 새로운 모형을 제시했다. 그 뒤에 갑을오토텍이 주간연속 2교대를 실시하면서, 자동차 부품사 중 단 2개의 사업장에서만 주간연속 2교대가 실시되었다.(이훈구 구술)

지금 자동차 부품사 중에서 8-8하는 사업장이 대한민국에 여기 두원이랑 갑을밖에 없어요. 근데 여기는 실제 7.2시간 해요. 나머지 점심시간도 유급이거든요. 그니깐 8시간-8시간이에요, 딱. 그래서 16시간. 겹치지 않고. 당연히 점심시간도 여기 들어가죠. 점심시간을 유급으로 해서 이걸 근무시간에 넣어버린 거예요. 그니깐 그런 게 다른 거죠. 구상할 때도 "왜 8시간 하는가? 왜 7시간 아닌가?" 이런 걸 자꾸 생각해봐야 하는데, 여기는 "혁명과 같은 8-9를 할 때도 10년 넘게 걸렸다"고 해요. 그런데 또 해보니깐 "되는 거 아니냐" 이런 논리가 마지막엔 되게 많았어요. 물론 "8-9 하니 하지 말자"는 비판적인 의견도 있었지만. 여튼 10-10 하다가 "장시간 노동에 대한 폐해, 자본이 책임져, 이렇게 하자" 하고, 심야노동 문제는 계속 책임지라고 하면서 "힘들어서 죽겠다"고하고. 10개 하는 거 9.5개 하다가 9.3개 하나가, 이런 식으로해야 하는 거 아니냐는 거죠.(이훈구 구술)

두원정공의 모형은 단순히 주간연속 2교대를 실현한 것
만이 아니었다. '노동운동의 위기'의 근본이라고 할 수 있는
조합주의적 관점의 극복 단초를 만들어 낸 것도 주목할 필
요가 있다. 두원정공은 근골격계 프로젝트 때부터 구성한
'실천단'의 경험, 주간연속 2교대 프로젝트와 투쟁 과정에서
의 '실천단' 경험들이 쌓이면서 투쟁 과정에서 조합원들이
주체로 설 수 있도록 '권력을 이양하는 투쟁'을 지속적으로
해왔다. 집행부는 계획을 잘 세워 추진하는 것도 큰 틀에서
보면 권력을 대행하는 방식이라는 판단이 있었다. 집행부의
역할은 선행자로서 당면한 상황, 고민 지점 등의 정보를 조
합원들이 판단하도록 제공하는 정도로 정했다. 이런 시도는
노동자들이 스스로 판단하고 결정하고 실천하는 것을 훈련

사진7-14. 2014년 1월 27일 공장에서 열린 근골격계질환 유해요인조사 결과 조합원 설
명회.(금속노조 두원정공지회)

하는 과정이기도 했다. 그 때문에 2014년 파업투쟁 때는 집행부가 1시간 파업투쟁을 결정하면, 이 시간 동안 무엇을 할지는 조합원들이 정했다. 얼마나 투쟁할지, 어떻게 할지를 투쟁의 주체인 현장 조합원들이 결정했다.

두원정공은 오래 투쟁하면서 권력을 이양하는 투쟁을 했단 말이에요. 어디까지 왔냐면 2014년 파업투쟁에서 집행부가 지침과 안내를 하긴 하는데 출근해서 한 시간만 파업해요. 그리고 적게는 4명 많으면 7명 정도씩 소그룹화해가지고 부서별로, 공정별로, 이 사람들이 한 시간 파업하는 동안 어떻게 할지를 결정해요. "야, 한 시간 끝났으니깐 일할 거냐?", "무슨 일을 해? 저런 사측 개떡 같은 놈들" 이렇게 해가지고 여기서 구체적인 투쟁 프로그램과 투쟁 방식을 결정해요. 그래서 이걸 모아서 승리중대, 투쟁중대, 단결중대, 이렇게 이름 붙인 3개 동이 동별로 다시 전체 회의를 해요. "우리 조는 이렇게 하기로 했다", "얘네 조는 어떻게 하기로 했다" 막 나올 거 아니에요. 그래서 전체 회의에서 결정해. 그리곤 지네 하는 대로 하는 거야. "야, 오늘 다 파업이야, 일이 손에 잡히냐?", "파업하면 뭘 거야?", "놀자", "선전전 가자" 별의별 얘기 다 나와. 여기서 알아서 하는 거야. 그럴 때 지회 집행부는 안내만 하고 다 자기들이 알아서 해. 투쟁백서도 만들었는데, "투쟁을 올해처럼 하면 참 재밌을 거 같다", "너무 일찍 끝났다" 이런 얘기도 나왔어요. 투쟁은 한 90일, 3개월 했거든요. 제일 좋았던 게 도시락 싸와가지고 분반별로 밥 먹는 거, 담화문 만들기. 사장이 담화문을 계속 내니깐 노동자도 조별로 모여서 담화문을 쓰는 거야. '떽!' 한 글자 쓰거나 사장처럼 근사하게 쓰는 사람도 있었고.(이훈구 구술)

그때부터는 투쟁 지침이 내려가지 않아요. 오늘의 파업 프로그램은 분임조별로 논의해서 알아서 하게 하고. … 그래 어떤 조는 갇혀 있는 게 싫다고 산책 프로그램, 저수지에 한 바퀴 돌고 오는 거 잡았더라고. 갔다가 인증샷 찍어서 오고. 투쟁 중이니까 나가서 술 마시거나 이러진 않잖아요. 자기네들끼리 얘기하고. 그게 파업 프로그램이고. … "야, 이게 가능하구나" 기발한 게 많이 나오잖아요. 이분들이 그때 파업하면서 가장 행복했던 것 같아요. 그래서 우리가 그때 경험을 『행복한 현장 만들기』라는 책으로 냈잖아요. 정말 천진난만하고, 행복하고. 회사에서 직장폐쇄했다가 나중에는 청산 얘기 나오고, 공장 폐쇄 얘기 나오고 막 그러는데도 그런 건 걱정 안 해요. 그냥 웃고 떠들고. 집에서 재료 갖고 와서 음식 만들어 먹어요. … 이 사람들이 그게 진짜 살아있는 것 같고 '파업을 해도 이렇게 해야 하는구나' 했어요.(권영국 구술)

이훈구는 이런 과정이 노동운동의 문제, 즉 노조 집행부가 알아서 해줄 거라며 실천을 대신하게 하는 대리주의, 그리고 자신의 임금만 올리면 되고 자신의 사업장 단체협약만 지키면 된다는 조합주의를 극복하고, 노동자들이 주체로 성장하는 과정이라고 보았다.

이런 식의 경험이 사실은 조합주의를 넘을 수 있는, 예를 들면 권력을 이양하는 과정. 이 사람들을 주체로 만들어 가는 과정이죠. "집행부가 알아서 해주겠지 뭐, 우린 하라는 대로 하면 되지", "임단협 10%, 임금 인상 10% 내외면 되고, 단협이야 유지하면 되고" 이렇게 생각하던 걸 "그렇지 않다, 언제 구조조정 될지도 모르고 구조조정 되면 어떻게 할 거냐, 그래 한 사람 한 사람이 되게 중요하다"라고. 이를테면 주체로 서는 것. 그래야 어떤 상황에서 싸움이 되더라도 이기고 지고의 문제가 아니라, "의연하게 맞서나가 싸울 수 있다" 뭐 이런 거를 경험하는 단계에 있죠.(이훈구 구술)

두원정공 노조가 조합원을 권력의 주체로 세우는 과정과 그 진화에는 한노보연의 노동안전보건운동을 매개로 한 노동자 주체화의 관점이 녹아들어 갔다. 그리고 어용노조를 민주노조로 전환시켰던 노조 간부들의 노조운동에 대한 관점과 두원정공의 극심한 작업 상태를 변화시킬 필요가 있던 조합원들의 힘이 합쳐진 것이었다. 그 과정에 이훈구의 두원정공 노동자들에 대한 관심과 애정도 한몫을 했다.

주체에 방점을 찍고 이런 기획 논의를 자연스럽게 할 수 있을 정도고. 뭐, 조합에서 내면 "봐 달라" 그러고, 의견을 받고 토론도 하고 그런 관계고. '실천단' 경험했던 사람들은 우리하고 친하고요. "오셨어요, 형님" 어찌고 그런 정도의 이떤 신뢰가 있고, 조합원들도 그렇고. 거기가 파업하잖아요? 그럼 나는 그냥 가요. 가서 그냥 같이 밥 먹고, "투쟁이 어쩌고~" 이런 게 아니고 그냥 같이 놀아요. "오셨어요? 아이, 쉬어야 되는 데 시간 내서 오시고, 고생이 많으세요", "고생은 뭐~ 놀러 왔어" 그러면서 조합원들도 알게 되고. 그런 정도까지 진전된 좋은 케이스라고 봐야죠.(이훈구 구술)

5. 사례 확산을 위한 실천 방향 찾기

1) 2008~09년 다양한 업종의 사업장 프로젝트와 현장 프로젝트의 방향 모색

한노보연은 현장 프로젝트 사업과 관련, "제조업에서부터 다른 업종으로 확장하자"는 기치 속에 2008년 들어 여러 업종의 사업을 시도했다. 고대병원 노조는 김인아가 중심 연구원이고 이훈구가 연구 보조로, 농협 노조는 이훈구가 연구원으로, 현대차 남양위원회·판매는 공유정옥이 중심 연구원, 이훈구가 연구 보조를 했다.

우선 2008년 고대병원 노동조합과의 교대제 관련 연구 사업은 교대제 및 현장연구에 대한 한노보연의 경험과 노조 간부들의 열의에 힘입어 전임자 간담회와 대의원 교육, 24회에 걸친 조합원 교육 및 현장 배포용 소책자 작업까지 일정한 완결성을 갖고 진행되었다. 이어 강원대병원의 경우, 노조를 통해 근골격계 유해요인조사 자문을 의뢰받아 설문조사를 진행하고 현장 조사를 지원했다. 이 사업들은 보건

의료 노동자들의 노동조건에 대한 한노보연의 경험과 지식을 확장하는 계기가 되었다.[46]

같은 해 한노보연은 현대자동차지부 판매위원회와 남양연구소위원회 직무스트레스 2차 사업을 시작했는데, 노동 성격, 조직, 지리적, 역사적 독특함 때문에 기존 연구 방식을 적용하기 어려운 사업이었다. 특히 판매위원회는 노동자들이 소사장제적 특성이 강하고 소규모로 전국에 분산돼 있어 연구 작업에 어려움이 있었다. 이에 현장 주체들과의 접촉을 최대한 넓히고, 한노보연 외부의 참여를 조직하는 등의 방안을 시도했다. 그러나 이 연구 사업은 성과를 거두지 못했다.[47] 그 이유는 한노보연이 연구 내용에 근거해 제기한 근저적인 문제를 노조 집행부에서 받아들이지 못했기 때문이었다.

> 판매는 자기가 한 건 하면 얼마, 이런 소사장 같은 성격이 많고 전국 사업장이라는 어려움이 있고요. 남양은 울산에서 올라온 사람, 기아에서 온 사람 같이 구성상의 복잡함도 있었고, 연구직, 디자인은 학력이 석박사이고. 그러나 하는 일은 시키는 거 하고, 하청이나 협력업체 관리하고. 한심하죠. 그러니까 판매나 남양은 울산 공장과는 다르게 노사가 서로 무리를 안 하는, 끝까지 가는 결사투쟁은 없는 거예요. 울산에

---

46   『2009년 한국노동안전보건연구소 제6회 정기총회』, 43, 47쪽.

47   앞의 자료, 45쪽.

서 파업하면 판매들이 반대해요. … 그런데 일 하중이 엄청나게 많아서 "스트레스를 살펴보자"고 해서 세 차례 했어요. … 그리고 그들의 교육위원과 교육 주제 관련해 같이 교재를 만들고, 우리가 모범 보이고 그 사람들이 하게 하는 식으로 설명회를 3년에 걸쳐서 하고요. 되게 의미 있는 시도였지. 콩이 주무했죠.

근데 왜 성과를 거두지 못했냐면 "연구소의 연구 제안이 빡세다"는 거예요. 핵심적인 문제를 건드리니까, 이건 무슨 판매위원회 차원 문제가 아니라 현대차 노조 차원의 문제와 과제가 던져지는 거죠. … 그러니 그게 감당이 안 되는 측면도 있었고. 그다음에 약간 놀라긴 놀랐을 텐데, 스트레스 관련 얘기할 때 자기들의 결과가 너무 안 좋았거든. 근데 이게 일상 활동과 연계가 안 되니까 사업의 후속이나 연계성이 제대로 안 됐던 거죠.(이훈구 구술)

이어서 한노보연은 농협 노조 여성노동자 건강권 사업을 진행했는데, 이 역시 현장이 전국에 흩어져 있는데다 연구 사업 시작 후 노동조합 담당자가 출산휴가를 가고, 또 노조 내부 사정 때문에 집행에 큰 차질이 생기면서 일 년 내내 큰 어려움을 겪었다.[48]

이렇게 2008년에 시작한 농협, 현대자동차, 고대병원 교

---

48   앞의 자료, 48쪽.

대제 연구 등 현장 프로젝트들이 2009년에 마무리되었다. 프로젝트가 여러 업종으로 확산되어 갔다. 각 사업의 배경이나 내용은 다르지만, 이들 모두 연구 사업 이후 현장 쟁점화를 못 했다는 공통점이 있었다. 이는 각 사업장 상황과 주체들의 입장 때문이기도 하지만, 한노보연의 문제도 있었다. 당시 연구 사업에 참여할 수 있는 회원이 극히 제한적이었기 때문에 각 사업 주무 담당자와 상임활동가들에게 일이 쏠렸고, 2년 연속 기획위원회 구성에 실패하면서 현장 상황을 제대로 진단하고 돌파할 만한 조직적인 기획과 실행력이 턱없이 모자랐다.

연구에서도 현장의 무엇에 주목할 것인가, 어떻게 연구 성과를 현장 주체 내부에 쟁점화하고 어떻게 폭넓게 남길 것인가 등에 관한 문제가 있었다. 현장 연구는 노동자들의 필요에 부응하는 것이기도 하고, 한노보연 차원에서도 의식적으로 조직하는 일이기도 했다.[49] 특히 현장 연구를 할 때 무엇에 주목할 것인가라는 문제에 대해, 이훈구는 사업을 지속적으로 이끌 확실한 몇 사람을 조직하는 것, 같이 할 주체들의 목표와 집행력이라고 말했다. 이러한 두 가지가 제대로 되려면 현실에서 보충될 필요가 있었다. 그는 소수를 다수로 만드는 것, 즉 현장 노동자들이 왜곡되어 있더라도 '끊임없이 말 걸기와 관계 맺기'를 시도해 접점을 늘리고 인

---

49   한국노동안전보건연구소, 『한국노동안전보건연구소 10주년』, 2013, 104쪽.

원을 늘리는 방식이 필요하다고 했다.

현장 연구나 현장 사업을 할 때 주목해야 하는 건 첫 번째, 확실한 소수의 몇 사람을 조직하는 거야. 우리랑 뜻을 함께할, 적어도 한두 바퀴는 같이 할 수 있는 사람을 조직하는 거죠. 나머지는 그냥 하면 할수록 좋은 거고. 타기팅을 해서 부서별, 업종별 안배를 해주면 좋겠지만 쉽지 않거든. 한 사업 할 때 한 사람 구하기도 어려워. 특히 전국 사업장은 더 그래요. 두 번째, 나는 연구 사업 때 무엇을 우선에 두고 했느냐면 같이할 주체들의 목표, 그리고 집행력. 그 두 가지를 중심으로 하죠. 노조가 "연구소에서 해주세요" 하면, "연구? 너희들 알고 싶은 거야? 같이 들여다볼래?" 이런 정도의 목표가 분명해야지. 거기서 "현장을 들여다봐야 제대로 알고 제대로 행동할 수 있고, 제대로 답을 찾을 수 있다" 이런 문제의식이 있는 놈들, 목표가 분명한 사람들. 그리고 그걸 집행할 수 있어야 해. 그 두 가지를 봤고, 지금도 여전히 주목해서 봐야 할 것 같아요.(이훈구 구술)

2) 2016년 실천 사례를 만드는 새로운 모색

이훈구는 현장 실천 사례를 확산시킬 모색을 지속했다. 혹자는 두원정공과 같은 실천 사례를 만들기 위해 다른 사업장도 집중적인 조합원 교육부터 시작하면 되지 않느냐고 했다. 그러나 교육에는 한계가 있었다. 두원정공은 '위기' 상황이었기 때문에 조합원들의 집중적인 교육이 가능했고, 교육의 효과가 최대화된 경우였다.

그러나 현실 노동자들에게 위기 상황이 아닌 일상의 교육은 '소귀에 경 읽기' 같았다. 이에 대한 대안으로 이훈구는 '실천적 제안'이 필요하다고 판단했다. 그는 실천 제안 거리를 찾기 위해 계속 고민했다. 2015년 구술 작업 당시에 그는 다음과 같은 세 가지 실천 사례를 얘기했다.

하나는, 내년(2016년)이면 법적으로 근골격계 유해요인조사를 해야 하는 해예요. 그래서 "올해 제대로 준비해서 내년에 한바탕하자" 이걸 금속노조 차원에서 기획안을 내서 준비를 같이해야 되는 게 하나 있고요. 또, 노안 단체들도 붙이고 지부 금속노조 노안부장들도 붙어서 공동 TF팀을 꾸리는 거죠. 정말로 "조합원이 느낄 수 있는 기획이 필요하다"라고. 한번 찍, 지침 내리는 게 아니라 "조합원들의 마음을 움직이는" 기획을요. 그다음에 "실사구시 할 수 있는 지침"을 내야 한다는 거죠. 지침이 현실성 없고 죽은 지침이 되지 않게 하기 위해서 실태조사, 모범사례 만들기, 그래서 모범사례가 왜 가능했고 어떻게 현실적으로 해야 되고, 이런 구체적인 안내 같은 게 필요하고요. 이걸 다시 금속노조가 뚫는 거죠.

두 번째는 동희오토 사내하청. 여긴 자본에겐 꿈의 공장이고 전원 비정규직이에요. 사내하청지회가 조합원이 6명 있고, 한국노총 노조가 다수 노조죠. 최근에 뇌심혈관계 질환으로 쓰러진 황재민 씨 산재 인정 투쟁이 이번에 승인을 받았어요. … 소송을 준비하면서 우리 연구소랑 조인이 됐어요. … 그

래서 여기서 근골 투쟁을 준비해서 내년에 본격적으로 현장
을 바꾸려고 하는 거죠. 골병이라는 소재를 가지고. … 그래
서 주체를 만들기 위한 '흔들기 사업'의 사례를 하나 만들려
고 해요. 그래서 "야, 1,200명이 한국노총인 사업장에서 활동
가 6명밖에 없는 사내하청지회도 가능하다" 이런 걸 만들어
보고 싶은 거죠.

세 번째는 지역 차원에서 '현장정치 복원'을 하는 거. 이건 실
제로 노동을 재구성하고, 필요를 아주 구체화하는 활동을 할
사람들을 만드는 거예요. 이 사람들이 현장 가서 자기들의 노
동도 들여다보고, 근골격계 투쟁을 찾고, 사람도 만들고, 현
장 쟁점화도 하는 거죠.

이렇게 세 축으로 실천 제안 거리를 만들려고 하고 있어요.
올해랑 내년이랑. 조직 노동자가 쉽진 않지만, 이런 실천적
제안으로 "야, 되긴 되는구나", "내가 너무 찌들어서 사는구
나" 이런 깨달음이 또 가능하지 않을까.(이훈구 구술)

당시 이훈구는 단위사업장에서 노동자들이 현장의 주체
가 되는 활동을 현장정치라고 했고, 그 막힌 물꼬를 지역 차
원에서 준비해서 하는 걸 '현장정치의 복원'이라고 했다. 그
방식은 지역 차원에서 자신의 사업장을 바꿀 의지를 가진 현
장 노동자들을 모아 교육을 통해 역량을 강화하고, 다시 이
들이 자신의 현장에서 노동자들의 동의를 만들어 가며 활동
하는 방식이었다. 이런 지역 차원의 접근은 단위사업장에서
해결하기 어려운 산업재해 승인 관련 문제 등을 지역 공동실

천으로 접근하면 그 해결에도 더 도움이 되기 때문이다.

(현장정치란?) 현장정치라는 게 뭐냐. 안전은 권리고 정치고 권력인데, 우리 주체의 문제인데. 단위 현장 차원에서 이런 사례를 만들 수는 있지만, 지역 차원에서는 다 흩어져 있잖아요? 그니까 지역에는 다양한 사람들이 있어요. 그니깐 의제를 던지는 거죠. "지역 차원에서, 자기 사업장에서 현장을 바꿀 사람들, 그다음에 근골격계 투쟁을 제대로 준비해 볼 사람들, 모이자" 그래서 "역량을 강화해야 한다" 하고 역량 강화 교육을 하고.

그리고 예로 금속에서 기획선전물이 내려가도 지역, 지회에서 할 수 있는 사람이 없어. 그럼 지역에서 할 수 있는, 자기 현장에서 할 수 있는 사람들을 조직해서 역량 강화 교육해서 그 현장에선 그가 현장에서 문제 제기도 하고 교육도 하고. 그래서 "야, 우리 이대로 두면 안 된다" 하면서 조합원들의 공감과 동의를 만들어 내고, 그게 바로 현장정치라는 거지.

그런 기획과 제안, 교육선전. 그다음에 행동 제안, 선도적인 행동. 근데 한 지회만 하면 어려우니 지역 차원에서 "이런 걸 해볼 테니까 동의하는 사람 와라", "내 일처럼 할 사람들 모여라" 해야죠. 그러다가 예를 들어 단위사업장에서 산재가 불승인 났어, 그럼 훈련도 할 겸 지역 차원에서 같이 공동대응을 해보면 다르거든, 확실히. 혼자 공단에 가서 "이거 왜 그러냐?" 하면 안 되고, 떼로 몰려가서 하면 되거든요. 그러니까 하면 된다는 것도 실현하면서 현장정치를 다시 복원하는 거죠. "지금 갇혀있는 거에 물꼬를 틀 사람들, 이런 거를 만드는 데 우리가 기여해야 된다" 그게 '현장정치의 복원'이에요.(이훈구 구술)

내가 만난 이훈구

이훈구는 여러 차례 두원정공 프로젝트를 진행하면서 노조 간부들만이 아니라 조합원들과도 친해졌다. 그들은 이훈구를 "형"이라고 불렀다. 이훈구는 두원정공에 일이 있을 때마다 조언을 해주는 관계가 되었다. 노동자들 가운데 권영국 지회장과 이기만 지회장에게 당시 이훈구는 어떤 활동가였는지 들어본다.

권영국 지회장이 만난 이훈구: 두원정공 노동자들에게 '버팀목' 같은 사람

(훈구 형은 언제 만나셨어요?) 초기에는 제가 대의원하고, 교선부장 하면서 영역이 다르니까 같이 활동하거나 그러진 않았어요. 훈구 형은 우리 근골격계 투쟁할 때 노안부하고 실천단하고 움직였고, 형이 현장 와서 같이 논의하고 하는 모습만 봤어요.

제가 그분하고 아주 밀접하게 된 거는 2017년 9월에 제가 지회장에 취임하고부터예요. 그때 감당이 안 되는 상황이 되었죠. 그래서 저희가 2017년 말부터 전문가들하고 같이 얘기해보고 가능한 건지 토론도 해보고. … 2018년 실제 파산 철회하고서는 사실 감당이 안 되는 상황이 계속 왔었어요. 왜냐하면, 같이 10년 이상 투쟁을 해왔던 사람들이 의심의 눈초리로 보고 신뢰하지 못하고. 그런 과정에서 정체성에 대한 혼란이 왔어요. '나도 같은 일을 했던 사람인데, 내가 왜 이렇게 하지,

이게 맞는 건가.'

그 과정에서 훈구 형이 제일 걱정했던 게, 내가 이상해질까 봐. 파산 처리하기 전부터 오셔서 1월, 2월 계속 같이 논의하다 가시고 그랬어요. 파산 철회하고 나서는 완전히 저도 그렇고 다들 멘붕이었던 상태였는데. 훈구 형은 같이 해왔던 두 원 노동자들이 잘못될까 봐 걱정이셨던 것 같아요. 그래 옆에 붙어서 계속 얘기했고. 또, 그때는 제가 되게 말수도 확 줄어들고 혼자 고민이 많고, 약간 이상한 분위기가 있었는데 훈구 형이 계속 기숙사에서 같이 있었어요. '이상하거든, 쟤 이상한 짓 할 것 같거든' 그러니까 주말에 저는 노조에 있고 불안해 보이니까 훈구 형도 주말에 기숙사에 와서 자고. 저는 계속 노조 사무실에 출근했고 훈구 형은 나와서 그냥 컵라면 끓여서 같이 먹고, 이 얘기 저 얘기하고 별다른 얘기도 없어요. 제가 이상한 짓 할까 봐 그냥 옆에 있어 준 거예요.

어느 날, 추운 겨울인데 주말에 출근했다가 밖에 나와 벤치에 앉아서 멍때리고 있으면, 형이 옆에 안 와요. 그냥 쳐다보고 있어요. 이렇게 쳐다보고 있어요. 제가 일어나서 사무실 들어가면, 형이 "차 한잔해라" 그러고. 내가 뭘 하든 신경 안 쓰세요. 토요일, 일요일 출근하면 조합에 오셔서 본인 일 하시고, 나는 내 일 하다가 멍때릴 때도 있고. "야, 저녁에 소주 한잔하자" 그러면 같이 한잔하다가 기숙사 들어가고. 그때 저는 진짜 혼자라는 생각을 되게 많이 했어요. 거기에 같이 했던 동지들이 날 세우고, 몰아서 나가버리고, 소송하고. 그런 상태라 더 심했는데…. 그때 훈구 형이 있어서 내가 버틸 수 있었던 것 같아요. 가장 힘들 때가 그때였으니까, 파산 철회하기 전인 2월. 그때 미치는 거죠. 훈구 형이 같이하면서 이것저것 다 챙겨주시고. 그리고 "회사하고 이런 상태에서 앞으로 어떻게 갈 건지를 같이 의논해 로드맵을 세워보자" 그래 그때 우리 교섭위 동지들하고 거의 조합에서 살다시피 하면서 같이하셨어요.

(그때는 다들 상태가 힘드니까.) 그러니까 힘든 상태에서 어떤 결정을 내릴지 모르잖아요. 훈구 형은 그런 것들이 걱정되었고, 또, 지금까지 같이 해왔던 동지들이 잘못된 판단을 할 수도 있고, 아니면 그냥 주저앉을 수도 있겠고. 그런 것들이 안쓰러웠던 것 같아요. 아무것도 아닌 그냥 사소한 거 가지고도 농담하시고, 일부러 막 웃게 하려고 노력하시고. "야, 소주 한 잔 먹으러 가자" 막, 그러셨던 것 같아요. 딴 거보다 훈구 형은 "얘네들을 어떻게 지켜줄까?" 이런 거 같아요, 제 기억으로는. (어떻게 지켜줄까. 마음 아프네요, 서로.) 그런 거였어요.

회의 때 훈구 형님이 직접 참여해서 막 나서서 하지는 않으세요. 대신 교섭위원들하고 전략 짤 때 적극적으로 옆에서 도움 주시지…. 그때 교섭위원들도 거의 멘붕이었거든요. 그래도 훈구 형님이 거기서 다 케어해 주시니까 다들 좀 추스르고 버틸 수 있었던 것 같아요.

또, 훈구 형은 제가 지회장이니까, [울먹이며] 간부들하고 있을 때는 그런 얘기 잘 안 해요. 따로 있을 때 나한테 계속 "그래도 노동자들의 삶과 권리를 시켜주는 거는 노동조합밖에 없다, 명심해라" 그리고 "지회장 너, 정신줄 놓으면 안 된다,

정신줄 놓지 마라" [울먹이며] 이런 얘기 하시고. 하여튼 그 얘기를 거의 주말에는 계속 들었던 것 같아요. 그 말 들을 때가 제일… 지나고 나니까 계속 아프죠. 훈구 형이, 하여튼 그러면서 옆에 계속 있어 줬어요. [울음] 계속 있어 줬어요.

(이훈구는 노조에 어떤 사람인가요?) 그분은 노동조합과는 떼려야 뗄 수 없는데, 우리가 무슨 큰 고민거리가 있더라도 그걸 유쾌하게 풀어내시더라고요. 그게 우리가 볼 때는 엄청나게 무거운 것 같은데, 그분이 볼 때는 "야, 그거 무거운 게 아니야, 그건 이렇게 하면 될 것 같아" (말투 비슷해.) 이렇게 얘기해요. 그래서 진짜 우리 조합에서도 그분은 믿고 의지할 수 있는 분이었던 것 같아요. 사실 '버팀목' 같은 분이었죠. 우리가 힘들 때, 하다못해 간부들이 힘든 얘기해도 다 받아주시고, 이야기 들어주시고. 그리고 자주 오시기도 했고요.

(노조 활동 방향을 둘러싸고 이훈구는?) 제가 볼 때 훈구 형은 노조에서 어떤 상황에서 어떤 방향으로 가더라도 그냥 아무런 것 없이 무조건 믿어주시는. 그리고 거기에서 오히려 옳은 방향을 제시해 주시는 그런 분이었던 것 같아요. 그러니까 거기에 토 달거나 이런 게 아니라. 그러니 의견 대립 같은 건 없었던 것 같아요. 왜냐하면, 노조에서 "이렇게 해서 이러한 부분들에 대해서 이렇게 좀 하려고 한다" 그러면, 거기에서 '최선의 방법'을 찾아주시는 스타일이었어요. (예를 들면?) 저희가 그때 파산 때도 마찬가지였는데. 이걸 어떻게 해결해 나가야 할

지 사실은 간부들도 처음 경험하는 거지만, 두원에서 노동자들이 대항해 왔던 방식하고 전혀 다른 방식이잖아요? 그런데도 거기에서 찾아주세요. 제가 볼 때는 훈구 형 방식도 아닐 텐데. 자본하고 대립해서 싸웠던 것이었잖아요? 그런데 이런 선택이 됐고, 이렇게 결정이 돼서 가는데. 그런데도 거기에서 중심 잡으시고, 그 와중에 우리는 무엇을 챙겨야 하고, 어디를 보듬어야 하고, 어디를 우리가 건드려야 되는지에 냉정하게, 차분하게 설명을 해주세요.

제가 느끼기에는 그 길을, 방향을 제시하는데, 그것도 막 강압적으로 하시는 게 아니라 "이런 방향이 좀 어떨 것 같냐? 내가 볼 땐, 지금 상태에서는 이런 것들이 맞을 것 같아" 그러면 저희 같은 경우에는 사실은 처음 겪는 거고, 그런 과정에서 "야, 이걸 어떻게 해나가야 하지?" 다들 "우리가 때려 박고 싸웠어야 하는데, 이게 뭐 하는 짓이냐?" 막 이러고 있을 때인데도 냉정하게 추슬러주시고. 간부들이 그래도 이런 방식으로라도 해서 갈 수 있게끔 안내해 주는 역할을 하셨던 것 같아요.

(아플 때는?) 암 선고받고 나서도 계속 연락해서 우리부터 챙기는 거예요. … 그때 아픈데도 "유성, 갑을, 두원 해서 지금 산업 전환 투쟁하는 부품사 노동자들이 이걸 어떻게 하는 게 좋겠는지 토론 좀 해보자"고. 또 그걸 준비하셨더라고요. 그래서 서울에 있는 사무실에 다들 오라고 해서 거기 갔었죠. 아프면서도 훈구 형은 여전히 유성이나 갑을이나 두원을 계

속 쥐고 있는 것 같았어요. 그래 애써 오셔서 우리 먼저 챙기지. 그래서 우리가 형님 몸 상태에 대해서 자꾸 물어보면 흐지부지 흘려요. 그냥 회사 얘기하고, 조합원들 어떤지 물어보고. 근데 우리 같은 경우에는 사실은 내 감정 추스르기가 힘들어 조합원들을 챙길 여유가 거의 없으니 "조합원들 잘 챙기라"고. 그런 것들을 챙겨주시고.

제가 마음이 계속 진짜 아팠던 게, 이 양반은 돌아가실 때도 걱정하시더라고요. 제가 그때(2020년) 8월 말경에 병원에 갔었어요. 아무래도 얼마 못 사실 것 같다는 얘기를 들었어요. 면회를 갔는데 주무시고 계시더라고요. 거기서 제가 한 20분 있었거든요. 눈을 뜨시더라고. 이렇게 손을 내밀기에 잡았죠. "저 왔어요, 형님, 많이 힘드시죠" 그런 얘기 하면, 답은 또 그렇게 안 해요. "두원은 잘 있는 거지? 다들" 그래서 그때 그렇게 보고, 둘이 그냥 멍하게 있었어요.

저는 사실은 뭐라고 말씀드릴 게 없겠더라고, 그 상황에서. 그래서 "잘하고 있어요, 걱정하지 마세요" 그리고 "형님이 마지막으로 작품 하나 만들려고 노력했는데, 그걸 반드시 성공시킬게요, 걱정하지 마세요" 근데 그 형님은, 그 상태이신데도… 두원 노동자들 걱정하고, "두원, 야, 너네들이 정신 차려야 해, 너희가 정신 못 차리면 너네 조합원들 어떻게 할 거야" 이 얘기 저 얘기 하시다가. 마지막에 시간 돼서 인사드리는데 그러더라고요. 아직 계속 남아있는 게 그건데, "영국아, 나는 조금 일찍 가는 거야, 영국아, 너는 좀 늦게 와, 네 일 다 하고 와" 그 얘기 듣고 거기서 바로 못 나왔어요. 제가 형님 보면서

울었죠. "저 잘할게요, 저 잘할 겁니다, 우리 조합원들 지킬게요, 걱정하지 마세요" 그 양반이 자기 몸이 그런데도…. [울음이 터짐]

이기만이 만난 이훈구: 기댈 수 있는 '큰 산'

또 다른 두원정공 노동자인 이기만 지회장은 금속노조 경기지부장으로 활동하며 민주노총 경기본부 건물에 있을 때, 같은 건물인 한노보연 경기사무실에서 일하던 이훈구와 더 친해졌다고 말한다.

저는 이훈구 동지하고의 기억은 대부분 밖에서예요. 그러니까 제가 경기지부로 파견 나가 있을 때, 거기가 (한노보연 경기사무실) 9층인가 그랬고요. 제가 5층에 있으니까 승강기 타고 올라가면 바로 볼 수 있는 자리거든요. 그러면 가끔 올라가요. 그냥 가서 얼굴 한 번씩 보고, 얘기 좀 나누는 관계였고. 필요하면 같이 술 한 잔씩 하며 지내던 사이였죠.

이분은 수용 능력이 있는 사람이에요. 개별적인 문제라든지 운동적인 문제라든지 이런 걸 다 수용했어요. 그리고 제가 가지고 있던 고민이나 이런 걸 충분히 얘기 안 해도 우선 나를 믿고, 그러니까 얘기하면 정말 오랫동안 그 문제에 같이 고민했던 사람처럼 편하게 얘기하고. 그것을 이 상황에서 어떻게 해야 할 건지도 편하게 전달해 주고, 이런 분이시죠. 그래서 정말 어려울 때 있으면 꼭 생각나는. 음, 그렇게 편하게 얘기할 수 있는 사람이 없어요.

그리고 제가 글을 쓸 일이 있거든요. 글을 쓴 다음에 훈구 형한테 주죠. "봐 달라"면 거기에 빨간색으로 쫙 정리를 해 줘요. 완전히 다. 거기다 실력이 엄청나게 뛰어나잖아요. 그러니까 착 정리를. 그럼 내가 상상하지 못했던 얘기들이 거기서 풍부하게 나와. 내 흐름에 전혀 방해되지 않으면서 이것을 충분히 채워줄 수 있는 얘기들이 거기에 다 달려. 정확하게 상황 파악을 다 하고 있고. 내용으로 딱, 충족시켜 줘요. 저도 애정이 많았고. 이훈구 동지도. [웃음] (운동 판에서 그렇게 하기가 드물잖아요? 특히 남자들 세계에서는.) 이훈구 동지가 그런 힘이 있어요.

(나한테 이훈구는 어떤 사람인가요?) 사실 나이 차는 그렇게 많지 않거든요. 5년밖에 차이가 안 나. 근데 늘 기대고 싶은 느낌이 있는…. 제가 제 얘기를 누구한테도 안 하는 스타일이거든요.

사진7-15. 2013년 10월 24일 한노보연 10주년 기념 행사에서 이기만과 이훈구.

사적인 얘기나 이런 것들을 잘 못하는데, 그분하고는 같이 얘기할 수 있어요, 편하게. (언제부터?) 어느 순간에 [웃음] 그분이 입장이 없는 건 아니에요. 그런데도 수용 능력이 있는 거죠. 같이 얘기하면서 또 자기가 생각하는 방향으로 끌고 가는 거죠. 그런 분이 별로 없어요.

(훈구 형이 아팠을 때는 어땠나요?) 돌아가셨을 때 너무 충격이었어요. 정말 운동에 있어서 가장 기댈 수 있는 '큰 산'을 딱 잃어버린 느낌이었어요.

수술 후 퇴원하고 수원에 집을 얻어서 계실 때 한 달에 한 번씩 집에 가서 식사 같이하고 얘기도 좀 나누고 그랬어요. 그때 얘기 나누면서 "형, 다 나으면 나하고 같이", 나도 임기가 종료돼서 현장에 복귀하는 시기였거든요. 그래서 "같이 전국 돌아다니면서 활동가 중에 활동 안 하고 이탈한 사람들 많거든, 그런 사람들 만나서 얘기 한번 들어보고 그들의 운동은 어땠는지, 그리고 왜 끝까지 같이 운동하지 않고 정리했는지 얘기 한번 들어보자"고 그랬거든요. 그러니까 "한다, 너무 좋다"고. 전국 돌아다니면서 활동가들을 만나 그들의 고민을 들으면 내가 어떻게 살 건지 느껴질 것 같아요. 그리고 이걸 책으로 만들면 의미 있는 작업이 될 것 같다는 생각이 들었고, 훈구 형이랑 하면 좋겠다 싶었죠.

그리고 찾아가면 자기가 그렇게 심하게 아프다는 느낌을 한 번도 안 줬어요. 저한테는 하나도 티를 안 내고 "산에 들어가서 치료하는 게 낫겠냐? 여기 있는 게 좋겠냐?" 이런 얘기도 하시더라고요. 그래서 저는 형이 여기 옆에 있는 게 좋겠다고 생각했어요. 수원, 그때 계셨던 곳이 일부러 찾아간 곳이에요. 호수도 옆에 있고. 그래서 "크게 일을 하지 않으시면 여기 있는 것도 괜찮겠다, 굳이 산에 들어가서 병원 멀어지는 것도 불안할 거 아니냐?" 이런 얘기를 했었거든요. 그땐 그렇게 병이 심하다는 생각을 못 했어요, 사실은. (아, 그랬어요? 그러니까 완치를 생각한 거지.) 네네, 저는 여기서 치료 잘하면 완치될 거라고 생각한 거야. 그러니까 그렇게 얘기했는데, 그게 또 마음에 너무 걸리는 거죠. 마음에 너무 걸려요.

4절
지역 활동

1. 부산연구소에서 부산사무소로의 변화[50]

한노보연이 2003년 10월 결성된 뒤 부산연구소는 2004년 3월에 출범했다. 민의련 부경지부의 구성원 중에 다수가 노동안전보건운동에 관심이 있었기 때문에 지역 연구소를 결성할 수 있었다.(이숙견 구술) 부산연구소는 출범에 즈음해 "노동강도 강화 저지를 위한 현장학교"를 개최하는 등 지역

---

50 앞의 책, 33, 63, 74, 79, 86, 100, 102쪽.

에서 노동안전보건 활동의 기운을 불어넣었다. 또, 부산연구소는 현장과 소통을 강화하려 했고, 2004년에 근골격계 투쟁의 성과로 법제화된 유해요인조사를 위해 전국 현장교육 활동, 마창지역과 대전·충청지역의 유해요인 공동조사단 활동에도 함께했다. 2005년부터 부산연구소는 자동차팀, 궤도팀, 조선팀 등의 업종팀으로 나누어 활동을 모색했다. 업종팀은 나름의 연구 및 활동을 진행했으나, 몇몇 회원 중심으로 이루어진 점이나 팀 간, 그리고 연구소 전체 차원에서 활동의 상호 공유가 부족한 문제가 있었다.

이어 부산연구소는 근골격계 유해요인조사, 정신 건강권 조사 사업, 산재 상담 등 노안 영역에서 의미 있는 활동을 했지만, 지역에 잘 알려지지 않았다. 그러나 DMF 중독 이주노동자 사망사건 투쟁과 부산지하철매표소 투쟁에 대해 보건의료 단위를 모아 진행한 의료진료연대는 부산연구소가 노안 단체로서 자리매김하는 계기가 되었다.

2007년 부산연구소는 회원의 내부 역량 강화를 중심 목표로 하여 일상에서 회원들이 자주 만나고 함께 나누기를 해보려고 노력했다. 특히, 4월 건강권 쟁취의 달에 신평역에서 2차례에 걸친 산재보험 개악 선전 활동과 메이데이에 지역활동가들과 함께 장기투쟁 사업장, DMF 사망 사건이 발생한 사업장, 양산노동지청을 순회한 투쟁은 큰 의미가 있었다.

한편, 2008년부터 부산석면공대위에 참여해 주도적으로 활동했고, 석면 피해자 조직화와 석면 피해 노출 예방의 중심 역할을 맡았다. 2009, 2010년 부산연구소는 민주노총 부산본부와 함께 노동안전보건 기획교육을 진행했고, 부산 반올림, 부산석면공대위, 부울경이주공대위, 부산의자캠페인, 산재법 개악 영남공대위, 부산청소년노동인권네트워크 등 일상 연대 사업과 사안별 지역 교육 활동에 폭넓게 참여했다.

  그러나 주로 상근자 1인이 중심이 되어 활동하다 보니, 외부 활동이나 회원 간의 소통 등에 여러 부침이 있었다. 그러다가 2015년 부산연구소는 '지역연구소'의 위상을 해소하고 '지역사무실'로 전환하는 논의를 했다.

  부산연구소 해소 문제가 2015년에 있었고, 이 과정에 제가 지역 회원들하고 많은 토론을 하기보다는 재광 형이 "지역 연구소로 부산은 더 이상의 생명력은 없다, 해소가 필요하다"

사진7-16. 2006년 부산 총회에서 이훈구(가운데).

라고 한 걸 제가 인정한 거예요. 이미 지역 연구소의 모습이 아니고 억지로 끌고 왔던 것이죠. 부산에서 난리가 나고, 다른 지역의 활동가들도 부산연구소가 없어지는 것처럼 생각해서 "사무실은 유지하고, 지역 연구소 체계만 없어지는 것이다"라고 했죠. 지역 활동 전망을 두고 논의하기보다 해소 자체만 두고 결정했던 거 같고. 그 당시 제가 안식년이라 부산 회원과 많은 논의를 못 해서 그 과정에 갈등이 생긴 거죠.(이숙견 구술)

그 과정에서 마창산추련에서 이숙견에게 상근을 제안했다. 그동안 혼자 활동하며 힘들었던 이숙견은 동료들과 같이 활동할 수 있는 조건에 마음이 흔들렸다. 그는 이런 자신의 상태를 포함해 부산연구소의 방향을 둘러싼 논의를 매듭짓기 위해 서울의 연구소로 올라왔다. 상황의 복잡성을 알고 있던 이훈구는 이숙견과 이야기하며 이숙견의 상태, 산추련의 문제 등에 관해 찬찬히 이야기를 풀어나갔다. 그러면서 이숙견은 자신이 부산 회원들과의 갈등 때문에 복잡한 상황을 회피하려 산추련 상근을 고려한다는 걸 인식했다. 이훈구는 활동 과정 내내 성과를 내기 위해 아등바등했던, 그리고 자책하던 이숙견을 다독였다.

이야기하려고 서울에 왔는데 훈구 형이 짐작하고 개별적으로 만났어요. 훈구 형한테 "상근을 그만두고 싶다"라고 했더니 훈구 형이 "왜 그런 거지?"부터 물었어요. 그리고 산추련의 지금 상황을 엄청 냉정하게 이야기하시고 "네가 가봤자 별 도움도 안 된다"는 사실, "지역에서 같이 활동하면 좋겠다"라고 했는데. … 뭐라고 좀 대답해야 하는데 훈구 형이 몇 가지 물어보는 것들을 제가 대답을 못하면서, 저 자신이 '그만두는 명분이 없구나, 내가 산추련에 가려는 것이 도피적인 마음이었구나'를 알게 된 거죠.

훈구 형도 나의 그런 강박에 관해서도 이야기하고. 활동에 관해 부담스러워하고 너무 잘하려고 하는, 자기 탓으로 많이 돌리는 부분들을 짚어주시면서 "잘해왔다, 잘하고 있다, 앞으로 같이 해보자"라며, 그때 엄청 진솔하게 이야기를 많이 해줬죠.(이숙견 구술)

이런 과정을 거쳐 부산연구소는 부산사무소로 위상을 변경했다. 이후 꾸준히 활동을 펼쳐, 2021년 현재 부산사무소는 회원이 24명으로 늘었고 활발한 활동을 벌이고 있다.

한편, 이훈구는 부산연구소 총회에도 참석해 강의했고, 참석자들 간의 힘 다지기를 주도했다. 특히 부산연구소의 현장회원들은 선배 격인 회원들이 주로 의사인 것과 달리 이훈구가 정치조직인 노힘에서 활동한 현장활동가라는 점에서 매우 호감을 느꼈다. 이훈구가 나이 많은 선배였지만 이들은 거부감 없이 소통했고, 자신의 고민을 상담하는 등 자연스럽게 관계를 맺어갔다.

회원들은 훈구 형이 '노동자의 힘' 활동을 하는 연구소의 상근자라고, 처음부터 부산 회원들은 훈구 형을 노힘으로 만났기 때문에 그렇게 인식했고. 사람들은 훈구 형이 나이 많은 선배 활동가지만, 거부감 없이 그냥 자연스럽게 친하게 되었어요. 그리고 훈구 형이 워낙 술도 잘 드시고, 엄청 분위기를 주도하시는 부분도 있잖아요. 그렇다고 막 무게를 많이 잡으시진 않으시니까. 그런 점에서 되게 자연스럽게 사람들하고 관계도 맺고, 엄청 회원들이 좋아하고. 그다음에 부산에서 선배 활동가들이 다 의사들이었는데 현장에서 활동하는 활동가, 그리고 정치조직에서 활동했던 활동가로서 훈구 형이 오시니까 현장에 있는 사람들도 되게 좋아했어요. 자기 고민도 이야기하고, 이런 것들이 좀 자연스럽게 형성되면서 훈구 형이 주로 부산연구소 수련회나 MT, 또, 분란이 있을 때마다 오셔서 이야기를 들어주기도 하고요. 또, 본인도 꼬장 부리셨

사진7-17. 2013년 부산연구소 총회에서 이훈구(오른쪽 끝).

죠. 술 먹고 이야기하다가 말이 안 통하는 회원들이 한두 명 있잖아요? 그러면 싸우기도 하시고.(이숙견 구술)

2. 경기지역 사무실 개설과 지역 연대 활동

1) 경기지역 연대 활동의 의미

부산연구소와 달리 서울의 한노보연은 지역운동체로의 정체성을 갖지 못했다. 이에 한노보연은 노동안전보건에 대한 전국적인 운동체로서의 의제 중심적 활동과 더불어 그 의제를 현실에서 구체화하기 위해 지역 근거가 필요했다. 특히, 이훈구는 구체적으로 교류가 가능한 지속적인 운동체로서의 '지역운동체'에 대한 고민을 시작했다. 2007년에는 서울과 경기지역에서 거점을 마련하기 위한 모색을 했다.[51]

그 결과, 한노보연은 2008년 5차 정기총회에서 경기 남부 지역을 교두보로 삼아 지역공동체로서 역할을 강화할 것을 결정했다. 이에 따라 2008년 10월 수원에 사무실을 개설하고 이훈구가 상주하기 시작했다. 상임활동가의 수가 절대적으로 부족했지만, 지역운동체로서 자리매김하기 위해 전진 배치를 실행한 것이다.

이훈구는 2009년 수원 촛불에 참여했고, 경기이주공대위,

---

51 앞의 책, 85쪽.

수원 KCC 철거대책위, 수원 청소노동자권리찾기운동본부, 학교 비정규직 조직화 사업의 일환으로 진행 중인 급식노동자들의 건강권 관련 상담, 지역운동포럼 in 수원 등에 참여하면서 지역 활동을 벌였다.

2010년 이훈구는 활동을 보다 넓히기 위해 수원으로 집을 옮겨 수원 촛불에 참여하고, 금속노조 경기지부와의 교류를 지속하는 한편, 지역단체들과 공동으로 의왕·군포지역 중소영세사업장 노동안전보건 실태조사를 추진하는 등 지역 공동활동을 위한 기초를 닦았다.[52]

우린 약간 의제 중심적인 활동들을 많이 한 거예요. 연구나 교육을 하긴 하지만, 그래도 전체적인 맥락으로 보면 의제 중심 활동을 많이 했어요. 그거 가지고 이슈파이팅도 하고 현장 조직력으로 이어질 수 있게 하지만, "그것만으로 안 된다, 그럼 일상적으로 어떻게 할 거냐?" 그래서 "지역에서 뿌리를 내려야 한다", "의제는 전국적으로 만들어진다 하더라도 이것을 실현하는 건 어디서 할 거냐, 지역별로 할 수 있는 거 아니냐" 아니, 구체적으로 보면 공장에서 하는 거고. "의제를 맨날 만들어도 이게 실물화가 되냐, 이건 또 구체적인 실물화 과정이 필요하다," 그래서 "지역에 거점을 만들자, 지역에 뿌리를 내려라" 부산연구소는 있으니깐 "경기에도 거점을 만들

52 앞의 책, 91, 112쪽.

자" 그래서 2010년에 제가 수원으로 이사 오죠. 수원 촛불도 참여하고 지역 사람들도 만나고. 뭐, 금속노조 지부, 민주노총 경기도본부 쪽 사람들을 만나면서 사업을 도모하죠.(이훈구 구술)

특히, 2010년에는 경기지역 활동이 본격화되었다. 이에 따라 일상적이고 구체적인 활동을 위해 초기 설정한 '지역운동체'에 다시 질문이 제기되었다. 그 내용은 지역 활동의 다양한 주제들이 노동안전보건운동과 어떤 관련이 있는 것일까, 다양한 연대 사업을 하면서 본격적으로 지역 활동을 시작한 이유는 무엇일까, 즉 지역 활동과 한노보연 활동이 결합하는 것이 중요하다고 판단하고 지역사회에 자리 잡으려고 했던 이유는 어떤 것인가 등이었다.

이에 대해 이훈구는 첫째는 부문주의를 경계하기 위한 것이고, 둘째는 지역에서 더 다양한 활동을 하는 사람들과 섞이기 위한 것이라고 했다. 그는 전체 사회운동 중에서 노동운동이 제일 교류를 하지 않는다고 판단했다. 노동자들은 자신들에게 문제가 생길 때나 도움을 요청하며 연대하려는 모습 이외에는 거의 지역 연대 활동을 하지 않았다. 이훈구는 이를 노동자들이 '자신의 현장' 중심으로만 사고하는 왜곡된 인식 탓이라고 보았다. 그는 지역 연대 활동을 경험해보면서, 지역 연대 활동의 상을 초기 설정보다 더 구체화했다. 그는 노동운동과 노동자들이 가진 '현장 중심적 사고'의 왜곡된 인식을 변화시키기 위해, 그리고 더 많은 이들과 같이하기 위해 지역 연대 활동을 확장해 나갔다.

첫 번째는 부문주의를 경계하거든. "난 노안운동이야", "난
노안파야" 이처럼 부질없는 인식이 있어서는 곤란하죠. "나
는 일생이 노안이야" 이건 100% 거짓이야. 그다음에 지역에
서는 훨씬 더 많이 섞여야 하거든. '지역'에 포커스를 둔 이유
가 지역 활동을 하는 사람들이 있잖아. 인권운동을 하는 사
람, 환경운동 하는 사람, 경제 시민 활동하는 사람, 통일운동
하는 사람도 있고, 여성운동 하는 사람도 있고, 교육 운동하
는 사람도 있고. 지역에서 제일 교류가 닫혀 있는 것이 노동
이야. 안 섞여. 섞이면 뺏길 거라고 생각하나 봐. 뺏길 게 있을
거라고 느끼나 봐. … 제일 안 나와. 자기들 문제 터져야 데모
하고 기자회견 하고 그러지, 절대 안 나와. 남의 나라 이야기
야. "내 현장이 아닌데", "내 것도 못 챙기면서 오지랖은" 이런
왜곡된 인식이 깔린 거야.(이훈구 구술)

2) 수원 촛불과 수원지역 운동포럼

이훈구는 총노동과 총자본이 부딪히는 곳이 현장이고, 그
다음이 지역이라고 보았다. 그는 노동자들이 지역에서 살면
서 교육, 주택, 환경 등 다양한 문제와 부딪히고 있으므로,
노동조합만이 아니라 지역에서 벌어지고 있는 다양한 운동
과 만나고, 교류하고, 섞이는 것이 중요하다고 보았다. 그 때
문에 그는 수원 촛불, 수원운동포럼 등에 참여했다.

수원 촛불에 사람이 있으니까 의도적으로 가지. 나는 노안을 갖고 하고, 어떤 사람은 인권을 가지고 하고, 그렇게 지역에서 모이면 어떤 사람은 환경을 가지고 오고, 어떤 사람은 국제연대를 가지고 오고, 이주노동을 갖고 오고. 이럴 때 '지역'이라고 하는 것이 모양이 갖춰지는 것이거든. 지역에서 한노보연을 정착시킨다는 것은 허구야. 어떻게 한노보연만 정착될 수 있어? 말이 안 되는 이야기야. 뭐, 총자본-총노동이 맞붙는 데가 현장이고 그다음 단위가 지역이란 말이야. 지역에서 살아가면서 다양한 것을 느끼고 섞어야 하고 공유해야 하는 거지. … "나는 안전보건 운동을 하는 누구입니다" 강의도 하고, 누군 환경 문제 강의하고, 섞이는 거지. 수원역사 쪽 KCC가 국내 최대 석면 제조 공장이었거든. 거기 (철거 문제는) 석면 문제 때문에 좋은 기회였는데 잘 안됐고. 수원 촛불이 기본적으로 이주공대위 소수자, 그리고 KCC는 현안으로 간 거고, 노조는 수원 청소노동자 권리찾기운동본부랑 같이했었죠.

운동이 관련이 없다면 문제가 되는 거지. 사는 것도 마찬가지고. 내가 연구소 일만 하고 산다면 제대로 살 수 있을까? 내 삶에 가족도 있고, 친구도 있고, 연구소 활동도 있고, 내가 해보고 싶은 욕구도 있고, 너무 다양한 게 나잖아. 운동도 그런 거로 생각해요.

그렇게 꾸준히 수원 촛불 계속 가니까 유명해지지, 한노보연은 몰라도 '아이구'는 알거든. "'아이구' 뭐 하는 사람이냐?", "노동안전보건, 건강권 그러면 거기에 가야지" 이렇게 되는 거지. 이런 게 다 밑천이 되는 거지. 아무튼, 우리가 잘하잖아. 하하. 인기 폭발이지. 나이도 많잖아. 그래도 나이를 티 안 내고, 똑같이 열심히 했거든.(이훈구 구술)

수원 촛불은 2008년 수원역 앞 롯데리아에서 한 아이 업은 여성이 시작했다. 이를 계기로 수원지역의 시민사회 활동을 하는 사람들, 노동조합 활동을 하는 사람들이 "촛불을 더 많이 확산해야겠다", "촛불이 실제 사람들의 현실을 드러내는 역할을 해야 하겠다"라고 생각하면서 참여했다. 참여단체는 민주언론시민연합, 다산인권센터, 민주노총 경기본부 수원지부, 환경운동연합 등이었다. 이들은 매주 수요일마다 촛불집회를 열었다.

사진7-18. 2015년 수원 촛불집회에 참여한 이훈구.

노동조합이 "노동 만세" 가지곤 안돼. 그러니깐 환경, 안전보건, 인권, 언론, 이런 부분들이 공동의 연합팀을 꾸려, 민주노총 경기도본부랑 이런 단위의 주체들이랑 합쳐서. … 우리도 우리지만 "우리도 다른 단위를 모르고 다른 단위도 우리를 잘 모른다" 알긴 안다고 하지만 또 다르단 말이죠. 그래서 이런 것들을 교류하게 하고.

그래서 지역사회 내에서 그런 문제의식을 느낀 사람들의 풀을 많이 만들고. 그럼 저와 같은 사람들이 많아지는 것이 더 중요하다고 생각하는 사람도 있을 테고, 어떤 사람은 이걸 투쟁으로 뭔가 때려 부수고 행진해야 한다고 생각하고, 다양할 거 아니에요. 그런 걸 같이 얘기해서 뭐 합의할 수 있는 선에서 같이 뭐도 해 보고, 경험 축적도 하고 그런 거죠.

거점이라는 게 여기다가 '경기 한노보연,' 이렇게 하는 게 거점이 되는 게 아니니까. 그런 주체들을 만나는 거, 만드는 거, 그런 게 무궁무진하죠. 출발은 그렇게 하고. 그래서 잘되면 한노보연 회원도 하고, 후원회원도 하고, 이걸 좀 펴볼 수 있는 현장활동가도 있을 수 있고, 아니면 우리 쪽 일하다가 "나는 환경이 갑자기 땡기네" 해서 환경(운동)으로 갈 수도 있고. "난 이주가 (이주노동자운동) 땡기네" 하는, 이런 넘나듦이 있을 수 있다고 난 생각해요.(이훈구 구술)

세월호 이후 수원 촛불에서 이훈구에게 길거리 특강을 의뢰했다. 이훈구는 "안전이 권리의 문제다, 존엄을 지켜야 할 권리, 인권이 정해진 게 아니고 변한다, 건강권도 변화한다"

라는 내용을 중심으로 강의했다.

이즈음 그는 노동안전 문제를 '전체 국민의 안전 문제'로 확장하려고 모색하고 있었다. 그런데 사람들은 안전 문제와 정치 문제를 분리해 인식하기에 이를 변화시키기 위해 고민했다. 그는 안전은 권리이자 정치 문제이고, 권력의 문제라고 생각했고, 국민 자신이 정치의 주체로서 안전을 실현하고 누릴 주체로 서는 과정이 '정치'라고 제기했다.

> 사람들은 "정치는 정치고, 안전은 안전이어야지, 그걸 뭘 또 정치까지"라고 해요. 이미 안전 문제가 정치적인 문제를 내포하고 있는데 선 긋기를 하는 거죠. "정치는 정치 활동 하는 사람들 중심으로 해야지" 안전 말하면 "야, 넌 노안이나 해" 이렇게 되는 거예요. 이게 확장이 안 돼, 사회적인 안으로. … 그니까 이게 '노동안전'이 아니라, '전체 안전'으로 확장되어야 하고 전체 안전의 문제는 가장 '정치적인 문제', 비용과 주체와 경로가 다 포함된 가장 극히 정치적인 문제라는 거죠. 그니깐 내가 정치의 주체로 안전을 실현하고 누릴 주체로 서는 과정이 정치라는 거예요. 그러려면 "안전은 힘이 있어야 해, 권력의 문제다" 그리고 "안전은 권리이자 정치이자 권력의 문제다" 안전은 이 세 가지 의제를 관통하는 거, "주체가 어떤 지향을, 어떤 필요를, 어떤 액션을 할 것이냐가 담지되어 있다"라는 거예요. 그런 게 고민이죠.(이훈구 구술)

2015년 10월경 수원 촛불 주체들은 4·16 세월호 참사 이후

"수원역 앞의 촛불을 좀 더 확산시켜야겠다"라는 고민을 논의하고자 모임을 열었다. 모임에서는 지역에서 세월호 투쟁을 계속 이어 나가기 위한 활동 주체들의 제안 모으기, 지역차원의 공동실천 과제 모색 등을 진행하면서 월 1회 진행하는 '수원지역 운동포럼'을 만들었다.

지역 차원의 공동실천 과제를 찾기 위한 사전 이야기 마당으로 "뭐하러 사노, 우짤꼬"란 제목으로 지역활동가들의 활동에 대한 고민을 나누는 자리를 만들어 소통을 넓혀나갔다.

지역에 많은 현안이 있는데 "이에 대해서 지자체는 뭘 하고 있냐?"는 거예요. 또, 지자체가 대부분 지역에서 민관 협력해서 마을 만들기나 시민운동협의회도 만드는데, 시민단체들이 거기 줄을 서버려서 지역 시민의 권리랄까? 이를 키우는 데 일조하는 게 아니에요. 그래 이런 문제를 제기하면서 모였죠. '수원지역 운동포럼'에서는 실천 의제를 가지고 문제점을 진단하고, 원인을 찾고, 해결 방법을 제안하는 식으로 포럼을 하고. 상황에 따라 바뀌는 중이에요.

그리고 "정작 우리가 없다, 촛불을 드는 우리는 어떻게 사는지를 좀 들여다보자" 그래서 포럼에서 원래 의제를 가지고 대응도 하지만, 월 1회씩 시민단체나 한노보연 같은 데에서 활동하는 사람들이 자기 얘기를 하는 프로그램을 가져요. 한 번에 두세 명씩 해서. "나는 어떻게 살았고, 지금 어떻고, 지금 뭐가 고민이고, 앞으로 어떻게 했으면 좋겠고" 이런 소위 '연찬 방식'이라고, 정답을 찾는 게 아니고 각자 얘기를 하는 거죠. 주체의 이야기 혹은 고민을 나누면서 "우리를 다시 조망해 보자, 내실 있게 섞여 보자, 반추해 보자, 그래서 나와 같진 않지만 저기서 또 힌트를 얻어갈 수 있는 다른 사람들의 이야기나 고민을 섞어보자" 이런 거를 병행하는 중이에요.(이훈구 구술)

이훈구는 지속해서 수원 촛불이나 모임에 참여했다. 모임에서는 참여자들이 닉네임을 사용했는데, 이훈구의 닉네임은 '아이구'였다. 이훈구는 이 이름에 대해 '나는 이훈구'라는 의미와 '궂은일을 마다하지 않고 한다'라는 의미라고 했다.

수원 내려와서 경기 활동하면서 지역 연대 활동, 지역의 활동하는 분들과의 교감이랄까 뭐 이런 걸 트기 위해서 수원 촛불을 거의 매주 빠지지 않고 나갔는데, 거기서 다 닉네임을 불

사진7-19. 2016년 세월호특별법 개정 서명운동의 이훈구(오른쪽).

렸어요. 내가 조금 연식이 오래돼서 '아이구' 닉네임을 내가 먼저 붙이고 이렇게 불러 달라고. '아이고'는 곡소리에요. '아이고' 이렇게 곡을 하면 처음엔 장난처럼 하거든요. … '아이고, 아이고', 그다음엔 '아~~~이고, 아버지' 이렇게 돼요. 나는 '아이고'는 아니고 '아이구', 아이구는 "나는 이훈구다"라는 의미도 있고, 뭔가 힘들면 "아이구, 아이구" 이럴 거 아니에요? 그럴 때 거지발싸개 같은 마음으로 홍반장 스타일로, 그렇게 한번 해보겠노라는 의미로. 궂은일을 마다하지 않고 한다는 의미에서 "아이구~, 하시면 제가 달려갑니다" 이런 의미로 아이구라고 했어요.(이훈구 구술)

3. 충남노동건강인권센터 새움터의 결성

1) 2014년 동희오토 산재 인정 투쟁의 결합

2010년에 이훈구와 한노보연은 충남 노안네트워크 구성을 목표로 기획교육을 진행했으나, 주체들의 상황과 조건으로 후속 사업이 이뤄지지 못했다. 교육 참여자 간 차이가 컸기 때문이었다. 또, 참여를 위한 공적 시간을 확보해 주지 못한 것도 영향을 주었다. 그런데 이런 상황은 이때만의 문제가 아니었다. 몇 년 동안 비슷한 시도를 했지만, 번번이 제대로 마무리되지 못했었다.

그러다 2014년에 황재민 사건이 불거졌다. 노동자 100%가 비정규직이며 자동차 모닝과 레이를 만드는 동희오토에서 일하다 2013년 7월 뇌경색으로 쓰러진 황재민이 좌측 반신 마비가 됐다. 그는 조선족에서 귀화한 30대 후반의 노동자였다. 회사는 산재와 관련해 잘 알지 못하는 황재민 부인을 종용해 산재를 신청하게 한 후, 황재민에게 불리한 증언과 거짓으로 산재 승인을 방해했다. 이런 정황이 드러나자 6명의 동희오토 민주노조 조합원들은 황재민의 부인과 함께 산재 인정을 위한 행정소송을 준비하고 회사를 대상으로 투쟁을 벌였다. 이 과정에서 한노보연에 자문 역할을 요청해 이훈구가 결합했다.(손진우 구술)

2014년 황재민 씨 사건이 벌어졌어요. 2013년 7월에 쓰러지셨는데 저희가 알게 된 게 1년이 지나서였죠. 1년 동안 회사가 도와준다는 말만 믿고 산재 신청하셨다가 불승인되고, 재심사 청구까지 불승인 나자 공장 앞에서 그 부인이 아이를 업고 1인 시위를 하고 계셨어요. 현장에 아는 형님한테 소식을 듣고 가서 사정을 쭉 들어보니 상황이 그런 거였죠. … 그래 "투쟁을 해보자"고 지회에서 결정했어요. … 황재민 씨가 한국노총 조합원이지만, "우리가 민주노조 깃발을 들고 있는데 [웃음] 이것도 못 하면 죽어야지, 노동조합 뭐하러 하냐?" 하고. … 당시에 저희가 노안 활동을 아무것도 모르는 상태였어요. 이백윤 지회장이 지역 노안 활동을 오래 해온 안재범 동지한테 도움을 청해서 한번 만나고. 이후에 안재범 동지를 통해서 한노보연에 연락하고 이훈구 동지가 도와주러 오셨죠.(최진일 구술)

이훈구는 황재민 산재 인정 투쟁과 함께 안전보건·보호예방 투쟁을 같이하면서 회사와 한국노총 소속 조합원을 흔들 수 있는 장기적인 기획까지 고민하며 활동에 결합했다. 또한, 지역과 현장에 노안 활동의 전형을 만들기 위해 현대제철 비정규직지회를 비롯한 지역의 노안 활동가들이 함께 동희오토 산재 인정 투쟁에 결합하도록 했다.

이훈구가 이 투쟁에 참여한 또 다른 이유는 황재민 사건으로 드러난 동희오토 노동자들의 상태가 심각하다는 판단 때문이었다. 동희오토가 비정규직 노동자들로 구성된 곳이라는 점과 이들이 해고된 뒤에도 긴 투쟁을 통해 복직한 곳이라는 것도 영향을 주었다. 실제 이훈구는 투쟁에 결합해 같이 활동하면서 동희오토 노동자들에게 "요즘 너네처럼 투쟁하는 사람들이 없다, 더군다나 비정규직이고, 거기다가 자기 노조 조합원도 아닌데, 같이 투쟁하려는 사람들이 없다"라는 말을 종종 했다고 한다.(최진일 구술)

투쟁하면서 '이 싸움 어떻게 만들 거냐, 어떻게 이길 거냐'라는 고민도 같이했지만, 저희가 워낙 노동안전보건 쪽을 모르니까, 훈구 형님이 이런저런 것들을 많이 가르쳐 주시기도 했고. 또 중요한 판단의 시점들이 많이 있었거든요. 예를 들면 저희가 "회사하고 어디까지 갈 거냐?", "과연 회사가 이걸 합의해 줄까?"라는 의구심이 내부적으로 있었고, 또 "이게 맞냐? 우리가 나서는 게…" 그런 의견도 있었죠. 그래 내부에서 토론도 많이 했고, 그 과정에 이훈구 동지가 밀접하게 결합하셔서 같이 논의해 주셨고. (뭘 주장했나요?) 근데 이훈구 동지가 이래라저래라 하지는 않으셨어요. 저희가 막 나대고 설명하는 것들에 대해서 "이렇게 갔을 때는 이런 것들이 있을 거고, 저렇게 하면 저런 것들이 있을 건데, 너희가 결정하는 대로 가면 된다" [웃음] 그런 식이셨죠.(최진일 구술)

한편, 이들은 회사의 보상과 별개로 황재민 산재 인정을 위해 12월 11일 근로복지공단 보령지사와 면담 투쟁을 벌여 최초 요양 신청을 재접수하는 방식으로 전면적인 재검토에 들어갔다. 이와는 별개로 고용노동부에 산안법 위반 관련 진정을 접수해 현장 조사를 진행했다.53 현장 조사를 앞두고 지회에서는 근로복지공단의 산업재해 인정기준에 근거해 준비했다. 현장 답사 과정에서 이훈구는 노조가 추천한 노동자 측 전문가로 참가했다. 그는 지회 노동자들에게 "노동자의 기준으로 현장을 봐야 한다"는 것을 강조하면서, 산재 기준에는 없어도 실제 노동자들이 노동하면서 문제가 되는 사항은 제기해야 한다고 말했다.

조사하는 과정에도 저희가 "우리 쪽 전문가를 참여시켜라"라고 요구해서, 훈구 형이 현장까지 들어오셨거든요. 근로복지공단에서 현장 조사할 때, 공단 사람도 회사도 훈구 형님을

---

53 『2015년 한국노동안전보건연구소 제12차 정기총회』, 14~15쪽.

교수님으로 알고 있더라고요. 잘못 찾아봤는지. (아, 검색해보면 이훈구라는 교수가 있어요.) [웃음] 그러면서 회사 소장이 나와서 훈구 형님한테 "아, 교수님이시구나" 이러면서…. [웃음] 그래 근로복지공단이 가진 산재 인정기준이 있는데, 이제 거기에 맞춰서 쭉 준비하는데, 현장 조사 들어갔다 오시면서 그랬나? 훈구 형님은 "어, 얘네들이 이거를 기준으로 안 갖고 있다 하더라도 우리가 문제라고 생각하는 거면, 나는 다 주장해야 한다고 생각한다"고. 예를 들어, 컨베이어 작업이 스트레스를 가져온다고 하는 거는 인정도 되고 주장할 수 있는 부분인데, 훈구 형이 "현장 조명이 이중으로 되어 작업하는 데는 엄청나게 밝고, 통로 쪽은 어둡고 이런 것도 그 사람한테 스트레스가 될 수 있다, 우리는 그런 것들에 대해서 쟤들이 인정하든 말든 주장해야 한다", "그런 것을 통해서 만들어 가는 거 아니겠냐? 우리가 이런 싸움을 하면서 그런 주장들을 계속하고, 그게 쌓이고 쌓여서 나중에는 모두가 인정하는 기준이 될 거다"라는 얘기하고, 그런 걸 많이 가르쳐 주셨죠.(최진일 구술)

워낙 산재 관련 경험도 없었고, 노동자들이 나서서 노동조건을 개선한 경험도 없었던 동희오토에 근로복지공단 쪽과 노동자 쪽의 전문가가 참여해 현장 조사를 한 것은 그 자체로 결과와 무관하게 회사 측을 움직였다. 현장 조사 과정에서 강제로 조회와 체조를 진행한 것이 문제가 되자, 회사 측은 바로 그다음 날부터 아침 체조를 자율로 바꿨다. 이런 상황을 처음 본 현장 노동자들도 놀라기는 마찬가지였다.

> 현장 조사 했던 게 처음 있는 일이거든요. … 그때 현장에 바
> 로 효과가 나타났던 게 있어요. 뇌심 질환이다 보니 노동시간
> 을 따지는데 회사 차원에서 처음 조사했을 때는 그냥 하루 8
> 시간, 잔업 2시간 요것만 딱 노동시간으로 잡았는데, 현장 조
> 사를 들어오면서 "반강제로 하는 조회랑 체조 시간"이 있거
> 든요. 임금을 안 받으나 실제 통제 속에서 진행되는 것이니까
> "이 시간도 포함해라"라는 거였고. 그러면서 사실 산재 인정
> 심사받으러 가는 와중에 그 현장 조사만으로 회사가 "아침에
> 조회하고 체조하는 거는 자율이다, 안 해도 된다"라고 방침
> 을 바꿨어요. 한국노총 조합원들이 보기에도 근로복지공단
> 이라고 와서 쓱 조사하고 가더니, 갑자기 뭐가 바뀌고 영향도
> 좀 있던 거죠.(최진일 구술)

황재민의 뇌심혈관계 질환 산재 문제는 당사자 가족, 지
회 조합원들과 연대 노동자들이 전개한 투쟁으로 회사 측에
보상금과 산재 인정 협조 합의를 받아냈다. 이어 2014년 12
월 11일 보령지사 현장 조사에 결합해 의견서를 제출했고, 2
월 23일 대전 질병판정위원회에 참여해 의견을 개진하며 대
응했다. 결국 2015년 2월 25일 산재 인정 통보를 보령지사로
부터 받았다.

투쟁이 끝났지만, 이훈구는 동희오토 사내하청지회에서
하는 격주 토요일 혹은 일요일 회의에 정례적으로 결합했

고, 지회 조합원 애경조사나 힘 다지기 등에도 참석했다.

한편, 황재민 산재 인정 투쟁은 물론이고 이훈구의 제안으로 지회 현장투쟁 과정에서 현장 노동자의 안전을 위협하는 요인인 노동강도 문제와 심야노동 문제 등을 일상적으로 쟁점화하기로 했다. 그 시작으로 '의자 놓기 투쟁'을 벌였다. 이외에도 현안이었던 휴대전화 사용금지 대응, 메르스 대응, 휴일 대근 처리 대응, 임단협 대응, 성과급 대응 등을 지속해서 전개하면서 황재민 투쟁으로 존재감을 인정받은 지회 활동가들과 지회는 계속해서 고착된 현장 노동자들의 의식을 흔들었다. 투쟁 이전의 상황에 비교하면 활동 내용과 방식, 그리고 성과의 측면에서 아주 중요한 변화가 생긴 것이다. 이는 6명의 조합원이 고된 노동을 한 뒤에도 치열한 실천투쟁을 벌였기 때문이다. 이훈구는 이러한 투쟁 과정의 기획과 평가에 결합해 애초 이 사업에 참여할 때 가진 활동 목표가 의미 있고, 진행형이라는 것을 보여주었다.[54]

2) '행복한 서산을 꿈꾸는 노동자 모임'과 노동자 건강권 모임

그런데 '의자 캠페인' 전후로 동희오토 조합원 2명이 사업장을 떠났다. 6명에서 4명이 되자, 최진일은 '동희오토에서 민주노조를 붙잡고 투쟁을 계속하는 것도 중요하고 필요한데, 나를 포함해 우리 동지들한테 다른 전망이 필요하겠다'

---

54   앞의 자료, 32~33쪽.

라고 생각하기 시작했다. 동희오토 노조에 남은 이들과 이훈구가 같이 논의해서 지역 운동에 대한 고민을 담아 2016년 5월에 '행복한 서산을 꿈꾸는 노동자 모임'(이하 '행서모')을 만들 구상을 했다. 지역에는 사업장에 발이 묶여 아무 활동을 하지 못하는 활동가가 꽤 있었다. 이에 지역 운동에 관해 같이 소통할 수 있는 활동가들에게 모임을 제안했다.

> 이때 저는 충남으로 무게중심을 옮겨가고 있었어요. 충남지부 지역에서 제가 전문위원인가 하면서 중앙에선 금속노조 노안실 정책단 위원을 하고요. 그렇게 큰 틀에서 하면서 지역에서는 지부 노안 활동가들 혹은 지회의 구체적인 거리를 가지고, 작년 복귀하고부터 했으니까 한 일 년 되어가나? 그래서 "지역에 우리 연구소가 있다 없다의 문제가 아니라, 이런 문제의식을 느낀 사람들이 만들어져야 한다" 뭐 그런 문제인식이 있는 거죠. "그게 공장으로까지 이어지면 좋다"는 거고.(이훈구 구술)

모임을 만드는 과정에서 최진일은 이훈구와 많은 얘기를 나누었다. 이들은 행서모를 통한 지역 활동의 상이 지역 노동자들의 조직화뿐만 아니라 노동운동과 시민운동의 교류와 결합문제 등을 포괄하는 내용이어야 한다는 것을 서로 확인했다. 또, 이들은 지역 운동에 대해서 비정규직 노동자를 조직하는 일이 현장의 문제, 노동의 문제, 임금의 문제뿐만 아니라, 그들 역시 지역 주민으로 지역의 교육 문제나 지역적인 요구들을 포괄해야 하는데, 그동안 노동운동이 지역운동을 등한시했다며 이를 반성하기도 했다. 최진일은 이훈구와 자신의 관점이 유사하다고 느꼈다. 차이가 있다면 최진일은 주변을 챙기는 수준에 머물렀고, 이훈구는 과거의 반성을 바탕으로 실천 방향을 갖고 있다는 것이었다. 그 때문에 최진일은 이훈구에게 자극과 영향을 받으며, 새롭게 실천할 마음을 갖기 시작했다.(최진일 구술)

행서모는 2016년 5월 결성됐고 초기에는 10여 명이 모였다. 남아 있던 동희오토 조합원들과 지역의 활동가들이었다. 행서모는 월 1회 전체 모임에서 정세나 주제 토론을 진행했고, 성원 간에 도모할 일이 있으면 따로 모임을 만들어 실천하는 것으로 했다. 이들은 행서모를 통해 지역 차원에서 다양한 경험과 역량을 축적하는 기반을 만들겠다고 생각했다. 그 때문에 행서모는 누구나 가입할 수 있고, 구성원들이 따로 만든 모임에도 누구나 같이 할 수 있도록 하는 '열린 운영' 방식을 취했다.(최진일 구술)

행서모 매월 정례회의에는 6~10명이 왔고 이훈구는 전문위원으로 참여했다. 정례회의는 전차 회의의 결과를 공유하고, 지역 상황 및 실천 일정, 개인 활동 공유 등에 이어 논의와 토론을 진행했다. 주제는 미세먼지 관련 간담회, 서산 세월호 촛불, 정세 토론, 서산만원행동, 노동 관련 연속 강좌, 헌법 강좌, 노안 활동가 되기 기획교육, 벼룩시장, 여성주의 모임 등이었다.

그 밖에 행서모는 노안 활동팀, 미조직 비정규노동자 조직팀, 최저임금 선전 활동, 산폐장(산업폐기물 매립장) 등 지역 환경 문제, 청소년 인권 활동팀 등 다양한 의제팀을 구성하거나 지역 차원의 연대 활동을 함께 하면서 경험을 쌓고 힘을 모아갔다. 또, 지역 환경 문제에 대한 연대 활동에 이어 지역 차원의 조례 만들기 운동을 기획했다.[55]

그 과정에 행서모를 같이 하던 이훈구가 '노동자 건강권 모임'을 제안해 이훈구, 최진일 등 4명이 참여하는 모임이 만들어졌다. 어느 날 이훈구가 '노안 활동가 조직' 결성을 위한 3개년 기획서를 모임에 제출해 모두를 놀라게 했다. 내용을 듣고 모두 기획에 찬성했다. 최진일은 이훈구가 동희오토에서부터 "계획을 짤 때 멀리 보고 구체적으로 짜야 한다, 목표가 있다면 1년 차 계획, 2년 차 계획을 짜야 실제로 일이 되지 않겠냐"고 늘 강조했다고 한다.

> 그러던 와중에 훈구 동지랑 저랑 지역에 다른 두 명이 "노동자 건강권 관련한 사업을 해보자"라고 해서 팀을 꾸렸었고. 이훈구 동지가 3년짜리 기획안을 딱 갖고 오셔서 모두를 깜짝 놀라게 했어요. [웃음] 목표는 명확했어요. "3년 이내에 지역의 노안 활동가들을 키우고 만들어 내서 그 사람들이 모일 수 있는 조직을 만들자"라는 계획이었죠. 놀라긴 했으나 당연히 동의가 되는 부분이었고. 아우, 그 계획에는 1년 차, 2

---

55 『2018년 한국노동안전보건연구소 제15차 정기총회』, 103쪽.

년 차, 3년 차 계획이 다 있었고 심지어 분기별 계획까지 다 있었기 때문에. [웃음] (그거 받았을 때 어땠어요?) '헉!' 했지요. [웃음] 그래서 시작하게 된 거죠.

(내용은?) 1년 차는 지역에 노안 활동가들이 없으니 이 활동가들을 모아 교육하고 만드는 과정들, 마지막 3년 차에는 기획안에 있던 이름이 뭐였더라? 충북노건연인가? 가칭까지 정해 놓았어요. [웃음] "활동가들의 모임을 만들어야 한다" 그 계획안 중간에는 본부에 어떤 역할들을 맡겨야 하고, 지역에는 민주노총 구조 안에서 어떤 것들이 이루어져야 하고, 행서모는 어떤 것을 해야 하고. 이런 것들까지 구상이 있었어요. 그래서 '헉' 하고 설명을 듣다가 모두 "반박할 수 없다"고 한 거죠. [웃음] (최진일 구술)

'노동자 건강권 모임'에서는 2017년에 제1기 '노안 활동가 되기' 노안 기획교육을 기획하고 교육생을 모집했다. 7월 17일 첫 교육 모임이 진행되었다. 사실 모임의 활동가들은 지역 사람들이 노동안전보건에 관심이 있을 거로 생각하지 않았기 때문에 참가자가 얼마나 될지 걱정했다. 그런데 14명이 참여했다. 심지어 전북지역에서 참가 신청 문의가 오기도 했다. 지역의 사업장에서 참여한 이들은 이렇게 기획된 교육이 필요하다는 반응이었다.

충남공익활동지원센터의 100만 원 후원과 세종충남본부의 지원으로 내화 2명, 간호조무사 1명, 서산톨게이트 1명, LG화학 4명, 롯데케미컬 1명, 한화토탈 1명, 동희오토 사내

사진7-20. 2018년 행서모 노동안전보건활동가 되기 2차 교육중인 이훈구.(새움터)

하청 2명, 축협 1명, 지역활동가 1명이 참석했다. 1박 2일 수련회를 포함하여 격주 토요일에 2개의 주제로 총 12개의 주제 교육을 진행했다.[56]

　모임 활동가들은 "지역의 노동안전보건 담당자들의 목마름"을 보고 놀랐다. 1기 교육 참여자들은 교육을 마치고 후속 모임인 '노안 활동가 모임'을 만들었다. 이들은 지역 차원의 실천 활동을 모색했다. 당시 화학물질 알 권리 조례(이후 <화학물질 안전관리에 관한 조례>로 통과됨)가 지역별로 만들어지던 때여서 이 조례 만드는 운동을 같이하기로 했다.

56　앞의 자료, 103쪽.

한편, 교육에서 강의의 많은 부분을 이훈구가 맡아 했고, 한노보연 활동가들, 그리고 충남본부의 안재범 등도 했다. 이훈구는 강의를 가능한 쉽게, 그리고 노동자들이 잘 이해할 수 있도록 내용과 방식에 대해 많이 고민한 듯했다.

(강의는 누가 했어요?) 훈구 형이 많이 하셨고, 주로 연구소 동지들과 안재범 동지. (훈구 형 교육은 어땠는지?) 뭐랄까, 내용은 둘째 치고 마음에 남는 게 있어요. 음, 교육하시면서 막 혼을 내기도 하고 [웃음] 깊이 생각 안 했던 부분들에 대해서 확 세게 짚어주실 때도 있고요. 기억에 남는 에피소드는 1기 때였나? 첫 강의였던 것 같아요. 자기소개도 하는 오리엔테이션 시간에 뭘 하면 좋을까 고민하는데, 이훈구 동지가 한참 생각하시더니만 "색지 같은 것들을 달라"고 해서 같이 꽃잎을 만들었어요. 그걸 하나씩 나눠주고서는 "자기가 소중하게 생각하는 것들 네 개 써 보라"하고요, 실제 교육 때 그걸 쭉 써서 자기소개라면서 칠판에다가 다 붙이게 한 다음에, 이거를 한번에 그냥 확! [웃음] 다 찢고 막 구겨서 버리고. 사람들이 자기가 소중하다고 생각해 놓은 그게 "죽거나 다치게 되면 이렇게 된다"라는 걸 그런 방식으로 보여주시는 거죠. "산재가 뭐냐? 이거다, 이렇게 되는 거다" 그런 방식으로. 전달 방식도 되게 많이 고민하셨고.(최진일 구술)

3) 충남노동건강인권센터 새움터의 결성

이러한 활동을 펼치던 2017년 겨울부터 새움터 준비모임이 시작되었다. 계기는 밖에서 왔다. 세종충남본부가 충청남도에 노동자건강센터 설립을 요구했다. 세종충남본부와 도청이 설왕설래하는 과정에서 세종충남본부가 지역에서 노동 건강 관련 모임을 하던 최진일 쪽으로 연락한 것이다. 이들은 노동안전보건 활동가 교육 등 주체 역량을 형성하는 과정에서 본부의 제안을 받았다.

> 저희 건강권 팀에서 생각했던 계획에는 없던 내용이었는데, 지역의 상황하고 조금 맞물려 있었던 거죠. 세종충남본부 차원에서는 충청남도나 안전보건공단에 계속 요구하고 있었던 거예요. 충남 쪽이 동부권하고 서부권으로 확 나눠지거든요. 천안아산권하고 서산태안권. 생활권도 완전히 다르고. 그런데 천안아산권에는 대학병원도 두 개 있고, 근로자건강센터도 있는데 서산태안권이 너무 열악하다 보니 "안전보건공단에서 하는 근로자건강센터가 됐건, 아니면 충청남도가 나서서 노동자 보건 관련한 센터를 지어달라"는 요구가 노정교섭 의제로 계속 올라 있던 상황이더라고요. 그게 계속 무산이 되는 상황이었고. … 근데 얘기가 될 듯하다 안 되니까, 세종충남본부 쪽에서 차라리 "완전히 독립적이고 자주적인 센터를 우리가 만들어 보자"고 하면서 지역에서 이런 움직임이 있다는 걸 듣고는 저희한테 제안한 거죠.(최진일 구술)

모임에서 논의한 결과, 관의 지원을 받는 근로자건강센터는 나중 문제로 돌리고, 우선 노동안전보건 활동가 조직을 먼저 결성하기로 했다. 2017년 겨울부터 '새움터' 준비모임이 시작되었다. 이훈구가 제안한 3년보다도 훨씬 일찍 시작된 것이었다. 그만큼 지역 차원에서는 노동자 건강 문제가 심각했는데 활동하는 이들이 이를 파악하지 못했던 것이다.

행서모는 여전히 느슨한 조직 형태를 유지한 채 월 1회 모임을 진행하고, 노동자 건강권 모임은 '새움터' 결성을 본격적으로 준비했다. 그러다 2018년 4월 12일 '충남 서북부 노동인권건강센터 새움터'(이하 '새움터')를 결성했다. 노상철 교수가 센터장, 최진일이 사무국장을 맡기로 했고 한노보연의 이훈구와 지역에서 노동안전보건 활동을 하던 안재범은 운영위원으로 참여했다.

새롭게 움튼다는 의미의 '새움터'란 이름을 지은 것은 이훈구였다. 이훈구는 행서모에서 노안 활동가 모임을 만들어 3년 계획을 제출할 때부터 이미 단체 이름을 지었던 것이다.

이름을 고민하고 있었는데 훈구 동지가 "새움터, 어때?" 툭 던지면서 [웃음] 우리는 "어? 그거 좋은데?" 이러고요. 다들 이름을 생각 못 하고 있었는데 끝은 무조건 '센터'고 앞은 '건강' 들어가야 할 거라고만 생각하고 있었거든요. 앞에를 "충남 서부권으로 할 거냐?" "충남으로 할 거냐?", "중간에 인권을 넣냐, 마냐?" 이런 얘기하고 있는데 앞에 거는 대충 정리를 했어요. 근데 이훈구 동지가 센터로만 끝내지 말고 "충남 노동건강인권센터 새움터'라고 넣자" 해서 "무슨 의미냐?"라고 했더니 지역에서 새롭게 노안 활동가들이 모인 것에 대해서 "새롭게 움튼다"라는 이미지가 연상되셨던 것 같아요. 저희 (심벌)마크도 그 자리에서 바로 얘기하셨던 것 같은데 [웃음] 솟대 얘기는 이훈구 동지가 하고 이미지는 제가 찾아서 만든 거고요. 이름부터 마크까지 미리 다 생각해 놓고 계셨던 거더라고요. [웃음] (최진일 구술)

이렇게 세워진 새움터는 활동가 조직을 지향하면서 회원 모임을 운영하려 여러 시도를 하고 있다. 또, 새움터는 현장의 노동안전 활동에 개입해 노동자들과 같이하는 현장 사업을 핵심에 두고 활동을 시작했다.

새움터가 지역에 생기고 나니 워낙에 요구되는 것들이 많아요. 단순히 현장의 교육을 하는 문제가 아니라, 예를 들면 작년(2020년)에 충청남도에서 노동안전 관련 정책을 만든다고 하면, 노동계 입장에서는 새움터가 해야 하는 역할이 생기는 거고. 그런 식으로 지자체와 관계에서 해야 할 일들, 안 될 일들, 적극적으로 할 일 등으로 일을 구분해서 하는 거죠.
그런데 저희 자체적으로는 초기에 설정했던 '활동가 조직'이라는 목표가 완성되지 않았다고 보고요. 훈구 동지도 계속 그 부분을 강조하셨고 새움터를 만들고서도 계속 시도하는데, 잘 안 되는 것이 회원 모임을 운영할 수가 없는 거예요. 처음에는 새움터 회원들을 모아서 회원 모임을 운영하고 공부 모임도 따로 꾸렸는데 계속하기 힘들거든요. 훈구 형님도 "이게 활동가 조직이라면 회원 모임은 꼭 해야 한다"고 했는데 아쉬움이 남죠.

사업에서 중점은 현장의 노동안전 활동에 우리가 개입하고, 노동자들하고 같이 만들어 내는 사업을 핵심에 놓는 거예요. 쉽지는 않죠. … 그래도 노동조합들이 이쪽 사업에 투자해야 한다는 생각도 점점 많이 하고. 현장 기반들을 튼튼히 해놔야 그게 우리 뿌리고요. 그리고 훈구 형의 계획 속에 있던 '노안 활동가들의 조직'으로 가려면 그 뿌리가 제대로 서야 하고 나머지 지자체에서 떨어지는 일이나 역할들은 사실 부수적인 거죠. 이게 흔들리면 정체성까지 문제가 될 수 있는 부분이라서요.(최진일 구술)

이훈구는 '활동가 조직'에 대해 "모이는 자들이 노동운동의 변화, 기존의 노동운동이 갖고 있던 임단협 중심의 관성

사진7-21. 2018년 새움터 출범식에서 이훈구(왼쪽 세 번째).

에 변화를 일으켜야 하고, 그러려면 이들이 하나의 세력이 되어야 한다"라고 말했다. 나아가 그는 노동자들의 요구와 인간으로서의 요구에 기초한 안전과 건강에 관한 것에서 부터 노동운동을 다시 재구성해 노동운동의 대안을 찾으려 했다.

(새움터가 '활동가 조직'이어야 한다는 이유는?) 실제 "노안 활동을 하는 활동가들의 구심점이 필요하다"는 게 일차적인 이유고요. 그리고 새움터가 그 역할을 해야 한다는 게 있고요. 왜냐하면, 이 동지들이 활동할 때만 하고 금방 또 흩어지고 사라져요. 이 동지들을 계속 묶어가면서 해야 하는 것도 이유이기는 해요.
근데 훈구 형은 거기서 좀 더 나간 거였어요. "노동조합운동이 생명력을 잃어가니 노동자들의 요구, 인간으로서의 요구에서부터 다시 출발해야 한다"라는 생각을 하고 계셨죠. 그런 측면에서 "안전과 건강에 관한 요구에서부터 노동운동을 다시 재구성해 보는 거, 이게 대안이 될 수 있다"라고 주장하셨고요. 저도 토론 과정에서 그런 얘기들에 크게 동의했어요. 그렇기에 훈구 형이 얘기했던 노안 활동가들의 조직이라는 건 단순히 "사람들이 모여 있다"라는 걸 넘어서, 실제로는 "모이는 자들이 노동운동의 변화, 기존의 노동운동이 갖고 있던 임단협 중심의 관성에서 변화를 일으켜야 하고, 그러려면 이들이 하나의 세력이 되어야 한다"라는 것까지 염두에 두고, 사실 그런 계획들을 내오신 거였어요.(최진일 구술)

또 이훈구는 노안 활동을 매개로 "망가져 있는 현장을 노동자가 주체가 되도록 다시 세워야 한다"고 주장했다. 이를 위해서는 모두 "자신이 삶의 주인이 되어야 한다"라며 자신의 몸, 자신이 하는 노동을 돌아보고 몸의 주인으로서 건강권에 관해 주장해야 한다고 제기했다. 그는 현재 노동운동이 모든 것을 노동조합이 대행해 주는, 모두가 주체가 아닌 형태로 진행되고 있다고 판단했다. 그 때문에 노안 활동가들은 자기부터 삶의 주체가 되면서 현장 노동자들을 주체로 세우는 방식으로 활동을 새롭게 구성해야 한다고 제기한 것이었다.

훈구 동지는 교육할 때도 "자기 삶의 주인장이 돼야 한다"라는 얘기를 입버릇처럼 하셨거든요. "그게 아마 너의 몸이 가져야 할 권리에 대해서 생각해 보고 고민해 보고, 그리고 지금 당신의 노동이 어떻게 이루어져 있고, 그런 것들에 대해서 깊이 한번 관찰해 보고, 이런 것들을 통해서 자기 몸에 대한 주인, 건강권에 관한 이야기에 도달할 수 있다"라고 얘기하셨던 것 같아요. 다른 문제가 아니라 "정말 본질적이고 직접적인 문제, 내 몸에 관한 문제들을 이야기하는 게 자기 삶의 주인이 되는 시작 아니겠냐" … 이런 이야기들을 자주 하셨고, 그런 차원에서 연결돼 있었던 것 같아요.(최진일 구술)

내가 만난 이훈구

이숙견이 만난 이훈구

이숙견은 한노보연 결성 과정에서부터 이훈구와 같이 활동했다. 부산지역에서 활동했기 때문에 이훈구와의 관계가 서울에 있는 활동가들과는 다소 달랐다.

(이훈구 선배 처음 인상이 어땠어요?) 그냥 얼굴을 보면 나이가 조금 많이 들어 보이시잖아요? 되게 높은 선배라고 생각했고. (높은 선배?) 구력이 되게 남다르고. 당시 제가 30대 되기 전이었으니까요, 한창 어릴 때. 상임활동가지만 경험이 많지 않은 후배여서 훈구 형은 좀 아스라이 멀리, 근데 되게 명망이 높은 듯한 선배였죠. 근데 흔히 말하면 재야에 있는 사람들은

사진7-22. 2017년 상임활동가 엠티에서 이훈구와 이숙견.

엄청 가오를 잡는다던지 "내가~" 이러면서. 그래서 양OO 선생님이나 임OO 선생님은 엄청 느껴지는 것이 안 좋잖아요. 그런 분들하고 느낌이나 포스 등이 달랐어요. 정말 현장에서 활동하는, 투쟁하는 사람의 느낌, 포스, 이런 것들이 되게 컸고 흔히 말하는 '찐 좌파' 같은 느낌이 있었어요.

그리고 민의련에도 노힘 회원이 많아서 같이 쭉 활동해 왔기에 훈구 형이 노힘이라고 뭔가 거부감이 들거나 그러진 않았어요. 또 아이구 동지 자체가 좀 그런 분이 아니시잖아요. 무게감을 막 많이 가지려 하거나, 선배라면서 후배를 가르치려고 하시지는 않으시니까. 그런 점에서는 저는 되게 좋았던 것 같아요.

(한노보연에서의 이훈구는?) 연구소에서 훈구 동지는 활동가의 전형적인 모습을 자주 보여줬고 그런 모습을 실천하려고 노력했던 사람이었어요. 그래서 "연구소의 상근 활동가라면 저래야 하지" 하는 실천을 하지 않았나 생각이 들었어요. 중심에서 역할을 많이 했어요.

(나한테 이훈구는?) 닮고 싶은 사람. 나의 부족한 부분이 집요함인데, 훈구 형이 가진 집요함이 되게 부러웠거든요. 닮고 싶고 부러운 사람인 거 같아요. 훈구 형은 일상적으로 연구소하고 같이 좀 엮어서 생각을 많이 했기 때문에, 근데 되게 '자유로운 사람'임에도 불구하고요, 외로웠을 것 같다는 생각이 들어요. 저도 뭔가 혼자서 다 해야 한다는 것에서 엄청 외로움이 컸는데, 훈구 형도 그렇게 우리 연구소에서 형을 위치시켰

고 그런 걸 해왔으니까 자기가 외롭다고 이야기하는 것조차 좀 쉽지 않았던 것 같고. 그리고 다들 뭔가 답을 원하잖아요? 모든 현장활동가가 그렇고 우리도 그랬던 거 같은데… '그의 고민은 누가 들어줬을까?'는 생각이 들었고. 저는 대화하는 게 부담되니까 그런 대화를 피했던 것도 없지 않아 있고요. 그래서 좀 훈구 형한테 미안한 부분도 있죠.

그리고 예를 들어 "'밤에 자고 싶당' 같은 당을 만들겠다" 그런 생각도 하시는 점에서 훈구 형이 대단하다고 생각했어요. 오히려 저희보다 뭔가 더 상상하는데 갇혀 있지 않고 더 많은 좋은 아이디어나 상상을요. 그리고 '지역운동체' 고민을 엄청 많이 하시는 것도, 몇 가지 전망에 대해서 연구소가 향후에 어떻게 갈 것인지도 되게 많이 생각하셨던 것 같아요. 그래서 "훈구 형이 훨씬 더 우리보다 더 자유로운 사람이구나"라는. 그런 점에서도 되게 좋은 활동가였다고 저는 생각하거든요.

또, 현장에 가면 엄청 치열하시잖아요. 예전에 갑을오토텍이라는 현장에 연구소가 위험성 평가와 노강 평가를 했었어요. 저는 그냥 보러 갔어요. 그때 훈구 형이 전담하셨거든요. 그러니까 거기 전담하시면서, 거의 현장에 상주하시면서 조사를 하셔요. 그때도 제가 옆에서 봤는데, 훈구 형이 현장에 계속 서서 조합원들이 일하는 모습을 봐요. 평가할 것들을 훈구 형은 거의 종일 붙어서 계속 확인하고, 묻고, 또 물어보고. 그런 모습을 제가 한 이틀 정도 거기 같이 있었을 때 봤거든요. 제가 옆에 있는 연구소 회원하고 이야기하면서 "저 열징은 어디서 나오는 거냐?"고 놀라서 말했던 적이 있어요. 엄청 집

요하게 파고 확인하고, 그래서 결과를 만들고 싶어 하셨거든
요. 그러면서 어떻게 하면 현장 사람들이 직접 할 수 있는지,
관련한 것들까지도 체크리스트를 더 만들거나 제기하거나.
그렇게 많이 하셨죠.

(조직 운영 방식에 이훈구가 준 영향은?) 결정과 집행을 같이 하는
조직에서 훈구 형이 상근을 계속했으니까. 그리고 연구소에
서 훈구 형의 말이나 의견은 되게 영향력이 많았어요. 그러다
보니 만약 훈구 형이 상근자가 아니고 대표로만 있었다면, 아
마 결정과 집행을 하는 조직체가 얼마나 유효하게 갔을까 하
는 생각도 저는 조금 들긴 하고요. 그니까 운영 방식에 대해
서는 훈구 형이랑 김재광 동지, 이 두 사람이 연구소에서 되
게 영향력이 큰 사람들인 거죠. 실제 훈구 형이 연구소 운영
하는 방식에서 "이게 맞구나. 이게 좋은 방식이구나"라는 좋
은 모습을 보여줬어요.

최진일이 만난 이훈구

동희오토에서 시작해 행서모, 그리고 새움터 결성까지 같
이 활동했던 최진일은 이훈구와 많은 토론과 이야기를 하며
지역 실천을 같이했다. 그는 이훈구에 대해 다음과 같이 말
한다.

(혹 방향을 둘러싸고 차이는 없었어요?) 저는 이훈구 동지랑 죽이
정말 잘 맞았어요. (운동을 바라보는 관점, 감성?) 그랬던 것 같아

사진7-23. 최진일과 이훈구.

요. (뭘 제일 중요하게 여기는 것 같아요?) 음, 그게 뭔가 딱 한 마디로 설명하기가 힘든데, 당시에 훈구 동지가 행서모 동지들한테 강조했던 부분이 "운동이 이만큼 망했으면, 분명히 우리가 뭘 잘못했으니까 망했지 않았겠냐? 앞으로 계속 우리는 의심해야 한다, 우리가 뭘 잘못해 왔는지, 새로운 방식을 고민해 봐야 하고, 그런 것들 속에서 기존에 우리가 갖고 있던 경계들을 최대한 넘나들고, 사업장의 연계가 될 수도 있고, 지역의 연계가 될 수도 있고" 여기다가 저부터도 그렇지만, 어쨌건 "노동운동, 특히 노동조합운동에 익숙한 사람들이기 때문에 그런 부분들을 많이 깨고 새로운 실험을 많이 해봐야 한다" 이런 이야기들을 하셨는데 그런 부분에서 통하는 것들이 많았던 깃 같아요. 예를 들면 행서모의 조직을 "이린 식으로(열린 방식) 구성하자"라고 제가 준비해서 동지들 앉혀놓고

프레젠테이션 하니까 되게 좋아하셨거든요. [웃음] 그런 것
들이 죽이 잘 맞았죠.

(나에게 이훈구는 어떤 사람?) 되게 복합적이죠. 활동하는 데는
누가 뭐래도 스승님 같은 존재였고, 행서모라던가 그때 나눴
던 이야기들이라든가 그런 걸 생각하면 표현이 적절할지 모
르겠는데 저한테는 정말 오랜만에 '죽이 잘 맞는 친구'를 만
난 것 같은 그런 분이었어요. 스승이기도 하고, 친구이기도
하고, 동지이기도 하고 되게 복합적인 것 같아요.

(이훈구는 어떤 활동가 같아요?) 뭐라고 해야 할까? 굉장히 독특
했고, 그런 사람이 잘 없죠. [웃음] 일단 모든 문제에 있어서
정말로 진지했고. 진짜 사람은 많잖아요? 그런데 그런 진지
한 고민을 들어보면 "품이 넓다"고 해야 하나? "여유가 있다"
고? 그 부분이 되게 오묘한 부분인데. [웃음] 일로 봤을 때도
엄청난 일을 하자고 했고, 운동에 대한 평가나 판단, 이런 것
들이 이건 혁명을 하자는 얘기나 마찬가지인데 훈구 형하고
그런 얘기를 하면 별로 부담스럽지가 않았거든요. 특유의 그
런 게 있어요. 자기가 그렇게 살아왔던 거로 보여주기 때문에
그런 것 같아요. 지금 생각해 보면, 진짜로 뭐 볼 게 있다고 동
희오토에 맨날 와서 그런…. 사실 이것도 되게 정상적인 범주
에서 벗어나는 활동 방식이잖아요? 그래서 진심이었던 것 같
고요. 훈구 형은 가서 해보고 싶고, 할 수 있을 것 같다고 하면
그대로 죽 가는 거예요. 그냥 뚜벅뚜벅 가는 거죠.

5절
연대 활동

1. 한노보연의 공동투쟁·공동활동 모색과 실천

1) 의제에 따른 전국 공동투쟁의 시도

2002년 근골격계 투쟁을 시작할 무렵, 근골격계 집단 요양 투쟁은 건강권 쟁취 투쟁을 넘어 신자유주의 분쇄 투쟁으로 전국투쟁을 형성하기 어려운 시점이었다. 이에 조직 형태에 구애받지 않고 노동강도 강화 저지라는 현장투쟁에 동의하는 단위가 모여 전국투쟁을 도모하기 위해 전국노동자연대를 결성했다. 한노보연 준비위 시기에 준비위의 구성원들이 전국노동자연대 사무처 성원으로 결합해 적극적으로 전국투쟁을 모색했다. 주요 활동으로 노동강도 강화 저지 투쟁을 위한 전국 기획 및 단위 투쟁을 지지했고, 유해요인조사에 대한 대응 및 지역조사단을 모범 사례로 확장하려 했으며, 조사 이후 현장 활동 강화를 위한 토론회 등을 진행했다.[57]

한편, 근골격계 투쟁에 대해 정권과 자본은 산재보험의 3대 개악안으로 맞섰다. 2003년 상반기에도 전국 각지에서 이어진 집단 요양 투쟁과 산재 승인 쟁취의 성과가 전국으

---

57 『2005년 한국노동안전보건연구소 제3차 정기총회』, 27쪽.

로 확산해 가면서 새로운 투쟁을 만드는 밑거름이 되고 있었다. 자본은 이런 투쟁의 폭발력을 잠재우고 집단 산재 승인이라는 투쟁의 성과를 경험한 노동자들이 노동강도 강화 저지를 위한 투쟁으로 나아가지 못하도록 막아야 했다. 이를 위해 자본은 2003년 5월 경총 내에 기업안전보건위원회를 신설해 조직적으로 산재보험을 건드리기 시작했다. 정부역시 근골격계 법제화를 통해 근골격계 문제를 제도적 틀내에서 관리해 나가기 시작했다. 이어 근로복지공단은 2004년 10월 '근골격계 인정기준 처리지침'과 12월 '요양업무 처리지침'을 만들어 공공연하게 산재 노동자를 압박하기 시작했다. 이에 대한 노동자들의 정당한 항의와 요구를 '과격집단 민원 대응지침'이란 초법적 공단 내부 규정으로 범죄자 취급하여 탄압을 일삼았다.[58]

이에 민주노총 노동안전보건 담당자와 노동안전보건 단체들이 '근골격계 인정기준 개악안 폐지와 산재보험 공공성 강화를 위한 공동투쟁위원회'(이하 '공투위')를 결성했다. 공투위는 의제 중심으로 같이 투쟁하기 위해 만든 것이다. 공투위의 목표와 과제는 "산재보험 민영화 저지 공공성 강화, 적절한 치료 보장-재활 보장(경총 논리 대응), 경총 중심으로 한 현장 통제 분쇄, 노동강도 강화 저지와 현장 개선을 설정하여 본격적인 활동 개시" 등이었다. 참가 단위가 늘어나며 공

---

58 한국노동안전보건연구소, 『한국노동안전보건연구소 10년사』, 2013, 53쪽 주11.

투위 규모가 비대해졌지만, 효과적인 투쟁을 벌이지 못했다. 그 이유는 민주노총의 조직적 참여가 아닌 노안 담당자가 결합하는 차원이어서 집행력을 담보하지 못했기 때문이다. 또, 이훈구는 공투위가 투쟁 기획을 제대로 하지 못한 것도 문제라고 보았다. 그는 투쟁 기획은 상황을 돌파하기 위해 교육, 선전, 여론몰이 등 다양한 방식으로 해야 했는데, 당위적인 개악법 폐지를 주장하기에 급급했다고 평가했다.

그는 무엇보다도 현장 노동자들이 근골격계 문제는 회사가 책임져야 한다는 의식에 머물러있어, 이를 다수 노동자의 문제로, 그리고 조직노동자의 문제로 인식하고 대응할 수 있도록 전환하지 못한 데 문제가 있다고 판단했다. 즉, 그는 노동자들이 개인 차원에 갇혀 아프면 치료받고, 나만 아프지 않으면 된다는 의식에 머물러 있다고 보았다.

경총 안전보건위원회랑 정부는 완전히 게거품을 물고 "사활이 걸린 거다, 잘못하면 큰일 난다" 이러고. 주체들은 "아프면 당연히 산재지" 여기까지만. 이걸 못 넘은 거죠. 싸움을 하면서 그런 게 아니었나 싶어요. 법 제도의 영향은, 그들은 완전히 입체적이고 총체적인 공격을 해왔다는 말이에요. 구체적인 3대 개악 지침 경우에 나중에 찾아가는 서비스, 고객이 기절하실 때까지 쫓아가서 감시하고. 근로복지공단 노동조합에서 활동하시는 분한테 여쭤보면 당시에 지침이라는 게 직원들을 어떤 식으로 쪼았는지, 예를 들어 CCTV 딜고, 다른 데로 이사하고, 데모 못 하게 하려고 꽃밭 만들고, 지금 그 시스템이 만들어진 거예요. 저들은 사활을 걸고 덤비고, 우리는 "아프면 치료받으면 되지", "에이, 나는 안 아픈데" 그게 계속 반복되면서 굳어지고, 황폐해지고, 파행화되는 거 같아요.(이훈구 구술)

이처럼 근골격계 투쟁 이후 정부와 자본에 밀리면서 노동자들은 기업의 틀 안에서, 산업재해로 인정받는 것에 머물러 있었다. 실제 근골격계 투쟁 당시는 노동안전보건 이슈를 중심으로 계급투쟁을 벌이면서 전국의 노동자들을 대상으로 활동했다. 이에 대해 이훈구는 근골격계 투쟁에서는 근본적으로 노동자의 몸을 놓고 '자본의 이해와 노동자의 이해'가 대립하는 지점으로 접근했기 때문에 가능했다고 말했다. 이어 그는 주간연속 2교대나 직무스트레스 문제가 '노동의 이해와 자본의 이해 대립'의 관점에서, 그리고 신자유주의에 맞선 문제로 투쟁을 설정하고 전개될 때 계급투쟁이 가능할 것이라고 보았다.

자본과 노동의 대척점에서 노동자의 몸을 통해서 드러난 근골 문제, 자본의 이해와 노동의 이해가 부딪히는 그런 과정, 혹은 결과로서의 근골 문제, 이렇게 본 것이니까, 그게 부수적으로 IMF 이후 신자유주의 공세가 노동 유연화 공세로 격해지고, 그때부터 노동 유연화 자체는 진행 중이고요. 그런 와중에 근골 투쟁이 갖는 노자 간 대립의 현재성, 실질성 이런 것들의 의미라고 봐야 하죠. 그게 주간연속 2교대도 마찬

사진7-24. 2004년 10월 근골격계 인정기준 개악안 폐지와 산재보험 공공성 강화를 위한 공동투쟁위원회 출범식.

가지예요. 직무스트레스도 마찬가지거든. (신자유주의 구조조정이나) 거기에 맞서는 투쟁인 거죠.(이훈구 구술)

이처럼 한노보연은 2004년 전국투쟁연대에서 근골격계 투쟁을 전개하며 집단 요양 투쟁을 벌이고, 투쟁 사안을 발굴해 이슈파이팅하면서 동시에 지역조사단 활동을 펼치기도 했다. 2005년에 한노보연은 심야노동 문제, 이어 노동강도 문제를 제기했고 이에 노동조합과 노동안전보건단체들이 공동활동을 위해 '노동강도 강화 저지를 위한 전국투쟁연대'를 결성해 활동했다. 2006년에는 한노보연이 설정한 '4대 실천 의제'를 실현할 방안으로 다시 실천본부를 통한 공동실천을 모색했으나, 이는 시도 차원에 그쳤다.

2) 2006년 노동안전네트워크 구성과 활동

2006년 들어 산업재해보상보험법 개정을 앞두고 노사정위원회에서 개정의 기틀을 잡았다. 그러나 개정의 기본 틀은 노동자들의 바람과는 달랐다. 이를 비판하며 금속노조를 중심으로 여의도 노사정위 앞 농성투쟁을 전개했으나, 노사정위의 합의 개악(한국노총, 정부, 경총 등)을 막지는 못했다. 사실상 노동부와 근로복지공단의 의도가 그대로 관철되었다.59

한노보연은 노동안전보건 단체들과 노동안전네트워크(이하 '노안넷')를 만들어 연대 활동을 벌였다. 노안넷은 목적을 뚜렷이 하기보다는 "총자본에 대한 대응, 법 제도적 대응, 산재 사고에 대응 등을 전국적으로 공동으로 하기 위해" 만들어졌다. 그 때문에 같이 논의해서 진행하는 방식으로 운영했다. 이에 대해 이훈구는 "지역의 여러 노안 단체와 같이 활동하면서 상호 영향을 주고받으며 성장할 수 있도록 시도"한 것이라고 말한다. 당시 상황을 이훈구는 아래와 같이 기억하고 있었다.

이게 2005년, 2006년에 근골 투쟁하고 나서 경총 산하에 기업안전보건위원회가 있었는데, 얘들이 가이드북 100~200페

---

59   이후 2007년 산재보상보험법은 노사정위 합의에서 크게 벗어나지 않는 범위에서 개정되었다. 근무 중 요양, 질병판정위원회 도입, 장애등급 재심의, 재활 부분 지원, 전원시 사전 승인 등이 도입되었다.(한국노동안전보건연구소, 앞의 책, 2013, 77쪽 주15)

이지짜리를 만들어서 협력사에 쫙 뿌리고 그래요. 그다음에 산재 사망이나 산재 사고가 계속 있고 그러니까 (단체들이) 지역에 흩어져 있는데 하나의 조직을 만들자는 건 너무 무겁고 잘 안되고, 각각 처지들도 자기 조직 꾸려가기도 바쁜 그런 시기였기 때문에. 그래서 "노안넷, 이렇게 해서 모이자, 총자본에 대한 대응, 법적·제도적 대응, 산재 사고에 대응" 이런 걸 지역 차원에서도 하고 현장에서도 하지만, "전국적으로 할 게 있으면 같이하자" 목표나 과제를 명확히 하지 않고, 누가 제안하면 그걸 받아서 "같이 논의하자"는 식으로 운영한 거예요.

당시 현실적으로는 불가피한 측면이 있었지만, 조직 체계에서 보면 선도적인 시도였던 거 같고. 연구소로서는 내셔널센터 관련 문제의식을 좀 더 가시화하려는 조직 내부적 목표도 있었죠. 그리고 상호 삼투를 하고 상호 영향력을 주고받을 수 있는, 또 우리가 사업을 하면 전국적인 사업으로 확장할 고리로 삼으려고 시도한 거죠.(이훈구 구술)

한노보연이 노건연/원진 쪽에 노안넷 참여를 제안했지만, 이들은 참여하지 않았다. 노안넷에 참여한 단체는 건강한노동세상, 광주노동보건연대, 대구산업보건연구회, 마창거제산재추방운동연합, 산업재해노동자협의회, 인천산업재해노동자협의회, 울산산재추방운동연합, 충청지역노동건강협의회, 한노보연이었다. 한노보연은 이런 단체들과 같이 노안넷을 통해 현장 활동 복원 및 주체 형성, 구체적인 공동

실천 거리 만들기, 정책이나 프로그램 토론 등을 같이하고
성명서를 함께 내는 등의 활동을 했다. 또한, 2006년 하반기
총파업투쟁 관련해 지역 공동투쟁 복원에 주력했다. 서울지
역에서는 노안넷 참여단체들이 서울 공투본에 참여해 선전
활동과 실천투쟁을 같이 벌이면서 단체 간에 서로를 이해하
는 과정이 되었다.60

우리는 2006년 총파업 때, 서울 공투본에 결합해서 사생결단
선전전을 해요. 그러면 "밤엔 자고 싶당" 이런 '4대 의제' 가지
고 쟁반선전전도 하고요. 둥그런 쟁반 있잖아요? 그걸 사서
거기다가 "당, 장, 멈, 춰" 글씨를 크게 색종이에다 파가지고
붙여서. "밤에 못 자게 하는 거를 당장 멈춰", "쉬엄쉬엄 일하
게 빡세게 하는 걸 당장 멈춰", "위험한 작업 시키는 걸 당장
멈춰", "골병과 죽음의 현장을 당장 멈춰" 뭐 이런 컨셉으로.
그다음에 총파업이었으니깐 앞판에는 "FTA 안 돼" 뭐 이런
의제를 같이 섞고, 뒤판에는 우리 요구를 써서 쟁반 들고 두
들기면서 쇼하는 쟁반선전전. 또, '생로병사 선전전'. '생'- 뭐
어쩌고 노동자는 자본의 손아귀에 있소이다, '노'- 늙어서 뭐
어쩌고저쩌고. 그런 시리즈가 있어요. 그런 걸 가지고 집회
가고. 그다음에 하얀 민복 망토선전전, 그래서 하얀 천을 목
부분만 뚫어서 반 접어서 뽕 뚫어서 제가 쓰고 싶은 걸 다 쓰

60 『2007년 한국노동안전보건연구소 제4회 정기총회』, 20쪽.

사진7-25. 2006년 10월 27일 총파업 실천단 활동. 앞줄 왼쪽 끝이 이훈구.

는 거예요. 그래서 서 있으면 그 자체로 선전전이고. 그런 선
전전도 "같이 할 수 있으면 같이 하자" 하고. (이 단체들이랑요?)
예, 노안 활동가들이랑. 이런 거 다 해보니깐 우호적이죠. 그
전에는 "저 또라이들" 이러다가 사업을 같이해 보면 서로의
생각이 섞이고 토론도 하게 되니깐, 이러면서 긍정적으로 작
동하죠.(이훈구 구술)

이런 활동 과정에 2007년에는 금속노조의 안전보건 실태
조사를 노안넷 차원에서 공동으로 진행했다. 한노보연의 입
장에선 구체적인 사안을 가지고 공동사업을 하는 점에서 의
미가 있었고, 또, '4대 실천 의제' 등의 실천 과제를 만들어
노소에 세안할 기회로 판단했다.

2007년에 금속이랑 금속노조 안전보건 실태조사 할 때 이 친구들이 같이 가서 해요. 노안넷 차원에서 같이 논의해서 점검하고 토론회도 한두 차례 했던 것 같아요. … 여기 참석은 인천에 건강한노동세상, 노동건강연대, 산재노협, 원진노동환경건강연구소, 한노보연, 그다음에 금속 노안실. 이 사람들이 240개 지회 설문하고 그다음에 8개 지부에 53명 면접을 해요. 그래서 보고서를 내요. 그다음에 노안 활동의 조직적 과제, 정책적 과제, 실천적 과제, 이런 걸 제안해요. 이건 어떤 의미가 있냐면, 저희 입장에서 보면 공동활동을 조금 더 구체화한 거예요. 그리고 "여기에서 실태를 얘기하면서 '4대 실천 의제'를 섞어보자" 우리 생각은 그랬죠. … 여기 실태조사에서 나온 거에 실천적 과제가 있으면, 요기에 '4대 의제'를 포함해서 할 수 있는 방안들을 만들어 보자는 게 우리 문제 인식이었죠.

그래서 요건 되게 유의미한 경험이었어요. 아마 6개 단체가 공동으로 구체적인 사업을 해본 건 최초였고. 그리고 금속노조 차원에서도 되게 유의미한 결과였죠. 우리는 '4대 실천 의제'를 노동조합 차원에서 쟁점화할 기회로 삼은 측면이 있었고요.(이훈구 구술)

한편, 2008년 들어 세계 자본의 위기는 노동자·민중을 옥죄는 삶의 위기로 나타났다. 이에 맞선 저항은 정당조직, 투쟁체, 대중조직 등이 상층 중심의, 소위 정책 대안 중심 활동이었다. 정작 중요한 주체들의 필요와 요구를 일상적으로 조직하지 못하면서 자본에게 현장, 필요, 주체들을 빼앗기고 있었다. 노동자 건강권 운동도 녹록지 않은 상황이었다. 2008년 7월 개악된 산재법은 산재 노동자들의 치료받을 권리를 훼손해 온 업무상질병판정위원회에 법적 명분을 제공해 주었으며, 이에 맞선 저항은 집단 요양 투쟁 이후 산재 노동자 당사자를 넘어선 현장 쟁점화와 조직화에 이르지 못한 채 위기를 맞고 있었다.61

개악 산재법과 업무상질병판정위원회에 대한 대응은 노동안전보건 분야의 핵심 과제였지만, 일 년 내내 난항을 면치 못했다. 노안넷은 산재법 대응기획을 만들었으나 실행에 옮기지 못했다. 이에 한노보연은 '치료받을 권리'에 대한 공세를 예상하고 열심히 투쟁했다. 그러나 핵심적인 과제인 상시 구조조정에 맞선 현장 일상 활동 강화를 이루지 못했다.

3) 2011년 노동자 건강권 실현을 위한 공동행동(준)과 2013년 이후 노동안전보건 단체 간담회

2011년 4월 들어 민주노총 등 노동계와 노동안전보건 단체들이 모여 '노동자 건강권 실현을 위한 공동행동'(준)(이하 '공동행동')을 결성하였고, 여러 제도 개혁의 방향 및 투쟁 방향 등을 논의했다. 한노보연은 초기 논의부터 참여해 지속해서 결합했고, 공동행동(준)이 현장과 유기적으로 결합하

---

61 『2009년 제6회 한국노동안전보건연구소 정기총회』, 88~89쪽.

는 정책 생산 단위로서 기능하고, 논의의 결과와 정책적 대안이 현장의 주체를 만드는 운동으로 발전하도록 의식적인 노력을 기울였다.

공동행동(준)은 중대 재해 예방과 산업보험 개혁, 두 의제를 중심으로 집중 실천을 기획하고 4월 28일 추모문화제, 메이데이 공동선전, 5월 28일 최저임금 및 보건의료 시민 한마당, 6월 27일 산재보험 토론회, 11월 전국노동자대회 공동선전전과 소통결의마당 등의 공동활동을 진행했다. 하지만 참여 주체들의 결합도와 실천기획의 불균등, 일부 회의 참석자 중심으로 논의가 반복되거나 정체되는 상황 등으로 실천 의제 발굴과 힘을 모으는 데는 이르지 못했다.62

중대 재해 예방과 산재보험 개혁을 위해 이훈구는 공동행동(준) 차원에서 논의되는 다양한 기획과 실천에 더 적극적으로 개입하고 참여하려 했다. 2012년 공동행동(준)은 4·28 산재 사망 추모제, 기업 살인법 관련 국회토론회, 총선 요구안 정리 및 총선넷 대응, 산재법 개혁 관련 집중토론, 대선 정책 요구안 정리 및 정책 제안과 보도자료 배포, 기업 살인 기획연재, 공동선전전 등 다양한 활동을 전개했다. 그러나 현장 쟁점화와 관련한 기획과 실행은 거의 없었고, 주체 확대와 의제 확장에 대해서도 공동행동(준) 내부 참여자 수준에서 논의가 반복되는 상황이었다.63 2013년까지 4월 공

---

62 『2012년 제9회 한국노동안전보건연구소 정기총회』, 3~4쪽.

63 『2013년 제10회 한국노동안전보건연구소 정기총회』, 56, 60쪽.

동선전전, 메이데이 등에 공동행동(준)의 명의로 계속 활동했고, 『노동자 쓰러지다』라는 책을 기획해 산재 사망과 관련한 이슈도 만들었다. 그런데 2013년 안식년으로 이훈구가 활동하지 않자 공동행동(준)도 활동이 중단되어 이름만 유지하는 상태였다.(이훈구 구술)

공동행동(준)의 활동이 기대에 미치지 못하면서 2013년 상반기부터 마창산추련, 대구산보연, 울산산추련, 건강한노동세상, 한노보연 등이 한노보연에서 분기별로 1회 모여 간담회를 진행했다. 참여 단체들은 각 지역에서 권리 찾기 사업단에 참가하고 있었는데, 업종에 따른 세부 활동 내용은 다를 수 있지만, 미조직 사업에서의 건강권 의제를 고민하고 있다는 공통점이 있었다. 그러한 각 단위의 고민을 모아보자는 취지였다.

이 간담회에서는 2013년 참여하고 있는 지역사업장의 근골격계 유해요인조사 실태를 모아 선전하려고 했으나 실태 파악의 어려움이 있어 실행하지 못했다. 이어 2014년 7월부터 공동사업 모색에 관한 논의를 진행했고, 2015년에는 "작은 것이라도 공동사업을 추진해 보자"는데 의견을 모아 실태조사, 선전물, 슬로건 등 함께 할 수 있는 것을 모색했다. 이 간담회에 관해 이훈구는 다음과 같이 말한다.

지금은(2015년) 이게 '노동안전보건 단체 간담회'인가 해서 3개월에 한 번씩 봐요. 노안네트워크 때는 월 1회였어요. 근데 이 공동행동 끝나고 잘 안 되고 나서는 노안 단체들이 울산산추련, 마창거제산추련, 대구산보연 정도가 참여해요. 그리고 그 단체들이 지역별로 공단 조직화 사업에 결합을 해요. 그 사업을 할 때 저희는 '노래사업단'에서 구로 쪽을 하고. 창원은 녹산공단, 이렇게 실태조사를 하는데 안전보건 관련된 것도 항목으로 넣는 걸 같이 공동 개발한다든지 사례 나눈다든지 이런 정도 수준이고. 전국적인 망이나 의제, 이런 거는 안 하는 편이에요. 아니, 못하고 있는 거죠.(이훈구 구술)

4) 최근 연대운동 방식에 대한 문제의식

이훈구는 최근의 연대운동, 연대투쟁은 운동으로서 '퇴행'이라고 진단했다. 그 이유는 연대투쟁이 1만 원만 내면 이름을 걸고 꾸리는, 규모만 큰 공동대책위원회 방식으로 진행되면서 성명서 내고, 집중집회 하고, 기자회견 하는 방식으로는 실제 필요한 공동투쟁의 힘을 발휘하지 못한다는 것이다. 그는 한 측면에선 규모가 큰 공동대책위가 필요하지만, 다른 한편에서는 실제 기획하고 집행에 책임을 갖는 공동책임 단위인 대책위원회를 중심으로 활동과 투쟁을 벌여야 제대로 연대운동과 연대투쟁을 벌일 수 있다고 했다.

한노보연은 노안 단체들과의 연대체를 꾸리기 위해 끊임없이 시도하고 문제를 제기해 왔다. 특히, 이훈구가 계속된 노안 단체들과의 연대운동에서 큰 역할을 했다. 그는 그동안 시도했던 연대운동의 경험을 놓고 몇 가지 문제를 제기했다. 첫째는 의제의 특성으로 보면 연대운동이 아닌 단결운동을 해야 한다는 것이다. 노동자들이 하나가 되어야 노동안전보건운동이 가능하다는 생각이었다. 현실은 사안별로 연대운동을 펼쳐도 모두 자신들이 더 중요하기 때문에 하나로 힘을 합쳐 활동하지 못했고 성공할 수 없었다.

의제의 특성상 연대운동은 적절치 않죠. 단결운동. 그러니까 이 의제는 단결해서 하나가 되지 않으면 할 수가 없는 운동이야. 그런데 연대 틀로 잡으니까 다 각자가 더 중요하고, 다 존중해야 하고 배려해야 하죠. 이런 게 문제의 핵심인 것 같아요. 단결운동의 틀을 연대운동에 맞춰서 자꾸 시도하니까. 대선 때 가면, 총선 때 가면, 좀 했다가, 이게 안 돼. 때려 죽여도 안 돼. 성명서 내고 이런 건 운동이라고 해야 하나? 저는 지금 현재에서 성명서 내는 것은 운동이 아니라고 생각해요. 성명서를 내도 운동일 때는 입장을 표명하는 것을 목숨 걸고 해야 하고, 잡혀갈 생각하고 하는 거지. 지금 이런 게 아니니까. 성명서 내는 거 아무런 영향도 없는데, 기자회견도 아무런 상관도 없어. 우리도 몰라. 그런 짓을 왜 하냐고. 노동자들도 모르는걸. 연대를 잡으니까 폭을 넓히다 보면, 폭이 넓혀지냐고. 주체들도 버려지고 방치된 상태에서, 단결운동으로 가야 할 게 연대 틀로 가니까 안 된다는 거지. 결이 안 맞는다는 거지. 그런 고민이 있고요.(이훈구 구술)

두 번째로 연대나 단결을 할 때 주체들의 상태에 초점을 맞추는 것이 가장 중요하다고 했다. 현실에서는 주체인 노동자들의 상태를 고려하지 않고 진행하기 때문에 연대가 제대로 이뤄지지 않는다는 것이다.

연대라는 건 품앗이를 하는 것이거든. 힘 보태주고 힘 받고 그런 게 필요하다면 그것으로 돌파해야지. 또, 그럴 수밖에 없으면 그런 거라도 해야지. 그것조차 없으면 단식이라도 해야 하는 거야. 관심도 없는데 무슨 연대를 하냐고. 연대를 촉발할 관심을 유발하기 위해서 단식도 하는 거야. 그니까 "연대 만세"가 아니고 그 상황과 주체들의 관계나 동인을 맞춰서 정하고, 그중에도 제일 중요한 것은 "연대든, 단결이든 그 주체들에 초점을 맞춰야 한다"라는 거고요. 기자회견을 하든, 단식하든, 성명을 내든, 그 성명서가 노동자들에게 가야 한다는 생각으로 방법을 적극적으로 고민해야죠.(이훈구 구술)

세 번째는 투쟁의 전국성이 사라져가고 있다는 것이다. 그는 노안 단체들의 운동이 지역을 중심으로 품앗이 연대하는 수준이라고 보았다. 그는 연대의 방향이 단결로 진전하도록 기획되어야 하는데, 그 때문에 진전을 보지 못하고 있다고 했다.

노안 단체들의 현재 운동은 뭐라고 해야 하나? 연대운동 정도. 연대운동이 뭐야? 필요하거나 누가 호응하면 약간 힘을 보태주는 품앗이, 그 정도. 그 이상은 지금 상태로는 진전할 수 없을 것 같아. 그래서 우리도 연대운동의 한계들을 분명히 하면서, 특히 분권화가 지역에 안착했는데 지역에 안착한 게 뭐가 문제야, 하면 할수록 좋은 거지. 문제는 전국성이 없어지는 거지. 전국성이 자꾸 거세되는 게 문제죠. 그니까 연대운동의 방향은 단결로의 진전 속에서만 가능하고, 그런 전제 하에서 시도되고 기획돼야 하지 않을까.(이훈구 구술)

2. 하이텍알씨디코리아 투쟁과 공동대책위원회: 공동논의, 공동실천, 공동책임의 모범

서울의 구로디지털단지에 입주해 있던 모형자동차 R/C 제조 사업장 하이텍알씨디코리아(이하 '하이텍')는 노동조합 탄압으로 악명이 높았던 곳이다. 노조 탄압 결과 수백 명이던 노동자 대부분이 회사를 나가고, 남은 13명의 조합원 전원이 우울증, 적응장애 등의 정신질환에 시달렸다. 노동 탄압으로 인한 직업성 정신질환은 이미 2003년 청구성심병원 노동자들 사례가 있어 새로운 것은 아니었다. 그러나 2005년 근로복지공단이 3대 독소규정을 만드는 등 더욱 퇴행했기 때문에 직업병 인정이 쉽지 않았다.(이훈구 구술)

한노보연은 투쟁이 본격적으로 진행되기 전부터 하이텍 관련 담당자를 선정해 계속 상황을 공유했다. 한노보연이 이 투쟁을 같이하게 된 이유에 대해 이훈구는 구로공단의 마지막 민주노조, 여성노동자 중심의 노조가 회사 측의 탄압에도 굴하지 않고 13명 조합원이 전국 연내까지 하며 두쟁하는 상황 그 자체에 자연스럽게 같이 하게 되었다고 말했다.

한노보연은 6월 9일 근로복지공단 농성 이후 2005년 1월 초까지 여의도 공동투쟁 농성단에 결합했을 뿐 아니라, 이 투쟁으로 결성된 공동대책위원회(이하 '공대위')에 참가해 가능한 모든 역량을 쏟았다. 이훈구는 울산 현대차 프로젝트를 하던 중 공대위에 결합했고, 공대위 내에서 끈질기게 "공동논의, 공동실천, 공동책임"을 주장했다. 공대위 구성 초기에는 양적 확대를 목표로 하다 보니, 투쟁이 벌어질 때 많은 참가 단위가 제대로 참여하지 않았다. 심지어 공대위의 공동대표를 맡은 사람이 회의나 농성장에 얼굴조차 내밀지 않기도 했다.[64] 이훈구는 자기 일처럼 열심히 회의에 참석하고 투쟁에도 참여했다.

하이텍 공대위는 노동조합 오고, 금속 오고, 노안 단체들, 처음에 막 들어와요. 뭐, 인천에 건강한노동세상 들어오고 다 들어와요. 근데 큰 구조로 만들어서 대책위 이름 걸고 기자회견하고. 근데 우린 그런 게 안 돼요. 우리가 공대위를 만들면, 실제로 안 할 놈들은 안 불러. 공동대책을 대신 세워주는 놈들이 아니라, 같이 싸우는 놈들을 만들어야 하니깐. 그니깐 처음에는 이런 방식에 오히려 다른 단체들로부터 "한노보연은 뭐 잘났다고, 아이고, 실력도 없으면서…" 이런 비판도 있

64 『2006년 제3회 한국노동안전보건연구소 정기총회』, 74~75쪽.

을 수 있어요. … 근데 우리는 "공동대응, 공동투쟁하려면 이름만 걸고는 하지 말자"라는 것이 처음부터 있었어요. "성명서나 내고 그러려면 뭐하러 하냐? 하려면 자기 것처럼 해야 한다" 그래서 우린 자기 것처럼 한 거죠.(이훈구 구술)

그러나 초기의 혼란에도 불구하고 이훈구의 지속된 문제제기와 실천은 투쟁에 참여한 단위들 사이에 점차 새로운 분위기를 만들었고, 참여 단체가 늘어나는 등 모범적 활동기풍을 형성했다. "공동논의, 공동실천, 공동책임"이 수미일관하게 전적으로 관철되지는 못했으나, 그에 따르는 운영이 가능해졌다. 한노보연을 비롯한 노동안전보건 단체들의 헌신적 연대가 형성된 것이었다.

사진7-26. 2005년 하이텍 결의대회에서 발언하는 이훈구.

근로복지공단 앞에서 전개된 농성은 8월 9일 단식투쟁, 8월 17일 집중집회(경찰특공대 투입과 진압으로 4명 연행, 1명 구속), 8월 22일 학생들의 농성 등으로 이어지면서 근로복지공단 및 노무현 정권의 전횡과 탄압의 실상을 사회에 폭로했다.65

싸우거나 일을 하면 그 일이 갖는 파급력, 구심력이 있거든요. 그게 주는 활력 같은 게 있어요. 나는 근로복지공단 앞에 붙박이로 사니까 편하지. 다른 사람들은 "소장님, 괜찮으세요? 단식하는데…?", "허허, 괜찮아" 나는 단식 1주일 지나니까 괜찮더라고. 1주일이 고비였어요. 거기서는 잠자리가 제일 불편하고. 트럭들 많이 다니니까 소음이 장난 아니고. 좌우지간 단식을 사십몇 일 했는데, 병원 갔더니 정상 체중이라고. [같이 웃음] "건강 단식하셨네요" 얼마나 살이 쪘길래. 하하.(이훈구 구술)

9월 9일 '100인 단식'은 예상보다 많은 160명 이상이 참여해 투쟁의 새로운 전기를 만들었다. 그러나 13인의 심사청구는 9월 16일에 전원 기각되었다.66

되게 의미 있는 싸움인데 아쉬운 건, 금속노조 법률원에 한 변호사님, 그분도 경험이 없었어. 우리도 변호사한테 주면 잘

---

65 앞의 자료, 75~76쪽.
66 앞의 자료, 76쪽.

사진7-27. 2005년 근로복지공단 앞 단식농성. 맨 왼쪽이 이훈구.

할 줄 알았어. 그런데 약간 맹탕. 이건 새로운 사건이잖아? 새롭게 조망도 하고 투여를 해야 하는데, 아니면 우리도 백업을 튼튼하게 해야 하는데, 막판에 끝까지 가서 재판부에서 "어디 무슨 병원 가서 진단서 다시 떼 오라" 했는데, 그 병원이 이상하게 떼 주는 바람에 졌거든요. "이 사람들이 일시에 똑같이 정신병에 걸렸겠냐? 일시에 갔으니까 정신병 진단을 똑같이 받은 거지" 이런 사정인데 "일부러 그런 거다"라고 본 거죠. 1심에선 우리가 유리했어요. 정신과 의사를 소개받아서 그분이 업무 관련성을 다 써줬거든요. 우리 책임으로 본다면 제대로 체크하면서 가야 했는데 못 한 거고. 어떻든 그런 몇 가지 벽에 부딪혀서 재판에서 아쉽게 최종 산재가 승인되진 않았어요.(이훈구 구술)

이로써 투쟁은 중대한 갈림길에 섰다. 공대위는 그동안 투쟁의 성과가 적지 않음을 공유하면서 500인 단식투쟁을 결의하고, "방용석 근로복지공단 이사장 퇴진, 3대 독소규정 폐기, 산재보험 개혁, 정신직업병 인정"을 투쟁 목표로 삼았다. 9월 30일 500인 단식투쟁과 실천투쟁을 진행했다. 불과 5개월여 만에 하이텍 투쟁은 단위사업장의 투쟁에서 노동 안전보건 투쟁의 전국적인 거점이 됐다. 이는 주체의 의식적인 노력뿐 아니라 공단의 완강한 태도가 빚은 결과였다. 전국에 있는 금속노조의 노동안전보건 활동가들은 순환 농성을 결의했고, 보건의료 학생 등 학생활동가들이 헌신적으로 근로복지공단 앞에서 여름방학을 보냈다.

하이텍 투쟁은 200여 일이 넘는 농성, 45일 단식, 100인, 500인 단식, 고공농성, 국감장 진입, 순회투쟁, 복지공단 이사장 앞 시위 등 가능한 모든 투쟁 방식을 실천했고, 더욱 많은 사람과 호흡하려고 노력했다. 특히, 100인, 500인 집단 동조 단식이라는 헌신적 연대와 동참이라는 귀중한 투쟁의 선례를 남기도 했다.(이훈구 구술)

그런데, 직업병 인정을 위한 노력에도 불구하고, 13인의 직업병은 인정되지 못했다. 근로복지공단 이사장도 퇴진하지 않았다. 3대 독소규정 폐기 역시 마찬가지다. 하이텍 자본에도 심대한 타격을 주지는 못했다. 어찌 보면 한노보연이나 하이텍 노동자들이 투쟁의 목표로 상정한 것은 아무것도 이루지 못했다. 그러나 하이텍 투쟁은 해당 단위사업장 노조에 활력이 되었고, 집단 요양 투쟁 이후 바닥을 치던 노동안전보건 투쟁에 불을 지피는 역할을 했다. 근로복지공단의 폭력과 독소규정을 폭로한 것은 성과였으며, 2005년 노동안전보건 진영의 실천투쟁 기풍을 살리는 역할을 했다.[67]

또, 하이텍 투쟁은 한노보연이 운동사회 내에서 확인되고 검증되는 장이었다. 이훈구는 하이텍 투쟁에서 처음으로 한노보연의 이름으로 투쟁하고, 기획하고, 실천했다. 그리고 노동자들과 노동안전보건 단체들이 투쟁 현장에서 머리를 맞대는 상황은 한노보연의 지향이 무엇인지, 설립의 의의가 무엇인지 운동사회에 확인시키는 과정이었다.

우리가 대책위 투쟁에 참여하는 대오가 할 수 있는 모범, 전형 같은 것을 실천하고 제시한 것이 아닌가 해요. 다른 쪽은 힘에 부쳐서 못 한 거고. 우리도 힘이 부족하긴 했지만. 우리 상근자도 그림자 투쟁 등 다 같이 결합하고, 안 해 본 것 없이 다 해 본 것 같아요. 그게 나중에 릴레이 단식, 100인 단식, 500인 단식, 매달리는 것, 고공농성 등으로 이어졌고. 국감장 담치기해서 넘어서 점거도 하고. 주도성보다는 그런 연대투쟁, 공동투쟁의 모범을 자꾸 만들려고, 실제로 우리 싸움처럼 임했다고 볼 수 있죠.

그리고 제일 기억에 남는 건 "작은 투쟁, 작다, 이런 게 문제가 아니라 실제로 이 투쟁을 국회 앞 투쟁까지 올라가고 전국

---

67 한국노동안전보건연구소, 『한국노동안전보건연구소 10년사』, 2013, 54~55쪽.

투쟁사업장을 모아내기도 한 것들이 제대로 하면 못할 것이 없다"라는 걸 확인한 거죠.(이훈구 구술)

3. 반올림 투쟁:
노동안전보건운동의 새로운 전형 만들기

1) 반도체 노동자의 건강과 인권 지킴이 '반올림' 활동

2007년 3월 6일 황유미의 죽음 이후, 그해 8월경 그녀의 아버지 황상기가 삼성반도체 노동자의 노동재해 문제를 제기하면서 이 일이 세상에 드러났다. 황상기는 다산인권센터의 박진과 민주노총 경기본부에서 노무사로 일하는 이종란 등을 찾아가 이 일을 해결하는 데 같이해 달라고 요청했다.

"내 딸이 억울하게 죽었는데 산업재해 진상 규명이 필요하고, 같이 싸워줄 사람이 필요하다"며 찾아오셨어요. 딸 죽고 나서 몇 달 지난 2007년 8월인데 그게 시작점이었던 것 같아요. 사연을 들어보니 황유미라는 삼성반도체의 아주 젊은 여성노동자가 일한 지 불과 1년 8개월 만에 급성백혈병에 걸렸고 투병중에 사망했어요. 2인 1조로 짝지어 같이 일했던 분도 백혈병으로 사망했다고 해요. 백혈병이 인구 10만 명당 1~2명이 걸리는 희소 암인데, 이렇게 "같은 공장 같은 라인에서, 짝지어 일했던 2명의 여성노동자가 같은 시기에 백혈병에 걸려 사망한 게 우연의 일치냐, 아니면 산업재해냐?"를 밝히는 그런 싸

움이 시작된 거죠.(이종란, '그때 그 사건', 2018.1.5, JTBC)

삼성전자의 백혈병 문제 상황을 공유한 이종란과 활동가들은 소통 끝에 대책위원회를 꾸리기로 하고, 제안서를 노동안전보건 단체, 진보정당, 노동조합 등에 보냈다. 그 결과 2007년도 11월에 '삼성반도체 집단 백혈병 진상 규명과 노동기본권을 위한 공대위'(이하 '삼성백혈병대책위')가 결성됐다. 한노보연, 산재노협, 노동건강연대, 민주노총 등 총 19개 단체가 참여했다.

삼성백혈병대책위가 결성되고, 그 중 한노보연이 제일 적극적으로 참여했어요. 상근자 두 명 중의 한 명인 공유정옥 동지가 힘을 쏟아 부었고, 한 명도 초기엔 많이 같이했어요. 민주노총 회의실을 빌려서 첫 모임을 하는데, 기사 하나 딱 놓고 "사연이 너무 기구해요, 어디서부터 시작해야 할까요?"라고 물었더니 "이렇게 해서 무슨 회의가 되겠냐?"고 회의에 노련한 선수들이 뭐라 했죠.

두 번째 모임에 공유정옥 동지가 와서 "공부해 보니 미국 실리콘밸리 지역의 IBM이란 회사에서 독성물질이 노출돼 많은 노동자가 여러 가지 암에 걸리고 지역주민들도 그런 문제가 생겼다, 그에 맞서 싸운 사례가 있다"라고 해요. 그 얘기를 듣는 순간 깜깜한 암흑에서 뭔가 빛이 보이는 느낌이 들었어요. 우리는 아무 근거 없이 싸우려 했는데 길이 생긴 것 같은 느낌이요. 공유정옥 동지가 의사이기도 하고요.(이종란 구술)

처음 이 상황 전달과 함께 대책위 참여를 제안 받았던 이훈구는 "황유미 한 명 가지고는 삼성하고 싸우기 어렵다"라고 말했다. 그러나 그는 이 투쟁이 최소 10년 걸릴 투쟁이며, 삼성반도체뿐만 아니라 전자산업 전체에 중요한 문제일 것으로 판단했다. 당시 한노보연은 서울에 상임활동가가 2명뿐이어서 상황이 어려웠지만, 인권단체 활동가들의 계속되는 제안에 일단 참여를 결정했다. 어떤 역할을 할지는 모임에서 결정하기로 했다.(이훈구 구술)

당시 반올림 투쟁은 잘 알려지지 않은 상태여서 참여자들이 많지 않았지만, 대책위에 파견한 공유정옥 이외에도 이훈구, 이지연, 손진우 등이 투쟁에 자주 결합했다. 한노보연의 운영-집행위원회에서도 항상 이 투쟁을 논의했다. 한노보연이 할 수 있는 한 최대의 힘을 기울였다.(공유정옥 구술)

한편, 대책위는 이후 '반도체 노동자의 건강과 인권지킴이, 반올림'으로 전환했다. 반올림은 한국사회에서 대자본 삼성과 맞서 반도체 노동자 재해를 사회화했고, 전자산업의 노동자 건강권 확보를 향한 투쟁의 교두보가 되었다.

'반도체 노동자의 건강과 인권지킴이 반올림', 네이밍을 제가 했어요. [웃음] "이름을 새로 바꾸자, 이게 표상하는 게 되게 중요하다, 우리의 과녁은 누구냐? 우리는 고3때 거기 입사해 일하고 있는 노동자들과 친해질 수 있으면 좋겠다, 근데 대책위, 이런 거 갖고 안 친해진다" 그래서 반올림, 반딧불, 반달, 이렇게 적어서 그중에 정한 거예요. 그런 문제의식을 연구소

에서 먼저 고민하고 제안했던 거고. … 그니까 "'우리는 삼성
과 싸울 거야'라는 선언이 중요한 게 아니라 싸우는 게 중요
하다, 우리가 어떤 이름을 갖든 삼성이랑 싸울 수 있지만, 삼
성이랑 싸운다고 말하는 순간 삼성과 싸우기를 아직 결단하
지 않은 사람들과는 못 만난다, 그런데 우리는 거기까지 가
고 싶다" … 어떻게 판을 벌일까 하면서 그런 얘기를 하는 거
죠.(공유정옥 구술)

반올림은 2008년 피해자 조직화와 사회적 이슈화를 위해
활동했는데, 한노보연은 각종 실천 프로그램, 전문가 지원
조직화, 언론 및 사회화, 국제연대 등 거의 모든 활동의 기
획과 집행에 적극적으로 참여했다. 또, 한노보연은 반올림
이 중장기적인 조직 전망을 세워가도록 추동하는 데 힘을
쏟았다.

대책위에 참가한 이훈구는 초기 반올림 투쟁을 이끌어 온
주체 중 1인이었다. "삼성과 싸움은 계란으로 바위 치기"라
는 세간의 시선이 있었고, "쓸데없는 거 한다"라는 시선도 있
었다. 쉽지 않은 싸움이라는 것을 충분히 알고 있었으나, 같
이 할 수밖에 없는 조건이기도 했다. 한노보연은 이 투쟁에
서 새로운 노동안전보건운동의 전형을 만들려고 노력했다.

같이 하면서 점점 더 반올림의 미래, 반올림의 현재, 반올림
의 동력. 이런 것을 고민하게 되었죠. "삼성하고 싸워서 이긴
다" 이것만의 문제가 아니라, 제대로 된 사과, 보상, 재발 방

지, 이런 얘기들도 그런 와중에서 만들어진 기본적인 것들이고요. 제일 중요한 것은 반올림에 몇 명 없었잖아요? 황상기, 김시녀 씨, 정애정, 이렇게 셋하고 이종란, 나, 콩, 안석이 정도. 그 정도였으니까. 기획회의에서 어떤 위상이나 평가, 시스템, 이런 것을 잡을 때 우리가 할 수밖에 없는 거였어요.

제가 낸 것은 첫 번째는 반올림의 당사자 운동으로서의 진전, 당사자가 주체가 된 운동으로서의 진전. 그다음 연구소와 협력적이지만 독자적인 자기 장악력을 갖는, 자기 역할을 갖는 조직. 이런 것을 방향으로 잡고.

구체적인 행위는 야마하인가? Y는 YEAR 연 단위 액션, MA 마 먼슬리 액션, 위클리 액션, 매일 액션, 이런 식으로 해서. "지금 우리는 어느 단계에 있는가, 월 단위, 연 단위 정도 수준에 있다" 그래서 점점 더 가면 일(日) 단위 수준의 액션으로까지 가야 하고, 그러기 위해서는 지금 당사자를 찾는 것, 그러려면 당연히 싸워야 하고. 싸워야 사람들이 붙는 거니까. 그 당시에 이걸 얘기하고 공감을 끌어내기가 상당히 어려웠어. … 종란이나 이 친구들도 그런 감이나 경험이 없었던 터라 공분으로 "나쁜 삼성 새끼들. 이걸 어떡해" 이렇게 출발했기 때문에. 당사자들도 억울한 거니까.(이훈구 구술)

2) 반올림의 큰 그림을 그리며, '신명' 나게 투쟁하는 이훈구

2009년 반올림 활동에는 한노보연 상임활동가 2명 이상이 일상적으로 결합해 직업성 암과 화학물질 문제, 역학조사와 산재 판정에서 드러난 노동 배제적 전문주의 문제를 사회적으로 제기하고, 피해 가족과 연대 단위들의 직접 실천을 위한 '반달'(반도체노동권을 향해 달리다) 공동행동을 시도하는 데 큰 역할을 했다. 회원들도 반올림의 다양한 행사와 활동에 적극적으로 참여했다.[68]

이런 활동 과정에서 이훈구는 반올림 활동을 하는 이들에게 활동 방향을 제안하곤 했다. 예를 들어 "삼성과의 싸움에 그쳐서는 안 되는 문제이고, 반도체 전자산업 문제가 세계의 문제다, 그래서 전망으로서 아이샵[I-SHARP(샵=반올림)], 인터내셔널 샵을 만들자"는 그림을 제시했다.(손진우 구술) 그런 이훈구에 대해 이종란은 '반올림의 큰 그림을 그려주는 역할'을 했다고 기억한다.

> 우리 투쟁 때, 훈구 동지가 '큰 그림 그려주는 역할'을 했어요. 공유정옥이 담당자이고 훈구 동지는 공유정옥이나 이종란을 약간 펌프질하는 역할, 펌프질을 잘해요. 나는 힘들어 죽겠는데, 조급해 죽겠어요. 뭔가 다음에 어떤 일정이 있거나 사건이 있거나 삼성이 확 대응하면 근심 걱정이 많은데 훈구 동지는 되게 여유롭게 이 상황을 보고 막, 원대한 포부를 꾸게 하는 거죠. 무슨 "에이샵(A-SHARP)을 하라" 에이샵이 뭐냐면 아시아 반올림, … 한두 해 지났을 때 전자산업 생태계가 미국이나 영국이나 선진국에서 아시아지역으로 넘어온 건 사실

---

68 『2012년 제9회 한국노동안전보건연구소 정기총회』, 5쪽.

사진7-28. 2009년 근로복지공단 본부 앞 집중선전전. 맨 왼쪽이 이훈구.

이고요. 우리 수련회 때 "우리는 무엇을 할 것이냐? 우리는 아시아 반올림을 해야 한다"라는 얘기를 하시는 거예요. 나는 당장 이 피해자 한 명 때문에 미쳐 죽겠는데! [웃음] '저렇게 일을 크게 벌이면 나는 혼자 어떻게 하란 말이야' 이런 생각을 하면서. 근데 훈구 동지는 그거를 집요하지만, 계속 "그렇게 가야 한다"라는 거죠. 그래서 '저런 포부는 어디서 나오나', '훈구 동지는 신기하게 항상 어디서 저 에너지가 나오지?' 저는 '옛날 운동권은 정말 대단해', '나와는 차원이 좀 다른 사람이다' 이런 게 있었죠. 하여튼 훈구 동지에게 제가 가지고 있는 전반적인 인상이에요.(이종란 구술)

그뿐만 아니라 이훈구는 반올림 활동 3~4년 동안 같이 투쟁 준비를 하면서 피켓을 정성껏 만들기도 하고, 자신이 만든 피켓을 들고 집회나 투쟁에 참여했다.

한노보연 차원에서 참여했기 때문에, 제 기억으로는 비교적
초반 대책위 출범할 때부터 한 3~4년 동안은 훈구 동지가 항
상 있었어요. 항상. 우리가 회의만 하는 게 아니라 집회하고,
기자회견하고, 맨날 근로복지공단 찾아가고, 싸우는 과정의
연속이었는데, 그때마다 힘찬 투쟁에 항상 훈구 동지가 있었
고. 그러니까 그런 추억들은 많이 있죠.
뭐, 훈구 동지는 피켓을 엄청 정성스럽게 만들어요. 나 같으
면 피켓을 그냥 맞추는데, 훈구 동지는 피켓을 일일이 수작업
하면서 엄청 정성스럽게 음각, 양각을 파요. 그럼 제가 "팻말
이 지금 중요해?" 뭐라 하지만, '이분이 피켓에 진심이구나'
생각해요. 한노보연은 옛날 피켓 예쁜 게 많은데 "훈구 동지
손을 다 탔다"라는 말도 있어요.(이종란 구술)

이렇게 이훈구는 피켓 만들기만이 아니라 연대 활동을 가
면 항상 상황을 보면서 작은 일 한 가지라도 찾아서 같이 하
는 '함께 일하는 사람'이었다. 그리고 반올림 활동 과정에서
투쟁하는 이들과 같이 울고 웃으며 마음을 다했다.

훈구 형의 연대 활동 모습은 다른 선배들하고는 달랐어요. 다
른 선배들은 그냥 와 있거나 회의만 참여하고 간다면, 훈구
형은 어디에 가거나 짐을 나르고, 책상을 같이 세팅하고, 이
런 걸 안 한 적이 단 한 번도 없어요. 형이 먼저 나서서 챙기고

나르고 하는 모습을 보여서 연구소 활동가들은 어딜 가면 다 그렇게 하거든요. 그러니까 "이 사람이 그냥 큰 그림을 그리고 구상하고 논의를 같이하는 사람만이 아니라, 정말 실천에서도, 아주 소소한 실무에서도 역할을 같이 나누고 해주는 사람이구나" 그게 있는 거죠. 그래서 돌아가시고 나서 반올림 동지들도 페이스북에 썼듯이 "오면 항상 비닐 천막을 꼼꼼하게 정비하고, '김장 비닐로 어떻게 덮자'는 등의 아이디어를 냈던 사람"으로 기억하는 거죠.(손진우 구술)

뭐라고 얘기해야 하지? 예를 들면 박OO, 이런 사람들은 와서 자기가 모르는 건 세상에 존재하지 않는 것처럼 구는데, 비교하자면 훈구 형은 '함께 일하는 사람'인 거죠. 그래 한혜경 씨(뇌종양 피해자) 어머님이 … 훈구 형을 엄청 좋아해서 "우리 훈구 동지는 정말 너무 고마운 사람이야" 이러고. … '내가 하는 거랑 훈구 형이 하는 건 좀 다르구나' 하는 느낌도 있고요. 여하튼 훈구 형이 진짜 자기 진심으로 하는 건데, 정말 어린 아이처럼 같이 울고 웃고, 그렇게 임한 거 같아요.(공유정옥 구술)

거기다 이훈구는 활동을 '신명 나게' 했기 때문에, 그가 투쟁에 참여하면 주변의 사람들도 그 에너지에 영향을 받아 분위기가 밝고 활발해졌다.

선전전을 할 때 우리가 피해자 영정이 박힌 사진, 사실 좀 무거운 사진들이긴 하지만 노동자대회가 열리면 사람들한테 알리려고 방진복 입고 돌아다녀요. 그럴 때도 훈구 동지는 흔들면서 막, 가는 거예요. 그걸 뭐라고 하나? 신명 나게 활동하는, '신명'이라는 단어를 좋아하고. 신명 나게도 잘하고. 그니까 '진짜 이분은 인생을 통틀어 운동에 대한 열정만큼은 타의 추종을 불허하는 분'인 거는 맞구나 싶었어요.(이종란 구술)

이훈구는 2~3년간 반올림 투쟁에 결합하면서 그 투쟁의 성과를 확인하고, 이러한 운동의 정신과 성과를 담을 수 있는 내용 및 조직으로 반올림이 변화를 꾀해야 한다고 판단했다. 반올림에 한노보연이 주축이 되었지만, 반올림의 독립적인 향후 발전 전망 역시 중요한 논의 지점이었다.

사진7-29. 2010년 7월 삼성 탕정공장(아산) 앞 반달공동행동.

반올림이 조금 더 조직적인 운영을 하도록, 반올림이 어떤 목표를 지향하는지부터 산재 규명을 통한 보상뿐만 아니라 결국은 신자유주의 세계화의 문제점을 폭로하고. 이런 것까지 거창한 목표들을 세웠어요, 네 가지 정도의 목표를. 그중에 '삼성 무노조 경영 철폐' 이런 것도 있었고. 그런 신자유주의 세계화의 문제까지 얘기하는 정도의 포부는 당연히 한노보연이 조직적으로 밀어서, 그니까 방향 정하는 건 다 한노보연이 했어요. 근데 조금 불협화음도 있는 거예요. 한노보연이 너무 강하게 한쪽으로 이끌고 가니까 다른 데는 조금 더 힘이 약화하거나. 그래도 사이좋게 다 지냈어요.(이종란 구술)

2011년에 반올림은 상당한 성과를 이뤘다. 김주현 투쟁[69]을 통해 삼성의 반인권적인 노동환경과 몰염치한 대응 과정을 폭로하고, 자발적인 연대를 끌어내며, 스트레스와 노동 강도에 의한 '과로 자살' 문제를 사회적으로 환기했다. 또, 고황유미, 이숙영이 서울행정법원에서 승소함으로써 국제적으로 공적 제도를 통해 반도체 산업의 악성 종양이 직업병으로 인정받는 최초 사례라는 성과를 확보했다. 매년 국회 환경노동위 국정감사에서 주요 의제를 제기하고 산재보험

---

[69] 2011년 1월 11일 삼성 LCD 천안 탕정공장 기숙사에서 설비 엔지니어로 일하던 김주현이 자살했다. 그의 나이 26세였다. 그는 업무로 노출된 화학물질 때문에 피부질환이 생겨 다른 업무로 이동했으나 괴롭힘으로 우울증이 발병했고, 1개월 병가 뒤 병가 연장이 거부되어 복귀한 후 자살했다.(반도체 노동자의 건강과 인권지킴이 반올림 홈페이지)

개혁에 관한 논의의 한 축을 담당하며 산업안전보건법, 제도, 행정에 대해 계속 문제를 제기했다. 지역별 실천과 연대 활동, 관련 전문가들과의 폭넓은 연대도 이어갔다. 여러 방면에서 교육과 실천을 통해 반올림을 알렸으며, 중장기적 활동 결의 등의 성과를 남겼다. 또한, <반도체 전자산업 노동자 건강권과 환경 정의> 국제심포지엄을 개최했고, '퍼블릭 아이 어워즈'에 삼성을 세계 최악의 기업 3위에 올리는 등 국제연대 활동에서도 성과가 있었다. 반올림은 상임활동가를 배치해 안정적인 조직 운영을 위한 첫걸음을 내디뎠다.[70]

이처럼 반올림 활동이 국내외에 내놓은 의제와 그 속에서 획득한 운동적 지위는 한노보연의 성과이기도 하다. 그 정도로 반올림 활동에 많은 역량을 투여하면서, 심지어 한노보연 전체 사업의 집행과 점검이 부실해지기도 했다.

한편, 반올림은 황상기 등 가족들이 꿋꿋하게 활동했기 때문에 힘 있게 운영해 갈 수 있었다. 그러나 활동가들과 가족들이 같이 회의할 때는 운동권 용어 등 문화 차이로 간혹 소통에 문제가 생기기도 했다. 그 때문에도 이훈구는 가족들과 회의할 때는 '운동권 사투리'를 사용하지 않기 위해 많이 노력했다. 이종란은 이 일이 이훈구에게 고마웠다고 기억한다.

70　『2012년 제9회 한국노동안전보건연구소 정기총회』, 4쪽.

회의 때 훈구 형이 굉장히 자상하고 부드럽게 말을 잘했어요, 믿기지 않지만. 훈구 동지가 나이가 있어서 그런지 몰라도 까칠하지 않았어요. 대신에 말이 많았어요. 말이 많았다는 건 그렇게 나쁜 일은 아니었던 것 같고. 방해된 것도 아니고, 잘 설명하려고 하는 거니까. 뭐 문제가 되진 않았어요.(이종란 구술)

그런데 문제는 엉뚱한 곳에서 터졌다. 가족들은 "돈 때문에 하는 거 아니냐?"라고 활동가들을 오해했다. 2007년 문제를 제기한 지 4년이 지난 2011년 처음으로 "삼성 백혈병은 산재"라는 1심 판결이 나올 즈음이었다. 가족이 변호사비 처리 문제를 둘러싸고 담당인 이종란 노무사를 오해한 것이다. 그 결과 가족이 투쟁을 중단하겠다고 선언했다. 당황한 이종란 노무사에게 이훈구의 조언이 문제를 해결할 수 있게 했다.

엄청난 일이었죠. 그때 황상기 아버님이 저를 오해했어요. 우리가 공동대리인 변호사가 3명인데, 두 명은 무료로 했고 한 명은 돈을 조금 드리기로 했어요. 제가 황상기 아버님과 그때까지 부딪힌 적이 없었는데 처음으로 아버님이 크게 오해하신 게, 아버님은 돈 얘기를 정확하게 전달받지 않았다고 기억하셨고, 나는 내가 전달한 것 같은 거예요. … 그래 아버님이 갑자기 "돈 얘기가 정확하지 않다, 다 때려치우겠다, 너를 못 믿겠고 당신들이 나를 속인 것 같다" 이런 식으로 그만두겠다고 해서 너무 놀랐어요. (물어보지?) 그니까. 근데 저는 얘기했고…. 뭐, 아버님이 싫어할 만한 행동을 한 것일 수도 있지만, 이게 모든 걸 때려치울 정도인지 이해가 안 됐어요. … 어떻게 할지 사람들이 여러 대책을 내놨는데, 훈구 동지가 "속초로 찾아가라, 계속 부드럽게 설득해야 한다"라고 얘기했어요. 그 길로 찾아갔죠. 문을 안 열어주는데 문고리 잡고 정말, 눈물 콧물 빼면서 엉엉 울면서 "내가 왜 이렇게 사는데…", "아버님, 정말 너무 하셔요" 하면서 인생 드라마 찍고. 아버님은 잘 이해는 안 되지만, 제가 뭔가 울고 마음을 다하는 것 같으니까 다시 시작하셨죠. 그니까 '훈구 동지가 확실히 경험이 있으니까 방법을 아는구나' 싶고. 그때 고마웠어요.(이종란 구술)

3) 정세 속에서 투쟁 방향을 찾도록 이끈 이훈구

한편, 이종란은 이훈구가 "예리한 감각으로 정세와 상황에 대한 진단을 내리고" 그에 따라 "구체적 전략을 세웠다"라고 말했다. 실제 이훈구는 강남 농성투쟁[71]만이 아니라 초기 근로복지공단농성 때도 마찬가지 역할을 했었고, 장기투쟁이어서 다양한 상황과 부딪힐 때마다 현재 사회 상황, 삼성 자본의 태도, 그리고 그 상황 속에서 투쟁하는 주체들이 서 있는 지점 등 상황을 정리해 왔다. 그런 정리를 바탕으로 이훈구는 투쟁하는 이들에게 상황 파악을 먼저 하게 하고, 그에 따른 대안을 제기하는 방식으로 이야기했다.

---

71   반올림은 삼성을 향해 직업병 피해 사과, 보상, 재발 방지 등을 요구하며 강남역 8번 출구 삼성전자 서초사옥 앞에서 2015년 10월 7일부터 2018년 7월 25일까지 1,023일간 농성투쟁을 벌였다.

강남 농성투쟁뿐만 아니라 사실 근로복지공단 농성도 그렇고, 여러 가지 다. 훈구 동지가 관여했을 때는 "지금 우리는 어떤 국면이고, 이런 게 필요해"라는 정세 속에서 상황을 판단하거나 전체 맥락 속에서 상황을 진단하니까, "이게 필요해"라고 설명하실 수 있는 분이었어요. 그리고 회의를 하게 되면, 제가 볼 때는 막 신나서 엄청 뭘 많이 써 와요. 그러니까 그 내용이 다 그런 얘기였어요. "지금 한국사회가 어떻고, 삼성은 어떻고, 우리는 어떤 지점이고" 그러니까 '뭔가 그런 문건을 쓸 수 있는 분', '보통 대단한 내공이 아니다' 이렇게 항상 생각해 왔죠. 그렇게 제출하니까 약간 주눅도 들지만, 그게 도움이 되게 많이 되죠. 항상 그렇게 했어요.(이종란 구술)

이훈구가 직접 결합해 투쟁을 벌였던 근로복지공단 투쟁72 때도 정세를 파악하고 투쟁방식을 정했다. 그는 반올림을 통한 연대 활동가들만이 아니라 가족도 포함한 회의에서 가능한 구체적이고, 가능한 한 쉽게 상황과 투쟁 방식을 얘기했다. 그는 단순히 당면한 투쟁에 급급하지 않았고, 긴 안목으로 매 투쟁을 배치하면서 투쟁을 긴 시각에서 바라보고 있었다.

---

72 반올림은 2009년 4월, 8번째 산재 신청자가 나온 상태에서 산재 인정을 요구하며 근로복지공단 앞 일인시위, 면담, 노상 농성 등 근로복지공단 투쟁을 전개한다. 하지만 5월 고 황유미 등 당시 심의 중이던 6명 전원이 불승인 처분됐다.

근로복지공단 투쟁할 때 저도 노무사면서 노조에 있었지만, 근로복지공단에 대한 감수성은 별로 없었어요. 그런데 훈구 동지는 근로복지공단 싸움을 어떻게 해야 하는지, 얘네들이 왜 반(反)노동자 기관이고 어떤 문제가 구체적으로 있는지 누구보다 섬세하게 말할 줄 아는 분이었어요. "우리 노동자들의 몸과 삶이 이렇게 크게 문제가 생겼는데, 근로복지공단이, 예를 들어 요양 강제 종결을 한다든지, 다 내동댕이치고 있고" 뭐 이런 식으로.

근데 바꾸기 위해서는, 예를 들어 한 달간은 계속 릴레이 일인시위를 하다가 면담에 들어가고 좀 눌러앉기도 해야 하는 거 있잖아요? 기승전결이 있는 싸움의 그림을 딱 내주는 그런 거. [웃음] 나는 기껏해야 '집회 한 번 해야 하나?' 이런 건데. 그게 아니라 이걸 하기 위한 일련의 과정을, 그 내용을 되게 친절하게 구체적으로 얘기하고 투쟁에 대해서 진심이었던 것 같아요.

그래서 삼성 백혈병 문제를 근로복지공단에서 전원 불승인하고 그럴 때, 시위할 때도 이분은 느긋해요. 하하. 나는 '다음에 어떻게 해야 하지? 그다음은 어떻게 되지?' 이게 하나하나가 다 불안하고 예민한데 그분은 "이 싸움이 전부가 아니다" 이게 끝이 아니라는 걸 알고 그런 포석을 놓는다고 생각했던 것 같고요. 훈구 동지가 근로복지공단 투쟁 때 열심히 했죠. 근로복지공단에 행정적 문제, 반노동자적인 구체적인 내용을, 여러 그림을 보여주고 사회화하고 이야기를 만들어 내고 했었어요.(이종란 구술)

사진7-30. 2010년 10월 근로복지공단 난장투쟁 20일차. 이훈구는 왼쪽에서 두 번째.

이종란이 기억하는 또 다른 상황은 2015년 7월 삼성이 제 3자조정위원회를 무너뜨린 날이었다. 삼성은 자체 보상위원회만으로 알아서 다 보상하겠다며 더는 대화할 필요가 없다고 했다. 이에 반올림은 대응 방안을 둘러싸고 힘든 시간을 보냈다. 결국, 반올림이 서초사옥 앞에서 농성을 결정했는데, 이는 이훈구가 제안한 것이다.

2015년 10월 7일 반올림은 삼성 서초사옥 앞에서 농성을 시작했다. 이때 반올림의 요구는 "약속한 대로 사회적 책임을 다해라", "피해자들에게 제대로 보상해라, 피해자들에게 공식으로 사과해라", 그리고 "재발 방지 대책에 합의해라" 등

이었다.[73]

2015년 7월, 가족대책위원회랑 삼성하고 그냥 합의 봤을 뿐이고 내용도 엉터리고 뭔가 조정안을 수용한 것도 아니고. 그런 상황에서 단순한 시위만 가지고 될 수 있는 건 아닌데, 그때 너무 막막했어요. 정말, 이제 다 끝난 건가 싶은 상황이었어요. 그때 콩 동지가 반올림 교섭팀 간사였고. 어떻게 해야할지 다들 치열하게 맨날 고민하던 때에 한노보연에서 회의했대요. 훈구 동지가 "농성할 때다"라고 말했다고 콩이 전달했어요. 천막도 못 치게 하는데 농성해야 한다니? 그래도 그길 말고는 다른 길이 없으니까 "일단 그 안을 따라보자, 그게 왠지 맞을 것 같아, 특히, 훈구 동지가 냈다니까" 그게 사실 저희를 살렸죠. 그니까 훈구 동지는 주로 근로복지공단에서 투쟁할 때 전면에 나섰고, 2008년부터 2012년도 같이했고, 그 뒤는 주로 교섭이나 협상 중심으로 돌아가던 때라 빠져 있다가, 그래도 계속 뒤에서 지원해 주었어요.(이종란 구술)

농성하려면 천막을 쳐야 하는데 회사 측에서는 아예 천막을 칠 수 없게 했다. 이즈음 이훈구가 다시 농성단에 참여해 힘 다지기를 지원했다. 그는 '24시간 이어 말하기' 프로그램을 운영하게 하는 등 농성단이 위축되지 않도록 같이했다.

---

73 이종란, [그때 그 사건] 2018.1.5, JTBC.

이훈구의 의견으로 농성자들은 밤에 침낭과 팔레트를 깔고 잤다. 비가 오는 날은 큰 비닐을 쓴 네 사람이 귀퉁이에 서서 천막을 들고 있거나, 나중에는 우산을 세워놓고 지냈다. 투쟁이 길어지니 점점 연대하는 이들이 늘어났다. 농성자들은 투쟁을 다양한 방법으로 즐기면서 하는 이훈구를 의지했고, 그의 영향을 받아 농성장 분위기가 다시 활기를 찾았다.

농성 시작하면서 "천막을 못 치게 하는데 어떻게 농성 판을 깔지?" 하는데, 훈구 동지는 그 디테일을 기막히게 알더라고요. 여기 와서 농성 초반에 힘 다지기를 할 때 훈구 동지가 쫙 붙어줬어요. 일단 집회신고를 하고, 교섭 마지막에 완전히 깨지는 상황인데 계속 '24시간 이어 말하기' 하면서 사람들이 안 떠나게 했죠. 아무것도 없는 상황에서 침낭하고 팔레트도 구해오는. 하여튼 우리는 모르는데, 오로지 훈구 동지가 먼저 "이렇게 해야 한다"라고 디테일한 걸 알려줘요. 그리고 훈구 동지가 "'계속 이어 말하기'를 하고 있으면 된다, 걱정하지 마" 이러면 "그렇구나" 하고 알려주는 대로 하는 거예요.
근데 비가 오잖아요? "비가 오면 비닐을 쓰면 된다"고, 그게 나중에 천막이 되는 걸 몰랐어요. (회사가) 천막을 못 세우게 기둥, 골조를 다 철거해 갔어요. 그러니까 사람이 기둥 역할을 하는 거예요. 비가 오니까 밤샘 불침번을 정해서 이렇게 세모꼴을 만들든, 이렇게 [손을 머리 쪽에 올리며] 비가 내려오게끔 하면서 서 있었어요. 그거를 되게 재미있게, 뭔가 즐기면서 할 줄 알게 했죠. 훈구 동지가 서서 "이렇게 하면 돼"

사진7-31. 2018년 추석 연휴에 반올림 농성장을 방문한 한노보연 회원들. 이훈구는 오른쪽에서 세 번째.

하잖아요. 하하, 진짜. 그러니까 뭔가 상황은 엄혹하고, 참 답답하고 청승맞고. 그런데 훈구 동지는 의지가 되는 거죠. "이렇게 하면 돼", "저렇게 하면 돼!" 그러다 보니 하나씩 살림도 늘어가고. 사람이 계속 서 있을 수는 없으니까 "우산을 거기 세워놓으면 돼" 하고. … 훈구 동지가 약간 엄마 같은 스타일이 있어요. 되게 자상한데 되게 귀여운. 의지가 많이 됐죠.(이종란 구술)

반올림 투쟁은 무엇보다 유가족들이 주체가 되는 투쟁이었다. 기존의 산재 투쟁에서 유가족은 약한 존재, 탄원하는 존재, 일이 해결되면 사라지는 존재였다. 그러나 이 투쟁에서 황상기, 김시녀 등의 가족은 연대 활동가들과 같이 토론하고 투쟁하면서 활동가로 변해 있었다. 이 투쟁은 한노보연이 지향했던 "당사자가 주체가 되는 투쟁", 즉 유가족이 주체가 되고 투사가 되어 연대 온 이들과 같이 투쟁하는 전형을 만들었다.(김재광 구술)

내가 만난 이훈구

반올림 활동가 이종란이 본 이훈구

반올림의 활동가 이종란은 반올림의 긴 투쟁 과정에서 이훈구를 보았다. 이훈구와 잠시 같이 생활하기도 했다. 그 과정에서 본 이훈구의 모습에 대해 이종란은 다음과 같이 말한다.

(같이 생활했었다고요?) 네. 우리 집에 훈구 동지가 같이 살았어요. 결혼한 지 1년 안 됐을 때 국민임대 아파트가 당첨된 거예요. 24평형인가? 방 셋에 화장실 2개. 그런데 훈구 동지랑 남편이 같이 살자는 얘기를 하고 왔어요. "이종란한테 제안해보자" 이렇게 돼서 남편이 저한테 말했고, 제가 "괜찮네, 그래좋아" 그런 거죠. 그때가 2008, 9년. 저는 그때 나쁘지 않았어요. 훈구 동지가 되게 반찬을 잘해줬어요. 하하. 그럴 때 보면, 정말 눈빛이 반짝반짝. 되게 재주가 있으세요. 그래서 맛깔나는 나물 반찬, 이런 거 많이 했어요. 감자볶음, 주로 볶음요리 같은 거, 어묵도 잘 먹고. 맨날 먹는 거지만 음식이 돼 있었어요.

근데 맨날 소주를 마셔서, 정말 맨날 반주했어. 중독은 아니고요. 밥 말아 먹을 정도는 아니지만, 의존도가 상당히 있었어요. 우리 집에 있을 때가 안식년 전후였던 것 같은데. 아, 근데 물론 안식년 때는 온천 하러 다니고 술을 맨날 먹지 않으려고 노력했는데 (피부 문제 심각해서?) 네네. 복귀해서는 정말 맨날 마셨어요. 그래서 걱정은 좀 됐었어요.

그렇게 같이 반주할 때도 많이 있었죠. 활동 얘기할 때는 술 먹으면 얘기 더 길어지잖아요? 그러니까 '저 얘기가 도대체 언제 끝날까?' 이러면서 계속 듣고 있죠. 잔소리도 엄청 많이 하고. 그리고 제가 좀 야속했을 때도 있었어요. 왜냐면 반올림 활동을 하다 보면 당연히 갈등이 있죠. 관계 갈등. 남편은 그런 얘기 들어줄 사람이 아니고, 훈구 동지는 다 아는 사람이라서 "이 사람 때문에 속상해"라고 할 때 뭐라고 하냐면 "사람 뒷얘기 하는 거 싫어한다"고 해서 속으로는 너무 화가 났어요. 그런 거는 잘 품어주지 않았어요.

(이훈구는 어떤 활동가?) 반올림 운동으로 바라봤을 때 '훈구 동지가 없었다면 가능했을까?' 이런 생각도 해요. 예를 들어서 반올림 운동, 해외 교류, 이런 것도 또 있거든요. 우리 한국의 산재 운동, 그러니까 "이 운동은 소비자운동, 노동운동하고 맞닿아 있는 운동이다" 이렇게 항상 얘기해요. 저는 노동운동에 나름의 전략과 전술과 경험을 녹여서 이 길을 뚫어왔던 거라고 생각해 왔고. 운동의 경험을 이야기하고 "길을 이렇게 했으면 좋겠다"라고 안내하고 같이 실천했던 이가 훈구 동지 아닐까 생각하거든요.

그러니까 일련의 흐름을 만들어 내려고 했던, 그러한 운동. 그런 속에서 훈구 동지가 많은 지혜를 준 거예요. 제가 훈구 동지를 생각하는 것은 공적으로는 노동운동 선배죠. 그 사람이 있었기 때문에 반올림이 실종되지 않고 결실을 맺었다는 생각이 들고.

사적으로는 또 '많이 외로우셨겠다' 이런 생각 하고요. 소주 먹는 게 물론 습관화되어 있기는 하지만, 술, 담배에 의존을 너무 많이 했던 거. 그리고 운동의 신념, 이런 거창한 단어를 싫어하시지만, 나름으로 운동의 신념을 지키기 위해서 진짜 아무것도 가지지 않았잖아요? 심지어 자동차 운전도 안 하고 집도 없고. 진짜 남한테 빌어먹고 사는. 그게 사실 엄청난 용기가 필요한 행동이라고 생각하거든요. 보통 힘으로 되는 게 아니라. 근데 그것에는 많은 고독함이 있겠죠. 남들은 가족을 이루고 아기도 낳고 뭔가 더 의지할 데 많은 보금자리를 형성하는데, 본인의 보금자리는 운동이잖아요? 한노보연이고. 한노보연을 사랑하니까 그렇겠지만, 그래도 한노보연은 조직이기 때문에 개인의 어떤 친밀한 정도를 나누기에는 한계는 있었을 거고. 그런 측면에서 외로움은 많이 있었을 것 같아요.

8장

이훈구의 돌아보기:

"삶을 사는 사람들의 운동"을 꿈꾸며

1. 처음 맞은 안식년, 그리고 개인의 특성

1) 안식년 보내기 : 경전 읽기와 연찬 프로그램

한노보연은 초기에 상임활동가들에게 매월 1일의 보건휴가, 분기별 5일의 안식일을 사용하도록 정했다. 회의 때마다 "상임활동가들이 안식년을 갖게 하자"는 의견이 제기되었지만, 이훈구는 반대했다. 많은 일을 하는 상임활동가 1인이 안식년을 지내면 그 일을 대체할 방법이 없다는 현실적 판단 때문이었다. 그러나 계속된 논의에 이훈구가 반대 의견을 철회하면서 "6년 일하면 1년의 유급 안식년, 3년 일하면 1개월의 유급 안식월"을 가질 수 있게 되었다.

회의 때마다 "상임활동가들의 안식년에 대해서 조직적으로 고민해 보자" 이런 논의가 나오면 저는 계속 반대했어요. "현실성이 없다, 지금도 일이 너무 많아서 허덕이는데 한 사람 빠지면 누가 어떻게 할 거냐? 한 사람 뽑을 거냐? 뽑는다고 그 사람이 지금 몇 년 차가 했던 걸 할 수 있냐? 1, 2년은 이 사람을 훈련하는 게 상임활동가의 역할일 텐데 지금 뽑아서 바로 일할 수 있는 사람이 있으면 좋겠지만, 그런 사람은 찾기 어렵다" 그렇게 반대했어요. 근데 생각해 보니깐 그게 아

닐 수도 있겠다는 생각이 들더라고요. "그렇게 현실 실현 가
능성을 생각하면 뭘 할 수 있겠냐? 정말 그게 필요한가를 중
시해서 보자" 그러면서 제가 동의했어요. "상임활동가는 6년
일하면 1년 유급 안식년, 3년 일하면 1개월 유급 안식월"을
갖기로 확정했어요.(이훈구 구술)

2013년 이훈구는 안식년을 맞이했다. 한노보연에서 6년
일하고 1년 안식년을 갖는 첫 번째 상임활동가였다. 이 기간
에 그는 피부 치료도 할 겸 황토집, 나무집 짓기를 배우려 했
으나 집 짓는 이들과 연결되지 않았다. 대신 6개월 동안 경
전을 읽었다. 성경은 어려서 교회 다니며 읽었기에 주로 불
교 경전을 읽었다. 인류의 역사와 문화를 계속 관통하고 있
는 것은 무엇이며, 현재 활용할 수 있는 건 무엇일까 하는 궁
금함 때문이었다. 그 내용 중에 마음에 남는 글귀는 "무소의
뿔처럼 혼자서 가라"와 "그물에 걸리지 않는 바람처럼" 등이
었다.

(안식년에 뭐 하셨어요?) 맨날 기획하고 교육하고 이런 거 했으
니 처음에는 육체노동을 해보고 싶은 욕구가 있었어요. 스트
레스에 의한 건선이 낫다가 심해졌다가 해서, 그것도 치료할
겸 황토집, 나무집 짓는 사람을 쫓아다니면서 산 있고 공기도
좋은 데서 일하며 지내면 좋겠다 싶었어요. 그래 사람도 찾아
보고 술도 사주면서 "부탁한다, 돈은 조금만 줘도 된다, 안 줘
도 되고" 이러면서 한 달 쫓아다녔는데 연락이 없어서… 접

었어요.

그리고 한 6개월 동안 경전 봤어요. 불교, 이슬람 경전 쭉 봤어요. 경전 읽으니 좋았어요. 성경은 제가 어렸을 때 얼치기 기독교 신자였기 때문에 대충 알아서 안 보고. '도대체 인류 역사나 문화적으로 계속 관통하는 건, 우리가 활용할 수 있는 건 뭘까?' 궁금했는데 거기서 찾은 말이 있죠. "무소의 뿔처럼 혼자서 가라" 그 앞에 사실은 더 멋진 문구가 있었어요. "그물에 걸리지 않는 바람처럼" 어떤 난관이 와도 자유롭게. 1년 안식년에 찾은 좋고, 되게 의미 있는 문구였죠.(이훈구 구술)

그 뒤 그는 각지에 흩어져 사는 동료들의 집을 방문해 놀고, 일하고, 얘기를 나누었다. 그 과정에 연찬 프로그램을 경험하기도 했다.

경전을 계속 보니깐 눈이 아파서 놀러 다녔어요. 활동했던 사람들의 동네에 가서 어떻게 지내는지 보고, 제주도에 가서 일도 도와주고, 놀고, 고민도 얘기해 보고. 지리산에 흙집 짓는 후배가 있어서 가서 며칠 일도 도와주고. 뭐, 그러면서 지냈죠.

그리고 연찬이라는 프로그램이 있어요. 우린 A라는 단일한 결론, 동일한 결론을 내리려고 하는 데 익숙하잖아요. 그런 습성이 있어요. 그런데 여러 사람이 모여서, 10명이 왔으면 10가지 의견이 있는 거죠. 우선 한 명이 듣고 자기 얘기 하고, 또 듣고 하면서 자기 얘기를 꾸려가 보는 프로그램이에요. "화는 어디에 있습니까?" 주제가 이래요. "맛은 어디에 있습니까?", "혓바닥에 있다", "맛은 경험에 있다", "어머니 손맛에 있다", "공장에 있다" 별의별 얘기가 다 나와요. "행복이란, 화란, 소유란, 이게 누구 겁니까?", "내 건데요" 이럴 거 아니에요. "왜 내 것이라고 생각합니까?", "내가 가지고 있으니까요", "내가 가지고 있는 것은 자기 것입니까?" 이렇게요. 그니까 A를 향해 가는 게 아니라, 다양한 사람의 경험과 시야와 느낌을 느끼게 하고 활발하게 얘기하게 하면서, 그걸 가지고 다시 한번 더 공유하고. 그런 데도 가 본 거죠.(이훈구 구술)

2) 싫어하는 것과 좋아하는 것

한노보연 활동 이전의 이훈구에겐 술을 마시면 욕하고 폭력적인 모습이 가끔 있었다. 그런 습성을 고친 이후 이훈구는 자신이 제일 싫어하는 행동이 술 먹고 '쌍욕'하는 것이라고 했다. 특히 업신여기며 비하하는 욕을 매우 싫어했다. 또, 그는 관계에서 신뢰가 깨졌을 때 감당하기 힘들 정도로 심하게 화를 낸다고 자신의 특성을 말했다.

(싫어하는 건?) 흠, 제가 제일 싫어하는 거는 쌍욕하는 거예요. 특히 술 먹고 쌍욕하고 이런 거. 옛날에는 저도 폭력적이었어요. 막, 술 먹고 욕하고 때리고 그랬어요. 요즘은 그러진 않는데, 그럴 정도로 싫은 게 있는 거 같아요. 욕에 대한, 쌍욕 자체도 그렇지만, 막 비하하고 업신여기고 이런 게 싫고. 그다음에 저는 신뢰가 깨졌다고 생각할 때 되게 많이 화를 내는

것 같아요. 약간 못 견딜 정도로 화를 내는 편이에요.(이훈구
구술)

그는 맛있는 음식, 사람들과 진솔하게 나누는 얘기를 좋아
했다. 이훈구가 무엇보다 좋아하는 것은 사람들과 새롭게 일
을 도모하면서 얘기하고, 실제로 같이 실행하는 것이었다.

(어떨 때 제일 좋았어요?) 최근(2015년) 좋았을 때는, 정말 맛있는
거 먹을 때 좋고. 막 거짓말하고 거짓말이 꼬리에 꼬리를 물
고 그런 건 싫어하고, 불편해하고. 저는 있는 대로 얘기하는
걸 좋아하는 편이에요. 진중하게 솔직하게 "이게 고민이고"
뭐, 이런 수다 좋아해요. … 그리고 뭔가 일을 도모하고 얘기
하고 실제로 같이할 때, 그때 좋은 거 같아요. 이게 잘 되고 안
되는 게 문제가 아니라, 일을 도모하고, 같이 고민도 얘기하
고, 그래서 기획안 같이 만들어서 그걸 또 같이 해보고. 이런
거 할 때 제일 좋죠. 그니까 그런 사람들을 만나고 같이 일해
볼 때, 또 평가하고 중간 점검할 때도 좋아요. 그런 사람들하
고 교감, 공감 같은 거, 탁 하면 서로 착 하고 알아듣고. 그런
거 좋아해요.(이훈구 구술)

3) 혁명가의 꿈과 아쉬움으로 남은 것

이훈구는 성장 과정에서 특별한 꿈이 없었으나, 대학에서
학생운동을 하면서 혁명가가 되는 꿈을 꾸었다. 그는 노동
운동을 하는 내내 긴장과 활력 속에 살면서 사람과 상황을

이해하는 눈과 그에 걸맞은 행동력을 갖추게 되었다고 한다. 특히, 좋은 사람들을 만난 것도 운동 덕분이라고 생각했다. 다만 그는 평범한 사람들의 삶을 살아보지 못한 것, 결혼 20주년 사건 등은 아쉬움으로 남아 있다고 말했다.

(어떤 꿈이 있었어요?) 대학 전에는 특별한 꿈은 없었고, 그냥 '기술자, 과학자, 고고학자, 이런 거면 좋겠다' 그랬었고. 대학 와서는 혁명가가 되는 꿈을 꿨고요. 그런데 운동하면서 삶이 우여곡절, 좌충우돌도 있고, … 아마 평범하게 살았으면 되게 마초였을 것 같아요. 그니까 운동을 잘했다는 건 늘 활력과 긴장, 사람과 상황을 보는 눈, 이해하는 정도, 거기에 걸맞은 행동, 그런 걸 모나지 않게 하게 된 거죠. 그런 게 운동이고, 그러면서 만난 좋은 사람도 운동 덕분이었고. 그리고 인식체계, 경험이 '나 암이래, 이제 곧 죽어, 어떡해?' 이러기보다 '(어차피) 안 갈 수 있나? 인간적으로 사는 거지, 뭐' 이런 태도나 인식도 다 운동 때문에 생긴 거죠.
그냥 절대다수의 사회구성원이 사는 삶, 그렇게 살아봐도 재미있겠다는 생각은 들어요. '그러면 어땠을까?' 그렇게 안 살아본 것에 대해 아쉬움? 싫은 건 아니고. 그 정도예요.
또, 결혼 20주년 기념으로 헤어지는 걸 선물한다고 한 거, 둘의 문제니까 미리 상의해야 했는데. 그 몇 년 전부터 "20주년 되면 결혼선물로 부부로서가 아니라 자기가 원하는 대로 살아보게 해보자" 했지만, 그 직전에도 그런 얘기를 충실하게 해야 했는데 통보하는 식이 되어서 쫓겨 나가다시피, 하하.

그런 아쉬움. 이혼하고도 지금도 만나서 얘기하고, 서로 제일
잘 아는 사람이니까.(이훈구 구술)

2. 노동안전보건운동에 관한 소회

1) 20여 년, 가장 많이 변한 것과 관심을 기울여야 할 것

와병 중 구술 작업을 했던 2020년은 이훈구가 노동안전보
건 활동을 한 지 거의 20여 년이 되는 때였다. 이훈구는 처음
한노보연을 결성하면서 가졌던 목표를 얼마나 실현했다고
생각할까. 이에 관해 이훈구는 한노보연 상근자와 회원들
이 같이 애써왔기 때문에 적어도 51%에서 70~80% 정도 달
성한 듯하다고 말했다. 그는 한노보연을 통해 노동안전보건
활동을 더 확장하거나 더 진전시킬 수 있는 활동의 단초가

사진8-1. 투병하던 중 인터뷰하는 이훈구.

만들어진 것이 가장 중요한 성과라고 보았다.

> 문제의식이 "'계급성·현장성·전문성'의 실현, 조직적 과제가
> 연구소의 해체, 그리고 함께 주체가 돼서 하는" 이런 컨셉인
> 데, 짜게 주면 51점. 근데 운동이나 활동이 개인에서 끝나는
> 게 아니잖아요. "다른 활동가들에게 퍼지고 흐르면서 확장되
> 거나 심화하거나 좀 더 진전되거나 그럴 수 있다, 그런 단초
> 를 냈다"라는 점에서는 한 70~80점을 줄 수 있지 않을까. 드
> 라마 '이태원 클라쓰'인가? OST에 "네가 원하는 걸 다 이뤘느
> 냐? 그럼 시간이 지나서 웃는다", "웃을 수 있을 만큼, 원하는
> 건 다 이뤘나" 이런 가사가 있는데, 그 정도는 다들 애쓰고 함
> 께 만들어 온 게 아닌가 하는 생각이 들어요.(이훈구 구술)

이훈구는 노안 운동을 시작했던 시기에 비교해 현재는 노
안 활동가가 늘어났고, 현장에서도 노동안전보건과 관련된
인식이 높아진 편이라고 말했다. 그가 가장 크게 변화했다
고 본 것은 "제대로 노동안전보건 활동을 하려는 이들이 형
성된 것"이었다. 그 때문에 그는 이들이 지치거나 개별화되
지 않도록 하는 것이 가장 중요하다고 말했다.

> 지금이 되게 중요한 시기예요, 지금이. 왜냐면 제대로 된 노
> 동안전보건운동을 할 사람들이 생겨나기 시작했기 때문에
> 그런데 이 사람들이 중요한데 적어요. 현장이나 지역이나 이
> 런 쪽은 특히 더 어려워요. 이 부분을 어떻게 섞이고, 아우르

고, 보완해서 할 건가가 향후 10년, 20년을 가늠하게 해요. 만약 이 사람들을 잃어버리잖아요? 그럼 다시 처음부터 해야 해요. 현재는 초입부, "뜻을 세웠다" 뜻을 만질 정도. 제대로 된 노안 활동을 하려고 하는 사람들이 생기기 시작하는 그런 변화, 그 사람들이 지치지 않고 개별화되지 않도록 공을 들이는 것이 중요해요.(이훈구 구술)

또, 이훈구는 활동 과정에서 활동하는 이들 사이의 '소통과 섞임'이 가장 중요하다고 생각했다. 그는 한노보연의 전반적인 활동 관련해서도 역시 활동가들의 소통이 가장 중요하다고 보았다. 그 때문에 "한노보연이 변화를 꾀하는 과정에서 현재 가장 우려되는 점이 무엇인가"라는 질문에 활동가들이 서로의 상황과 고민에 관심을 갖고, 공유하고, 소통해야 한다고 얘기했다.

파격적인 변화는 시도해야지. 파격적일수록 좋은 거지. 그치만 파격이냐 아니냐가 중요한 게 아니고, 우리한테 맞느냐를 서로 토론하면서 같이 결정하고, 이 결정이 적정하지 않으면 유보하고, 다음 토론 또 하고 이런 식으로. 그리고 제일 문제는 "이 사람이 하는 일을 저 사람이 몰라" 이게 핵심이지. 모른다는 건 "안다, 모른다"가 아니라 이 사람만큼 모르는 거야. 제대로 잘 모른다는 거. 예로 안재범이 왜 고민하는지 그걸 제대로 아는 사람이 없어. 그러니까 우리 상근자들이 다들 고민과 걱정과 여러 가지 욕구와 다양하게 있을 것 아니야.

그런데 또 다른 예로 최진일이 그걸 드러내지도 않고 주위에
서 알려고도 안 하고 그러면 회의가 뭐가 되겠나? 최진일은
보고하고 술이나 한잔하고 막차 맞춰서 가고. 그러면 풀리는
게 아니라 뭔가 답답하지. 이러면 이게 제일 큰 어려움 아닐
까.(이훈구 구술)

2) 현장 중심성에 대한 평가

한노보연은 결성부터 현재까지 현장 중심의 활동을 지
향했다. 이훈구는 누구보다도 한노보연에서 현장을 강조하
고 현장 활동을 중요하게 여겼다. 이훈구는 한노보연의 현
장성과 관련해 초기 금속산업 중심에서 서비스산업, 건설산
업 등 연구 대상 업종이나 산별이 확장된 면을 긍정적으로
평가했다. 그는 현장 작업에서 중요한 것은 연구보고서에
서 끝나는 것이 아니라, 그 연구 작업이 조합원들에게 다가
가는 실천으로 연결할 후속 작업으로 이어져야 한다고 강조
했다. 실제 작업 과정 역시 구체적인 작업 목표와 직접적인
과제를 중심으로 정리해 제기하는 보고서가 필요하며, 그에
따라 서로 소통하는 방식의 회의, 각 현장 연구담당자 간의
소통 강화가 필요하다고 말했다.

당시에도 그랬지만 지금도, 이 사람이 하는 현장 작업을 저
사람이 몰라. 그런 단절, 소통의 미흡이지. "다 알아야 해? 다
가야 해?" 물론 다 몰라도, 다 가지 않아도 되지. 꼭 직접 가서
체험하고 손가락 잘리고 죽어봐야 맛을 아나. 그건 아니고,

그 파트를 누군가 담당했으면 이 사람만 찾게 되는 거야. 이렇게 되면 점점 고착화된다고. 그런 점에서의 아쉬움이 있는 거고. 우리가 현장 연구해서 연구보고서 내고 보고회 하면, 그다음에 사람을 남기든, 교육기획이나 선전기획이든, 후속 작업으로의 연계가 너무 중요한데, 그렇지 않으면 백날 해봐야 보고서는 종이 쪼가리야. 그래 후속 작업 관련 방점을 찍어서 강화해야 한다는 거고.

실제로 현장은 감수성이라고 하는데, 가서 보면 보여요. "아, 이 노동이 어쩌고" 이 사람의 일상이나 이 사람의 노사관계나 이런 게 자연스럽게 보이게 돼요. "아, 어디를 뚫어야 하겠구나, 뭐가 초점이구나" 이런 게 탁 오려면 더 훈련이 필요하죠. 그리고 그런 게 교차, 소통으로 강화되어야 하죠. 우리가 운영위나 집행위에 보고하면, 예로 대구본부에서 노안 기획교육을 했어. 주제는 뭐고 몇 명 왔고, 땡이야. 그게 뭐야? 그래서 "잘됐다, 못됐다" OX의 문제가 아니고, 기획교육 일반 목표가 아니라 구체적이고, 직접적인 조직적인 목표, 이런 걸 집어서 뭔가를 제기하고 후속 작업도 그 연장선상에서 가야 하는데, 안 그러니까 보고가 부실해지죠. 잘 모르고, 내가 나의 일이 바빠서 이 사람이 뭘 해도 "잘했겠지" 그러고 넘어간다고. 그게 쌓이면 곪을 수 있어요.(이훈구 구술)

3) 다양한 운동과의 교류와 섞임, 그리고 다수화 전략

이훈구는 노힘에서 상근 활동을 하며 정치조직운동을 했던 것과 비교해 노동안전보건 활동가로 활동하는 것이 활동 내용이 특화되면서 협소해지거나 축소된 것처럼 보일 수 있지만, 실제 활동의 내용은 그렇지 않다고 했다. 이훈구는 한노보연을 중심으로 한 부문운동을 하면서도, 그 부문에 갇히지 않도록 끊임없이 한노보연의 활동 폭을 넓혀나갈 것을 고민했다. 그는 한편에서는 전체 변혁운동이나 노동운동과의 교류와 섞임을 모색하고, 다른 한편으로는 더 많은 이들과 같이하기 위한 '다수화 전략'을 모색했다. 그는 '다수'가 같이하는 활동 방향으로 가기 위해 가장 먼저 '운동권'에서 사용하는 용어와 개념을 누구나 이해할 수 있는 내용으로 수정해서 사용해야 한다고 제기했다.

> 일맥상통하는데…, "노동운동가로 활동하고 싶은데 축소된 거 아니냐?" 이런 거 별로 생각을 안 해요. 하면 되니깐. 근데 연구소 차원에서는 그런 건 고민이죠. 우리가 하나의 의제 중심의 부문운동을 하는 건 사실이지만, 내용으로 보면 전체 변혁운동이나 노동운동과의 연계를, 그게 시민운동일 수도 있고, 이런 쪽하고 연계를 어떻게 할까, 넘나듦이 있어야 하는 거죠. 부문운동, 의제운동이 완결적으로 될 수 있는 운동이 아니잖아요? 그러므로 부문운동으로서 일부이지만 전부라는 건, 그런 교류와 섞임과 상호가 다른 사람이 한노보연으로 들어올 수 있게 빈 구석과 뭐 이런 게 좀 필요하다는 건데, 고민이죠.
> 그리고 우리가 70명의 회원조직인데, 하나는 연구소의 권력이 충분히 회원들에게 이양되고 있는가? 이양 정도 혹은 이

양할 시스템이 있는가? 또 하나는 회원조직이 안전보건운동에 유의미한 측면이 있다 하더라도 노동안전보건운동이 운동으로서의 자기 지위를 갖기 위해서는 "다수화 전략"이 필요한데 70명 가지고 뭘 해요. 응? 우리는 "현장성·전문성·계급성" 그러는데 더 많은 사람이 "뭐야? 첨 들어보는데?" 그것도 저는 그냥 풀어서 쓰면 된다고 생각하거든요. … 예를 들면 안전보건운동을 참여연대 같은 혹은 경실련 같은 방식으로, 그런 규모로는 안 되냐? 그럼 참여연대나 경실련 같은 방식이 맞냐? 그렇진 않다. 왜냐면 거긴 대리구조가 있으니깐. 대리운동. 그니깐 회원은 돈만 내고, 상임들이 다 결정하고 운영위원이 훈수 두고 이런 구조가 아니라, '만 명이면 만 명이 자기 나름대로 다 자기 권리를 행사할 수 있는 시스템이 필요한 걸 전제로 해서 규모를 확대할 기획 같은 게 필요하다'라는 생각이 있죠, 지금.(이훈구 구술)

4) '계급성·전문성·현장성'을 새롭게 쓸 필요

이와 연관하여 이훈구는 한노보연의 가치로 표명했던 "계급성·전문성·현장성", 즉 '삼성'에 관해 새롭게 쓸 필요성이 있다고 강조했다. 그는 삼성을 운동권 사투리로 비유했다. 운동권들만 알고 소통하는 내용이지 일반인들은 제대로 알 수 없는 내용이라는 것이다. 그 때문에 한노보연이 회원을 급격하게 늘리기 위해서는 고등학교 3학년도 알아들을 수 있게 삼성을 새롭게 풀어 써야 한다고 했다. 예를 들어 '계급성'은 "이윤보다 일하는 사람들의 몸과 마음, 삶을 최우선시하는 또 다른 세상을 위해 애쓴다", '현장성'은 "사람 되기, 주체 되기, 제대로 할 수 있는 사람이 되자, 제대로 할 수 있는 사람들의 자유로운 공동체", 전문주의로 다소 부정적으로 사용한 '전문성'을 바꾸면 '국제연대', 즉 "세계 모든 일하는 이들은 안전하고 건강하게 일할 권리를 보장받아야 한다"라고 풀어 사용할 수 있다고 제기했다.

> 운동권 사투리죠. 단적으로 이 세 단어 때문에 이런저런 활동을 하는 서울대 교수들한테 "연구소 같이합시다"라고 못해. 그럼 그게 보물단지도 아니고, 왜 지켜? 그 아홉 글자를 뭐하러 지켜. … 결국, 이런 사람들이 노건연 시민건강연구소는 가요. 한노보연은 못 와요. 사투리 때문에 튀는 거야. 이거는 조금 더 순화하고 그래서 고등학교 3학년짜리도 딱, "아, 이런 곳이구나" 이렇게 알아먹어야 하거든요.
> '계급성' 이러지 말고 "이윤보다 일하는 사람들의 몸과 마음, 삶을 최우선시하는 또 다른 세상을 위해 애쓴다" 이런 식으로 순화할 수 있잖아요. '현장성' 그러면 주체가 되어야 한다고 하잖아요? 그건 현장에 있는, 공장에 있는 사람뿐만 아니라 모든 삶의 주체들이 자기 일상들에, 자기 노동이나 자기 관계의 주체가 되어야 하는 건 너무 명백하잖아요. 그렇게 하지 못하는 이유가 소외에 있다고 봐요. 그래 '현장성'은 제가 보기엔 "사람 되기, 주체 되기, 제대로 할 수 있는 사람이 되자, 제대로 할 수 있는 사람들의 자유로운 공동체"라고. '전문성'은 부문주의, 약간 부정적인데 예전에는 맞는 컨셉이었죠.

그걸 바꾸면 '국제연대' 꼭지를 넣고 내용을 풀어서 "세계 모든 일하는 이들은 안전하고 건강하게 일할 권리를 보장받아야 한다" 이런 식으로 하면 좋지 않을까, 이런 생각을 했어요. 저 아홉 글자 때문에 아직도 저렇게 무지몽매한 운동권들이 남아서. [같이 웃음] (이훈구 구술)

문제는 세 단어를 더 쉽게 풀어 사용해야 하지만, '삼성'의 관계를 어떻게 설정해 왔는지와 이후 '삼성'의 관계를 어떻게 맺어갈지에 관한 방향 모색도 필요했다는 점이다. 현재는 나열식으로 된 측면도 있는데, 이것이 드러나는 징표가 회원 구성 비율이다. 예를 들면 현장회원이 많은 조직인지, 의사회원이 많은 조직인지, 법률인이 많은 조직인지 등의 인적 구성은 그 단체의 활동을 반영하는 가장 단순한 지표다. 그러므로 한노보연은 회원을 계속 확대할 때 어떤 회원들인지, 회원들과의 관계와 활동 내용이 무엇인지 고민이 필요하다고 했다. 이훈구는 한노보연의 창립선언문을 작성할 때의 문제의식과 그동안 활동하면서 이 세 가지의 관계를 어떤 식으로 생각하고 어떤 관계로 만들려 했는지, 또 현실은 어떠한지에 대해 다음과 같이 말한다.

'전문성'에 대해서는 전문주의나 부문주의에 갇히지 않으려고 하는, 그건 사업을 기획하면서, 실천하면서 베이스였다고 봐요. … 그거는 주체 형성 프로젝트 하나와 우리가 지향하는 "이윤보다 일하는 사람들의 몸과 삶이 최우선으로 하는 또 다른 세상" 이것에 대한, 이렇게 가야 하나. 이렇게 섞이겠네.
이 밑으로 '현장성'과 '계급성'이 깔리고.

우리는 지금 현장과 관련한 다양한 확장을 하고 있지만, 이렇
게 엮이지는 않고 있거든요. 이것은 여전히 큰 담론으로 남아
있는 거라. 극단적인 예시가 근골격계 투쟁을 했는데 딱 부러
져, 사측과 교섭할 때도. 그런데 근골격계 투쟁을 왜 했는지
에 대한 또 다른 세상에 대한 지향, 부문이나 현장용으로 쓰
면 담당자 중심이나 담당 부서 중심이 계속 반복되는 거야.
현장에서 주체가 만들어지는 것이 아니라 기술자가 자꾸 만
들어지고, 이 기술자가 현장 노동자들의 요구를 대행해 주고.
대행해 주면 어떻게 돼? 역전되는 거야. 이걸 잡아줘야 하는
데 이런 게 안 된다는 거죠. 그런 아쉬움이 있어요. 베이스가
있다면 또 다른 세상, 다양한 주체들의 형성, 주체들의 형성
이라는 건 사실은 요구와 실천 없이는 절대 안 만들어지거든.
예를 들어 현대중공업에서 87년 노동자 대투쟁을 하면서 요
구가 "조인트까지 마라, 바리깡으로 머리 밀지 마라, 임금 인
상해라"였어. 근데 다 이뤘잖아. 이루니까 할 게 없잖아. 잘못
된 거지. 그 현장은 이상한 '현장성'인 거지. 이런 지향을 녹이
지 못한 거지.

우리 스스로 열린 조직, 조직적 전환, 이런 고민이 여러 가지
많이 있을 텐데 쉽지 않을 거로 생각해요. 정말 주체가 되어
서 일을 하는 거예요. 연구소 자체가 네트워킹되는 거죠. 네
트워킹 조직. 어떤 건 사업일 수도 있고, 어떤 건 사무일 수도
있고, 실천일 수도 있고, 연구일 수도 있고, 이런 게 다양하게

있는 거죠. 그가 직장을 다니면서도 할 수 있는 역할을 만들면서 주체 훈련이 필요해요. 우린 그런 훈련이 안 되어있거든. 경험이 너무 짧아. 그런 훈련들을 자꾸 해야 해요.(이훈구 구술)

5) 향후 노동안전보건운동에서 주목해야 할 것

이처럼 이훈구는 한노보연이 활동의 영역, 활동 관계를 계속 확장해야 한다고 생각하는 것과 동시에 노동안전보건운동이 이후 보건의료 영역으로 확장해 나가면서 사회 공공성 문제를 고민해야 한다고 생각했다.

실제 한노보연은 민의련의 노동자건강실천단이 중심이 되어 설립했는데, 이훈구는 이에 대해 활동 영역의 축소라기보다는 노동 중심성을 실천하기 위한 것이었고, 지금은 보건의료 영역과의 교류가 필요한 시점이라고 판단하였다. 그는 노동안전보건운동도 궁극적으로 세상을 바꾸려는 운동이기 때문에, 실제 세상을 바꿔나가기 위해서는 노동안전보건 문제에서 나아가 세상 사람들의 건강과 관련한 보건의료 영역과 교류하고 섞이면서 사회복지 등의 문제로 확장해나가야 한다고 말한다.

다른 것도 다 유의미하겠지만, 보건의료 쪽과 만남, 확장, 섞임, 이런 것들이 자살 문제라든지 사회 공공성 문제와 연관되어 있으므로. 원래 연구소가 민중의료연합 했던 친구들이 메인이었고 그 안에 노동자건강실천단이 있었는데, 그 친구들이 '노동자의 힘' 사람들을 만나면서 "노동안전보건이다" 해서 만들어졌고. 초기에 "넓은 범위의 의제에서 왜 좁아지냐? 폐쇄적으로 된다"는 비판도 일부 있었어요. 그런데 그건 일면만 생각하는 것이고, 오히려 그렇게 집중해서 확산하는 방식, 인식, 실천, 이런 게 필요하지 않았을까. '보건의료'도 문제가 엄청나거든요. 복지 소사이어티. 복지 문제와 안 연결되는 게 없어. 우리는 끽해야 '노동안전보건청 신설' 이런 거 생각하잖아. 그릇이 너무 작아. 그래서 언제 세상을 바꿔. 그것도 쉽지 않지만. [같이 웃음] 그래서 보건의료 쪽으로의 접점을 만들고. … 우리가 활동하는 내용이 너무 많으니까, "지금 뭘 하자"보다 남이 한 것을 배우고, 그런 걸(확장, 교류, 넘나듦) 시도해 보는 것도 의미가 있지 않겠나. 그중에서 센세이셔널하게 하려면 '자살'을 잡고 들어가면 좋을 거 같고.(이훈구 구술)

3. 하고 싶었던 일, 했으면 하는 일

이훈구가 투병 중에 가능하면 해보려 했던 일은 현장활동가들을 만나는 것이었다. 현장에서 투쟁하며 헌신적으로 활동했지만, 여러 이유로 좌절하며 활동을 중단한 이들이 많다. 이훈구는 두원정공의 이기만과 같이 이런 활동가들을 만나 인터뷰하면서 이들의 어려움, 분노와 답답했던 지점, 좌절의 이유 등에 관해 구체적으로 듣고, 이들의 경험 속에서 운동의 문제를 구체적으로 진단하며 해결의 방향을 세워

보려 한 것이다. 그러나 그의 병세가 악화하면서 이 기획은 남은 이들의 몫이 되었다.

현장에 우리랑 활동했던, 싸웠던 사람들이 몇 안 돼. 열 손가락 안에 꼽아. 그래 이기만이랑 나중에 "그런 애들 인터뷰를 하고 다니자, 뭐가 어려운지, 이론적 접근 말고 주체들이 겪는 실질적 어려움, 구체적인 현실, 이런 것에 기초해서 우리가 안을 만들어 보자, 실태 진단도 하고 안을 내보자" 그런 걸 하기로 했었죠. 내가 컨디션 좋으면 이기만이 차 끌고 다니고, 난 같이 가서 녹취하고, 밥도 한 끼 먹고 그런 식으로 하기로 한 건데….

진단이 너무 추상적이고 보편적이야. 엉망이지, 뭐. 힘이 안 되는 거지. 좌절하고 나와서 뭘 할 건지도 모르고. 그냥 거기 그렇게 사는 거야. 왜 그렇게 사는지, 사는데 안 힘든지, 그런 것도 듣고. 다 3~40년씩 현장 활동하면서 조합원들에 대한 배반감도 많이 느끼고 있는데, 그런 것도 좀 듣고.(이훈구 구술)

그 밖에도 그는 현장 관련해서 해보고 싶었던 일들이 꽤 많았다. 특히, 해보려다 못한 일은 현장 활동 주체들의 담 넘기, 즉 활동 주체들이 교류하며 상호 지지와 영향을 주고받도록 하는 일이었다. 실제 사업장 안에서 활동가들이 자신이 담당한 역할과 위치에 따른 활동들은 열심히 잘하지만, 그 시야가 자신의 현장에 맞춰져서 그 이상을 꿈꾸고 지향하지 못하는 경향이 강하다. 이에 이훈구는 이를 변화시키기 위해서는 사업장의 담을 넘는 여러 경험을 통해 서로 섞이며 교류하는 과정을 기획하고 제기하는 일이 필요하다고 했다.

> 단위 현장이나 지역에서 해볼 수 있는 시도들을 우린 안 해봤어. 자꾸 해봐야 해. 예를 들면 조민제나 대한이연에 노안부장이 지역에서 다른 사업장 가서 교육을 한번 해봐야 해. 그런 걸 자꾸 우리가 기획해서 시도를 해봐야지. 지역에서 교류될 수 있도록. 그런 걸 안 해봤기 때문에 실질적인 상호 영향력이나 상호 지지가 너무 없는 거야. 우리가 그런 것을 기획해서 노안 간부들이 지역에서 그런 것을 해보는 거지. 사업장에서는 안 되거든, 양이 너무 적어. 규모가 작다고. 그게 공장을 넘어서는 질적인 시도잖아. 그런데 자기 라인, 대의원 부서, 이거 가지고는 절대 못 꾸려, 때려죽여도. 대한이연 200명으론 절대 못 꾸리지. 그러니까 섞어야 하거든. 이런 시도들이 필요하지. 더 되면 건설도 엮어야지. 이런 것이 중요하죠. 그런 거 한두 가지 정도는 해봐야 할 듯해요.(이훈구 구술)

또, 생각은 했지만 못한 실천 중의 하나는 이주노동자와 특성화고 청소년 모범교안 작성 등의 활동이다. 특히 이훈구는 경기이주공대위 활동을 하면서 자신과 주위 활동가들이 이주노동자들의 삶과 생활, 노동에 대해 너무 모른다는 것을 알았다. 그 때문에 이훈구는 이주노동자들의 생활과 문화, 노동 등에 대해 활동가들이 배우면서 그들의 목소리가 사회로 퍼지도록 해야 한다고 보았다.

생각은 있었지만 거의 안 하다시피, 못 한 게 이주노동자 문제. 경기이주공대위하면서도 너무 모르는 거야. 사실은 우리가 이주노동자의 삶, 노동, 이걸 너무 몰라요. 큰 목소리는 낼수 있어도 그가 일상으로 뭘 하는지, 일상은 어땠는지, 노동은 어떻게 했는지, 숙소는 어떤지, 문화생활, 성생활은 어떤지, 취미생활은 뭐. 전혀 알 바도 아니고, "그런가 보다" 오히려 그런 게 메인인데 사이드화되고. 그들의 목소리를 계속 드러내게 하면서 우리도 배우고. … 그다음에 청소년교육, 특성화고 청소년교육. 교육은 못 하더라도 모범교안을 만든다든지 그런 걸 좀 해보고 싶었죠.(이훈구 구술)

상임활동 중에 하고 싶었는데 하지 못해 아쉬움이 남아있는 일도 있었다. 한 가지는 '지프차'로 전국 순회 기획교육을 하는 것이었고, 또 다른 일은 라디오 방송을 하는 것이다. 후자는 한노보연에 제안했으나 시기가 빠르다며 부결되었고, 전자는 계속 그가 마음속으로 꿈꾸던 일이었다. 이에 대해 이훈구는 다음과 같이 말한다.

전국 순회 같은 걸 하면서 기획교육을 영남, 호남, 충청, 거점마다 주체들도 만나고 기왕에 만났던 사람들도 뭔가 공동으로 모색할 수 있는 네트워킹도 해보고, 그들에게 필요한 역량도 제공해 주고, 1년 활동 중에 절반은 그렇게 하는 거죠. 약장사 있잖아요? 원래 저의 작은 소망이 버스를 한 대 사서 뒤에 스크린 달고, 요즘 '지프차' 있잖아요? 침대칸 만들고, 복사기 넣고. 이렇게 해서 공단 돌아다니면서 아침에 선전하고 저녁에 교육하고 이런 거.

또 하나는 아이디어 차원에서 낸 기획안인데, "우리가 라디오를 타자" 기획해서 부산에 부산대 사람들, 인천에 김대호, 몇 개 지역의 전문의들을 세우고 활동가들이 같이해서 라디오 "교통방송입니다"처럼 5분 일하면서 들을 수 있는. 그런 거 좀 기획해서 하면 어땠을까, 그런 생각했었는데. "너무 일러요" 그래서 기각됐고, 그다음에 안 했어요.(이훈구 구술)

이러한 노동안전보건운동 이외에도 이훈구는 개인 관심 영역으로 대학 때 배웠던 탈춤과 풍물을 취미로라도 계속했으면 하는 마음이 있었고, 활동 영역으로는 '자살 연구'를 하고 싶어 했다. 실제 산재 사망보다 많은 수가 매일 자살하고 있다. 그 때문에 이훈구는 일반 사람들의 안전 문제와 연계하여 '자살 연구'에 주목했고, 노동안전보건이라는 틀에 갇혀 부문주의로 빠지지 않기 위해서는 노동안전보건운동이 국민 일반의 건강과 안전과 관련한 보건 문제에 관심을 기울여, 배우고 교류하며 섞여야 한다는 제기와 맞물린 바람이었다.

제가 내학교 때 탈춤을 췄기 때문에, 탈춤과 풍물을 취미생활 겸해서 조금 해봤으면 어땠을까. 그런 여유가 없었으니까. 또

다른 거는 '자살' 이야기를 연구해 보고 싶었어요. 자살이라
는 게 노동자 자살도 있지만, 우리가 부문주의에 빠지지 말아
야 한다고 할 때, 잘못하면 "노동안전보건인데 노동 이외의
것을 하냐?" 이렇게 되면 사실 좁아지는 거잖아요. 노동에 방
점을 찍되 사람들이 자살을 얼마나 하는가? 엄청나게 죽잖아
요. 우리나라 산재는 저리 가라거든. 우리는 산재 사망에 꽂
히는데 일상 사람들은 산재 사망도 있지만, 자살 사망이 많단
말이에요. 고령화된 노인들, 청소년들의 비율이 높아지고. 가
교 역할을 할 수 있는 의제로 '자살 연구' 같은 것을 의식적으
로 하면 어떨까 하는 거죠.(이훈구 구술)

4. 활동의 개인적 의미

1) 활동의 동력

이훈구는 1979년 학생운동을 시작해 1983년 노동운동에
참여한 이후 2004년 '노동자의 힘'에서 활동하던 시기까지
운동의 동력은 주로 이념, 노선, 조직 등이라고 했다. 그러나
한노보연에서 활동하면서부터 이념과 노선적 요소도 있지
만, 그 이념과 노선을 어떻게 구체화해야 하는가에 운동 동
력이 있다고 말했다.

동력… 음, 초기에는 이념, 노선, 조직, 이런 거였는데 지금도
이념과 노선적 요소들은 있다고 봐요. 있는데 그건 결국 주체

형성에 실패했거나 거의 물꼬를 못 튼 거고. 이거를 큰 담론 수준에서는 그것대로 뭐가 있더라도 이걸 구체화하는 것이, 예를 들면 현장 노동정치라고 할 때 노동에서 노동안전 문제를 가지고 현장에서 안전 문제를 포괄해서 지역 차원의 어떤 의제로, 그걸 구체적인 어떤 주체 만들기로 이어가야 하는데 이게 잘 안된 거를 자각하면서 "구체적으로 뭘 해야 하겠구나" 뭐 이런 필요가 있는 것 같아요.

노선 자체를 어떻게 실현할 것이냐보단, 그 노선을 어떻게 구체화해야 하는가의 고민이지 않을까. 직접적으로는 '필요와 지향과 인식과 행동의 가능성'을 가지고 있는 주체들에 의해서 주체들의 행동을 조직하는 것, 거기에 함께하거나 일부로서 기여하거나. 그런 게 과제라고 생각하는 거 같아요. … '주체 형성에 실패했으니깐 주체 형성 꼭 해보고 죽어야지'라기보다는 물꼬를 트는, 예를 들면 이념과 노선에서 그거를 실현하는 과정을 완전히 폐기한 거라기보다는 그게 좀 더 구체화했다는 생각이 들어요.

그건 노안 활동을 하면서 노동강도 이야기, 그다음에 노동만이 아니라 세상 전체로 어떻게 확장할 것인가의 문제죠. 운동보다는 삶, 근데 이렇게 나누어지는 건 아닌 거 같아요. 그러니까 저는 개인적으로 보면, 이념과 노선의 어떤 운동의 실현? 구체화? 아닌가 싶어요. 근데 태도는 이제 must로 얘기하진 않죠. 예를 들면 shall we로 얘기하고요. (이훈구 구술)

2) 한노보연 활동의 개인적 의미

이훈구는 20여 년에 걸쳐 한노보연 활동을 했다. 노동운
동에도 다양한 의제가 있고 요구되는 활동이 많은데 이훈구
는 2003년부터 한노보연 활동을 하며 노동안전보건운동에
매진했기 때문에 연구소에 남다른 의미가 있었을 것이다.
이훈구 개인에게 한노보연 활동, 한노보연이라는 공간은 어
떤 의미였을까? 그는 한노보연은 자신이 하고 싶은 활동을
공감받고 지지받으면서 펼칠 수 있었던 공간이었고, 자기실
현을 할 수 있었던 공간이라고 말한다. 또, 그는 이전의 정치
조직 활동 과정에게 있었던 갈등, 즉, 현장 노동자들의 구체
적인 노동과 삶 등을 만나고 싶어 했던 갈등이 한노보연의
활동 과정에서 어느 정도 해소되었다고 한다. 이에 관해 이
훈구는 다음과 같이 말한다.

음, 여러 가지 측면에서 이야기해 볼 수 있는데, 개인적으로
는 자기가 하고 싶은 것을 한 것. 뭔가 거리낌 없이, 반대 없이
어떤 지지와 공감 속에서 활동하게 된 것. 그게 어떻게 보면
한 20년 조금 모자라는 동안 자기실현의 측면이라고 할까. 그
런 게 좀 있는 것 같고.
연구소 활동 전에는 혁명운동, 비합 서클 활동을 하다가 이제
약간 비공개, 반공개 '노동자의 힘'이라는 정치조직에 들어가
서 본격적으로 활동했잖아요. 그리고 그 중간에 전노협 백서
만들 때『지역을 넘어 업종을 넘어』편을 내가 정리해서 재구
성하는 역할을 했는데, 그런 활동에서 계속 갈등이랄까? 아

쉬움이랄까? 그런 게 있었죠. 더 많은 일하는 사람과 만남을
제대로 하지 못하는 것. 그다음에 소위 공장 점거투쟁이나 이
런 아우라 같은 것에 갇혀 있으면서 "투쟁은 공장 점거투쟁
이고, 공장 점거투쟁이 아닌 것은 투쟁이 아니다" 이런 식의
일방적이고 편협한 생각을 가지고 하면서, 오히려 일하는 사
람들의 노동, 삶, 이런 것을 제대로 못 본 것에 대한 갈증, 이
런 게 있었던 것 같아요.(이훈구 구술)

  정치조직운동에 대한 그의 중간 평가는 주체 형성에 실패
했다는 것이다. 이훈구는 그가 견지한 정치조직운동, 그리
고 그 핵심에 있었던 노동자들이 권력을 잡고 주체로 형성
될 것이라고 보았던 '공장 점거투쟁'이 대리주의라는 틀을
갖고 있었다고 비판적으로 판단했다. 그 때문에 한노보연
을 창립할 때는 총자본과 총노동의 구체적 모순 지점, 즉, 노
동과정에 착목하고, 노동과정 혹은 삶의 과정에서 주체들이
처한 상황에서 출발하려 했다.

  혁명서클 운동부터 '노동자의 힘'으로 쭉 했는데, 중간 평가
를 하자면 "그런 지향이나 전망을 할 주체 형성에 실패했다"
결과적으로나 혹은 그런 결과를 유발할 수밖에 없는 그런 과
정들이었고. 공장 점거투쟁이 틀렸다거나 나빴다가 아니라,
공점투를 통해서 꽃병과 쇠파이프를 들어야 하는 전투성이
깃는 세한, 또는 대리 등이 있었기 때문에.
  그걸 조금 넘어서서 연구소를 창립할 때도, 그럼 총자본과 총

노동의 갈등이나 모순은 어디에서 구체화되는가. 사실은 이 노동과정 혹은 삶의 과정에서 주체들 때문에 왜곡되기도 하고 제대로 보이기도 하고 안 보이기도 하지만, 거기에 있을 텐데. 그런 부분들을 좀 더 주목하고, 더 알아가고, 배우고, 그런 것을 좀 더 사회적으로 문제 제기가 될 수 있도록 하는 활동을 하려 생각했어요.(이훈구 구술)

　그동안 이훈구는 총자본과 총노동이 부딪히는 격렬한 시기, 그리고 그 시기에 공장점거 투쟁이라는 상을 통한 주체화 과정 이외에 일상에서 노자 간의 모순이 드러나는 공간은 주목하지 않았고 들여다보지 않았다. 이런 한계를 이훈구는 한노보연 활동을 통해서 조금 더 접근하고, 바라보고, 제대로 알아가려 노력하고, 실천하려 했다. 그 과정을 그는 '자기실현 과정', '사람이 되는 과정'이라고 인식했고, "제대로 봐야 한다, 제대로 알아야 한다, 제대로 행동해야 한다"라는 것을 깨달았다. 그리고 그는 이러한 인식 바탕에 '휴머니즘'이 뿌리 깊게 자리하고 있다고 말했다. 그렇게 구체적으로 제대로 보면서, 그는 "이윤과 노동자의 몸과 삶이 부딪히는 경계"에서 구체적인 주체들의, 구체적인 요구에 근거한 움직임이 가능하다고 판단했다.

　실현 과정에서 자기 깨달음도 좀 있는데 그건 "제대로 봐야 한다, 제대로 알아야 한다, 제대로 행동해야 한다"는 아주 간단하지만, 되게 쉽지 않은. 제대로가 뭐냐? 뭘 어떻게 해야 제대로 보는 거냐. 보기만 하면 다 아는 거냐? 안다는 게 또 뭐냐? 여기까지 이르게 된 거니까. 어떻게 보면 자기실현 과정, 도를 닦아가는 과정, 사람이 되어가는 과정 아닐까.

대학교 2학년 때인가? 당시는 책이 없어서 일어를 배워서 일어 원서를 읽으면서 세미나를 했어요. 그때『휴머니즘』이라는 아주 얇은 강독서, 그걸로 일어 번역하는 훈련을 했는데, 그 책에 배운 휴머니즘이 되게 뿌리 깊게 나에게 있는 것 같아요. 휴머니즘.

그리고 노동운동하면서 공접투, PT(프롤레타리아)독재, 그런 거 안 하면 취급도 안 했거든요. "저거 얼치기야" 이런 식이었는데, 그런 거대 담론이 유의미성보다는 실질적인 일상을 매 순간 살아가는 사람들과의 공감이랄까 소통이랄까, 이런 것과 너무 터무니없이 간극이 큰 것을 알게 된 거죠. 그래서 연구소에서 "이윤과 노동자의 몸과 삶이 부딪히는 경계"에서 아주 구체적인 주체들의, 구체적인 요구, 이런 것이 부딪히고 드러나고 그것을 모을 수 있는, 좀 더 광범위하게, 대리하는 것이 아니라 주체들에 의해 그런 것이 움직일 수 있도록 하는 게 가능하다고 생각했고. 지금도 여전히 유의미한 것 같아요.(이훈구 구술)

한편, 2011년 총회 때 회원들은 10년, 30년 후 연구소의 상에 관해 상상력을 발휘해 이야기 나누고, 그런 상상이 실물화되는 과정을 서로 얘기했다. 또, 회원 개인들이 자신의 미래를 이야기하기도 했는데, 당시 이훈구는 "거지발싸개 같은 놈이 되겠다, 빌어먹을 놈이 되겠다"라고 말했었다. 그가 바랐던 대로 한노보연은 "빌어먹을 놈"이 될 수 있도록 여러 활동가와 현장 노동자들이 같이 활동하며 살아온 곳이었다. 그 때문에 한노보연은, 그리고 한노보연의 활동가들은 그에게 '빌어먹을 수 있는 관계'를 형성해준 고마운 곳이었다.

> 저는 '빌어먹을 놈이 되겠다, 거지발싸개 같은 놈이 되겠다'는 문제 인식이 실제로 한노보연 활동에서 실현된 복 많은 사람이죠. 참고로 극비사항은 아니지만, (2020년) 1월 총회 때 상근을 해지하고 모금운동을 하고 있는데 여러분의 상임활동비보다 더 많이 받고 있습니다, 지금. 그러니까 그런 걱정 없이 살 수 있다는 게, 되게 경제적인 것뿐만 아니라 심적으로나 응원들을 보면 '복도 많고 잘 살아왔구나' 감사한 마음이 들죠. '빌어먹을 수 있는 관계'가 형성되었다는 게 참, 대단히 중요합니다.(이훈구 구술)

또, 이훈구가 "거지발싸개 같은 놈"이 되겠다고 말한 것은 발싸개가 보통 사람들에게는 필요 없을 수도 있지만, 거지에게는 정말 필요한 것이라는 의미에서 자신의 행동이 다른 이에게 도움이 되고 싶다는 마음을 표현한 것이었다. 이에 대해 최진일은 다음과 같이 말한다.

> 훈구 형의 '거지발싸개'는 [웃음] 정말 별거 아니지만, 거지로서는 그 사람한테 큰 도움이 될 수 있는 발싸개가 되고 싶

다는 거잖아요. 그니까 훈구 형을 만나고서 나랑 같지만 다르다고 생각했던 게, 그 얘기도 마찬가지입니다. 저는 내 입장에서 나를 기준으로 해서 '내가 요만큼밖에 못하니까 이렇게 하고 살아야지'라고 생각했지만, 훈구 형은 자기 앞에 있는 사람의 입장에서 '그에게 내가 해줄 수 있는 게 이만큼이라 하더라도 그 사람한테 도움이 되는 거였으면 좋겠다'라는 바람이었던 것 같아요.(최진일 구술)

3) 한노보연에서의 이훈구

'노동자의 힘'과 한노보연에서 같이 활동하며 이훈구를 누구보다 잘 알던 김재광은 이훈구가 한노보연에서 활동하던 모습이 밝았다고 말한다. 또, 그는 이훈구가 현장 연구 활동이나 현장 노동자들을 만나 투쟁을 만들기도 하면서 마치 '놀이터'를 만난 것처럼 즐겁게 활동했다고 한다. 그는 이훈구에게 한노보연은 '장터'이고 '마당'이었고, 또, '둥지'이자 '집'과 같은 곳이었다고 말한다.

한노보연에서 이훈구 동지는 자기 '놀이터'를 만난 것 같다고 생각했어요. 자기가 하고 싶던 걸 뭔가 펼친다는 느낌. 예를 들면 사무실에 앉아서 조직계획 짜고 그런 거보다 현장에 가서 사람들을 만나고, 거기 조직해서 싸움도 해보고. 여기는 완전히 '장터'죠. 그야말로 '마당'이죠. 연구도 현장에 가서 해야 하는데, 그런 거에는 되게 잘 맞았던 것 같아요. 형이 좋아했던 것 같아요. 그래서 내가 볼 때는 얼굴이 더 밝았고 좋았고.

사진8-2. 2006년 부산연구소 4차 총회 뒤풀이에서 이훈구(오른쪽에서 네 번째).

사진8-3. 2017년 상임활동가 엠티. 이훈구는 왼쪽에서 두 번째.

사진8-4. 2019년 송년회에서 이훈구(맨 앞 오른쪽).

그리고 형이 전세방 구하는데 우리가 돈 걷어서 마련해 줄 정도로 우리가 되게 친해요. … 형이 상근을 계속하고 싶어 해서 "형, 형은 상근 그만두고, 형 티오(TO)로 젊은 사람 뽑읍시다" 그리고 "형 생활비는 우리가 걷어서 줄게, 우리, 우리 몰라? 우리가 다 할 수 있어" 근데 아프니까 그만두더라고. 끝까지 상근하고 싶어 했던데 돈 문제는 아닌 것 같고. 뭔가 상근하는 게 자기한테는 굉장히 소중했던…. 이훈구 동지한테 연구소는 그냥 활동단체 이상으로 (삶의) '둥지'였던 거 같고, '집' 같았어요.(김재광 구술)

또 다른 한노보연 활동가인 전주희는 당시 이훈구가 구체적 행위자인 노동자의 주체성을 두고 감수성이 폭발했었다고 기억한다. 그 예로 김용균 관련 내부토론회에서 이훈구는 행위자들의 주체성을 중심으로 문제를 제기했고, 노동자를 대상화하는 관점과 태도에도 문제를 제기했다고 기억한다. 이훈구는 이런 관점을 활동 기간 내내 지속해서 견지하고 있었다.

처음에 한번 훈구 형이랑 프로젝트 같이했었거든요. … 훈구 형은 옛날부터 꼰대였지만, 더 꼰대로 진전은 되지 않고 나아졌어요. 그리고 그 형은 감수성이 폭발했었어요. 예를 들어서 김용균 관련해 내부토론회 할 때, 훈구 형이 "피해자가 안 보인다"라는 거, 그 문제의식이 "정책적으로 이렇게 이렇게 하는데, 그래서 이 행위자들의 주체는 어떤 식으로 드러나는 거냐?"라는 걸, 마지막에 되게 중요하게 문제를 제기했고. 그게 내가 한노보연에서 훈구 형을 만났을 때의 일관된 모습이었어요. '행위자의 주체성', 노동자들을 피해자로 만들거나 대상화시키거나, 아니면 일종의 대자적 계급, 그렇게 보지 않고 "이 구체적인 행위자들의 이 행위성들이 어떤 식으로 드러나는지, 그리고 우리가 어떤 식으로 드러내야 하는지" 이런 거를 계속 얘기했던 것 같아요.(전주희 구술).

전주희는 이훈구가 한노보연 초기 의료 전문가들 중심의 분위기에서 정치적 리더의 역할을 담당하다가, 점차 젊은 활동가들이 한노보연 운영의 주축으로 활동하면서 조력자의 역할로 위치를 전환했다고 말한다. 더불어 전주희는 이훈구가 운동의 관점만이 아니라 사람을 대하는 태도에서도 유연해졌고, 활동을 대하는 태도에서도 여유로운 모습이었다고 기억한다.

한노보연에 속해있는 노안 활동가들이나 전문가들한테도 훈구 형이 굉장히 좋은 영향을 줬고, 또 그런 훈구 형이 좋은 영향을 받은 게 있어요. 전문가 집단이잖아요? 전문가 집단에서 활동가의 위상은 양면이 있거든요. 실무자로 되거나, 아니면 정치적 지도부위가 되거나. 제일 약한 거지, 둘 다. 근데 처음에는 정치적 지도부위로 설정을 한 것 같아, 본인도. … 근데 훈구 형은 어느 순간 그렇게 배치를 안 한 거 같고. … 완전부드러워졌죠. 내가 갔을 때는 막 후배들이 활동하는 거였고,

훈구 형은 상근자로서 서포트해 주는 '조력자의 역할'이었어
요. … 전체는 다 모르겠지만, '어쨌든 그런 위치성들을 계속
확보하려고 노력하는구나' 그런 것들을 알았어요. … 그런 차
원에서 형은 오히려 더 존경을 받는 존재가 된 것 같아요. 그
런데도 여전히 정파 중심성은 있었어요.(전주희 구술)

5. 운동의 삶으로의 확장, 삶을 사는 사람들의 운동

이훈구가 운동을 사고하는 바탕에는 더 큰 문제의식이 깔
려있었다. 이의 구체적인 계기는 '자살'에 관한 것으로, 하
루 산재 사망자가 5명이라면 자살 사망자는 42명이라는 데
서 출발했다. 그는 "자살은 사회적 타살"이라는 관점으로 이
문제에 접근했다. 그 때문에 그는 노동안전보건 문제가 이
러한 사회 문제를 포괄하지 않고는 부문주의를 극복하기 어
렵고, 이것이 노동안전보건 문제가 안전 문제로 확장되어야
할 이유라고 생각했다. 그러므로 이러한 사회문제를 어떻게
직면할 것인가, 그리고 어떻게 사회에 드러낼 것인가에 대
해 솔직하게 접근해야 한다고 생각했다. 그는 이것이 "운동
이 삶으로 어떻게 확장할 것인가"의 문제로 그동안 견지한
운동 시각의 질적 전환, 패러다임을 전환해야 하는 문제라
고 보았다.

몇 년 전에 마창산추련인가? 회원소식지 내는 게 있어요. 거

기에 원고 청탁을 받아서 자살과 관련한 이야기를 썼는데 "자살은 사회적 타살이다" 이렇게. 그때 자료를 뒤지면서 처음 알았어요. "산재 사망으로 다섯 명이 죽는다"는데 하루에 42명씩 자살을 하는 거야. 이거를 포괄 못하면 안전, 산재 사망, 이건 아무것도 아니다. … 뭐, 자살의 원인이 여러 가지인

사진8-5. 투병 기간 중 과거 부산에서 같이 활동했던 사람들과. 이훈구는 오른쪽 세 번째.

사진8-6. 2020년 한노보연 총회에서의 퇴임식.

데, "이런 문제를 포괄하지 못하고 무슨 안전, 무슨 노안이냐, 여기서 꼼지락꼼지락 대는 거다" 뭐 그런. 이게 노안이 안전으로 확장되어야 할 이유죠. 이 산재 사망이 이를테면 자살 사망과 어떻게든 만나야 하는 거라는 생각이 들어요. 지금은 개인적인 고민인 것 같고. … 이런 문제를 어떻게 직면할 것인가, 있는 그대로 드러낼 것인가의 문제, 제대로 볼 것인가의 문제. 그다음에 이걸 혼자 할 것인가, 운동으로 할 것인가의 문제, 또 삶으로 어떻게 확장할 것인가의 문제는 완전히 다른 질적인 것으로, 그 패러다임 자체가 완전히 바뀌는 어떤 거죠.(이훈구 구술)

이훈구는 운동의 문제를 자신의 삶으로 받아들여 자신을 돌아보지 않고 외부화하는 지점에서 찾았다. 운동하는 이들이 반(反)자본주의를 주장하지만, 자기 내면에 있는 자본주의적 요소는 돌아보지 않는다는 것이다. 그 때문에 운동이 외부화되고, 타인의 필요 문제가 되면서 스스로가 주체화되지 못하는 측면이 있다고 보았다.

반(反)자본주의, 자본주의를 넘는 것을 지향하려면 일상에서 내 안에 있는 자본을 찾아야 한다고. 그니깐 자기 자신도 돈에, 물량에 매여 살면서 '죽은 노동'을 하고 있는지, 아니면 '산 노동'을 하고 있는지 이걸 볼 수 있어야 할 거 아니에요? "자본 새끼들 나쁜 놈이야" 욕하고 자기 안에 있는 자본은 안 드러내. 그럼 절름발이가 되겠죠. … 그래서 자기 삶과 노동

들여다보기를 해야죠. 마르크스에 따르면 '주시하는, 주목하는 과정'인 거죠.(이훈구 구술)

　나아가 이훈구는 개별 노동자로서의 필요에서 벗어나 '사람'으로서의 나의 필요를 가지고, 동료의 필요에 같이 주목해야 한다고 제기했다. 그는 나의 노동을 보면 같이 일하는 동료가 보이고, 내 삶에서 필요를 찾기 시작하면 노동현장만이 아니라 전체 국민의 건강권을 지킬 필요를 찾을 수 있다고 생각했다. 그는 이럴 때만이 생존에서 나아가 존엄의 권리에 머물러있는 사람들이 '삶의 주체로서, 노동의 주체로서의 정치'로 나아갈 수 있다고 보았다.

　"안전보건, 건강권을 침해하는 정부는 각성하라" 이러는데 솔직히 남의 얘기잖아요. 그럼 이렇게 하려면 우리가 어떻게 해? 우리 안에 있는 자본의 요소를 찾아야지. 긍정적으로 얘기하면 내 필요를, 내가 개별 사업장에 근로계약을 맺은 개별 노동자로서의 필요가 아니라 사람으로서의 나의 필요를, 내 옆에 동료의 필요와 내 필요가 공감될 수 있는 그런 필요를요. 노동현장만이 아니라 전체 국민의 건강권을 지킬 필요를 찾아야 할 것 아니에요. … 그런데 그냥 난 일만 하면 되고, 더 많이 벌면 되고, 이렇게 되니깐 권리가 생존에서 존엄까지 정도는 갔는데 실제로 '삶의 주체로서, 노동의 주체로서의 정치로의 진화'가 왜곡되고 틀어진 거죠. … "너의 노동을 네가 하듯이 너의 삶을 니가 살듯이 당연히 니가 권력의 주체"인 거죠.

… 정치란 권력을 사람들에게 돌려주는 거죠. 애초에 권력을 가진, 삶의 주체로서의 이들, 노동의 주체인 사람들이 권력의 주체가 될 수 있도록 권력을 돌려주는 게 정치운동이죠. "내가 잡아서 해줄게"가 아니라.(이훈구 구술)

이와 연관해 이훈구는 "운동가 집단이 따로 있고, 일반 사람들이 따로 있는" 차원의 운동을 뛰어넘어야 한다고 생각했다. 그는 '운동권'이라는 벽을 무너뜨리고 싶어 했다. 그는 운동이라는 건 "삶을 살아가는 사람들의 운동"이어야 한다고 생각했다. 그는 이에 대한 하나의 기준이 "죽은 노동을 하고 있느냐? 산 노동을 하고 있느냐?"는 것에 있다고 보았다. 그는 운동가라는 개념을 "혁명을 꿈꾸냐, 아니냐"라는 차원이 아니고 "자기가 노동, 자기의 노동시간을 자본에 끌려다니면서 하는 차원이냐, 아니면 이 노동시간을 내가 관장하면서 주도해 나가는 것이냐"에 있다고 보았다. 그러므로 그는 일반인들에게도 이런 문제가 운동으로 확장되어야 한다고 생각했다.

이훈구는 운동은 "삶을 사는 사람이 노동시간을 어떻게 관장하느냐"에 있고, 바로 그 지점에서 찾아야 한다고 보았다. 이런 방식의 운동에 운동이라는 틀은 없어도 기본적으로 "죽은 노동을 하지 않고 산 노동"을 하고 있다면, 운동하는 것이라고 했다. 이렇게 이훈구는 고민의 폭을 계속 넓혀 나갔다. 이와 관련해 구체적인 상을 정리하지는 못했지만, 마지막까지 계속 이 문제를 고민했다. 이에 대해 그의 동료인 김재광과 박성인은 다음과 같이 말한다.

그게 이훈구의 화두죠. 그게 사람들이 이훈구의 장점이자 단점으로 얘기하는 거예요. 그러니까 그건 장점인데요, 어떤 사람이 듣기에는 뜬구름 잡는 얘기 같잖아요. 많은 사람이 "그게 뭐예요?" 막, 이럴 거 아니에요. 어쨌든 그것은 이훈구의 꿈이었죠. … 훈구 형 고민은 "사람들이 운동을 부담 없이 할 수 있는 방법은 없을까?" 이런 식이었어요. 그런데 부담 없이 운동한다는 건 형용 모순인데, 좀 더 많은 사람이 참여할 수 있게 하고, 퇴근해서 한 시간 정도 해도 운동이라고 생각하고, 뭔가 이렇게 "확장할 방법은 없을까? 그렇게 인식되는 방법은 없을까? 운동이라는 게 너무 진지하고 격렬하고 결의에 차 있는 것보다는 뭔가 좀 더 생활로 들어갈 수 없을까?"를 고민했어요. 그런데 성미산(지역 운동)처럼은 하지 말아야겠다는 거죠. 그건 특정 사람만 할 수 있더라고. 결국, 그렇게 가두는 건 지역 운동이 아니라는 거죠. 이것도 나름대로 10년이 넘는 시도인데, "또 뭘까?" 이런 고민을 하다가 가셨죠.(김재광 구술)

이제 "운동이 운동가와 일반인이 구분되는 게 아니라, 삶을 살아가는 사람들의 운동이 되고"라든가 "죽은 노동" 이런 개념을 말한 건, 내 느낌은 훈구는 코뮤니스트예요, 코뮤니스트. 근데 우리가 코뮤니스트 이전에 여러 가지 장면이 있잖아요? 가령 주사파는 이것이 민족민주라는 단계를 거쳐서 어떤 경로를 거친다고 설정하잖아요. 이런 경로를 거치면서 나중에 코뮤니즘의 1단계, 2단계로 이론적으로 설정하고. 그런데 훈구의 문제의식은 이런 식의 단계적인 접근이 아니라 지금 현실에서 코뮤니즘을 현실화시키려는 문제의식이라고 봐요. 노동안전보건 문제가 가장 직접적으로 인간 몸의 문제를 보는 거잖아요? … 사실은 가장 근저의 문제를 제기하는 것이기 때문에 가장 래디컬하다고 생각해요. … 어떤 단계를 거쳐서 가는 게 아니라, 그 근저를 바로 '여기에서' 내가 실천하는 문제의식인 거죠. 그게 '죽은 노동, 산 노동'이라는 표현, (『자본론』에 나온 개념으로?) 그러니까 훈구는 코뮤니스트인 거예요. 훈구가 '지금 여기서 표현되고 구체화하는 것으로 고민하고 있구나'라는 걸 예전에 느꼈던 것 같아요. (박성인 구술)

이훈구 연혁

1960년 서울 출생

1979년 대학 입학, 탈춤반 및 대학 연합서클 '진영' 참여

1982~1984년 직업훈련원 용접 수료, 현장 용접공 취업

1985~1989년 인천지역 활동 서클 상임 활동

1988년 10월 인천지역에서 함께 활동했던 김혜란과 결혼

1989~1991년 인천지역 활동 정리, 생업으로 '수유스낵' 운영

1991년 마창지역 활동 모색, 조직사건 여파로 정리

1996년 『전노협 백서』 발간위원회 기획 논의와 집필 참여

1999~2004년 노동자의 힘 활동

2003년 한국노동안전보건연구소 창립준비위원장 및 초대 소장

　　　이후 2020년 1월까지 한국노동안전보건연구소에서 상임 활동

2005년 하이텍알씨디코리아공동대책위원회에서 헌신적 활동

2009년 한노보연 수원 사무실 개설 후 경기에서 활동

2016년 행복한 서산을 꿈꾸는 모임 결성에 참여

2018년 충남노동건강인권센터 새움터 결성에 참여

2020년 9월 5일 암 투병 중 사망

참고자료

구술자료

구술자		소속	구술 날짜	구술 장소	비고
이훈구	1차		2010.12.30.	노동자교육센터	면담자 유경순
	2차		2015	한노보연	면담자 박정희 정진주
	3차		2020.3~7월	이훈구 자택	면담자 손진우
공유정옥		한노보연	2021.12.21.	한노보연 회의실	
권영국		두원정공노조 지회장	2021.12.27.	두원정공노조 사무실	
김재광		노동자의 힘, 한노보연	2021.12.8.	구술자의 사무실	
김정수		한노보연	2021.12.10.	민주노총 경기본부 회의실	
김혜란		인천 제파PD 그룹, 가족	2021.11.29.	구술자의 자택	
민경서		아주대 탈춤반, 기청연 합팀	2021.11.19.	구술자의 사무실	
박성인		노동자의 힘	2021.12.15.	구술자의 자택	
박장근		인천 제파PD 그룹	2021.11.20.	구술자의 사무실	
손진우		한노보연	2021.12.10.	민주노총 경기본부 회의실	
유영란		아주대 탈춤반, 기청연 합팀	2021.12.15.	구술자의 자택	
이기만		두원정공노조 지회장	2021.12.27.	두원정공노조 사무실	
이숙견		한노보연	2021.12.12.	한노보연 회의실	
이종란		반올림	2021.12.27.	한노보연 회의실	
이종회		노동자의 힘	2021.12.28.	사회변혁노동자당 사무실	
임옥휘		가족	2021.11.16.	구술자의 사무실	
장혜경		노동자의 힘	2021.12.28.	사회변혁노동자당 사무실	
전주희		노동자의 힘	2021.12.22.	구술자의 사무실	
최진일		한노보연, 충남노동건강인권센터 새움터	2021.12.30.	한노보연 회의실	

문헌자료

-1차 자료

노동자의 힘, 2~7차, 12~13차 총회자료

노동자의 힘, 3~5차 대의원대회 자료

'노동자의 힘' 청산위원회, 『백서 발간을 위하여』, 2009.6.

한국노동보건안전연구소, 1~17차 총회자료집

한국노동안전보건연구소, 『2004년 한노보연 수련회 자료집』

한국노동안전보건연구소, 『한국노동안전보건연구소 10주년』, 2013.

_논저

김성영, '서울 한복판에서 전쟁이 벌어졌던 날', 『오늘보다』 26호, 사회진보연대, 2017.3.

박성인, 「1987년 노동자대투쟁 이후 노동운동사」, 『노동자, 자기 역사를 말하다』, 서해문집, 2005.

사회진보연대, 『사회운동』 27호, 2002.7~8.

유경순, '전태일 열사 정신 계승 전국노동자대회, 그 투쟁의 자리- 총파업투쟁 결의의 장으로 만들자', 『노동자의 힘 기관지』, 2004.10.

유경순, 『1980년대, 변혁의 시간 전환의 기록』1,2, 봄날의박씨, 2015.

이시정, 『안양지역 노동운동사』, 민주화운동기념사업회, 2007.

이승연, '장애인이 스스로 서기 위한, 에바다 투쟁 보고서', 『현장에서 미래를』 제90호, 한국노동이론정책연구소, 2003.9.20.

이종란, [그때 그 사건], 2018.01.05, JTBC.

정진주 외, 『결국 사람을 위하여』, 소이연, 2017.

차성환 외, 『1970년대 민중운동 연구』, 민주화운동기념사업회, 2005.

이훈구

사회 변혁을 꿈꾼 노동안전보건 활동가

2023년 9월 5일 초판 1쇄 발행

지은이	유경순
기획	한국노동안전보건연구소

편집	최인희 조정민
디자인	이경란
인쇄	도담프린팅
종이	페이퍼프라이스

펴낸곳	나름북스
등록	2010.3.16. 제2014-000024호
주소	서울시 마포구 월드컵로15길 67, 2층
전화	(02)6083-8395
팩스	(02)323-8395
이메일	narumbooks@gmail.com
홈페이지	www.narumbooks.com
페이스북	www.facebook.com/narumbooks7

ISBN 979-11-86036-79-2 03300

책값은 뒤표지에 있습니다.